中央音乐学院建院75周年

中央音乐学院

博士学位

论文述要（1992-2014）

中央音乐学院图书馆 编

何荣 主编

刘悦 郭娜 杨秋悦 副主编 兼文稿编定

王莉苹 数据编定

中央音乐学院出版社

CENTRAL CONSERVATORY OF MUSIC PRESS

·北京·

图书在版编目(CIP)数据

中央音乐学院博士学位论文述要：1992～2014/何荣主编；中央音乐学院图书馆编．—北京：中央音乐学院出版社，2015.11（2025.2重印）

（中央音乐学院建院75周年）

ISBN 978-7-81096-722-8

Ⅰ.①中… Ⅱ.①何… ②中… Ⅲ.①博士—学位论文—汇编—北京市—1992～2014 Ⅳ.①G643.8

中国版本图书馆CIP数据核字（2015）第226129号

ZHŌNGYĀNG YĪNYUÈ XUÉYUÀN BÓSHÌ XUÉWÈI LÙNWÉN SHÙYÀO 何 荣主编
中央音乐学院博士学位论文述要（1992～2014） 中央音乐学院图书馆编

出版发行：中央音乐学院出版社
经　　销：新华书店
开　　本：787×1092毫米 16开 印张：28.75
印　　刷：三河市金兆印刷装订有限公司
版　　次：2015年11月第1版 印次：2025年2月第3次印刷
书　　号：ISBN 978-7-81096-722-8
定　　价：298.00元

中央音乐学院出版社 北京市西城区鲍家街43号 邮编：100031
发行部：（010）66418248 66415711（传真）

序

作为庆祝中央音乐学院建院75周年献礼，中央音乐学院图书馆何荣馆长主编了《中央音乐学院博士学位论文述要（1992—2014）》一书，收录了我院音乐学专业和作曲与作曲技术理论专业217篇博士学位论文的述要，涵盖中国音乐史、西方音乐史、中国传统音乐、音乐美学、世界民族音乐、中国少数民族音乐，作曲、和声、作品分析、复调、配器、律学与音乐声学、电子音乐作曲等研究方向，较为全面地呈现了我院培养的博士研究生的学术水平。这其中有的论文曾获全国百篇优秀博士论文奖、优秀博士论文提名奖，有的论文曾被评为北京市优秀博士学位论文，还有的论文曾被评为中央音乐学院优秀博士学位论文。读者通过简明的述要便能一窥全文的研究目的、方法及基本观点。可以说，这本论文述要集既是对过往我院博士生学位论文进行系统梳理的小结，又是一本能够为读者提供最简明论述、为未来深入研究进行导读的索引。

中央音乐学院自1981年被国务院批准为首批具有博士、硕士学位授予权单位以来，截止目前已有243名研究生获得博士学位。他们学风扎实，具有厚实的专业素养，所完成的博士学位论文选题新颖、资料翔实、论述缜密，分别为各自所属的研究领域注入了新的生命力，具有一定的创新价值，并对后人的研究具有一定的启示意义。通过这本述要集，能让更多的人分享他们的智慧硕果，并为更多的研究者尤其是青年学生进行学术研究提供丰富的参考资料。

王次炤

2015年9月12日

衷心祝贺《中央音乐学院博士学位论文述要（1992—2014）》出版！

也衷心期望该论文集能为全国艺术院校研究生教育的发展和进步提供一份有价值的参考！

[signature]

2015.10

前　　言

自1981年被国务院正式批准招收研究生以来，我院在全国艺术院校率先建立了音乐学、作曲与作曲技术理论、音乐表演艺术专业三个硕士点，音乐学、作曲与作曲技术理论专业两个博士点。1992年3月，首届博士研究生陶亚兵（音乐学系中国近现代音乐史专业，导师廖辅叔）通过答辩，获得博士学位。35年后的今天，当中央音乐学院迎来75周年院庆之际，我院的研究生教育已是硕果累累、桃李满园。

根据统计数据显示，截止到2015年7月，我院已有1600多位研究生获得了硕士学位、200多位研究生获得了博士学位。研究生教育从早期的作曲、音乐学、音乐表演等传统的专业方向，扩展到了音乐治疗、音乐心理学、艺术管理、电子音乐作曲、音乐教育等诸多新兴、前沿和惠及大众的领域。可以说，无论是站在学院教学、科研的历史维度审视，还是与全国同类音乐院校横向比较，这些凝结着作者们的心血、汇聚了导师们的教学智慧、记载了学科发展与进步的硕士、博士学位论文，无疑是一笔笔珍贵、丰厚的学术资源。

自2002年以来，图书馆一直承担着学院硕士、博士研究生毕业论文的收集与编目工作，积累了丰富的文献与管理经验。然而，这些学术资源虽然由图书馆编目、上架，供师生们浏览，但毕竟还属于一种学院小范围内的展示，对于其中许多有价值的学术信息、教学与研究成果，人们所知有限、尚未得到广泛的推广和运用。我们认为，如果能将其进行归纳、整理、结集成册公开出版，那将是对中央音乐学院多年来研究生教育成果的一次集中展示、教学科研成就的一次细致梳理，也是一项使我院师生乃至全国业界同行受益的工作，对于把握近35年来我院专业音乐教育各个领域的发展态势、学术动向必将产生不可估量的意义和影响。

为此，在迎接院庆75周年的特殊日子里，依托本馆多年来积累的纸本文献与数据信息，以及长期的工作经验，我们召集了一支由音乐学和文献信息学专业人员组成的研究团队，首先对博士学位论文（1992—2014）进行了数据信息的搜集、统计、整理，论文述要的编纂、修订，关键词的再提取与审核等一系列工作，经过团队成员辛勤努力、协同合作，这217篇博士学位论文述要作为对院庆的献礼，即将付梓出版了。这里，特别值得一提的是，我们不仅推出了传统纸质的《中央音乐学院博士学位论文述要（1992—2014）》，还建设起后台的“中央音乐学院硕博学位论文全文电子数据库”，且与时俱进，应用了当下受到广泛青睐的二维码技术，即，在每一篇博士论文述要旁边都附上了相应的二维码。这样一来，读者在阅读论文述要时，只需通过手机软件扫描，便可在第一时间链接到这篇文章的电子版页面，从而更加快速、便捷地实现学位论文的部分内容阅览（目前，为保护作者权益，只对校内读者提供部分内容阅览）。

本书的数据编定与出版工作，得到了学院艺术硕士与学位管理办公室和中央音乐学院出版社等部门的大力支持，在此谨表示深深的谢意，并期待着《中央音乐学院硕士学位论文述要》也能尽快与广大读者见面。

中央音乐学院图书馆馆长
何荣
2015 年 10 月于中央音乐学院

目　　录

音乐学专业

中国传统音乐

中国少数民族音乐

中国音乐史

西方音乐史

世界民族音乐

音乐美学

律学与音乐声学

作曲与作曲技术理论专业

作　曲

和　声

复　调

配　器

作品分析

电子音乐作曲

【音乐学专业】

中国传统音乐

神圣礼乐

——正统道教科仪音乐研究

作　　　者：蒲亨强

指导教师：袁静芳

专业方向：中国传统音乐

学　　　位：博士

学位授予时间：1997 年

论文述要：

在近两千年的悠久历史中，在特殊的文化条件下，道教科仪音乐（以下用英文 Taoist Ritual Music 的缩写形式 TRM）形成了独特的宗教音乐风貌。至今仍保留了很多古代传统的内容，珍藏着重要的历史价值和艺术价值。本文聚焦于堪称 TRM 典型的“正统道教科仪音乐”（以下用英文 Orthodox Taoist Ritual Music 的缩写 OTRM），以“概揽全貌，剖析典型，透视本质”为指导思想，从历史、艺术和文化三方面进行较系统的研究。

在历史研究方面，以道教原始科仪书为基本史料，结合道派、著名人物和社会背景等相关文化因素，依据典型仪式实例，分析历代 OTRM 的程序、经韵曲目内容的基本特点，尤着重观察其形成、发展、演变的规律，由此揭示了很多重要的新的历史现象，纠正了前人的某些研究观点，并首次厘清了 OTRM 历史发展的完整线索。结论认为：宗法上清灵宝派的 OTRM 传统正式形成于南朝刘宋，历代发展延续不断，历代 OTRM 传统的基本要素，特别是相当完整的明清 OTRM 传统的体制，仍保存于当代 OTRM 实践中。OTRM 历史发展呈现出某些规律性：“依附官方、尊重传统、崇拜神秘信仰、偏爱南方文化色彩和超越道派和地域的局限”等。

在审美艺术研究方面，从横向角度研究 OTRM 的艺术特点。首先论证道教音乐观迥异于常人，富于神秘性，并对道教的审美观和音乐实践有决定性影响。接着研究科仪与音乐的相关性，通过科仪实践过程和构成要素的分析，指出音乐既在很大程度上受宗教观念和礼仪的制约，但因其具体的表现形式和方式必须遵循乐音运动的规律而具有相对独立性。然后在概观 OTRM 整体面貌基础上，通过体裁分类、曲调构成和十方韵体系等重点内容的研究，层层剥离非本质因素，突现主体核心，以直观道乐曲调形式的本质。最后综合分析主体曲调的形式要素，指出其典型特点和审美情趣均一致趋向于共同的美学风格——阴柔或优美。

在文化研究方面，透过审美风格现象而研究其文化基础和成因。认为其主要蕴淫形成于三种基本的重要的文化因素的综合作用：贵柔主雌的道家哲学思想、尚巫重柔的南方地域文化传统和宗法虚静的修道术心理。

关键词：道教　道教科仪音乐（TRM）　正统道教科仪音乐（OTRM）

西安鼓乐曲式结构研究

作　　　者：褚历

指 导 教 师：袁静芳

专 业 方 向：中国传统音乐

学　　　位：博士

学位授予时间：1998 年

论 文 述 要：

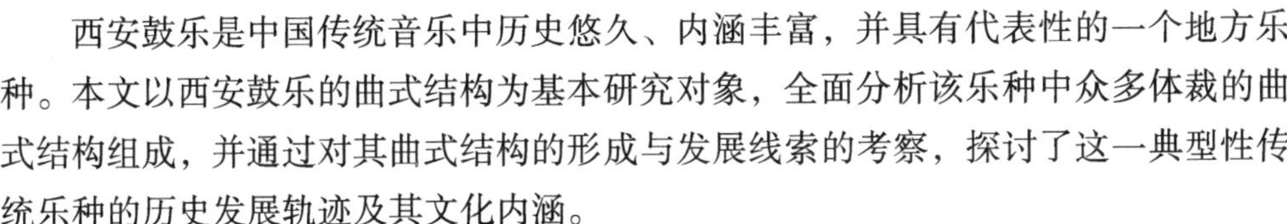

西安鼓乐是中国传统音乐中历史悠久、内涵丰富，并具有代表性的一个地方乐种。本文以西安鼓乐的曲式结构为基本研究对象，全面分析该乐种中众多体裁的曲式结构组成，并通过对其曲式结构的形成与发展线索的考察，探讨了这一典型性传统乐种的历史发展轨迹及其文化内涵。

本文首先对西安鼓乐研究现状及该乐种在社会背景和音乐构成诸方面的基本表现形态进行了总结，对西安鼓乐取得了概括性的总体认识，以此作为其曲式结构研究的基础与开端。在曲式结构的形态研究中，首先分析了西安鼓乐的曲式结构原则和音乐发展手法，对西安鼓乐的音乐发展方式和乐曲的结构形成进行了较为系统和深入的分析与梳理，并对西安鼓乐的体裁类型及曲式结构类型进行了理论性的归纳。

西安鼓乐的体裁众多，其中小型体裁有鼓段曲、要曲、歌章、起目、垒鼓、别子、赶东山和鼓札子；大型体裁有打札子、花鼓段、大乐、套词、北词、南词、外南词、京套和赚；这些体裁及其组成这些大型体裁中的若干乐曲，又可按一定程式套用、组合而形成更大型的复套曲的曲式结构——坐乐全套，如八拍坐乐全套等。本文中首先论述这些丰富多样的体裁的基本组合规律和音乐风格、特点，然后按照只曲体、联曲体、套曲体、复套曲体以及锣敲乐的基本类型和顺序，将这些体裁纳入曲式结构的框架之中，较为全面、详细地分析了西安鼓乐中的各种曲式结构类型及其表现特点，从而达到对西安鼓乐所具有的曲式结构类型的总体性认识。

西安鼓乐的众多体裁中拥有大量的曲目，从曲名上看，这些曲目的来源包括自唐以后的不同时代和体裁的众多传统音乐。以前的研究虽已指出西安鼓乐中很多体裁的乐曲，有不少或很大一部分是来源于唐代大曲、杂曲、宋代词调，元、明南北曲曲牌，明清戏曲或器乐曲等，但论述较为笼统而简略，对这一部分内容尚未进行全面清理。因此本文对西安鼓乐所拥有的各体裁的乐曲和曲牌从曲名上进行了一次较为全面的来源考索，初步显示出各种体裁乐曲的来源构成情况及其历史与文化层次。

在前文形态分析及曲目考证的基础上，通过各种体裁与历代相关的传统音乐体裁形式的分析和比较，探讨了这些体裁形式在西安鼓乐中产生和运用的先后时期，分析各种体裁曲式结构的历时性发展层次，从而梳理出西安鼓乐曲式结构的历史发展脉络；并结合音乐史，从世俗音乐与宗教音乐，宫廷音乐与民间音乐，民间器乐形式与民间歌曲、歌舞、戏曲等形式的角度探讨西安鼓乐中的文化因素，归结出西安鼓乐曲式结构形成与发展的四个基本特征：地域性、历时性、融合性与变异性特征。通过这四个特征的认识，有助于从一个侧面窥见中国传统音乐在历史长河发展中的演变及其规律。

关键词：乐种　西安鼓乐　曲式结构　只曲体　联曲体　套曲体
坐乐全套　锣敲乐

畲族音乐文化研究

作　　者：蓝雪霏

指导教师：袁静芳

专业方向：中国传统音乐

学　　位：博士

学位授予时间：1998 年

论文述要：

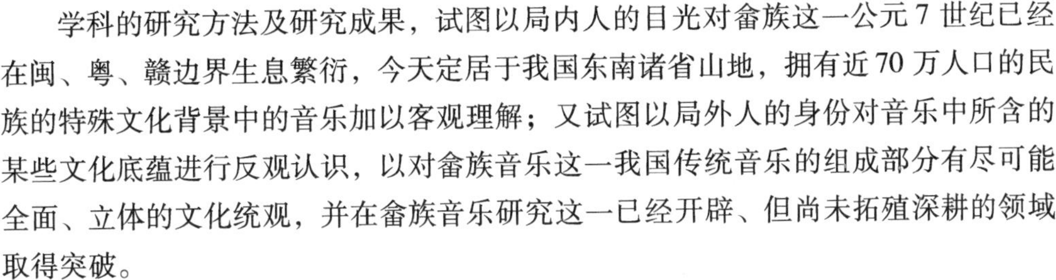

学科的研究方法及研究成果，试图以局内人的目光对畲族这一公元 7 世纪已经在闽、粤、赣边界生息繁衍，今天定居于我国东南诸省山地，拥有近 70 万人口的民族的特殊文化背景中的音乐加以客观理解；又试图以局外人的身份对音乐中所含的某些文化底蕴进行反观认识，以对畲族音乐这一我国传统音乐的组成部分有尽可能全面、立体的文化统观，并在畲族音乐研究这一已经开辟、但尚未拓殖深耕的领域取得突破。

本文共分五章。第一章“畲族音乐史迹追踪”，乃通过畲族音乐之生成、畲歌在迁徙途中的遗留、畲族歌言的形成期与发展期试探等五个方面的问题的探讨，对畲族这一特殊文化背景中以语言、音响和人体为媒介而无任何形态描述记载的音乐形式进行历史的追索与还原，在畲族音乐史研究方面具有开辟意义。

第二章以畲族音乐的原生方式作为类分原则，对闽浙为主，粤、赣、皖、黔诸省畲族民俗文化中的音乐种类及其艺术特点作了迄今为止最为广泛的概说和甚为详尽的论述。

第三章从畲族音乐的形式、内涵、外延三个层面对畲族音乐的特质进行再认识时，对畲族音乐术语“双条落”、“真声”与“假声”问题进行了辨义，对畲族四大民歌基本音调及其间的关联进行了论证，对畲族音乐的形态特征进行了总结；指出𫚭歌即为畲族音乐的传统部分、丧葬音乐中的“做丧”与醮仪音乐乃畲族音乐之调适创新部分。并透过音乐本体，反窥其所折射的民族历史遗晖，如畲族音乐所处的功利性与审美性二者兼具的人类艺术史过程、子虚乌有的“盘瓠”信仰及盘瓠歌演唱有其抵制封建税赋之功利性目的，婚嫁歌中有氏族外婚，姑舅表婚与母权制向父权制实行转变的遗迹，丧葬音乐调查可见畲族葬制对古悬棺葬传说之印证。

第四章试图从音乐比较着手，清理畲族与周边民族的关系，以为畲族自身价值之认识、畲族与周边民族文化互动轨迹之探寻、畲族族源之最后确认辟一蹊径。本章所作的畲族音乐与高山族音乐的比较研究，畲族民歌与客家民歌的比较研究只是此一研究“工程”之起步。畲族音乐与高山族音乐比较结果显示：畲族音乐与高山族音乐是两个不同社会历史阶段及其各自拥有的不同文化的产物。畲族音乐与客家音乐的比较结果显示：客家好歌并不因畲族使然，客家有自己的音乐传统与音乐形式，然畲族与客家因历史上曾在同一地域上共同生活，故音乐上曾产生某种交融。

第五章在对畲族音乐的现代化问题进行研讨时，认为畲族音乐在现代化问题上之所以面临着历史与现代的“脱轨”和“缺环”的“贫困”，关键在于畲族自我调节机制未能及时建立。要解决这一问题，除了从发展生产、普及提高教育等长远目标加以努力之外，我们的政府有关部门及汉族音乐家舞蹈家应从思想认识上与行为措施上寻找突破口，切实加以帮助扶持，但不能代替或强加。现代畲族音乐的主人还应是发展了的畲族人自己。

关键词： 畲族　畲族音乐　𨂃歌　盘瓠歌　婚嫁歌　丧葬音乐
畲族音乐与客家音乐

中国唢呐音乐研究

作　　　者：刘勇

指 导 教 师：袁静芳

专 业 方 向：中国传统音乐

学　　　位：博士

学位授予时间：1999 年

论 文 述 要：

本文以前人的成果和笔者的实地调查为基础，借鉴有关的学术思想与研究方法，对中国的唢呐音乐作了较全面的研究和论述，并提出了某些新的观点。

全文包括四个主要部分：绪论部分论述唢呐的起源及在中国流传的历史。本文认为唢呐起源于波斯、阿拉伯一带，可能于北朝时期，至迟于唐代已传入中国。蒙古人的西征，可能将唢呐又一次传入。明代以来，中国的唢呐音乐进入繁荣期。

第一章论述中国唢呐音乐的物质构成，主要将各种乐队组合形式作了梳理，进行了类型的归纳，并指出了不同的乐队形式与唢呐音乐发展的不同阶段之间的联系。另外，本章还对乐谱的分布与使用作了论述。

第二章论述唢呐音乐的文化生态，涉及到唢呐音乐在各种民俗活动、祭祀活动及宗教仪轨中的使用情况。通过对这些情况的阐述，揭示出唢呐音乐与其文化生态密不可分的共生关系。并指出，这种过于密切的共生关系导致了唢呐音乐缺乏独立发展的动力。本章还对唢呐艺人的情况进行了研究。

第三章论述唢呐音乐的艺术特征，强调了民间声乐体裁（主要是戏曲）对唢呐音乐的影响；指出了演奏方法的历史演变及其与曲目、乐队组合之间的联系；在宫调研究中说明了旋律最低音对指法以及宫音位置的决定作用，指出一个乐种中的诸宫音位置只是不同的乐曲旋法在乐器上的反映，并对“正调”的历史演变作了分析。

本文认为，唢呐音乐在中国的发展，是中国音乐吸收外来乐器的一个成功的范例。但吸收外来乐器并不等于吸收外来音乐。中国的唢呐音乐，是中国的唢呐艺人创造性劳动的结晶。

关键词： 唢呐　起源　文化生态　旋律最低音　正调

中国工尺谱研究

作　　　者：吴晓萍

指 导 教 师：袁静芳

专 业 方 向：中国传统音乐

学　　　位：博士

学位授予时间：2000 年

论 文 述 要：

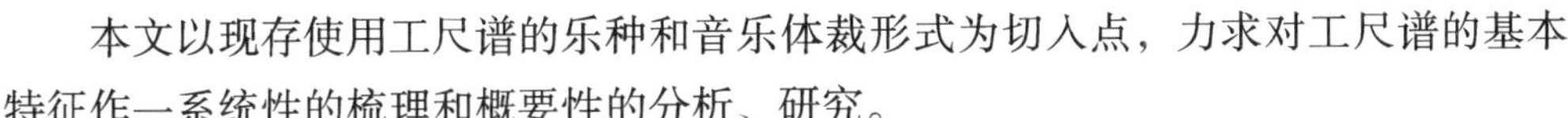

本文以现存使用工尺谱的乐种和音乐体裁形式为切入点，力求对工尺谱的基本特征作一系统性的梳理和概要性的分析、研究。

本文的绪论，从目前仍众说纷纭的工尺谱的历史谈起，在阅读了有关的古今文献资料并进行综合分析研究之后，对工尺谱产生和发展的脉络有以下几点新的认识和见解：1. 燕乐半字谱、俗字谱和工尺谱产生的物质基础不同，它们三者之间并非是简单的直线发展关系，而是一种相互交织的关系；2. 俗字谱字是工尺谱字的草体或半字，其形成应晚于工尺谱字；3. 宋以来，工尺谱与俗字谱其实是并行不悖的；4. 根据文献记载分析，工尺谱应产生于管乐器——筚篥的指法；5. 由北宋文献中首次出现工尺谱字的记载，以及五代《宫词》中“尽将觱篥来抄谱”的记载推测，工尺谱约产生在唐末至五代时期。

本文的主体部分，以现存的、使用工尺谱或俗字谱的乐种为研究对象，采用以实地考察为基础，结合文献考据的研究方法，探讨工尺谱和俗字谱的谱式特征，以及由此反映出的中国传统音乐深层次的文化内涵。论文以“调首”来划分乐谱体系，共分三章论述：第一章，以“合”字为调首的工尺谱，主要研究西安鼓乐俗字谱和中国佛教京音乐工尺谱；第二章，以“尺”字为调首的工尺谱，主要研究福建南音工尺谱；第三章，以“上”字为调首的工尺谱，主要研究传统琵琶工尺谱和昆曲工尺谱。

各章均遵循着乐种历史概述、乐谱特征及乐谱译读等统一的体例进行写作，第一部分“乐种历史概述”，对乐种的历史发展、艺术特征等基本情况作概述性介绍，作为背景知识把握；第二部分“乐谱特征”，是每一章的核心部分，着重研究乐谱谱字、谱式、调首，谱字与律吕的对应关系，谱字、调高与乐器指法的关系以及乐谱所反映的宫调体系特征等问题；第三部分“乐谱译读”，就乐谱谱面上涉及到的术语、符号、标识等进行解释，同时对译谱中应注意的问题进行提示，最后辅以译谱实例作具体分析说明。

本文的结语部分，对工尺谱的总体特征进行了归纳和总结，认为工尺谱是一种以文字符号记录音乐的乐谱谱式；工尺谱具有与中国传统音乐的传承方式相联系的框架性特征；三种不同调首工尺谱之间是一种相互交织的关系。

关键词：工尺谱　俗字谱　燕乐半字谱　调首　宫调体系

山西乐户研究

作　　者：项阳

指导教师：袁静芳

专业方向：中国传统音乐

学　　位：博士

学位授予时间：2000 年

论文述要：

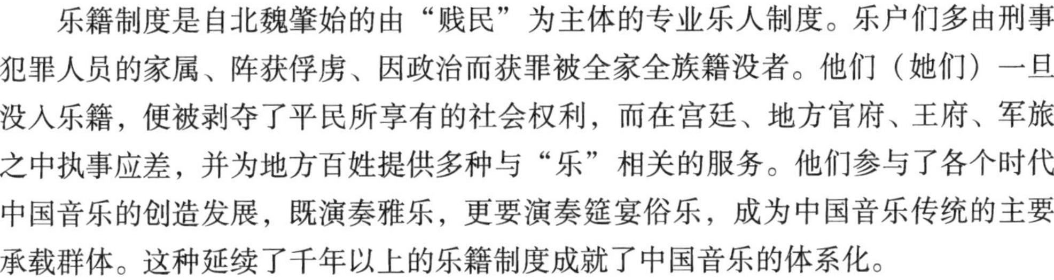

乐籍制度是自北魏肇始的由“贱民”为主体的专业乐人制度。乐户们多由刑事犯罪人员的家属、阵获俘虏、因政治而获罪被全家全族籍没者。他们（她们）一旦没入乐籍，便被剥夺了平民所享有的社会权利，而在宫廷、地方官府、王府、军旅之中执事应差，并为地方百姓提供多种与“乐”相关的服务。他们参与了各个时代中国音乐的创造发展，既演奏雅乐，更要演奏筵宴俗乐，成为中国音乐传统的主要承载群体。这种延续了千年以上的乐籍制度成就了中国音乐的体系化。

本文以乐籍制度下的乐人为主线，通过对现存山西乐户后人的实地考察并同历史上的乐籍文化相印证，对由此群体所承载的中国传统音乐体系进行全面的梳理，提出了系列的新观点。主要体现在轮值轮训制——中国传统音乐主脉传承之所在。正是此种制度，使得中国音乐传统有一个相对清晰的主导脉络。在乐籍制度下，无论是仪礼音乐还是宴俗音乐，均是这一群体的天地；从驱傩到迎神赛社——乐户职能转换的关系；乐户存在的各个层面，诸如宫廷、王府、地方官府、军旅，乃至与寺庙的关系作了全方位的探究；乐户对传统音乐文化的创造，是随着时代而发展的。本文对乐户与戏曲的关系，乐户与宗教音乐的关系，乐户与多种音乐体裁形式的关系，对历史长河中逐渐形成的以大曲为代表的器乐文化最高形式与鼓吹乐的关系，以及鼓吹乐对明清以下多种器乐形式决定性的影响等等，都有探讨，从而引发对现时段乐种界定关系的新认识。

本文从对历史上乐户最为集中区域之一山西省的田野调查入手，从文献学、社会学、民俗学、音乐学、历史学、考古学等层面对这一群体在历史上各个时期的生存方式、社会地位、信仰崇拜、组织形式、供职机构、音乐形态的演变，以及乐籍制度对中国音乐文化传统的贡献等，作出了全新的释解。在乐籍制度下，中国音乐文化的主脉实际上是由以“贱民”为主体的专业乐人创造和传承的。正是他们创造了一部乐籍制度下的中国专业音乐史。

关键词：乐户　乐籍制度　乐种　鼓吹乐　变异　中国音乐文化传统

斋醮科仪天师神韵

——龙虎山天师道科仪音乐研究

作　　　者：傅利民

指 导 教 师：袁静芳

专 业 方 向：中国传统音乐

学　　　位：博士

学位授予时间：2002 年

论 文 述 要：

龙虎山自晋代以来就是历代天师生活起居、设坛传箓之处，也是道教的中心，在道教史上有着极大的影响，其斋醮科仪音乐具有完备的形态和深刻的内涵。它随着天师道在社会和道教内部地位的提高而不断向外传播并发展完善，对民间乐曲和地域性文化影响极大。同时，它也直接受到了民间音乐和宫廷音乐的多重影响，其音乐连绵不断，发展至今，实为我国传统音乐文化中的宝贵遗产。

本文在绪论中追溯了天师道科仪音乐的形成、发展和演变的全过程，并对各个历史时期的主要人物、经典、相关的文化背景、科仪的程序、结构和音乐的特点用比较研究和具体分析的方法进行了全面的梳理，指明了龙虎山天师道科仪音乐的历史传承之脉络和演变轨迹。

上篇在实地考察的基础上，对龙虎山天师道当今使用的几项主要科仪的历史与社会文化背景进行了分析与阐述，并实录了《启请告歇科仪》、《灵宝济炼度孤科仪》和《传度授箓科仪》的全部程序及其音乐，籍以说明音乐在科仪中的重要地位和功能作用，克服了前人把道教经韵曲牌音乐孤立于科仪之外来进行观察与研究的弊端。

下篇首先探讨了天师道科仪音乐的宗教性功能，指出天师道科仪音乐尽管与民间音乐有着密切的联系，甚至仅从表面观察与当地有些民歌、戏曲、器乐曲等十分相近，但由于它受宗教礼仪和道教观念的影响，并受多种特殊的历史文化因素的复合作用，使其具有了一种不同于世俗音乐的独特的风貌，它那富有空灵超验的神秘性和神圣的宗教性特色是我们每个人都可感受得到的。因此，本文认为天师道科仪音乐除具有着民俗音乐所共有的一般性音乐功能，即认识功能、教育功能和审美功能外，还有其独特的祈禳、济度、通神、感神等宗教性功能。下篇还对现今的龙虎山天师道科仪音乐的曲目、乐队组合、演奏技巧与配器特点、曲式结构类型、龙虎山天师道科仪音乐的构成等方面进行了具体地分析与研究，总结了天师道科仪音乐的旋法特征，探求了天师道科仪音乐中多声音乐织体的内在规律。最后，本文从宗教学、社会学、美学的层面，对道人的音乐概念、音乐价值观进行了阐释，并就天师道科仪音乐的生成背景、道人的修道心理以及审美品格进行了深入的探讨，提出了一系列新观点。该文还从道教经典、道家著作中，选取了历代高道和道家先哲对音乐理论的部分论述，以指明天师道科仪音乐的思想基础与文化内涵。

关键词：天师道　科仪音乐　宗教功能　形态特征　审美品格　文化特质透视

中国洞箫音乐文化研究

作　　　者：李晋源

指导教师：袁静芳

专业方向：中国传统音乐

学　　　位：博士

学位授予时间：2002 年

论文述要：

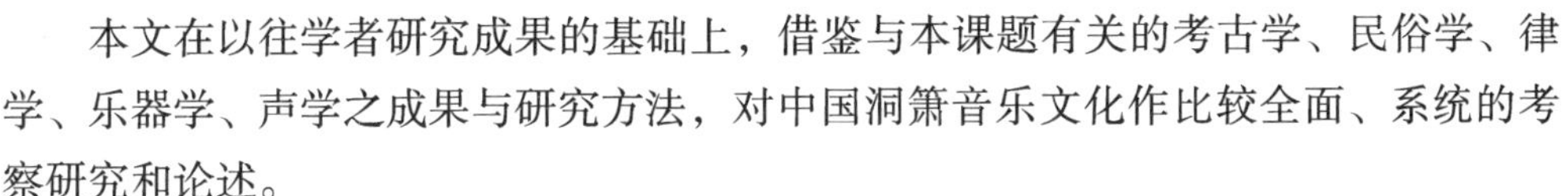

本文在以往学者研究成果的基础上，借鉴与本课题有关的考古学、民俗学、律学、乐器学、声学之成果与研究方法，对中国洞箫音乐文化作比较全面、系统的考察研究和论述。

全文包括五个部分。第一章论述洞箫类乐器在中国的历史与演变。在图像学的基础上，分析文献上、文物上出现的中国洞箫类乐器并进行探讨。本文认为汉代已经出现了各种吹口形式而定型化的洞箫类乐器。魏晋时期的洞箫，即是与现代洞箫一样的 6 孔洞箫类乐器。唐代与周边国家以及民族的交流，使中国洞箫获得了国际性。

第二章论述中国洞箫类乐器音乐的物质构成。主要对乐器构成与形制、乐队组合形式，以及洞箫音乐的分布情况作了梳理。通过实地考察和文献研究，指出了洞箫类乐器在音乐文化中历史上不同的乐队组合形式与现代乐种中乐队组合形式之间一定联系，并收集整理了中国洞箫类乐器音乐的乐谱与音乐。

第三章论述中国洞箫类乐器的主要音乐形态特征。对洞箫类乐器的宫调体系进行了历时性的全面疏理；对江南丝竹与福建南音中的洞箫音乐主要艺术特征进行了分析研究。本文认为“笛上三调”是文献中最早出现的洞箫类乐器的宫调理论。

第四章论述中国洞箫类乐器的社会文化功能。运用文化人类学、民族音乐学等学科知识论述中国洞箫类乐器在历史发展中的应用形式与社会功能特点。本文涉及到祭祀音乐文化、文人音乐文化、宗教音乐文化、民俗音乐文化以及当代音乐文化中洞箫类乐器的使用情况与意义，阐述了洞箫类乐器在中国传统音乐文化中的重要地位。

第五章论述中国洞箫类乐器的对外交流。运用比较音乐学的方法，研究并阐述了中国对韩国、日本洞箫音乐的影响。通过韩国北青狮子游艺中的狮子舞音乐与日本伎乐笛谱中的《狮子》比较，以及福建南音“谱”《梅花操》与韩国《步虚子》派生曲《两清还入》两个实例，探讨了中国、韩国、日本洞箫音乐上的交流。

本文的结语部分，对中国洞箫音乐文化的特征进行了归纳和小结，认为洞箫类乐器以及它的音乐是中国传统音乐文化的一个重要组成部分，它在社会发展过程中，吸取了丰富的民俗因素与其它传统音乐的优秀成分而丰富发展了自身的艺术个性；指出中国宫调体系（管律）在洞箫类乐器上的重要发展；中国与东亚国家的音乐文化交流中洞箫类乐器的作用。

关键词：洞箫　洞箫类乐器　笛上三调　江南丝竹　福建南音
社会文化功能　音乐文化交流

中国汉传佛教瑜伽焰口仪式及其音乐研究

作　　　者：杨秋悦

指 导 教 师：袁静芳

专 业 方 向：中国传统音乐

学　　　位：博士

学位授予时间：2004 年

论 文 述 要：

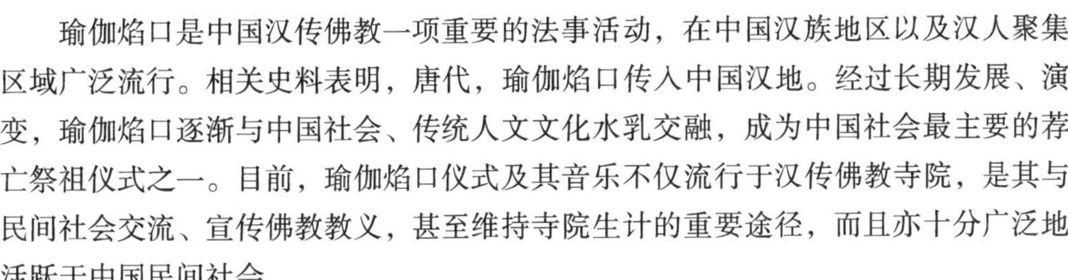

瑜伽焰口是中国汉传佛教一项重要的法事活动，在中国汉族地区以及汉人聚集区域广泛流行。相关史料表明，唐代，瑜伽焰口传入中国汉地。经过长期发展、演变，瑜伽焰口逐渐与中国社会、传统人文文化水乳交融，成为中国社会最主要的荐亡祭祖仪式之一。目前，瑜伽焰口仪式及其音乐不仅流行于汉传佛教寺院，是其与民间社会交流、宣传佛教教义，甚至维持寺院生计的重要途径，而且亦十分广泛地活跃于中国民间社会。

本文的研究对象主要是中国汉传佛教寺院流行的瑜伽焰口仪式音乐。全文分为四个章节。第一章，论述了瑜伽焰口与密教的关系。涉及三方面问题：一、密教的定义。二、密教在中国汉地的传播，中国汉传密教的形成，以及其在各个历史时期中的发展特征。三、以中国汉传密教的演变历史为依托，追溯瑜伽焰口仪式各程序要素的起源，寻求对仪式和与之相关社会文化之间的关系。第二章，对瑜伽焰口发展脉络、仪式文本演变过程进行梳理。瑜伽焰口仪式在汉传密教发展的鼎盛时期——唐代传入中国，改变了中国汉地原有的施食法。经过长期流传，特别是到明、清时期，密教逐渐融入中国民间社会，与显教各宗派、民间信仰完全融合。瑜伽焰口仪式正是在这样的历史、社会文化背景下，在仪式中同时运用显、密二教，形成真言、咒语、手印与观想、禅法相互结合使用的仪式格局。其仪式文本几经增删，最终形成今天所通行的两部版本。第三章，研究两方面问题：其一，在梅里亚姆“三分模式”研究框架基础上探讨了瑜伽焰口仪式、瑜伽焰口仪式音乐的总体特征。

研究瑜伽焰口仪式信仰、行为对其仪式音乐观念、行为、音声的影响以及三者之间相互关系。其二，瑜伽焰口仪式的一般程序和主要音乐类别。第四章，本文对五台山殊像寺和浙江雪窦寺瑜伽焰口仪式及其音乐进行实录，为瑜伽焰口仪式音乐分析提供研究实例。第五章，是瑜伽焰口仪式音乐分析研究。其中探讨了瑜伽焰口仪式音乐中各音乐类型的艺术特征，并涉及瑜伽焰口仪式音乐的仪式功能作用。

通过对瑜伽焰口仪式音乐研究，本文认为，它不仅体现了中国汉传佛教、佛教音乐华化的历史现象，而且从信仰、行为、音声各个层面均反映出宗教性与世俗性的高度融合。

关键词：瑜伽焰口　中国汉传佛教　音乐焰口　禅焰口

中国传统笙管乐申论

作　　者：景蔚岗

指导教师：袁静芳

专业方向：中国传统音乐

学　　位：博士

学位授予时间：2005 年

论文述要：

中国传统笙管乐广泛流布在中国大陆北部地区佛教、道教法事和民间祭祀礼仪、风俗活动中，在中国传统音乐文化中有重要地位。

基于对传统笙管乐历史文化研究的新认识，本文把散见各地的笙管系乐种视为一个整体研究对象，对之进行了基本界定，提出“笙管乐系”的概念。就渊源古老的中国传统笙管乐进行历史、文化、乐律学理论和实践的综合性研究，在研究对象、方法、理论、实践方面都是新的探索和突破。把中国传统笙管乐的历史文化研究和乐律学理论研究联系起来，大致廓清其历史衍变的来龙去脉，钩沉其艺术实践和传承统系中隐沦的中国传统乐律学理论体系和实践经验，对中国古代十二律旋宫实践的可行性提出新的见解和例证。

本文提出传统乐种冠名、分类研究中的从俗原则；针对现行传统音乐分类法中的理论缺陷，提出加强传统音乐基础性研究，完善和发展分类理论的新思路；对目前乐种分类中存在的分歧进行了辨析，提出了自己的认识。

本文重要论点有：1. 传统笙管乐是源于华夏中原文化的古典音乐，形态上保留着许多周代礼乐文化的印痕。2. 笙律与人声音域吻合，显示出笙管乐音律与人声的内在联系。3. 从传统笙律的稳定性推测，古代乐工的十二律实践并没有受到历代宫廷律名变易的影响。乐工以不变应万变，维系着十二律旋宫实践。古代文献中十二律旋相为宫的记载是客观存在的事实。4. “笙·母律居中八五度调律法”是乐工艺术实践的经验性成果，它的实践性、可操作性、准确性、灵活性、简便性是其他生律法无可比拟的。17 簧笙按照“笙·母律居中八五度调律法”即可以十二律齐备，乐工在实践中已经较好地解决了十二律八度循环、旋相为宫的问题。5. 笙管乐合四乙上勾尺工凡八个谱字隐含着十二律和黄钟、大吕二均声，一字二律，一调二宫，传统七调名义下隐伏着十二律旋宫实践的可能性。6. 近世以来，笙律普遍失减，十二律旋宫实践日渐荒废，乐器配置不齐，乐器演奏技术糙疏，大量曲目失传。其根本原因，是社会缺乏十二律旋宫实践的需求。

通过笙管乐田野考察，总结出曲笛、管子、洞箫“十二律谱字、音名、指法表”；曲笛、管子“七调音阶音位图”。归纳出“笙管乐黄钟均、大吕均七调音律、谱字、宫调、音阶表”；“成寿寺型七调”、“西安鼓乐型七调”。对字谱抄本实例中的多调记谱、多调并用、宫调辨识、乐师韵曲中谱字变异现象进行了分析，可为同类研究借鉴参照。

关键词：笙管乐系　乐种分类　笙律　十二律旋宫实践　宫调辨识

河北音乐会的音乐特征及其衍变

作　　　者：林敬和（Enrico Rossetto）

指 导 教 师：袁静芳

专 业 方 向：中国传统音乐

学　　　位：博士

学位授予时间：2005 年

论 文 述 要：

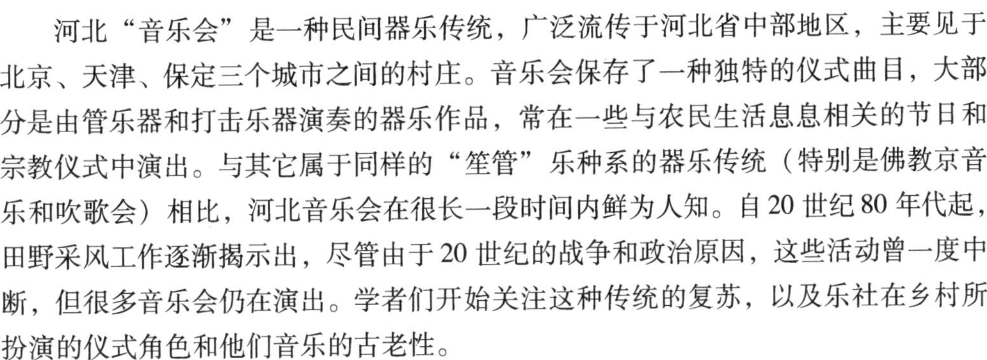

河北“音乐会”是一种民间器乐传统，广泛流传于河北省中部地区，主要见于北京、天津、保定三个城市之间的村庄。音乐会保存了一种独特的仪式曲目，大部分是由管乐器和打击乐器演奏的器乐作品，常在一些与农民生活息息相关的节日和宗教仪式中演出。与其它属于同样的“笙管”乐种系的器乐传统（特别是佛教京音乐和吹歌会）相比，河北音乐会在很长一段时间内鲜为人知。自 20 世纪 80 年代起，田野采风工作逐渐揭示出，尽管由于 20 世纪的战争和政治原因，这些活动曾一度中断，但很多音乐会仍在演出。学者们开始关注这种传统的复苏，以及乐社在乡村所扮演的仪式角色和他们音乐的古老性。

本文由绪论、五个章节和结论组成。绪论部分对研究现状进行了概述，从中可以看到民族音乐学家对民间宗教音乐的态度和理解是如何发生演变的。此外，绪论还列出了本文的立意和研究方法。

第一章提出音乐会历史“三个时期的重建”，试图分析音乐会发展过程中各种变化的情况和因素，同时也对音乐会的社会功能进行了介绍。

在接下来的每章中，笔者研究了这种音乐某一方面的基本特征，然后对其发生的变化和变化的原因进行了分析。具体为：第二章描述了各种乐器的形态、宫调、演奏技巧、历史背景以及文化意义。第三章讨论了乐队编制及一些相关的问题（例如表演形式，合奏的织体特点及性别的问题）。第四章对曲目进行了曲式结构分析，第五章则分析了旋律的发展手法。第四和第五章提出了一些在此之前被忽视了的问题，并进一步证明了缺乏变革已经使这种音乐处于被动的发展困境。最后，笔者在结语部分总结了整个研究过程中的发现及成果。

据笔者实地调查所获得的资料和以前学者们的研究结果，本文试图讨论这种音乐传统的特性及其在历史发展中的演变。虽然主要关注的是这种器乐的音乐形态特征，但是笔者把对音乐形态研究放在音乐会独有的社会和宗教背景下。与一种普遍观点不同的是，笔者认为音乐会保存下来的音乐已经在乐器、乐曲结构等方面发生了许多的改变。这些变化虽然不像在音乐会之外发展起来的吹歌会那样明显，但通过深层地分析，揭示出这种变化在音乐会漫长的历史发展过程中一直存在着。这些变化不应仅仅看作是一种“贫乏化”，它也是音乐慢慢演变的结果。

关键词：河北音乐会　音乐变化　鼓吹乐　仪式曲目

河南笙管乐研究

作　　　者：潘国强

指导教师：袁静芳

专业方向：中国传统音乐

学　　　位：博士

学位授予时间：2006 年

论文述要：

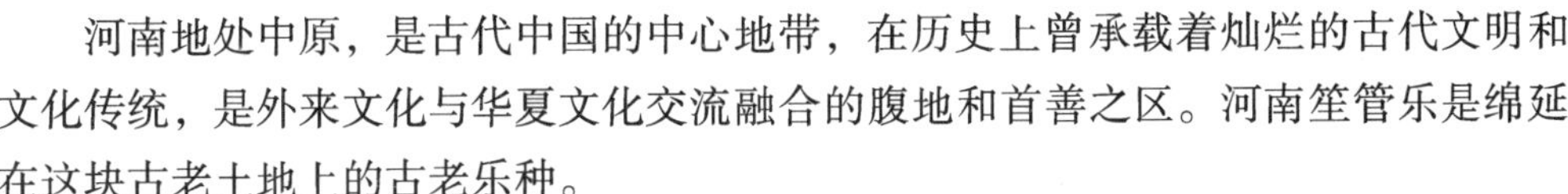

河南地处中原，是古代中国的中心地带，在历史上曾承载着灿烂的古代文明和文化传统，是外来文化与华夏文化交流融合的腹地和首善之区。河南笙管乐是绵延在这块古老土地上的古老乐种。

河南笙管乐是一个有着悠久历史传统的乐种家族，主要流行在豫西、豫中、豫北、豫东地区。蕴含着宫廷文化、宗教文化、民俗文化等多层面的文化内涵，从传承关系上可分为僧、道、俗三个派别。它们在乐器形制、乐队型态、乐谱曲目、宫调体系、演奏风格等方面，有着密切的文化联系。既保持着乐种家族的统一性，又因其乐社性质、应用场合、人员构成等各具特点。僧、道派更突出其宗教性；民间乐社则倾向民俗性特征。这些派别与乐社，均具有宫廷音乐的痕迹。

本文由序言、绪论、四个章节和结语组成。序言和绪论对笙管乐的定义以及中国传统笙管乐研究现状，进行了梳理，提出本选题的意义和研究方法，并对中国笙管系乐种的流布和河南笙管乐的现状作了简要考察。

正文的第一章从历史文化角度探索河南笙管乐的形成和发展过程。第二章、第三章通过对河南笙管乐物质型态、艺术特征的分析研究，归纳出乐器、乐谱、乐队，以及宫调、曲体、手法等乐种的音乐艺术表现特征及其历史发展传统。第四章则从河南笙管乐的文化成分和社会功能，考察其与宫廷、宗教、民俗的文化关系。

结语部分总结了本文的研究成果，说明河南笙管乐作为一个有着历史文化传统的乐种，是中国传统笙管乐系中的一个重要家族，是中国传统乐种体系中的一个重要组成部分。对其历史流变、文化生态环境、音乐艺术特征的研究，有助于我们对中国整体传统音乐文化的了解与认识，其重要意义是不可忽视的。

关键词： 乐种　笙管系乐种　河南笙管乐　中原文化　宫廷音乐
佛教音乐　道教音乐

现代京剧《红灯记》音乐研究

作　　　者：刘聪明

指 导 教 师：袁静芳

专 业 方 向：中国传统音乐

学　　　位：博士

学位授予时间：2007 年

论 文 述 要：

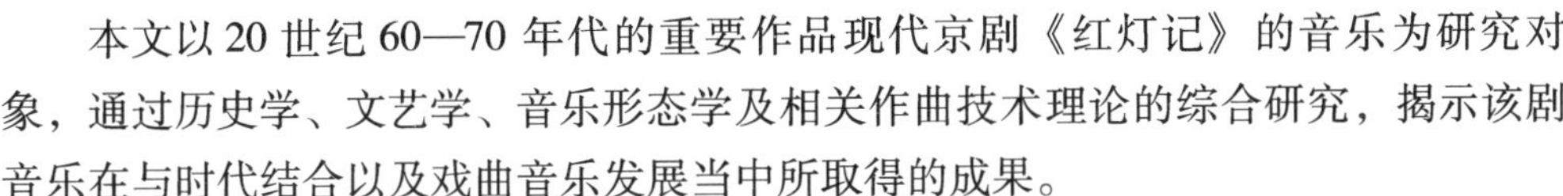

本文以 20 世纪 60—70 年代的重要作品现代京剧《红灯记》的音乐为研究对象，通过历史学、文艺学、音乐形态学及相关作曲技术理论的综合研究，揭示该剧音乐在与时代结合以及戏曲音乐发展当中所取得的成果。

全文共分五章。第一章通过对作品的历史背景及创作历程中的不同音乐版本的史料梳理与分析，揭示了政治与意识形态对于戏曲改革所产生的深远影响，并使该作品形成政治与艺术、意识形态与文艺审美的结合，从而体现出特定的社会与文化属性，如传播之广、影响之深。音乐版本的‘变化’一方面体现了政治与意识形态影响的不断深入，另一方面也体现了在特有创作模式下音乐结构形态的不断完善。第二章论述其音乐的整体布局，如整体节奏、声腔、调性、主题贯穿以及主要场次音乐布局、主要人物唱腔布局等，并从中归纳音乐与戏剧结合下的整体结构及内在逻辑。第三章以唱腔与人物为中心，一方面论述了唱腔音乐在塑造人物形象所起到的重要作用；另一方面从新的视角论述了皮黄腔音乐的诸多重要理论问题，从而形成戏剧人物、音乐形态、结构逻辑的高度统一。第四章论述乐队部分的创新及借鉴西方作曲技术的民族化与戏曲化，如唱腔伴奏多声部写作中的和声语言、伴奏织体、不同板式的伴奏布局、过门编配、乐队音色组合，以及主题音乐、过门、场景音乐、打击乐等。第五章就整体的音乐形态从程式性角度——即继承与创新的角度——予以归纳与总结。其中包括句式结构中的腔式、拖腔，调式结构中的落音、旋律音列，以及过门、声腔与板式等，并进一步论述了程式与戏剧人物性格、创作个性以及社会文化变迁等因素的关系。

本文首次从历史、文化与形态的多维角度综合研究大型戏曲音乐作品，提出了关于调性、节奏节拍、拖腔、核腔、风格腔、唱腔结构、唱腔语调、声腔、过门、多声部写作等领域的诸多新的看法，并对目前戏曲音乐理论成果进行适当的归纳与引申，使之与创作实践相结合。在此基础上，紧扣戏剧人物的形象塑造与情感表达，紧密联系时代背景与创作主题，赋予戏曲音乐理论与技术以生命力。

关键词：现代京剧　红灯记　样板戏　戏曲音乐

论传统琵琶演奏技巧

作　　者：陈爽

指导教师：袁静芳

专业方向：中国传统音乐

学　　位：博士

学位授予时间：2008 年

论文述要：

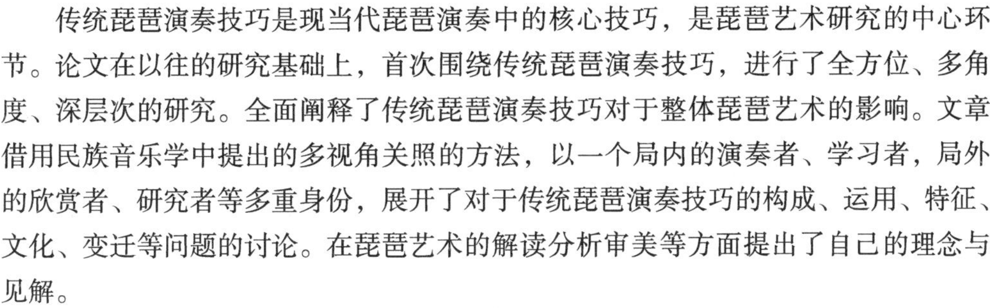

传统琵琶演奏技巧是现当代琵琶演奏中的核心技巧，是琵琶艺术研究的中心环节。论文在以往的研究基础上，首次围绕传统琵琶演奏技巧，进行了全方位、多角度、深层次的研究。全面阐释了传统琵琶演奏技巧对于整体琵琶艺术的影响。文章借用民族音乐学中提出的多视角关照的方法，以一个局内的演奏者、学习者，局外的欣赏者、研究者等多重身份，展开了对于传统琵琶演奏技巧的构成、运用、特征、文化、变迁等问题的讨论。在琵琶艺术的解读分析审美等方面提出了自己的理念与见解。

论文共分五章。第一章，传统琵琶演奏技巧的构成。集中梳理了传统琵琶左右手演奏技巧，并借用“点、线、片”的音响形态概念，解读技巧在实际演奏中的艺术表现。

第二章，传统琵琶演奏技巧的运用。借助中国传统书画中的理念，分析、论述了传统琵琶演奏技巧在乐曲局部的运用及在整首乐曲中的运用。具体分析了琵琶文曲、武曲、大曲三种不同艺术风格的乐曲中演奏技巧的布局与运用，探讨了演奏技巧对乐曲内容、风格的影响。

第三章，传统琵琶演奏技巧的艺术特征。提出了传统琵琶演奏技巧的“金石之声”的基本音色特征、多手指运用和汇组技巧带来的密集音响特征及多姿多彩的个性特征。论文用大量实例梳理了近代琵琶诸流派的技巧运用原则，分析了演奏家对演奏技巧运用的个性理念，并选择《霸王卸甲》的三个演奏版本说明演奏家们在艺术处理上的个性差异。

第四章，传统琵琶演奏技巧的文化内涵。本章将演奏技巧的研究推入更深的文化层次。同时通过琵琶演奏与书法的比较，提出一个欣赏传统琵琶艺术的语境参考。

第五章，传统琵琶演奏技巧的变化与思考。论述了传统琵琶演奏技巧随时代变迁产生的各种变化以及这种变化带来的思考。

论文对传统琵琶演奏技巧进行了全方位考察，尽量考虑到能够影响它的各个层面，力图丰富、深化多年来演奏家、理论家们的研究成果，使琵琶艺术研究更上一层楼。

关键词：琵琶　传统　演奏技巧　音响　演奏家　审美　文化

汉族民间长篇叙事歌的音乐类型及文化属性

作　　　者：李月红

指导教师：周青青

专业方向：中国传统音乐

学　　　位：博士

学位授予时间：2009 年

论文述要：

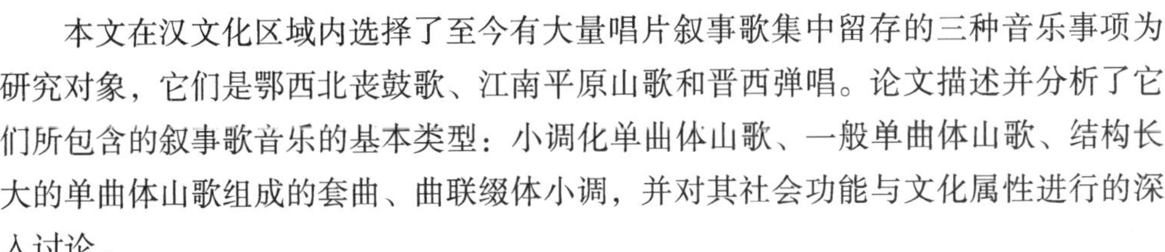

本文在汉文化区域内选择了至今有大量唱片叙事歌集中留存的三种音乐事项为研究对象，它们是鄂西北丧鼓歌、江南平原山歌和晋西弹唱。论文描述并分析了它们所包含的叙事歌音乐的基本类型：小调化单曲体山歌、一般单曲体山歌、结构长大的单曲体山歌组成的套曲、曲联缀体小调，并对其社会功能与文化属性进行的深入讨论。

全文共分七章。第一章为研究综述。就民俗学界、音乐学界有关叙事歌的研究成果进行梳理。第二、三、四章分别为鄂西北丧鼓歌、江南平原山歌和晋西弹唱的独立研究，重点关注的是音乐事项的留存状况和音乐形态类型。第五章是对四种音乐类型的深入分析，探索它们形成的原因，探讨它们不同于一般山歌、小调的特殊形态对音乐体裁相关研究的重要价值。第六章阐述长篇叙事歌音乐的文化属性。追溯楚文化、吴文化、晋文化对长篇叙事歌音乐的影响，展示音乐与地方性民俗的共生状态。第七章描述长篇叙事歌的歌师与传承。揭示歌手的身份特征和歌唱行为特征；从传统习得行为、社会变迁中的自我调适等角度对音乐的传承与维护问题进行相关探讨。

通过研究发现长篇叙事歌至今仍然鲜活地存在于民间音乐事项中，其中包括汉民族广义神话史诗。史诗内容涉及天地起源、民族发展史，以及为民众推崇的代表性人物，体现了农民与下层文人的共同创造，它通过丧鼓歌音乐形式长期流传于民间。此结论有助于改变民俗学界长期以来认为汉民族没有史诗的主流判断。其研究的三个音乐事项集中展现了不同于一般山歌、小调典型体裁特征的音乐形态，体现了民歌载体的丰富性以及民间的巨大创造力。这种对音乐形态的分析和归纳将进一步推进音乐界对民歌艺术形式的深入探讨。

此研究对汉族长篇叙事歌的音乐类型和文化属性的系统研究是对音乐学界尚未触及的学术领域的初步探讨。揭示出：汉族长篇叙事歌在记述本民族历史发展进程、展现丰富的音乐形态类型方面具有一般民歌不可比拟的研究价值。

关键词：叙事歌　丧鼓歌　黑暗传　田山歌　弹唱　盘子

西迁背景下的锡伯族戏曲“汗都春”研究

作　　者：肖学俊

指导教师：袁静芳

专业方向：中国传统音乐

学　　位：博士

学位授予时间：2010 年

论文述要：

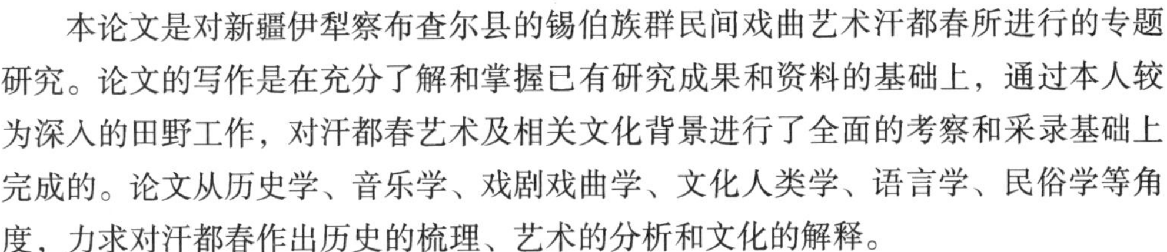

本论文是对新疆伊犁察布查尔县的锡伯族群民间戏曲艺术汗都春所进行的专题研究。论文的写作是在充分了解和掌握已有研究成果和资料的基础上，通过本人较为深入的田野工作，对汗都春艺术及相关文化背景进行了全面的考察和采录基础上完成的。论文从历史学、音乐学、戏剧戏曲学、文化人类学、语言学、民俗学等角度，力求对汗都春作出历史的梳理、艺术的分析和文化的解释。

论文的基本框架和内容是：锡伯民族的历史、文化及民俗概说；汗都春的历史与现状梳理；平调与越调艺术特征研究；汗都春与新疆小曲子的对比分析；对汗都春现象的文化解释；有关锡伯族群传统文化的传承性保护建议。

论文所呈现的创造性成果和新的学术见解主要包括：对汗都春的来源及各种称谓作了较为清晰的描述，首次找出汗都春（hacducun）一词的源头并对其涵义作出注解；通过实证，明确了汗都春之平调声腔源于我国西北地区移居新疆的汉、回艺人传入的曲艺和戏曲艺术，纠正了同时存在的平调“源于东北”之观点；较为详尽地描述了锡伯族群各个社区汗都春（平调和越调）传承的历史与现状，采录到了现有的曲牌和部分剧目，收集到了不少珍贵的历史音响和 60 余部剧本；首次将汗都春与同源剧种新疆小曲子作了全面比较，强调了汗都春作为新疆曲子剧的一个具有独立意义的分支的基本标志和特殊的历史与文化意义；笔者根据所获历史音响及本人所采访的录音，为汗都春 90 个曲牌中的 84 个作了重新记谱，自认为是比较客观和准确的；在论文的重点研究部分即第五章“汗都春现象的文化解释”中，通过对锡伯族历史上在与蒙古族、满族、俄罗斯民族、汉族等强势民族以及维吾尔族、哈萨克族等周边民族的文化碰撞中所持有的多重文化认同，以及西迁新疆后所体现出的强烈的族群意识和文化自觉的观察和剖析，指出了汗都春现象背后的文化机理所在，即锡伯族群所具有的“兼容并蓄、不失本我”的文化品格。用锡伯族群这一族性特征来解释汗都春现象的产生，应该是本文所努力作出的学术探索并可望从中提出新的见解。

关键词：锡伯族　西迁　多重认同　族群意识

晋北地区民间道教科仪音乐研究

作　　　者：陈瑜

指 导 教 师：袁静芳

专 业 方 向：中国传统音乐

学　　　位：博士

学位授予时间：2011 年

论 文 述 要：

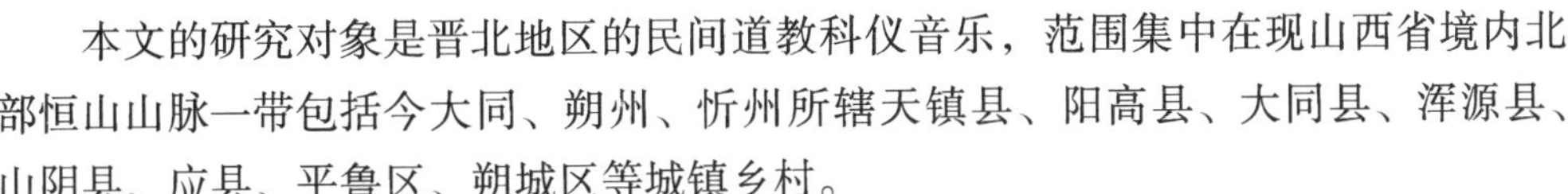

本文的研究对象是晋北地区的民间道教科仪音乐，范围集中在现山西省境内北部恒山山脉一带包括今大同、朔州、忻州所辖天镇县、阳高县、大同县、浑源县、山阴县、应县、平鲁区、朔城区等城镇乡村。

本文的写作建立在对已有研究成果和资料充分了解和掌握以及较为全面深入的田野工作基础上。文章由绪论、五个章节和结论组成。第一章从晋北地理概述与历史人文特征、晋北地方民间信仰体系与寺庙分布、山西道教的历史沿革三方面对晋北民间道教科仪音乐所依托的宗教和文化历史背景进行论述。第二章详细讨论晋北民间道教音乐整体概况，内容包括对历史源流与地域分布、民间道乐班的组织结构和制度以及晋北民间道教的现存科仪汇本与法事三方面讨论。第三章是对晋北民间道教正一派和全真派科仪法事音乐活动的考察与讨论。通过正一派和全真派在当地丧葬仪式和庙会活动两种不同社会语境中的道教科仪法事的详细描述，讨论两个教派科仪程序和音乐运用的异同和特点。第四章讨论晋北民间道教音乐的物质构成，对现今晋北地区民间道乐班的乐器、宫调、乐队编制，所使用的科仪汇本、字谱钞本与曲目分布情况进行简要讨论。第五章探讨晋北地区民间道教正一派和全真派音乐风格特征的异同，从而对整个晋北地区民间道教科仪音乐风格特征进行归纳总结。

本文所呈现的创造性成果和新的学术见解在于：首先，通过对晋北民间道教的教派源流进行全面考察和梳理，纠正以往学术界对该区域教派传统的误解。其次，以往学界的研究焦点多集中于对有固定宫观组织的道教科仪音乐的考察，对散居于民间的地方伙居道士的科仪音乐传统研究相对缺乏，对北方地区民间伙居道士科仪音乐传统的研究更是凤毛麟角。本文在前人的研究基础上，对晋北民间道教科仪音乐传统进行了全面系统的考察，忠实记录了现今仍普遍流传于晋北地方社会的民间道教科仪法事以及音乐，收集到工尺字谱抄本与道教科仪汇本 30 余部，并记录下 30 余首目前晋北各地区民间道乐班常用的经韵和器乐曲牌。在本文重点研究部分即“晋北民间道教科仪音乐的艺术特征”中，通过对其音乐体裁的分类以及不同区域的音乐风格异同比较，最终归纳总结晋北地区民间道教科仪音乐艺术风格的地域性特征和历时性特征。本文通过对晋北地区民间道教科仪音乐的考察，希望能为华北地区乃至中国民间道教科仪音乐的研究提供一个较为典型的研究范例。

关键词：晋北民间道教科仪法事音乐　恒山道乐　艺术特征

杨宗稷及其《琴学丛书》研究

作　　　者：吴叶

指导教师：袁静芳

专业方向：中国传统音乐

学　　　位：博士

学位授予时间：2011 年

论文述要：

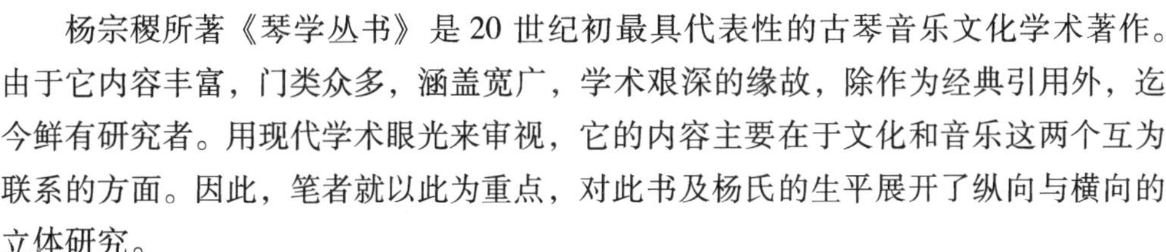

杨宗稷所著《琴学丛书》是 20 世纪初最具代表性的古琴音乐文化学术著作。由于它内容丰富，门类众多，涵盖宽广，学术艰深的缘故，除作为经典引用外，迄今鲜有研究者。用现代学术眼光来审视，它的内容主要在于文化和音乐这两个互为联系的方面。因此，笔者就以此为重点，对此书及杨氏的生平展开了纵向与横向的立体研究。

在杨氏生平方面，百年以来众说纷纭、莫衷一是。笔者经过补充考据，明确解答了杨氏生平和学术生涯中的一些疑问。在师承方面，笔者通过对其师黄勉之及弟子杨葆元、管平湖的考据分析，清晰呈现出杨氏的琴学渊源和传承发展的脉络。在古琴文化方面，笔者将包含了杨宗稷古琴音乐思想和理论的《琴学丛书·琴学问答》里面所涉及的二十八个琴学问题归类为琴派、琴谱、琴制、声歌、合奏、功能、拍板、传说等八类，并就这些问题的文化属性、历史沿革、文化价值、杨氏的音乐思想以及对当代社会的意义等方面进行了分门别类的研究。勾画出了清末民初那个时代杨氏作为琴人及中国传统音乐的传承人，身处西学渐进、古琴发展式微等社会现状之中，仍能够保持思维清晰、信念坚定、笔耕不辍，面临质疑积极回应，执著专心于古琴事业的琴家形象。在音乐方面，笔者通过对《琴学丛书·琴镜》系列杨氏用他的五行谱所记录的数十首琴曲作为架构，以杨氏本人所附序、跋、注、评、议为对象，对杨氏的琴乐体系进行了系统的分析，其主要方面有：杨氏的琴乐记谱体系、节奏观、琴调命名体系、古琴演奏指法和吟猱理论以及对杨氏的琴曲填词和编创等诸多方面进行了归纳与总结，并发表了己见。

此外，笔者在本文中不仅澄清了杨宗稷生平和艺术生涯中的一些问题，梳理了以杨氏为代表的20世纪上半叶古琴音乐思想和理论成就，深入探讨了杨氏的演奏和打谱观，而且还首次用简谱全套翻译了杨氏《琴镜》系列中用五行谱所记的曲库，为今人了解并学习杨氏古琴演奏及其流派风格提供了可能与便捷。在20世纪以来的琴学论坛上，笔者首次全面地、系统地，并且深入地分析研究了杨宗稷在古琴发展历史上的贡献，承认他开创九嶷派的琴坛地位，同时亦指出了他的不足之处和历史局限性。

关键词：《琴学丛书》 杨宗稷 打谱 吟猱

潮剧音乐的融合及变异

作　　者：董学民
指导教师：周青青
专业方向：中国传统音乐
学　　位：博士
学位授予时间：2012 年

论文述要：

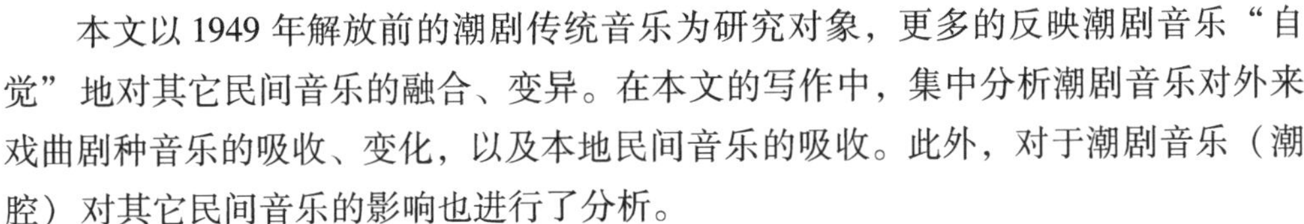

本文以 1949 年解放前的潮剧传统音乐为研究对象，更多的反映潮剧音乐“自觉”地对其它民间音乐的融合、变异。在本文的写作中，集中分析潮剧音乐对外来戏曲剧种音乐的吸收、变化，以及本地民间音乐的吸收。此外，对于潮剧音乐（潮腔）对其它民间音乐的影响也进行了分析。

全文共分为四章。第一章“潮汕地域文化与潮剧”，主要探讨潮汕历史沿革地域文化的形成、潮剧剧目的来源、潮剧从清末至 1949 年解放前的戏班情况；第二章“潮剧音乐的吸收与创造”，重点从音乐角度分析潮剧对曾经传播于潮汕地区的正字戏、高腔、昆腔、西秦戏、广东汉剧音乐的吸收，对潮汕地区民歌、器乐曲的吸收，以及潮剧在受到板腔体剧种影响后，唱腔体制的变化；第三章“潮剧音乐（潮腔）对其他民间音乐的影响”，讨论潮剧音乐对同属粤东地区的海陆丰白字戏的影响，以及潮腔在闽南民间音乐中的遗存及应用；第四章“潮剧音乐融合、变异及影响的文化阐释”，对潮剧音乐融合、变异及影响传播进行深层的文化探讨。从地理、经济、粤东与闽南地区的文化背景，以及从潮汕文化衍生出来的文化心理、思维模式等诸方面，阐释潮剧音乐在数百年的发展中，始终不断融合、发展的因素。

通过对潮剧音乐分析及深层文化阐释，笔者认为：潮剧音乐在数百年的发展过程中，面对不同剧种、声腔的冲击，为了剧种的生存，始终在不断融合与变异。传播至潮汕地区不同声腔剧种，是中国戏曲在不同发展阶段的产物。因此，从某种意义上说，潮剧音乐的发展与中国戏曲发展的历史是不可分割的。本论文在第二章音乐事项的具体比较分析中，通过潮剧对不同剧种戏曲音乐吸收的实例，体现了潮剧艺人在外来戏曲剧种面前，不断地吸收与创造。在第三章的论述中，体现了潮剧在自身发展的同时，其音乐也会对其他的民间音乐产生了一定影响，其音乐也有变异，说明了潮剧音乐并不是单向的融合与吸收，还体现出一种“输出”与传播的特点。

关键词： 潮剧音乐　南戏　高腔　昆腔　西秦戏　广东汉剧

论民间合奏乐种的传承方式

——以使用工尺谱的部分乐种为例

作　　者：王先艳

指导教师：张伯瑜

专业方向：中国传统音乐

学　　位：博士

学位授予时间：2012 年

论文述要：

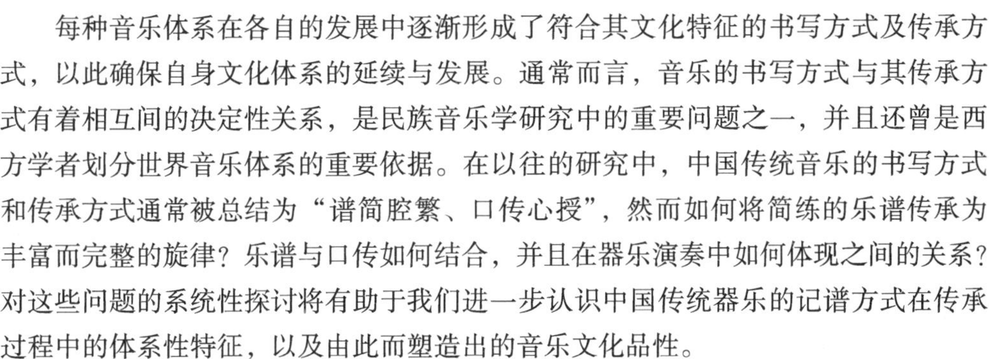

每种音乐体系在各自的发展中逐渐形成了符合其文化特征的书写方式及传承方式，以此确保自身文化体系的延续与发展。通常而言，音乐的书写方式与其传承方式有着相互间的决定性关系，是民族音乐学研究中的重要问题之一，并且还曾是西方学者划分世界音乐体系的重要依据。在以往的研究中，中国传统音乐的书写方式和传承方式通常被总结为“谱简腔繁、口传心授”，然而如何将简练的乐谱传承为丰富而完整的旋律？乐谱与口传如何结合，并且在器乐演奏中如何体现之间的关系？对这些问题的系统性探讨将有助于我们进一步认识中国传统器乐的记谱方式在传承过程中的体系性特征，以及由此而塑造出的音乐文化品性。

本文将研究的焦点放在使用工尺谱的部分民间合奏乐种上，其中主要包括冀中笙管乐、西安鼓乐、山西吹打乐、东北鼓吹乐、陕北鼓吹乐、潮州弦诗、福建南音等乐种。这些乐种由于传承历史久远、文化沉淀深厚，一直被学界认为极具学术研究价值及文化价值，并且已经取得了非常丰富而深入的研究成果。笔者以这些成果及自身的多次田野工作作为研究的基础，但并不是对某一个乐种的全面论述，也不是对这些乐种里某一种仪式过程进行文化阐释，而是聚焦于这些乐种运用工尺谱传承的行为方式和具体过程，并以此观察由其传承体系所塑造的音乐风格及文化品性。

根据本文的研究目的，文章以传承中的理论问题作为结构的原则，每一个章节讨论一个传承中的重要问题，同时也是传承的主要环节和特征所在。第一章讨论的是工尺谱在传承中的念唱方式，提出“主谱”及“润腔字”的概念，并以两者之间的关系作为研究的中心，由此说明传承中“主谱”的意义和民间乐师们围绕“润腔字”的处理所体现出的创造力及其音乐追求。第二章讨论的是工尺谱的音位与指位之间的关系，由此而论证工尺谱在传承中作为音位谱和作为指位谱的双重性质，以及对民间合奏乐种的器乐传承方式和音乐体系的影响。第三章讨论的是工尺谱在传承中的基本框架和即兴演奏之间的关系，梳理了中国传统合奏乐种的即兴方式和传承特点，提出中国传统合奏乐种的即兴演奏是一种基于传统的习得行为的认识。在最后的结论中，笔者基于工尺谱传承体系中“主谱”的延续性和稳定性以及念谱中“润腔字”的丰富性和即兴演奏中的变化性，提出中国传统合奏乐种在传承中“固变性”的总体文化特征，并对这种特征在当今社会语境中的传承境况进行了一定的反思。

可以看出，本文是以理论问题作为研究的范式，一个主问题（即论文的题目）包含三个分问题（即三个章节），在对三个分问题的讨论中又共同展示并回答了中国传统合奏乐种在传承中的主要体系特征及文化品性这个论文的主题。并且在每个问题的研究中都有较为翔实的论证材料，在一定程度上深化了前人在此方面的研究成果，在“润腔字”的作用及层次划分、指位功能的论证和即兴传承的方式和认识上均有一定的理论价值和创新意义。

关键词： 民间合奏乐种　传承方式　念谱过程　指位功能　即兴演奏　文化特征

巴渝文化语境中的罗汉寺瑜伽焰口音乐研究

作　　　者：胡晓东

指 导 教 师：袁静芳

学　　　位：博士

专 业 方 向：中国传统音乐

学位授予时间：2013 年

论 文 述 要：

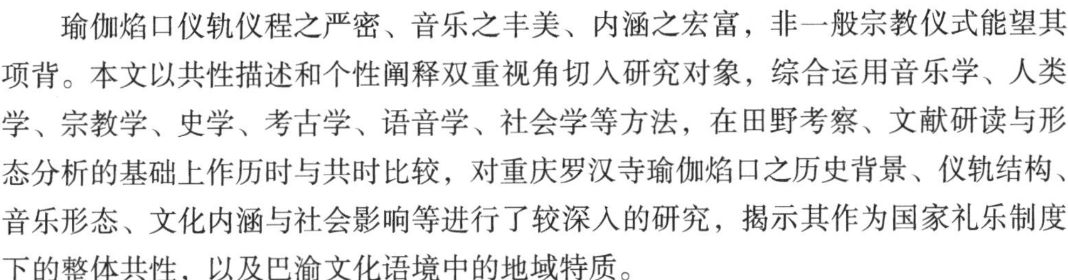

瑜伽焰口仪轨仪程之严密、音乐之丰美、内涵之宏富，非一般宗教仪式能望其项背。本文以共性描述和个性阐释双重视角切入研究对象，综合运用音乐学、人类学、宗教学、史学、考古学、语音学、社会学等方法，在田野考察、文献研读与形态分析的基础上作历时与共时比较，对重庆罗汉寺瑜伽焰口之历史背景、仪轨结构、音乐形态、文化内涵与社会影响等进行了较深入的研究，揭示其作为国家礼乐制度下的整体共性，以及巴渝文化语境中的地域特质。

本文的结构逻辑：中观切入，微观探析，宏观审视。全文共三篇八章。上篇曰“语境论”，重点就罗汉寺瑜伽焰口仪轨及其所生存的文化语境——巴渝文化之间的互动关系作中观阐述；中篇“形态论”，对罗汉寺瑜伽焰口仪轨音乐之形态特征作微观专题分析，洞悉其全国共性与地域差异；下篇“文化论”，从大文化的高度宏观审视罗汉寺瑜伽焰口仪轨，探寻其作为国家礼乐、宗教文化和社会文化的整体相通性与个别差异性。

本文的创新观点如下：

其一，瑜伽焰口仪轨作为封建大一统国家礼乐制度的一部分而具有广泛的相通性，最大限度地接衍了华夏正统音乐文化。瑜伽焰口属应门佛事，在封建礼乐制度中归为“五礼”之“凶礼”而存在。一般而言，其仪轨结构中间稳定，趋于共性；两端活跃，偏重个性。其中共性是内隐层，个性是外显层，巴渝文化是过渡层。

其二，巴渝地区的瑜伽焰口仪轨源于唐，盛于宋，赵智凤是代表人物。由于地理环境及政治格局的原因，相较全国其他地区而言，巴渝地区在一定程度上规避了唐密以来瑜伽焰口仪轨的历史断层，较完备地沿袭了唐密时期的瑜伽焰口仪轨原义。

其三，罗汉寺瑜伽焰口音乐源于特定的巴渝文化语境，其洒脱健朗、质朴爽利的“川派”风格与独特的巴渝文化内涵密切相关。其中方言语音是开启其文化特质的密匙，演唱技巧与润腔方式则是窥测其风格内蕴的利器。

其四，羽调式和“川羽型”核心音调是罗汉寺瑜伽焰口音乐形态的典型特征。极富特色的羽型起腔和收腔方式导致羽调式高产，常见“徵—羽”、“宫—羽”、“商—羽”三种羽调式型号。罗汉寺瑜伽焰口音乐与川江号子有着共同的文化基因，它们都是在巴山渝水间成长起来的具有浓厚巴渝文化特质的音乐样态。

其五，瑜伽焰口仪轨体现出佛教的和谐圆融观，有别于巫道之破灭观。作为表演的宗教仪式戏剧，又呈现出三密合一、迷幻性、虚拟性、象征性、功能性、艺术性等特征。性别研究是认识罗汉寺瑜伽焰口仪轨的重要途径，伦理学关怀则有助于维护和谐健康的佛教音乐文化环境。

关键词：巴渝文化　重庆罗汉寺　瑜伽焰口仪轨音乐　国家礼乐　共性　个性

20 世纪以来中国汉传佛教题材编创歌曲研究

作　　　者：张乔

指 导 教 师：袁静芳

专 业 方 向：中国传统音乐

学　　　位：博士

学位授予时间：2013 年

论 文 述 要：

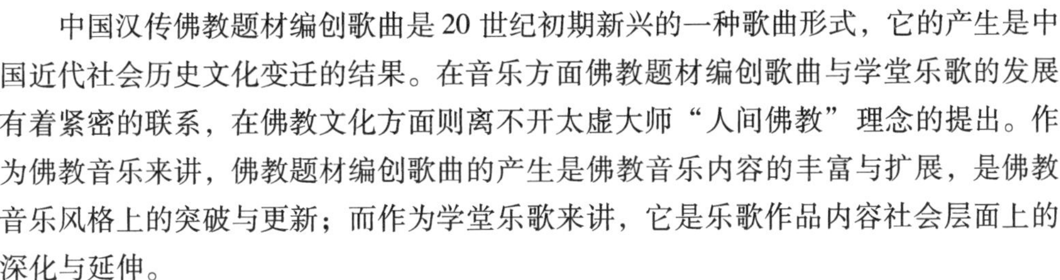

中国汉传佛教题材编创歌曲是 20 世纪初期新兴的一种歌曲形式，它的产生是中国近代社会历史文化变迁的结果。在音乐方面佛教题材编创歌曲与学堂乐歌的发展有着紧密的联系，在佛教文化方面则离不开太虚大师“人间佛教”理念的提出。作为佛教音乐来讲，佛教题材编创歌曲的产生是佛教音乐内容的丰富与扩展，是佛教音乐风格上的突破与更新；而作为学堂乐歌来讲，它是乐歌作品内容社会层面上的深化与延伸。

本文分为四章。第一章：20 世纪以来中国汉传佛教题材编创歌曲产生的历史文化背景。对 19 世纪末 20 世纪初期中国社会文化、音乐文化及佛教文化的历史转折进行探讨，考察了佛教题材编创歌曲诞生的历史原因。第二章：20 世纪上半叶初创期的佛教题材编创歌曲。阐述了以弘一大师（李叔同）为代表的 20 世纪上半叶的佛教题材编创歌曲从无到有的发展历程、艺术表现方式及其与学堂乐歌之间密不可分的联系。第三章：20 世纪下半叶以来发展期的佛教题材编创歌曲。本章分析了星云大师、黄友棣、吴居徹、晓云法师、钱仁康、正兴法师等僧俗各界人士的创作理念及代表作品，并对 20 世纪下半叶以来的佛教题材编创歌曲发展背景进行探讨，将作品的发展与“人间佛教”理念的不断弘化相结合展开论述。第四章：佛教题材编创歌曲的主要艺术特征。本章总结了 20 世纪以来佛教题材编创歌曲的艺术特征，提出 20 世纪上半叶的作品主要具有通俗性、时代性、传统性的艺术特征，20 世纪下半叶的作品则向着国际化、多元化、舞台化的方向发展。

本文采用文献研究与实地考察相结合的研究方法，首次对中国近百年来佛教题材编创歌曲进行了较全面、系统的考察、收集与整理，梳理了佛教题材编创歌曲的历史发展脉络，论述了佛教题材编创歌曲最重要的意义在于迎合契理契机的“人间佛教”理念，在传统佛教梵呗个人调息、修行的意义上，更向着弘法布道、走进世间的方向发展。佛教题材编创歌曲的诞生与发展是中国佛教文化与近、现代社会发展相适应而产生的变迁，它的出现，展示了传统音乐文化在新的历史发展时期内结构的变化与新的音乐艺术风貌。

关键词：佛教题材编创歌曲　人间佛教　弘一大师（李叔同）　星云大师　钱仁康

中国少数民族音乐

纳西族音乐史

作　　　者：和云峰（桑德诺瓦）

指 导 教 师：田联韬

专 业 方 向：中国少数民族音乐

学　　　位：博士

学位授予时间：1999 年

论 文 述 要：

纳西族的音乐文化同时兼具原发性（即土著性）、互发性（即衍生性）、杂糅性（即融合性）三大特征，其承袭模式亦较为独特，是民族音乐学“音乐传承机制”中不可多得的范例。本文是在广泛吸收了近年来音乐、历史、民族、民俗、考古、语言等学科领域的最新研究成果与方法，并在本人多年实地调查、专题研究、资料积累之基础上撰写而成的。

全文共分七章四十四节。第一章“上古至盛唐时期”叙述了纳西族先民在游猎、迁徙、交融进程中所创造的上古音乐文明，有史以来第一次将纳西族先民远古至盛唐时期的音乐文化发展脉络作了系统的梳理和阐释。

第二章“南诏统治时期”叙述了在南诏政权统治下纳西族地区音乐文化的发展概况。阐述了“磨些”与南诏、唐朝和吐蕃间音乐文化的交流历史，并对纳西族此时期“多元并存音乐文化格局”的成因和发展过程作了较为概括的叙述。

第三章“土酋纷争时期”叙述了大理国势力范围内纳西族土酋相对独立与纷争时期的音乐历史进程。详细阐述了纳西族与人类起源、部族战争、消灾禳解、巫术、占卜、以及自然崇拜、鬼神崇拜等内容密切相关的音乐文化形式。

第四章“木氏治理时期”叙述了纳西族在木氏近 500 百年统治时期内音乐历史之发展进程。此时期，随着元朝军队的进入和汉藏文化的全面传入，纳西族地区传统的音乐文化形式发生了极大的变异，产生了勃拾细哩、儒学礼乐、洞经音乐等诸多新的音乐文化形式。

第五章“改土归流时期”叙述了改土归流以来纳西族地区音乐文化的历史发展轨迹。重点阐述了汉文化普及以后纳西族地区洞经音乐的鼎盛、“大调”音乐的产生与发展、葬礼乐的变异等一系列重大历史文化现象。

第六章“民主革命时期”叙述了纳西族地区传统礼乐文化逐渐衰败，新兴音乐文化形式逐渐传入、普及之历史演变过程。

第七章“社会主义时期”系统叙述了中华人民共和国建立以后纳西族地区音乐文化历史的发展进程。

关键词：纳西族　丽江洞经古乐　勃拾细哩（白沙细乐）　东巴音乐（宗教音乐）

论蒙古佛教音乐文化的多元化

作　　者：包爱军（包·达尔汗）

指导教师：田联韬

专业方向：中国少数民族音乐

学　　位：博士

学位授予时间：2000 年

论文述要：

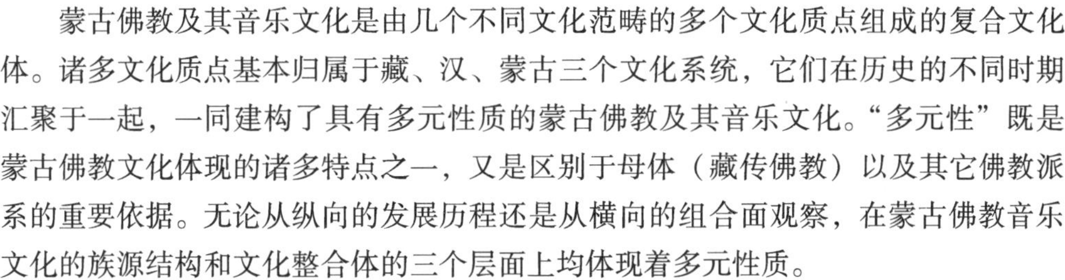

蒙古佛教及其音乐文化是由几个不同文化范畴的多个文化质点组成的复合文化体。诸多文化质点基本归属于藏、汉、蒙古三个文化系统，它们在历史的不同时期汇聚于一起，一同建构了具有多元性质的蒙古佛教及其音乐文化。“多元性”既是蒙古佛教文化体现的诸多特点之一，又是区别于母体（藏传佛教）以及其它佛教派系的重要依据。无论从纵向的发展历程还是从横向的组合面观察，在蒙古佛教音乐文化的族源结构和文化整合体的三个层面上均体现着多元性质。

蒙古佛教及其音乐文化的多元性是异源文化质点在长期的历史交融中逐步整合而成的。从历时的流程探究，13 世纪初叶萨迦派藏传佛教流入蒙古地区是多元性蒙古佛教及其音乐文化整合体形成的始端，与蒙古文化接触后的藏传佛教经一时的中断后，从 16 世纪末开始更加猛烈地广泛传播于蒙古草原，凭借统治阶级的鼎力扶植得到空前发展。两种文化的接触必然导致交流与融合，藏传佛教在蒙古地区传播的过程，其实也是吸收异源文化而逐步完成对自身改造和变异的过程。自从第一次与蒙古人的接触，它就开始了渐进的蒙古化行程，如《甘珠尔》、《丹珠尔》等重要经典被译成蒙古文，蒙古语诵经体系的逐步完善，蒙古博教的祈愿文、敖包祭祀、腾格里祭祀等固有的蒙古文化质点大量地被它吸收和借用。与此同时，借助于地缘之便，逐步蒙古化的藏传佛教与汉族文化得到了交流并且吸收了对方的诸多特质，这一现象到了清朝末期尤为明显。由于不同族源文化特质的逐步汇入，流传于蒙古的藏传佛教及其音乐文化失去了原有的面貌，慢慢形成了新的整合体——蒙古佛教及其音乐文化。

依据文化人类学的文化分层和质点组合理论，笔者自行创建了质点扩散性文化观照法，并按照这一方法对蒙古佛教音乐文化的横切面进行分层观察后，发现在其每一文化层面中均包含有藏、汉、蒙三种文化质点，更为明确地体现了每一层面以及完整体系的多元性质。作为一个完整文化体系的蒙古佛教音乐文化，其形态结构由基础技术、社会组织、思想意识三个文化层构建。在音乐文化基础技术层面的诵经音乐、乐舞、乐舞剧、乐器及器乐等四个次级层面中，除了包括藏族文化范畴的文化质点外，还有蒙语诵经音乐、“关公经”诵经音乐、查玛乐舞、经箱乐等具有汉、蒙文化性质的重要质点；在音乐文化社会组织层面中，其“权力结构以族源为单位的多元分层”的僧侣组织系统以及代表着不同文化特质的寺院建筑、宗教音乐使用习俗的嬗变等，明确地体现了这一层面的多元特征；音乐文化的思想意识层面在三个文化层中最为内隐、最为庞杂，与前两者相同，由不同民族神祇组成的蒙古佛教万神殿以及来源于不同文化范畴的宗教理论，表现了这一层面的多元特质。蒙古佛教音乐文化在每一个层面中包含的多个不同文化质点，共同构筑和体现了蒙古佛教音乐文化这一多元性质的复合文化体。

关键词：蒙古佛教　藏传佛教　多元性　文化分层　质点扩散性文化观照法　整合

鄂西土家族丧葬仪式音乐的文化研究

作　　　者：齐柏平

指 导 教 师：田联韬、杨民康

专 业 方 向：中国少数民族音乐

学　　　位：博士

学位授予时间：2003 年

论 文 述 要：

本文从考察鄂西土家族丧葬仪式音乐入手，对土家族丧葬仪式中的宗教观念、仪式行为、音乐形态加以分析总结，对土家族丧葬仪式音乐文化的特点、模式及其分布规律进行理论研究。

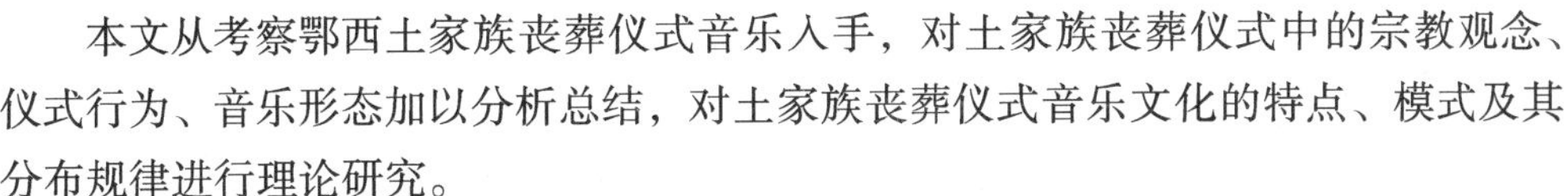

土家族丧葬仪式是土家族在长期社会生活中所形成的传统习俗之一，它有着厚重的传统积淀，它是土家族文化的历史性、地缘性、民族性等多种因素的综合。丧葬仪式作为人生礼仪的一个重要阶段，历来受到土家人的高度重视。从丧葬仪式中我们看到了音乐的重要作用，从丧葬音乐中，我们了解到土家族人的生死观。

根据民族音乐学的理论方法，笔者比较细致地考察了湖北省鄂西土家族苗族自治州的来凤县磨坡乡黄茅坪村 19 组、宣恩县沙道沟镇栏杆坪村 20 组的土家族丧葬仪式。除了对此两点进行多次实地考察之外，还对鄂西以及湘西的其它土家族地区也进行了一定的调查。

本文第一章叙述了土家族的概况，对其历史、地理、语言、习俗、宗教信仰及民族艺术加以简要介绍；第二章着重对其丧葬的历史、丧葬的习俗、丧葬仪式的结构等加以探讨；第三章要点在土家族的个案研究，以解剖麻雀，进而管窥全豹。土家族丧葬仪式的个案研究是本文的重点，比较细致地描述和研究了土家丧仪的时间特点、场地空间、结构程序、活动人物、音乐表现等方面。并且将土家族丧葬仪式与汉民族丧葬作了一定程度的同类比较，通过比较可以更清晰地看清土家族丧葬文化的特性，了解什么是土家族自己的文化，什么是汉民族影响的结果。法事、花鼓、跳丧，作为土家族丧葬仪式的主体部分，既体现了土家人自己的丧葬特色，同时也反映了土家族文化受外来影响的情况，它们之间既可独立成体，又可以联袂合作，体现了土家族艺术的强烈动感，反映了土家人豪放的艺术气质。在第四章中，法事、花鼓及跳丧的音乐形态、表现手法、乐器组合、表演方式等是研究的主要内容。第五章分析了土家族丧葬仪式音乐的文化内容。它与巫文化、傩文化、佛教和道教音乐文化有相当深厚的联系，与楚文化、汉文化的交流也由来已久，它的民族精神和民族性格无不与这些因素紧紧相联。丧葬仪式音乐作为仪式的一个重要组成部分拥有多种功能，本文加以了讨论。通过对土家族丧仪音乐文化文本的研究，笔者认为跳丧、花鼓是土家族丧葬仪式文化中的特征因子；而土家族丧葬仪式显著特征及其分布规律是“南花鼓，北跳丧”。

关键词：土家族　鄂西　来凤　宣恩　丧葬仪式音乐　法事　花鼓　跳丧

青海台吉乃尔蒙古人的人生仪礼及其音乐研究

作　　者：崔玲玲

指导教师：田联韬

专业方向：中国少数民族音乐

学　　位：博士

学位授予时间：2004 年

论文述要：

台吉乃尔蒙古人的音乐文化是蒙古族音乐文化中的重要一支，是一笔丰厚的民族文化遗产。其人生仪礼中的仪式及音乐，不仅体现了台吉乃尔蒙古人丰富的民俗和多彩的音乐，也体现了蒙古民族悠久的传统文化。

台吉乃尔蒙古人从新疆地区的卫拉特蒙古部落迁至青藏高原，与当地的藏族、土族、撒拉族、回族、汉族、哈萨克族等民族杂居。多民族的居住环境形成了文化间的交流、趋同与融合。本文借鉴民俗学中有关人生仪礼的研究理论，以台吉乃尔蒙古人的人生仪礼及仪式音乐的实际情况为基础，结合其传统观念，尝试着制作一个研究模式图，进行分析、解释。即将台吉乃尔蒙古人人生仪礼的总体，看做是一个完整的圆圈，从中间分开，上半部分为人们由生到死的过程中的仪礼，称其为生活仪礼；下半部分为人的由死到生的轮回过程中的仪礼，称其为信仰仪礼。这两部分仪礼的总和，体现出一个台吉乃尔蒙古人传统观念中完整的人生仪礼的过程。

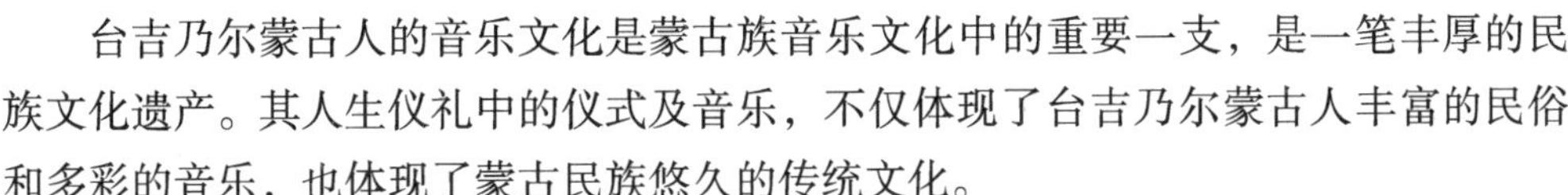

全文第一章为绪论，第二章叙述了青海蒙古族、人生仪礼和音乐的概况。主要对青海地理环境、青海蒙古族及台吉乃尔蒙古人的迁徙史、文化概况、人生仪礼、音乐种类与特征，进行了较为细致的描述。第三章重点对台吉乃尔蒙古人最重要的四种人生仪礼做翔实的个案实录。本章每一节的个案描述，均包括三方面的内容，即：归纳资料中的人生仪礼内容、实录人生仪礼、总结对比。通过三个方面的描述，可以看出台吉乃尔蒙古人人生仪礼的融合、变迁的趋势。第四章主要是对台吉乃尔蒙古人人生仪礼中的仪式音乐做形态方面的分析。文中介绍、分析了人生仪礼音乐中所使用的各类歌曲，并对人生仪礼中整体音乐的结构形式进行分析。本章中将青海藏族和内蒙古地区蒙古族的音乐与台吉乃尔蒙古人的音乐做比较分析，还借用了专业音乐理论中的曲式结构概念对每一个人生仪礼及音乐做仪式结构和曲式结构的分析、解释。第五章从文化阐释的角度，解释台吉乃尔蒙古人的人生仪礼及仪式音乐。主要内容包括对人生仪礼中的隐性仪礼——信仰仪礼的分析、阐释其与生活仪礼的关系；从藏族与内蒙古地区蒙古族人生仪礼文化方面的比较中，找出文化传承与文化趋同的脉络；人生仪礼及音乐对于社会生活所起到的功能作用。最后，笔者运用民族音乐学的模式分析方法，分解仪式音乐中的核心层次、中介层次和外围层次，用以剖析仪式及仪式音乐中的固定因素与非固定因素。

关键词：台吉乃尔蒙古人　人生仪礼　仪式音乐　互渗性　融合性
趋同性　传承性

藏传佛教密宗“死亡修行”仪式音乐研究

作　　　者：嘉雍群培

指 导 教 师：田联韬

专 业 方 向：中国少数民族音乐

学　　　位：博士

学位授予时间：2007 年

论 文 述 要：

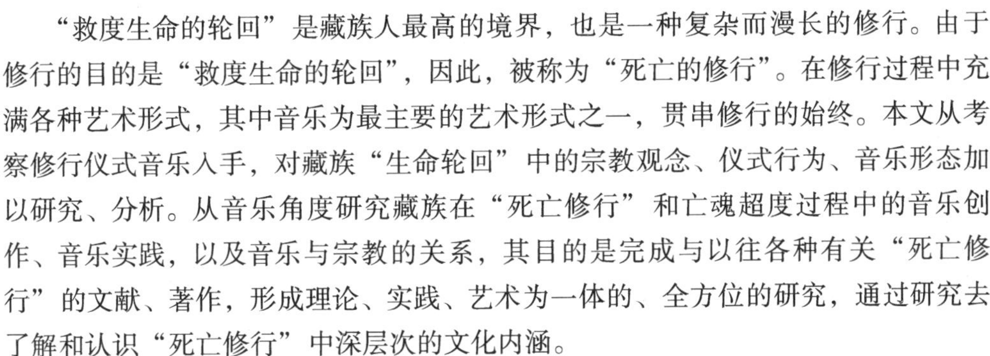
“救度生命的轮回”是藏族人最高的境界，也是一种复杂而漫长的修行。由于修行的目的是“救度生命的轮回”，因此，被称为“死亡的修行”。在修行过程中充满各种艺术形式，其中音乐为最主要的艺术形式之一，贯串修行的始终。本文从考察修行仪式音乐入手，对藏族“生命轮回”中的宗教观念、仪式行为、音乐形态加以研究、分析。从音乐角度研究藏族在“死亡修行”和亡魂超度过程中的音乐创作、音乐实践，以及音乐与宗教的关系，其目的是完成与以往各种有关“死亡修行”的文献、著作，形成理论、实践、艺术为一体的、全方位的研究，通过研究去了解和认识“死亡修行”中深层次的文化内涵。

在“死亡修行”仪式音乐的研究过程中，笔者深深感到“救度生命轮回”的过程中，蕴含的文化是多元性、复合性的，表现出了藏族文化的厚重博大；而音乐形式又是多样的和丰富的，表现出了藏族人丰富的情感和对生命的热爱。

本文第一章着重论述“死亡修行”的内容，即历史渊源、修行途径、修行方法和修行的终级目标；第二章论述“死亡修行”的文化渊源之一——本教，阐述本教的形成、发展和文化内涵，以及本教的众神灵和它们的“死亡仪式”活动；第三章论述修行的思想基础——藏传佛教密宗的形成和密宗修行的基本情况；第四章具体论述了修行中的各种演唱形式；第五章论述迁识超度的寺院乐舞“羌姆”，包括“羌姆”的起源、功能以及艺术形式；第六章主要论述修行过程中所使用的乐器、乐器组合、乐队编制；第七章是对修行仪式音乐进行多方面、多角度的分析；第八章是修行仪式音乐的文化分析。

笔者是土生土长的藏族人，从小受到藏文化的熏陶和濡染，又从事多年的藏文化的学习、研究，通过这次对“死亡修行”仪式音乐的研究，使笔者对藏族文化、理念、审美有了更深层次的了解。

关键词：藏族“死亡艺术” 诵唱 羌姆 密宗

“北侗”婚恋礼俗音乐文化考察研究

作　　　者：李延红

指 导 教 师：田联韬

专 业 方 向：中国少数民族音乐

学　　　位：博士

学位授予时间：2007 年

论 文 述 要：

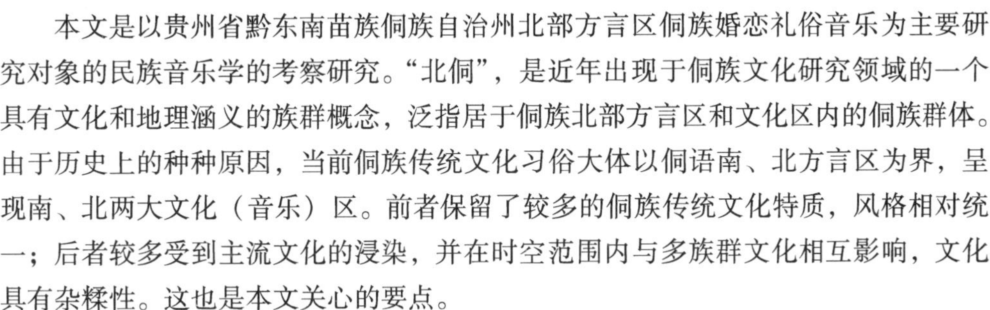

本文是以贵州省黔东南苗族侗族自治州北部方言区侗族婚恋礼俗音乐为主要研究对象的民族音乐学的考察研究。“北侗”，是近年出现于侗族文化研究领域的一个具有文化和地理涵义的族群概念，泛指居于侗族北部方言区和文化区内的侗族群体。由于历史上的种种原因，当前侗族传统文化习俗大体以侗语南、北方言区为界，呈现南、北两大文化（音乐）区。前者保留了较多的侗族传统文化特质，风格相对统一；后者较多受到主流文化的浸染，并在时空范围内与多族群文化相互影响，文化具有杂糅性。这也是本文关心的要点。

全文共分六章。第一章为绪论。对该课题的研究意义、研究现状以及研究方法、实地考察工作等进行阐述。第二章在北侗社会、文化整体背景下对其婚恋礼俗音乐文化作研究。第三章是对北侗两性交往活动及其音乐的调查与复原。主要以“赶歌场”和“玩山”为例。第四、五章为北侗婚礼艺术及其音乐个案调查和实录，以及音乐观念、音乐本体研究等等。第六章，笔者综合音乐、文化等各种因素对北侗婚恋礼俗仪式音乐的文化内涵、结构特征、象征意义等问题作进一步分析，并探讨了当代背景下，北侗婚恋礼俗音乐文化的演变特征。

笔者提出：两性与婚姻是人类文明的永恒主题，与其相关的礼俗文化可以折射人类社会发展的轨迹。北侗族群在历史上形成的两性交往习俗和婚姻仪礼，不仅是侗族整体文化构成的一部分，也是北侗传统文化的主要内容，并与南侗同类事象相区别。从行为的角度上看，两类活动之间呈现一种“分立并行”的特点，且各有特定的音乐及音乐行为。这些品种多样、风格杂糅的礼俗音乐，因分别体现着本土“歌以择偶”的习俗和汉族文化中的“礼乐”思想，而蕴含了风俗与礼制、本土与外来、主流和非主流等多种文化主题。以往学界对北侗文化（包括音乐）较少研究，关于音乐研究的有限成果多集中于“民俗”层面上的两性交往活动用乐，对当地民众极为重视的生命仪礼一婚礼及其用乐鲜有关注。随着文化研究的深入，当地旅游业和传播媒介的发展，以及北侗族群意识的增强，当前的北侗婚恋礼俗音乐文化逐渐有了族群文化标识意义。本文将通过此种音乐文化事象的时空考察，揭示北侗族群婚恋礼俗文化的形式特征、文化功能与意义，以及其传统的形成与变迁过程。

关键词：贵州少数民族　侗族　北侗　婚恋礼俗音乐　考察研究

民间音乐新兴唱片研究

——以贵州部分地区民间音乐传播现象为考察案例

作　　　者：何岭

专 业 方 向：中国少数民族音乐

指 导 教 师：田联韬

学　　　位：博士

学位授予时间：2008 年

论 文 述 要：

20 世纪末与 21 世纪初，中国云南、贵州等多个省份的多个民族中产生并流行着一种民间音乐唱片。这类民间音乐新兴唱片与中国历史上出现的各类民间音乐唱片均有所区别。它的表演者绝大部分来自民间，而非专业演员，受众主要为农村及城市非主流的人群，而非城市大众，它价格低廉，走入了民间音乐的基层空间。它的出现突破了当代民间音乐几乎单一的口头传播的方式，是民间音乐传播史中的新现象，值得关注与研究。

本文主要运用了传播学的理论，同时吸收了音乐社会学、音乐传播学、音乐美学及民族音乐学等学科的相关研究成果，对民间音乐传播中的新现象予以研究。采用的研究方法主要是实地考察法、资料分析法与文献分析法。全文共分六个章节，第一章对民间音乐的概念和特点，以及其传播方式作梳理。第二章详细分析了民间音乐新兴唱片的传播过程，分别从生产链条、生产者、传播渠道、受众以及传播效果等几个方面展开。在第三章中，本文从符号学角度对新兴的民间音乐唱片进行释义。第四、五章探讨民间音乐新兴唱片各种传播方式中存在的特点和互补共存现象。第六章则是对唱片特点与商业化给民间音乐带来的影响进行了研究。

在结论部分，本文提出：民间音乐新兴唱片促进了民间音乐的群体传承与传播，彰显了民间音乐的生命力。同时，它也在一定程度上加速了不同民间音乐群体间的音乐文化交流，直至产生交融。而且，唱片媒介的凝固性与机械复制性使民间音乐的变异性减弱。以上均使得民间音乐发生变化。面对民间音乐的生命力与变化性，我们一方面要对民间音乐的继承与发展充满信心，另一方面也要预见民间音乐在社会生活急速发展、变化的过程中，逐渐消亡的可能性，从而认识到非物质文化遗产保护工作的重要性与紧迫性。

关键词：民间音乐　唱片　传播　贵州　原生态

土家族梯玛巫祀仪式音乐研究

作　　　者：刘嵘

指 导 教 师：田联韬

专 业 方 向：中国少数民族音乐

学　　　位：博士

学位授予时间：2008 年

论 文 述 要：

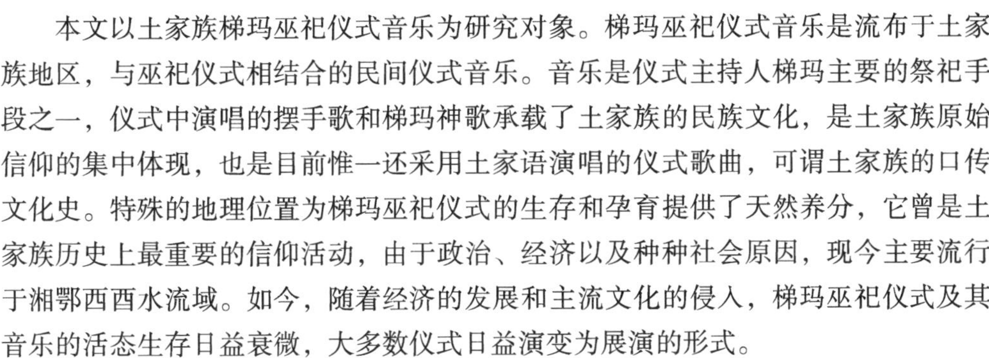

本文以土家族梯玛巫祀仪式音乐为研究对象。梯玛巫祀仪式音乐是流布于土家族地区，与巫祀仪式相结合的民间仪式音乐。音乐是仪式主持人梯玛主要的祭祀手段之一，仪式中演唱的摆手歌和梯玛神歌承载了土家族的民族文化，是土家族原始信仰的集中体现，也是目前惟一还采用土家语演唱的仪式歌曲，可谓土家族的口传文化史。特殊的地理位置为梯玛巫祀仪式的生存和孕育提供了天然养分，它曾是土家族历史上最重要的信仰活动，由于政治、经济以及种种社会原因，现今主要流行于湘鄂西酉水流域。如今，随着经济的发展和主流文化的侵入，梯玛巫祀仪式及其音乐的活态生存日益衰微，大多数仪式日益演变为展演的形式。

学术界对梯玛巫祀仪式音乐的研究，主要是从艺术品种的角度，针对摆手歌、梯玛神歌进行分类描述，没有将其作为仪式音乐进行专题论述，在音乐形态方面的研究也相对薄弱。本文以仪式的眼光，将梯玛巫祀仪式中的音乐纳入仪式的整体视野中去研究，并将音乐形态方面的研究结果与土家族文化结合起来，因此对土家族仪式音乐的研究将起到学术补白的作用。

本文主要采用民族音乐学对仪式音乐的研究方法，以文献梳理为前提，立足于实地考察，对梯玛巫祀仪式音乐进行形态分析和文化阐释。第一章、第二章是对梯玛巫祀仪式音乐的宏观研究，探求其生存的文化生态环境，仪式分类以及仪式主持人梯玛当前的生存状况；第三章中，笔者选取了梯玛公祀和家祭中的代表仪式类型进行音乐民族志个案实录，描述音乐在各类仪式中的情况；第四章是对仪式的音乐形态和地域性音乐风格特征的分析；第五章将其与土家族其他民间巫祀仪式音乐进行比较，并对湘鄂西土家族民间巫祀仪式音乐文化进行类型分区；第六章分析梯玛巫祀仪式音乐的文化内涵和功能，并建构其时间、空间及隐喻的三维音乐体验模式；第七章研究梯玛巫祀仪式音乐的变迁和保护问题。

通过对土家族梯玛巫祀仪式音乐的个案研究，笔者认为，其音乐具有仪式的特质，音乐文化的变化体现了从仪式到展演的变迁过程。在现代化进程中，仪式是其作为非物质文化遗产活态生存的重要途径。虽然传统的巫祀仪式逐渐衰微，但音乐文化传统应该完全可以找到新的方式驻留下来。

关键词：摆手歌　梯玛神歌　还愿　变迁　展演　仪式化

西藏昌都热巴音乐艺术研究

作　　　者：王华

指 导 教 师：田联韬

专 业 方 向：中国少数民族音乐

学　　　位：博士

学位授予时间：2008 年

论 文 述 要：

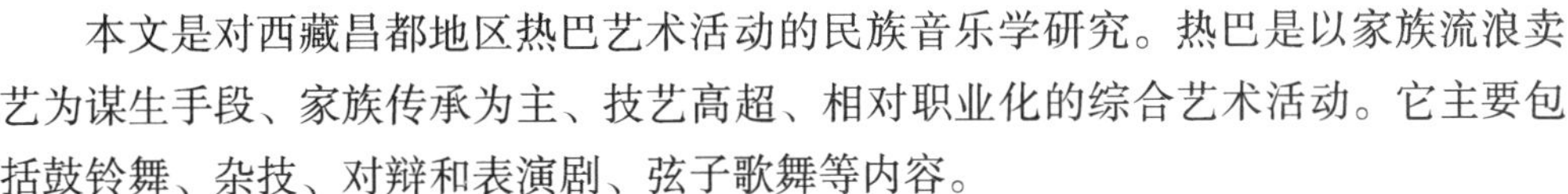

本文是对西藏昌都地区热巴艺术活动的民族音乐学研究。热巴是以家族流浪卖艺为谋生手段、家族传承为主、技艺高超、相对职业化的综合艺术活动。它主要包括鼓铃舞、杂技、对辩和表演剧、弦子歌舞等内容。

对于热巴活动的源流可以追溯到西藏的吐蕃时期，特别是佛教传入西藏以后。西藏第一所寺庙桑耶寺的建立，对于西藏文化的形成具有特殊意义；本文根据有关桑耶寺的记载和传说，以及西藏考古岩画等研究成果，对热巴活动的产生做了推理性分析；并通过对佛教噶玛噶举派大师米拉热巴的传记、道歌集等文献的研究，对民间的“米拉热巴是热巴的创始人”这一传说进行了论证，最终认为米拉热巴并非热巴的直接创造者，热巴的直接创造者是西藏社会底层的流浪艺人。在梳理和分析了近代热巴家族个案活动的实例之后，本文展开了对热巴音乐形态特质、宗教社会文化背景的研究。在形态分析部分，本文从音声的概念出发，将热巴活动中的音响分为人声和物声两个层面，以音乐为界限，将这两个层面中的音响划分为音乐的和非音乐的两个部分。并根据形态特征，着重对鼓铃舞、弦子歌舞的节奏和音高方面进行了纵横对位式比较分析，得出它们之间存在着繁简、同步、支声复调等特征关系。在曲式结构方面，分析出篇幅规模长大、曲式结构却精炼短小，各部分之间既严格又灵活的组曲关系

西藏宗教历史悠久，二元化宗教（本教与佛教）特征鲜明。全民信教的社会宗教环境对热巴的形成和存在起到至关重要的作用。热巴成员是流浪艺人，还是信教

徒，这种双重身份作为宗教、民间文化元素相互转换的便利条件，使二元宗教对热巴活动的生成产生了重要作用。本文用模式比较、模式阐释、非模式状态分析等方法，阐释热巴与宗教之间的密切关系，针对西藏这个特殊地理人文环境下产生的文化现象，模式分析法是一种比较适合的研究方法之一。

家族是西藏社会组织从历史上一直沿袭的基本的社会组织方式。热巴以家族组织为单位，进行自己的传承表演活动，世代延续达数百年之久，牢靠的血亲和姻亲关系是其主要原因之一。西藏一妻多夫、一夫多妻等多样化的婚姻方式，也影响到热巴的组织结构。家庭成员关系、表演中的角色关系一并构成热巴社会组织中的角色关系。热巴的历史性、流浪性、职业性使其以开放性的艺术思想，接纳、吸收和融化着多种文化形式的元素，并最终形成了西藏以音乐、舞蹈、剧情表演等多元表演形式为一体的、较具代表性的艺术形式。

关键词：热巴　流浪家族　音声　二元宗教　模式

西藏佛教寺院仪式音乐研究

作　　　者：格桑曲杰

指导教师：田联韬

专业方向：中国少数民族音乐

学　　　位：博士

学位授予时间：2009 年

论文述要：

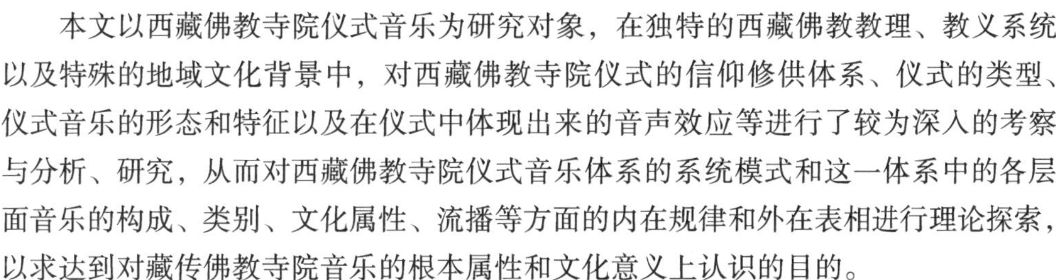

本文以西藏佛教寺院仪式音乐为研究对象，在独特的西藏佛教教理、教义系统以及特殊的地域文化背景中，对西藏佛教寺院仪式的信仰修供体系、仪式的类型、仪式音乐的形态和特征以及在仪式中体现出来的音声效应等进行了较为深入的考察与分析、研究，从而对西藏佛教寺院仪式音乐体系的系统模式和这一体系中的各层面音乐的构成、类别、文化属性、流播等方面的内在规律和外在表相进行理论探索，以求达到对藏传佛教寺院音乐的根本属性和文化意义上认识的目的。

本文主要采用民族音乐学和音乐民族志的研究方法，从历时与共时的纵横角度把握西藏佛教寺院仪式音乐。通过对全西藏阿里、日喀则、那曲、山南、林芝、昌都等地区和拉萨市的 50 多座佛教寺院仪式音乐的普遍考察和对桑耶寺、萨迦寺、楚布寺、直贡寺、顶波钦寺、哲蚌寺、色拉寺、昌都向巴林寺、那曲霞布登寺等宁玛、萨迦、噶举、格鲁四大教派及主要支派的主寺或代表性寺院的较为详尽个案调查，宏观区域性的考察和具体个案调查相结合，多方位、多视角地对西藏佛教寺院仪式音乐的各个方面进行了较全面、较细致的了解和掌握。

论文主要内容体现在以下几方面：一、西藏佛教寺院仪式音乐基本涵盖了西藏佛教寺院音乐，它以西藏佛教信仰体系与修供为其深层的核心内涵，以其本土文化传统（主要是本教文化）为深厚的基础，以及以世俗民间和周边国家、地区的音乐文化为广大的背景而得以形成和发展。二、佛教寺院仪式是以特定的佛、菩萨、本尊、神灵为其修供、崇拜对象，依据仪式行为所要达到的目的与所修供、尊崇的佛、菩萨、神灵等的不同，形成仪式的内道、中道、外道三层结构体系。依附于信仰内涵、仪式行为的仪式音乐围绕仪式的结构体系形成自身系统，作用于仪式的修持、供养、祈福禳灾等行为，显现出仪式的音声效应，并体现出独特的西藏佛教与地域文化特征。三、西藏佛教寺院仪式音乐由俱生乐（声乐）、缘起乐（器乐）、羌姆神舞音乐、乐谱等构成，不仅历史久远，种类丰富，形态独特，而且高度发展，自成系统，具有浓厚的地域文化传统和深厚的佛教文化意义。四、西藏佛教与佛教音乐文化由多元的本土宗教、民间和周边国家、地区、民族的多种音乐文化因素整合构成，这一整合体系以印度佛教和印度佛教音乐文化为核心，并体现出西藏佛教的极大创造性与不同价值取向所导引的功能选择性。五、西藏佛教音乐是藏传佛教音乐的本原形态，在西藏地区形成、完善、体系化以后，从中心地区跨地域、跨民族、跨文化系统向四方辐射、传播，与不同地域、不同民族、不同系统的文化产生交流、涵化，产生变异形态，丰富了藏传佛教音乐文化的内涵和外在形式。

关键词： 西藏佛教　寺院仪式音乐　俱生乐　缘起乐　羌姆神舞音乐

两广白话疍民音乐文化研究

作　　　者：黄妙秋

指 导 教 师：田联韬

专 业 方 向：中国少数民族音乐

学　　　位：博士

学位授予时间：2009 年

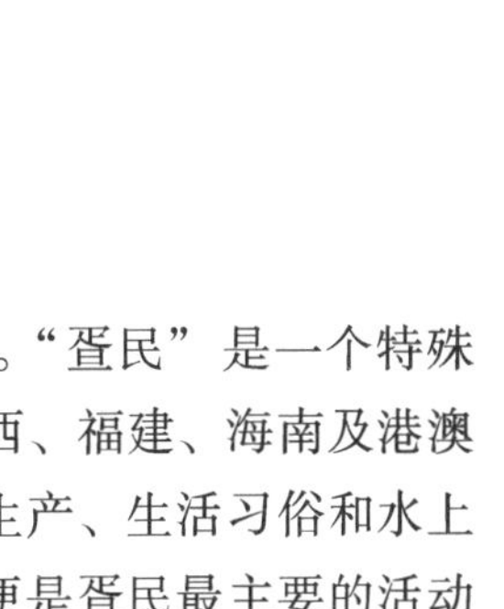

论 文 述 要：

本文以广东、广西两省的白话疍民音乐文化为研究对象。“疍民”是一个特殊的、濒临消失的族群，现主要分布于我国东南部的广东、广西、福建、海南及港澳等地。历史上，他们以船为家，泛水而居，形成别具一格的生产、生活习俗和水上传统文化，至今已有两千多年的历史。广东、广西两地自古便是疍民最主要的活动和聚居之处，生活在那里的白话疍民是疍民群体中人数最多，地域分布最广的一个重要支系。他们本族群的音乐文化历史积淀深厚，歌种丰富，曲风独特，极具代表性，但由于长期处于汉文化和主流文化的“边缘”地带，甚少引起音乐研究者的关注。近年来，因受现代化生产、生活方式等多方面变迁的影响，该群体本族群的音乐文化更是面临着快速式微和消失的危险。本文通过系统地整理、详细记录和深入研究这种濒危的音乐事项，对填补当前的学术空白具有一定的作用。

本文依据音乐民族志的理论方法，在田野考察的基础上，侧重对研究对象的如实记录和描述，然后再进一步予以阐释。绪论部分，主要说明研究的目的、意义、范围和对象，学术界对该领域的已有研究成果，以及文本的理论观照、资料来源、叙述逻辑和有关概念界定。第一章从历史渊源、族源归属、群体特征和各地疍民概况四方面对疍民群体的总况进行介绍。第二章从地理、历史、生产生活习俗、社会境遇和宗教信仰等方面，对研究对象所依托的文化生态背景——两广白话疍民文化区，以及两广地区的其他疍民文化区进行介绍和描述。第三章通过历史文献归纳，对研究对象的历史和发展历程进行梳理，并在实地调查的基础上，对研究对象的现状调查和个案进行实录性记述。第四章将两广白话疍民音乐生活中的各种音乐成分和它们之间的相互关系纳入系统进行阐释和分析。第五章从曲式、调式、旋法、润腔、节拍节奏、歌词等方面剖析两广白话疍民本族群音乐文化的音乐形态特色。第六章阐释了两广白话疍民音乐文化的自然地理景观、人群景观和经济景观，以及动态的变迁景观，在多种维度上综合审视和观察研究对象的文化特征。

通过对两广白话疍民音乐文化的文本研究，笔者认为：作为一种边缘文化，两广白话疍民的音乐文化一直与现实的政治、经济和人文等需求进行着持续性的文化调适，而处于与主流文化、周边他种文化、新兴文化相互交流、互动、磨合乃至整合的动态过程之中。

关键词：疍民　白话疍歌　音乐文化系统　音乐景观

当代蒙古族敖包祭祀音乐研究

——以呼伦贝尔蒙古族敖包祭祀仪式为个案

作　　者：红梅

指导教师：杨民康

专业方向：中国少数民族音乐

学　　位：博士

学位授予时间：2011 年

论文述要：

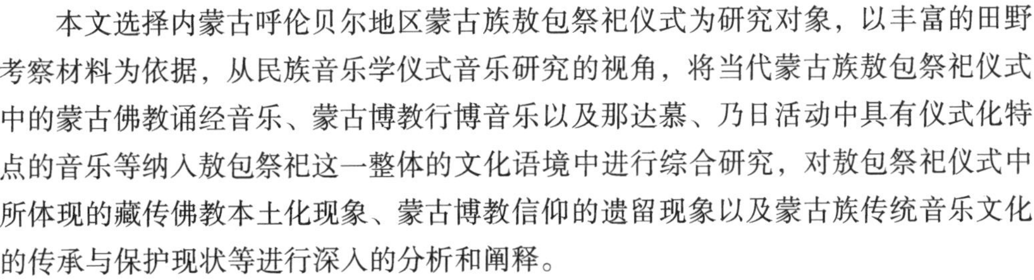

本文选择内蒙古呼伦贝尔地区蒙古族敖包祭祀仪式为研究对象，以丰富的田野考察材料为依据，从民族音乐学仪式音乐研究的视角，将当代蒙古族敖包祭祀仪式中的蒙古佛教诵经音乐、蒙古博教行博音乐以及那达慕、乃日活动中具有仪式化特点的音乐等纳入敖包祭祀这一整体的文化语境中进行综合研究，对敖包祭祀仪式中所体现的藏传佛教本土化现象、蒙古博教信仰的遗留现象以及蒙古族传统音乐文化的传承与保护现状等进行深入的分析和阐释。

当前在蒙古族敖包祭祀研究领域，研究成果所涉足的内容，多数是从民族学、民俗学、人类学角度进行研究，几乎很少从音乐学角度切入、综合运用民族音乐学仪式音乐研究方法对敖包仪式音乐与敖包祭祀仪式行为进行系统的研究。本论文尝试运用民族音乐学仪式音乐研究方法，对敖包祭祀仪式及仪式音乐进行综合性、整体性研究，此举对于蒙古族仪式音乐文化研究将起到学术补白的作用。

笔者结合局外人和局内人对敖包祭祀仪式及仪式音乐的分析评价，将敖包祭祀仪式分为祭祀仪式和乃日两个部分，再根据祭祀仪式的宗教形式，把敖包祭祀仪式细分为佛教形式、博教形式和掺入佛教行为观念的混合形式敖包祭祀仪式等三种类型。试图通过对上述三种类型敖包祭祀仪式个案的分析与比较研究，将博教形式和佛教形式的敖包祭祀仪式统一纳入敖包祭祀的整体文化架构中进行分析，结合仪式音声研究理念，深入探究敖包祭祀音乐所蕴含的信仰内涵。

通过对蒙古族敖包祭祀仪式音乐的个案研究可以看出，佛教形式敖包祭祀仪式与传统的博教形式敖包祭祀仪式之间，存在着异形同构的结构关系。在以蒙古佛教为信仰大传统的文化语境下，敖包祭祀似乎成为蒙古佛教法事活动的重要组成部分，但其中仍保留了许多蒙古博教信仰要素，这些要素也正是藏传佛教蒙古化的重要体现。蒙古族敖包祭祀仪式是蒙古族传统音乐文化的重要载体，敖包祭祀仪式音乐的变化，体现了蒙古族传统音乐从仪式到展演的变迁过程。通过敖包祭祀仪式中蒙古长调体裁仪式音乐的文化阐释，来解读目前传统仪式文化的日趋边缘化以及蒙古族传统音乐表演日渐脱离传统根基的现象，以达到一种为传统音乐的“寻根之旅”。

关键词：敖包祭祀　博　蒙古佛教　萨满　本土化　仪式音乐

贵州布依戏研究

——以贵州省册亨县布依戏为案例

作　　　者：刘玲玲

指 导 教 师：田联韬

专 业 方 向：中国少数民族音乐

学　　　位：博士

学位授予时间：2011 年

论 文 述 要：

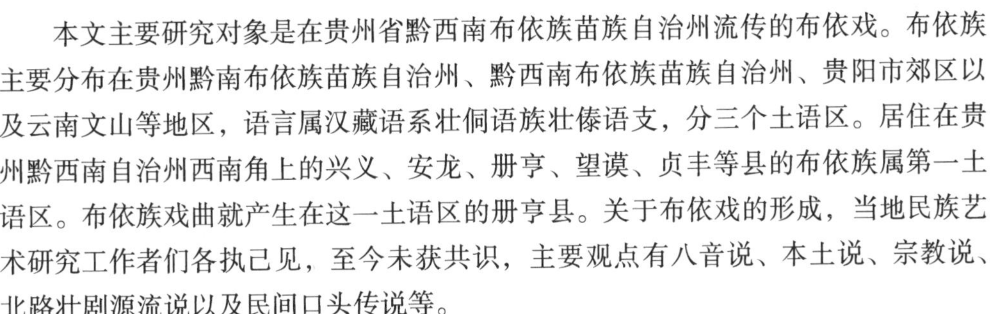

本文主要研究对象是在贵州省黔西南布依族苗族自治州流传的布依戏。布依族主要分布在贵州黔南布依族苗族自治州、黔西南布依族苗族自治州、贵阳市郊区以及云南文山等地区，语言属汉藏语系壮侗语族壮傣语支，分三个土语区。居住在贵州黔西南自治州西南角上的兴义、安龙、册亨、望谟、贞丰等县的布依族属第一土语区。布依族戏曲就产生在这一土语区的册亨县。关于布依戏的形成，当地民族艺术研究工作者们各执己见，至今未获共识，主要观点有八音说、本土说、宗教说、北路壮剧源流说以及民间口头传说等。

本文在实地调查基础上，通过对材料的梳理和分析，系统论证布依戏艺术形态。布依戏处于特殊的自然地理环境和人文环境中，布依戏的形成、流布和发展均受到环境的影响。针对它在一定的地域范围、历史空间及其交融区域中形成的民族文化地域性特征，运用地理、历史、社会等多学科的理论、知识进行分析，从民族音乐学角度对布依戏音乐进行探讨性研究，揭示其与宗教、社会制度、艺术等的关系，阐释其存在的地域性文化结构性质。布依戏与北路壮剧之间具有较深的渊源关系，二者同属壮侗语族戏曲种类，即为越系民族后裔之戏曲形式，在研究布依戏的同时，进一步拓宽视野，尝试对壮侗语族中壮族、布依族的戏曲音乐文化进行考辨，探求它们之间的亲缘关系，为今后进一步研究壮侗语族诸民族的戏曲音乐与文化生态的共生关系打下基础，同时为该论域中的非物质文化遗产名目的保护、传承等提供现状调查与理论支持。

全文主要由绪论、正文、结论几部分组成。绪论是关于课题研究意义以及研究现状的陈述。正文分六章：第一章主要对中国西南越系民族的历史和关系进行阐释；第二章是对布依戏生态文化背景的介绍；第三章是对布依戏基本情况的调查论述；第四章主要从剧目、唱词、音乐本体等方面，对布依戏艺术形态所进行的研究；第五章是对布依戏和北路壮剧源流的辨析；第六章主要从民族特质与宗教信仰多元化方面，阐释布依戏的文化属性。

根据布依族、壮族的民族历史渊源，结合布依戏与北路壮剧产生的历史、发展过程、形态研究等多方面的分析，笔者认为：布依戏和北路壮剧的主要唱腔（正调）都源于八音。从文化地理学角度分析，布依戏的产生可能是艺术形式发展较高的北路壮剧在同一地域范围内的自然传播，之后由于在分属不同民族地域流传而产生不同变化。在长期发展、流变过程中，布依戏和北路壮剧分别受不同行政辖区范围内布依族或壮族民族文化、当地经济、民族审美习惯等影响，逐渐在同一性的基础上分化、演变成具有不同风格、特征的表演体制和唱腔音乐体制，遂而成为独立的少数民族戏曲剧种。

关键词：布依戏　北路壮剧　八音　戏曲剧种　民族特质　源流辨析

透过文本：对西方传教士记录的鄂尔多斯音乐的历史民族音乐学考察与研究

作　　者：李亚芳

指 导 教 师：田联韬

专 业 方 向：中国少数民族音乐

学　　位：博士

学位授予时间：2011 年

论 文 述 要：

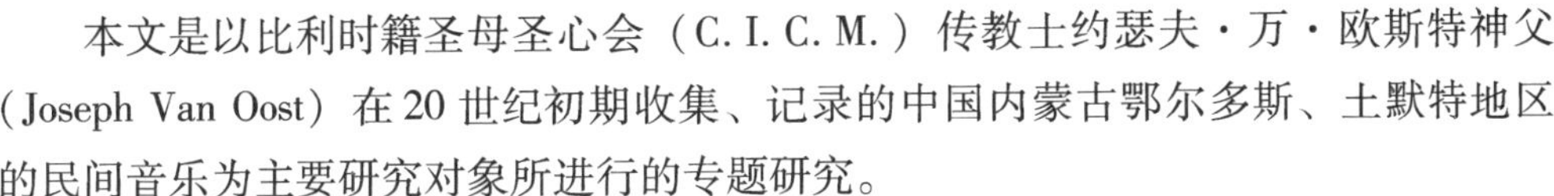

本文是以比利时籍圣母圣心会（C. I. C. M.）传教士约瑟夫·万·欧斯特神父（Joseph Van Oost）在 20 世纪初期收集、记录的中国内蒙古鄂尔多斯、土默特地区的民间音乐为主要研究对象所进行的专题研究。

鸦片战争后，西方传教士大批进入中国，他们将西方文化特别是基督教文化带到中国，与此同时，他们中的一部分人也对中国的文化进行了比较客观的记录和描写，其中有不少涉及中国传统音乐，而且达到较高的学术水平。国内外学术界对以往对来华传教士的研究，多从宗教历史或基督教文化（包括基督教音乐）方面着眼，对他们记录的中国文化，特别是所涉及的传统音乐文化的整理和研究，由于难以取得第一手的外文资料，而较少涉猎。

与通常民族音乐的研究课题不同，本课题的目标是将历时百年的民族音乐资料与当代民族音乐进行力所能及的比较研究，因此既需要全面掌握百年前记录的外文资料，又需要进行国内的实地考察。为此，本人几年来多方求索，先后得到伊莎贝拉博士、美国哈佛大学图书馆、比利时鲁汶大学等的帮助取得有关约瑟夫·万·欧斯特神父出版和手写的全部文本资料。在掌握了大量外文一手资料的基础上，本人为克服语言文字的障碍，学习和掌握了第三外国语——法文，对欧斯特神父记录的音乐文化进行详细的翻译、整理和考证，继而通过多次深入、细致的田野工作，对与欧斯特神父记录资料相关地区的音乐文化做现状调查和比较研究。

本文兼具音乐史学和民族音乐学的学科特点，以历史民族音乐学的理论为研究方法，主要涉及以下内容：1. 梳理约瑟夫·万·欧斯特神父的成长、学习和工作经历；2. 天主教在内蒙古地区的传教历史及当时社会文化背景；3. 对欧斯特神父的记录文本（主要是音乐文本）做深入细致的分析和解读；4. 以欧斯特神父收集音乐的地理范围为根据，做百年后的回访调查，并对现存曲目与神父记录曲目进行对比研究；5. 在解读神父记录的文本以及比较研究的基础上，提出笔者对来华传教士的客观评价，以及探讨蒙、汉民族传统音乐流传过程中的传承与变迁。

关键词： 约瑟夫·万·欧斯特神父　音乐文本　历史民族音乐学　传承和变迁

湖南瑶传道教音乐与梅山文化

作　　者：赵书峰

指导教师：杨民康

专业方向：中国传统音乐

学　　位：博士

学位授予时间：2011 年

论文述要：

本文以民族志、互文性理论及音乐形态学等理论为基础，对湖南瑶族还家愿仪式与梅山教仪式音乐及其之间的关系问题进行了考察、分析与比较研究。

文章首先对蓝山县瑶族还家愿、资兴市瑶族梅山教中的“祭梅山神”仪式，以及隆回县古梅山峒区汉族梅山教中的“和娘娘”仪式进行了详尽描述，并在此基础上进行了分析与比较，从而揭示出湖南瑶传道教与梅山教之间所具有的深层的文化互文关系。

本文的第一章主要介绍梅山文化的概念、内涵及区域界定等相关内容，并对瑶传道教与梅山教的文化内涵及分类给予了界定。第二章中，笔者运用音乐民族志的方法，对具有瑶传道教色彩的湖南蓝山瑶族还家愿、资兴市瑶族祭梅山神，及隆回县古梅山峒区汉族梅山教中的“和娘娘”仪式及其音乐活动过程进行了全程实录。第三章主要是对上述音乐的风格与形态特征进行的描述与剖析，笔者力求从音乐方面观照和审视出如上个案之间所存在的文化互文关系。第四章中，笔者运用互文性及表演民族志的相关理论，分析和阐释了湖南瑶传道教与梅山教仪式及其音乐之间的文化内涵，瑶、汉梅山教仪式之间所具有的文化关系，及瑶、汉道教仪式音乐及文化之间的互文关系。第五章主要是结合笔者的多次考察感受，对湖南瑶传道教与梅山教仪式音乐的生存、发展现状给予的初步考察。第六章是在笔者数次田野工作上对湖南瑶传道教与梅山教仪式音乐的生存、发展现状进行的分析与解读。

本文研究结论如下：其一，湖南瑶传道教与梅山教仪式音乐是梅山文化历史语境中瑶、汉文化互动、交融的结果。其二，上述仪式及其音乐活动的描述与分析充分说明梅山文化中至今仍存在着一种农耕文化与渔猎文化类型二维并置的局面。其三，两种梅山教仪式及其音乐，是瑶、汉民族对“三峒梅山”信仰的选择性继承、吸收与改造的结果。其中，瑶族梅山教的信仰体系、仪式及音声特性，具有鲜明的瑶传道教文化色彩。其四，基于对古梅山峒区汉族梅山教（以“和娘娘”仪式为例）及瑶族还家愿仪式音乐结构的分析，结合蒲亨强先生提出的“核腔”理论——瑶族音乐“大声韵”（do－mi－sol）结构特性的“核腔”是北音“宽声韵”（sol－do－re）与南音“小声韵”（la－do－mi）两类不同结构的音调在江汉荆楚一带长期融合、相互适应的产物”，本文论证了瑶族传统音乐中“核腔”结构的形成与古梅山峒区汉族梅山教仪式音乐中的“核腔”结构存在着密不可分的关系。该研究同时说明以瑶族梅山教、瑶族还家愿为代表的湖南瑶传道教仪式音乐的形成是梅山文化历史语境中，瑶、汉文化互动、互融的历史产物，此结论亦进一步论证了瑶族来源于“核心圈”（又称“古梅山峒区域”）内的这一观点。

关键词：湖南瑶族　瑶传道教　还家愿　梅山教　梅山文化　互文性

畲客共醮　乐以相通

——赣道教节日祈祥法事科仪音乐研究

作　　　者：蒋燮

指 导 教 师：杨民康

专 业 方 向：中国少数民族音乐

学　　　位：博士

学位授予时间：2012 年

论 文 述 要：

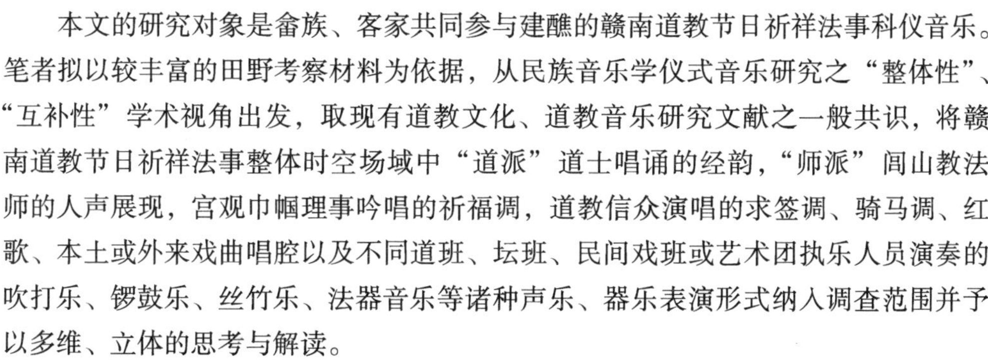
本文的研究对象是畲族、客家共同参与建醮的赣南道教节日祈祥法事科仪音乐。笔者拟以较丰富的田野考察材料为依据，从民族音乐学仪式音乐研究之“整体性”、“互补性”学术视角出发，取现有道教文化、道教音乐研究文献之一般共识，将赣南道教节日祈祥法事整体时空场域中“道派”道士唱诵的经韵，“师派”闾山教法师的人声展现，宫观巾帼理事吟唱的祈福调，道教信众演唱的求签调、骑马调、红歌、本土或外来戏曲唱腔以及不同道班、坛班、民间戏班或艺术团执乐人员演奏的吹打乐、锣鼓乐、丝竹乐、法器音乐等诸种声乐、器乐表演形式纳入调查范围并予以多维、立体的思考与解读。

当前学界对赣南道教节日祈祥法事科仪音乐的研究，大多是从人类学、民族学、民俗学、宗教学等学科视域切入，从音乐学角度进行专题论述的成果较为鲜见。因此，本文以“仪式”的眼光对赣南道教节日祈祥法事科仪音乐进行的系统考索，对于赣南道教科仪音乐文化研究领域而言将起到学术补白的作用。

面对具有“复合性”、“沟通性”、“融合性”文化特征的研究对象，本文将主要采用民族音乐学的相关理论、方法，同时借鉴其它人文社科之思维精华，围绕着“乐境”、“乐人”、“乐事”、“乐形”、“乐义”等不同观照维度组成的分析环链，展开微观审视与宏观鸟瞰相互结合、主位视角与客位视角相互转换、历时研究与共时研究相互补充的分析和论证。

本文的表述逻辑体现在：基于对赣南道教节日祈祥法事科仪音乐的文化语境追问，笔者对法事科仪音乐中的人、事等基本要素进行了深入体察。法事科仪“音乐人”，包括执仪者、组织者、接受者三种仪式角色，其中的畲、客个体均在以自身的生命经历和理解方式参与仪式音乐的整体建构与传承。法事科仪“音乐事”，则可视为具有“过程化”性质的行为文本，涵括口述、文献、实录三种互为映照的文本表达方式。在实录文本中，笔者铺陈出四个较具代表性的“朝八月皇”、“朝九皇”仪式个案，期待以此展现赣南道教节日祈祥法事科仪音乐活动的一些基本面貌；聚焦实录资料，笔者对法事科仪中的声乐与器乐进行了较为细致的音乐形态与风格特征分析，其中对畲、客各自所携带的原存性音乐基因的追溯，“老师调”之客、畲传承，法事科仪对地方戏曲与红事仪礼奏乐程式的深层承续，道－俗共通性吹打大乐套曲的曲目联缀模式及其风格性变体结构等内容的探讨具有一定新意。在音乐本体的背后，笔者还发现了一个充满“意义”的世界：赣南道教节日祈祥法事科仪音乐作为一种声音的媒介，既能有效地促成具有不同族群、宗族、性别等社会身份的仪式行为人相互间的交往与沟通，亦可达成仪式行为人与神、鬼等超自然灵物间的交流和对话。

关键词：赣南道教节日祈祥法事科仪音乐　畲族　客家　朝八月皇　朝九皇　沟通　认同

商乐同荣修身齐家

——当代大理洞经音乐的深层结构研究

作　　　者：滕祯

指导教师：杨民康

专业方向：中国少数民族音乐

学　　　位：博士

学位授予时间：2012 年

论文述要：

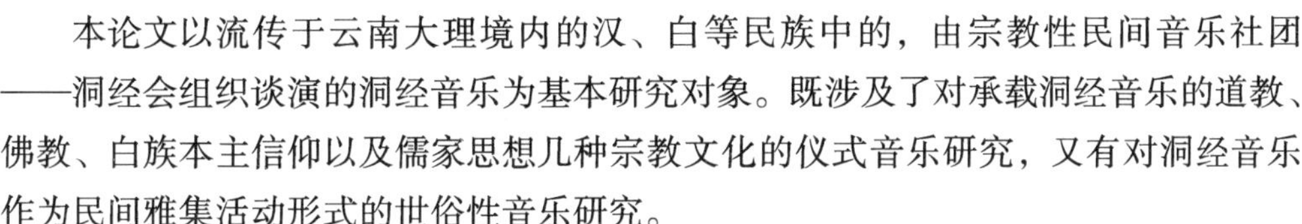

本论文以流传于云南大理境内的汉、白等民族中的，由宗教性民间音乐社团——洞经会组织谈演的洞经音乐为基本研究对象。既涉及了对承载洞经音乐的道教、佛教、白族本主信仰以及儒家思想几种宗教文化的仪式音乐研究，又有对洞经音乐作为民间雅集活动形式的世俗性音乐研究。

本论文首先关注在道教和儒家思想渗透与影响下形成，受商业文化及其传播网络主导的宗教仪式文化的考察研究，将其视为研究大理洞经音乐文化生存语境一个重要方面。其次，从丝竹乐的构成要素、技法、规律等方面入手，通过对大理洞经音乐的深层结构特征，以及与汉族丝竹乐之间的联系、融合等方面的考察分析，以此来进一步解释白族洞经音乐与族群、经济、社会、宗教等文化结构之间存在的密切联系。最后，笔者通过对大理洞经音乐在仪式和信仰体系中角色和意义内涵的认识，从“局内人”的视野着手，以分析、比较的方法在“内”、“外”文化观之间取得平衡，据此进一步解释洞经音乐文化构成与洞经仪式信仰的互动作用以及大理洞经音乐承载多种宗教信仰体系中的内在文化功能和意义。

论文第一章从历时、共时的不同角度和眼光去分析大理白族的历史，社会、宗教等文化发展情况，以及这些文化特征对当今社会的影响。第二章通过田野考察对大理洞经会的历史及现状情况的分析和对洞经会的社会属性的认识，以阐述洞经会生存发展的不同社会语境以及洞经会创始人的创造价值等方面内容。第三章涉及了大理地区三种不同性质的洞经仪式活动及仪式音乐的表演过程，较完整地阐述了大理洞经会的信仰、仪式、音声三元结构的建构过程。在论文第四、五、六章中，笔者依据大理洞经音乐与宗教信仰、经文的关系及仪式功能将其分为三个不同的层次：核心、中间及外围层次。主要涉及了洞经音乐与佛教、道教、内地丝竹乐等之间从信仰模式到音乐形式的比较分析，注重于不同仪式音乐在表演时的固定因素与非固定因素的研究，从而解释了大理洞经音乐文化深层结构模式及其模式变体的相互关系及一般构成特征。论文第七章是对大理洞经音乐的互文性阐释，涉及了洞经音乐表演及记谱之间错综复杂关系的互文性分析以及洞经曲目与经文、洞经会之间的互文性关系等具体内容。论文第八章是关于大理洞经音乐的社会功能及作用的阐释，涉及了不同阶段白族洞经会的社会功能、当代大理洞经会的历史构成、洞经音乐世俗性表演及功能等方面内容。论文第九章是对大理洞经音乐的深层结构特征的分析研究，涉及了洞经音乐文化构成的模式特征、洞经音乐结构的模式及模式变体，以及深层结构模式与洞经音乐本土化之间的关系等内容。

通过对大理地区洞经仪式音乐进行深层次、多角度的结构分析，得出了大理洞经音乐的模式化构成要素，而这种模式是建立在洞经会信仰观念基础之上的。因此，可将大理洞经音乐文化看作是，外来音乐文化与本地民间音乐的相互作用，及对外来音乐的本土化的过程。

关键词：大理白族洞经会　商业社会结构　丝竹乐　互文性
多元社会文化　深层结构

史诗《盘王歌》的音乐民族志研究

——以广西贺州、田林两地个案为例

作　　　者：吴宁华

指 导 教 师：田联韬

专 业 方 向：中国少数民族音乐

学　　　位：博士

学位授予时间：2012 年

论 文 述 要：

"还盘王愿"是国内外瑶族人重要的民间祭祀活动，还盘王愿仪式中吟唱的《盘王歌》则是一部内容丰富的大型民族史诗。这种被保存于瑶族师公经书中的史诗，以书面文本的形式，通过宗教的还盘王愿仪式在特定的时空、特定的语境中被师公、歌娘等诸多方式展演和歌唱。史诗的展演中保存了盘瑶最古老的音乐腔调，因其演唱的禁忌性和特殊性，使其只能依靠"还盘王愿仪式"得以传承和延续，显示出其珍贵的文化价值。国内音乐学者多以仪式为切入点，研究还盘王愿仪式音乐，已取得不少学术成果。本文作者尝试以史诗《盘王歌》为切入点，对《盘王歌》做音乐民族志的研究，而这也是音乐学术界前人尚未涉及的领域，因此具有较高的学术价值。

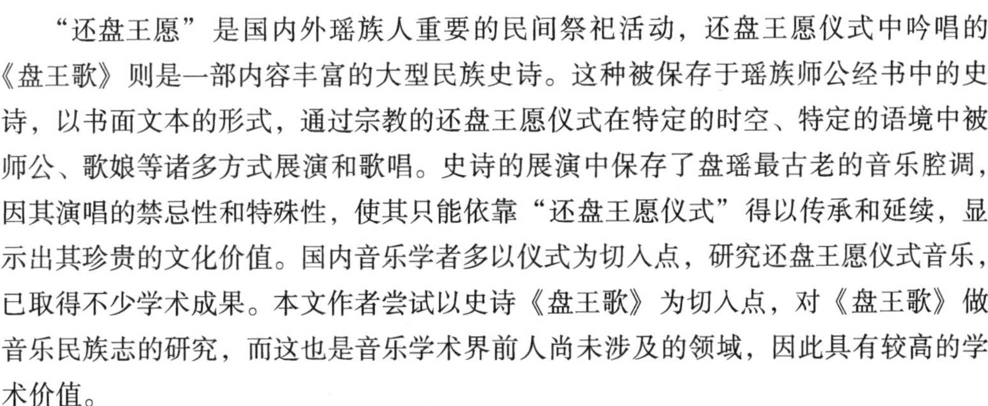

本文调查研究范围为广西贺州市八步区联东、黄洞等地，同时也将广西田林县利周乡还盘王愿仪式及其《盘王歌》作为观照对比的对象。在比较充分的田野调查基础上，揭示南方史诗《盘王歌》真实、活态的歌唱传统，达到音乐与文化有机的结合和阐释。

鉴于此目的，本文的研究思路如下：其一，厘清《盘王歌》的概念和含义，为研究《盘王歌》奠定基础。其二，通过史诗手抄文本采用口头套语理论进行分析，阐释史诗的口头性特征音韵的规律进而扩展到对史诗吟唱传统中稳固不变的因素运用音乐形态学的分析，做到学术性的音乐形态分析与民间歌唱表述之间的贯通，并通过史诗现场的展演，揭示其真实的歌唱传统。为史诗《盘王歌》音乐研究做一些新的尝试，并由此揭示史诗《盘王歌》其所承载的族群历史记忆，探讨其所包涵的族群文化的功能意义以及对维系族群内部的社会作用。

关键词：《盘王歌》　还盘王愿仪式　歌腔　歌谣语　文本　口头套语理论

茶马古道云南段音乐文化现状的选点调查与研究

作　　　者：张璐

指 导 教 师：和云峰

专 业 方 向：中国少数民族音乐

学　　　位：博士

学位授予时间：2012 年

论 文 述 要：

本文是对茶马古道云南段音乐文化现状的选点调查与研究。

绪论为全文提纲挈领，主要包括选题动机与界定、研究现状与意义、研究方法与安排以及选题难点与突破等四个方面内容。

第一章，茶马古道云南段生态环境。笔者从自然、人文两方面阐述了茶马古道的生态环境。其中第一节是茶马古道自然生态环境的介绍，旨在梳理茶马古道的历史脉络及地理环境；第二节是从民俗、生理等角度分析了茶马古道产生的人文因素，以及马帮的形成与生活；第三节是在对茶马古道的历史意义及贡献总结的基础上，阐述了茶马古道音乐文化的意义。

第二章，茶马古道云南段赶马人口述史。笔者坚持“以人为本”的原则，在交代田野调查依据之后，对采访的至今依然健在的茶马古道云南段赶马人进行口述实录，并站在民族音乐学角度，关注马帮生活、马帮音乐文化，为论文的主体部分做好材料铺垫工作。

第三章、第四章，茶马古道云南段音乐事象。这两章在全文占有较重的比例，笔者以田野调查为基础，以不同民族马帮的“赶马调”为轴线，在对“赶马调”音乐学分析的基础上，粘连了云南段选点中的音乐现状，与德钦弦子、奔子栏锅庄、彝族三弦、他留人小三弦等音乐事象共同构成了马帮音乐。笔者认为马帮音乐呈现出民族个性与马帮共性相结合的音乐特征。

第五章，茶马古道云南段文化事象。这一章重点阐述马帮文化的三种表现形式，首先从物质层面、制度层面、心理层面三方面提炼出马帮文化形成的共同生活圈，而后对马帮文化中的宗教信仰、民俗文化事象展开调查研究。笔者认为在茶马古道的共同语境中，出现的多种宗教信仰及多种婚俗并存的局面，一方面体现出茶马古道的包容性文化特征，另一方面也体现出了马帮音乐文化的妥协性与适应性特征。

第六章，茶马古道云南段现状与发展。这一章是对茶马古道云南段的当前发展及延续等问题进行了一系列的思考。随着原生态音乐保护问题的逐渐升温，茶马古道作为较新的原生态保护对象，应当如何加入线性文化遗产的保护中，以及文化产业与商业运作应当如何有利结合等问题是这一章的主旨所在。

结论对全文进行了归纳总结：第一，由茶、马到茶马古道，再由茶马古道到马帮音乐文化，这是一个由物质需求上升到商业利益，进而逐渐升华至文化、心理的过程。第二，站在民族音乐学的角度，茶马古道作为线路性课题，充分彰显出地理位置与音乐文化之间的密切关系。第三，茶马古道已形成自己较为独特的马帮音乐文化事象，体现出音乐文化的适应性与妥协性特征。第四，发展与保护茶马古道，注重茶马古道的人文精神，关注马帮音乐文化的整理与研究，应是茶马古道今后的发展趋势。论文最后是参考文献、附录、后记等相关内容。

关键词：茶马古道　云南段　现状　选点　赶马调　德钦弦子　奔子栏锅庄

非物质文化遗产保护视野中的布依族小打音乐

作　　　者：孙婕

指 导 教 师：田联韬

专 业 方 向：中国少数民族音乐

学　　　位：博士

学位授予时间：2013 年

论 文 述 要：

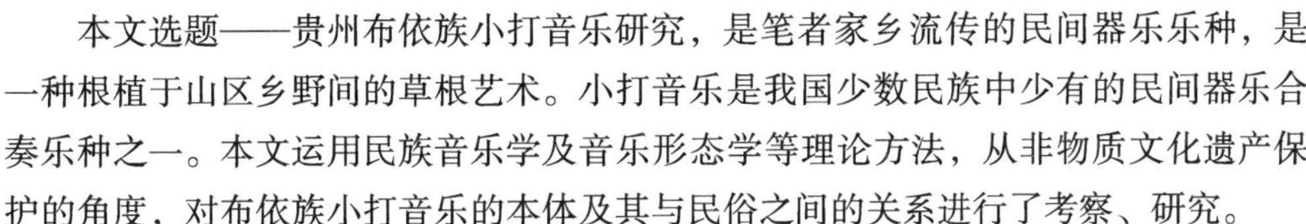
本文选题——贵州布依族小打音乐研究，是笔者家乡流传的民间器乐乐种，是一种根植于山区乡野间的草根艺术。小打音乐是我国少数民族中少有的民间器乐合奏乐种之一。本文运用民族音乐学及音乐形态学等理论方法，从非物质文化遗产保护的角度，对布依族小打音乐的本体及其与民俗之间的关系进行了考察、研究。

论文首先对非物质文化遗产的概念、来源、理论，国外经验，以及在中国的发展情况进行阐述。其次，对属于音乐类非物质文化遗产的贵州黔西南州布依族小打音乐及其与布依族婚丧嫁娶等民俗活动的关系进行详尽描述，并对小打音乐进行音乐形态学的分析。最后，在此基础上，对布依族小打音乐的源流进行探索，并提出当前非物质文化遗产保护的视野下，布依族小打音乐的发展途径。

本文的第一章主要介绍非物质文化遗产的概念、分类及由来，以及可供我国参考的其它国家的发展状况，然后对国内及贵州省的非物质文化遗产保护形势进行分析。

第二章，概说贵州省境内的布依族历史、文化。以贵州省布依族三个土语区的地域范围为基础，划分出布依族三个音乐色彩区，并对每个色彩区中布依族音乐类非物质文化遗产进行分类比较，总结出布依族各色彩区的音乐特点。以此勾勒出，分布在布依族黔西色彩区（第三土语区）小打音乐的历史文化背景与音乐特点。

第三章，阐述布依族民间器乐合奏形式——小打音乐。本章涉及小打音乐的历史与现状、地区分布、乐班构成、乐器与乐队组成形式四个方面，以展示小打音乐的全貌。

第四章，运用音乐民族志的书写方法，对贵州省黔西南州普安县江西坡镇郎寨乡布依族婚礼和立房习俗，黔西南州晴隆县鸡场镇学官乡布依族丧礼，以及布依族小打音乐在这些民俗活动中的参与情况进行全程实录。

第五章，运用音乐形态学的理论与方法，从技术理论层面，对布依族小打音乐构成的基本要素，如曲式、音阶、调式、旋法、节奏节拍、织体等，进行音乐本体的分析，以提炼布依族小打音乐的音乐形态特征。

第六章，对小打音乐的源流进行分析与探索，推论小打音乐的传播、形成过程。运用非物质文化遗产保护的理论与方法，分析与阐释布依族小打音乐所具有的非物质文化遗产的特性与价值，以及在当前非物质文化遗产保护视野下存在的问题，并提出解决途径与建议。

本文所研究的音乐类非物质文化遗产布依族小打音乐，是布依族具有丝竹乐风格的器乐合奏形式，分布在贵州西部布依族第三土语区，在长期历史过程中，受到汉文化和壮族文化的影响，因而显现出多元文化色彩。小打音乐具有着非物质文化遗产的诸多特性与价值，是布依族不可多得的文化遗产之一。

关键词： 非物质文化遗产　布依族　音乐色彩区　小打音乐　传承与保护

城市化语境下内蒙古二人台音乐文化研究

作　　　者：魏琳琳

指 导 教 师：杨民康

专 业 方 向：中国少数民族音乐

学　　　位：博士

学位授予时间：2013 年

论 文 述 要：

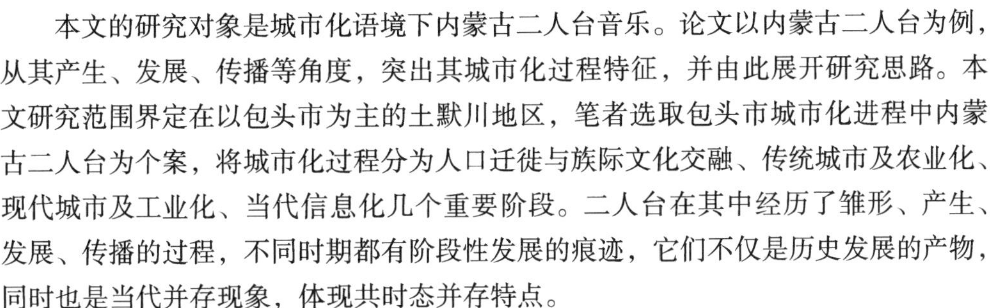

本文的研究对象是城市化语境下内蒙古二人台音乐。论文以内蒙古二人台为例，从其产生、发展、传播等角度，突出其城市化过程特征，并由此展开研究思路。本文研究范围界定在以包头市为主的土默川地区，笔者选取包头市城市化进程中内蒙古二人台为个案，将城市化过程分为人口迁徙与族际文化交融、传统城市及农业化、现代城市及工业化、当代信息化几个重要阶段。二人台在其中经历了雏形、产生、发展、传播的过程，不同时期都有阶段性发展的痕迹，它们不仅是历史发展的产物，同时也是当代并存现象，体现共时态并存特点。

当前学界对二人台音乐的研究，以艺术概论型书写方式居多，关注二人台音乐本体、蒙汉交融、美学、戏曲、说唱以及语言学等方面，真正将二人台与社会因素结合，并放置到“城市化”、社会变迁语境下进行音乐民族志个案研究比较少见。因此，笔者基于研究现状和民族音乐学研究“文化中的音乐”的学术主旨，将二人台从城市化的视角进行研究，而不仅仅局限以二人台音乐品种的表层因素为研究对象加以探讨，力图从研究视角上有所突破。在呈现出整体性、区域性、地域性层次性特征的中国传统音乐“多元分层一体化格局”中，二人台以横向组合的平面方式体现民族文化的多元化；以纵向聚合的立体型角度突出二人台内部的分层化。本文将采用民族音乐学的相关理论、方法，以“宏观、中观、微观”以及“主文化、交叉文化、亚文化”不同层面相结合的方法论视角去关注二人台的生存现状，进而全面关照整体文化事象，揭示其内在的文化本质。

本文的基本内容有：1. 在承接交迭的不同社会发展阶段，二人台从雏形、产生、发展，经历了“蒙古曲儿——打坐腔——打玩艺儿”的过程，其表演组织形式经历了“街头卖艺——戏班——国有剧团”的过程。2. 将二人台放置在社会变迁及城市化差异的语境下，注重对脉络中个体细节的关注。选取山西省河曲县、内蒙古土默特右旗两位传承人进行个案描述，思考并阐释社会转型过程中其表演者身份建构与文化认同问题。3. 二人台表演及其体裁形式的发展经历了从“民歌——民间歌舞——小戏——大戏”的不同阶段过程，笔者采用不同的方法手段，对二人台音乐形态和艺术风格进行分析，并关注其在“多元分层一体化格局”中纵横交错的关系，进而以文化的和整体的眼光审视中国传统音乐。

关键词： 二人台　城市化进程　身份建构　文化认同　音乐风格

青海安多藏族“拉伊”音乐及其文化研究

作　　　者：银卓玛

指导教师：田联韬

专业方向：中国少数民族音乐

学　　　位：博士

学位授予时间：2013 年

论文述要：

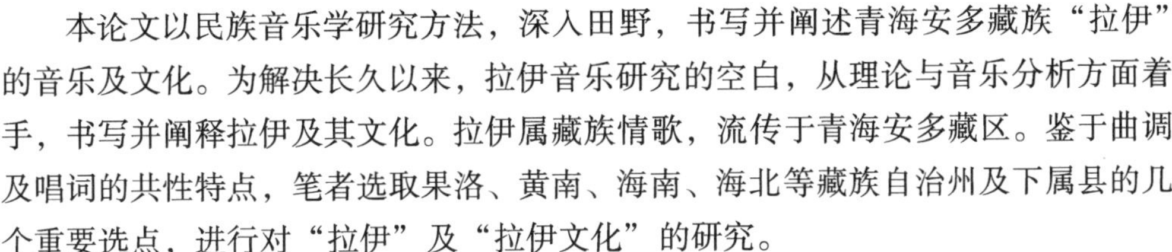

本论文以民族音乐学研究方法，深入田野，书写并阐述青海安多藏族“拉伊”的音乐及文化。为解决长久以来，拉伊音乐研究的空白，从理论与音乐分析方面着手，书写并阐释拉伊及其文化。拉伊属藏族情歌，流传于青海安多藏区。鉴于曲调及唱词的共性特点，笔者选取果洛、黄南、海南、海北等藏族自治州及下属县的几个重要选点，进行对“拉伊”及“拉伊文化”的研究。

在本文中，笔者将对拉伊进行较为系统、客观的界定和梳理。文章包括拉伊的演唱形式及场合，其形成、流传的文化语境，唱词内容与程式结构；音乐形态、禁忌及传承等重要方面的阐述与分析。其中，拉伊生存的文化、地理、历史及宗教等生态语境是理解拉伊音乐与文化的背景。拉伊在民间有多种存活状态，在本文第二章中，主要包括青海省黄南藏族自治州的“六月会”仪式及“拉伊”实录；青海省海南藏族自治州贵德县的“赛马会”、“庙会”、“六月六”与贵南县“婚俗”及“拉伊”实录；海北藏族自治州“拉伊大赛”实录等。通过这些民俗仪式及包含其中的“拉伊”书写，可呈现当下的生存、流传及传承现状。

作为本族音乐文化的书写，笔者考虑到如何让族内的民间歌手及传承人，在本研究中拥有族内话语权。也想通过本研究，可以让这些民间艺术家们记忆中的“拉伊财富”以文本形式得以保存。在此想法的基础之上，本文第三章就藏族拉伊非物质文化遗产代表性传承人切吉卓玛，展开了传记式及记实性写作，主要包括她的人生背景、艺术生涯、成长经历及其演唱风格等方面的描述。

拉伊音乐风格极具藏族民歌特色，本文第四章中将较为详尽的分析其音乐特点。主要包括拉伊音乐形态的书写，即旋律发展特点、曲式结构、调式调性及节拍节奏。此外，本章还涉及拉伊这一口传音乐，所具有的即兴性与变异性特点；拉伊的喉颤音唱法——“昂合”；拉伊性别之象征性；华锐族群拉伊的音乐风格；拉伊的程式性等方面。

拉伊曲调与藏族其他民歌有许多相近之处，笔者就此现象，将其定义为拉伊的互文性。本文第五章主要涉及此方面的研究，包括拉伊的内部互文及外部互文两个方面，涉及“拉伊”、“勒谐”（问答歌/逗曲）、“羌勒”（酒歌）等三种民歌种类。此外，拉伊在安多藏区广泛流传，其音乐存在共性特点，笔者通过多方访谈、曲调收集及史料查阅，发现藏族游牧生产方式及部落迁移与之有很大关系。本文第六章藏族拉伊之文化阐述中，对拉伊曲调的共性现象进行了较为客观的阐释。

关键词：青海　安多藏族　藏族拉伊　藏族部落　华锐藏族
非物质文化遗产　传承人

音声－社群影态互构

——广西平果壮族嘹歌及歌圩活动研究

作　　　者：白雪

指 导 教 师：杨民康

专 业 方 向：中国少数民族音乐

学　　　位：博士

学位授予时间：2014 年

论 文 述 要：

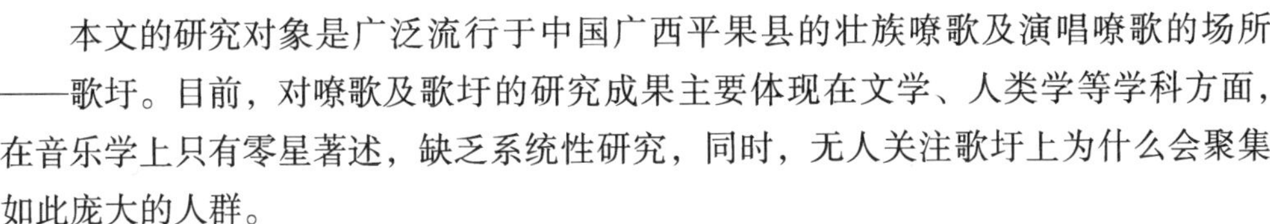
本文的研究对象是广泛流行于中国广西平果县的壮族嘹歌及演唱嘹歌的场所——歌圩。目前，对嘹歌及歌圩的研究成果主要体现在文学、人类学等学科方面，在音乐学上只有零星著述，缺乏系统性研究，同时，无人关注歌圩上为什么会聚集如此庞大的人群。

我的研究独创性在于：一是将自己置身于社会的原环境中，通过考察和描述嘹歌及歌圩的音乐民俗事象、音乐民俗人物和音乐民俗生成的环境背景，建立尽可能还原嘹歌创作及演唱时空的田野现场实录文本（包括影视学上的文本）。依据文本，印证嘹歌及歌圩产生的文化背景，分析嘹歌社群的建构、嘹歌音乐创作与演唱的规则等。二是在文本阐释中，我将运用梅里亚姆（Alan. P. Merriam）的“三重认知”和赖斯（Timothy Rice）的“整体模式”等基本理论，构建指导本研究的整体思路，梳理嘹歌音乐及歌圩的文化脉络，由表及里地揭示嘹歌音乐文化的表征及深层意义，进而阐释音乐与人的关系。同时运用列维一斯特劳斯（Claude Levi－Strauss）的结构主义原则和曹本冶为仪式音乐分析建立的两极变量思维等理论方法，解析嘹歌音乐与社群在社会变迁中的建构、解构与重构。希望上述两个方面能够填补本研究领域内的某些空白，并在方法与理论模型上有所建树。

全文共分四个部分：

第一部分通过建立嘹歌音乐文化生成的自然生态环境、历史发展脉络，以及具有壮族民族标识性的“那文化”和“干栏文化”为核心的文化语境，构建活态的音乐文化生成背景及发展脉络，阐释嘹歌及歌圩与岁时仪礼在历时的空间中的呈现及其与社群的关系。

第二部分主要是在田野工作实录的基础上建构平果嘹歌音乐活动的文本。通过对四种具有典型意义的歌圩的描述，揭示嘹歌共时存在的各种演唱时空及其功能，并概括人群的音乐表演行为和宗教仪式等其他民俗事项。

第三部分通过描述音声产生的社会场域，借用影视摄影语言中的“景别”概念，呈现音声的外部结构，即社会场域组织起来的“混响”。在此基础上，运用主位－客位的双视角理论和结构主义的转换生成法，分析嘹歌音乐的表层和深层结构，揭示其创作及演唱的共性规则和规律。通过论述嘹歌社群中不同阶层人物的个性体验，反映嘹歌音乐文化的内部变化和外部变化。

第四部分系在前述背景描述、田野实录、社会场域形成的音声表征、音乐文本的深层建构及嘹歌社群的个性体验基础上，将所有音乐事象放到时空中去进行深层阐释，以从中发现人与音乐的关系是怎样通过一系列特定时空里的活动和形式来表现的，并透过音声及嘹歌社群行为去看它们在不同时空下产生的意义或隐喻。

关键词：壮族　嘹歌　歌圩　音声　社群

成吉思汗祭祀仪式音乐考察与研究

作　　　者：李红梅

指导教师：杨民康

专业方向：中国少数民族音乐

学　　　位：博士

学位授予时间：2014 年

论文述要：

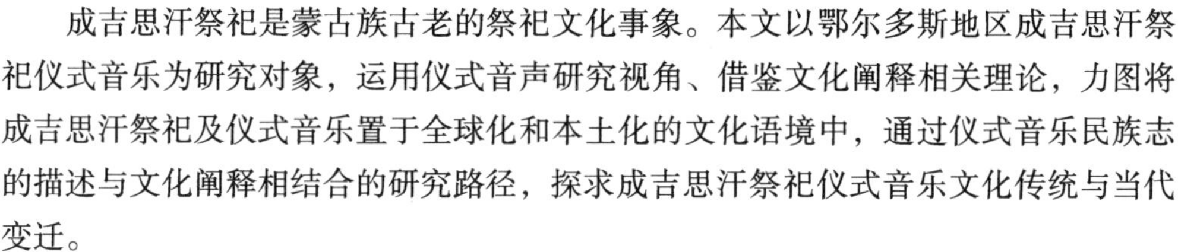

成吉思汗祭祀是蒙古族古老的祭祀文化事象。本文以鄂尔多斯地区成吉思汗祭祀仪式音乐为研究对象，运用仪式音声研究视角、借鉴文化阐释相关理论，力图将成吉思汗祭祀及仪式音乐置于全球化和本土化的文化语境中，通过仪式音乐民族志的描述与文化阐释相结合的研究路径，探求成吉思汗祭祀仪式音乐文化传统与当代变迁。

本论文由上下两篇八章内容构成，分为绪论、正文和结论三部分。

绪论：简述本文研究背景、意义、对象、目的，并对研究现状、方法及理论来源做简要的梳理，同时，对研究预设做基本阐释。

正文上篇：成吉思汗祭祀仪式音乐民族志。由四章构成，第一章，仪式考述，通过对成吉思汗祭祀及蒙古族信仰体系的历史回溯，概览其底蕴深厚、传承久远的历史脉络。第二章，仪式场域，通过对传承体系与仪式文化空间的人地关系历时与共时的聚焦，勾勒出成吉思汗陵文化景观的型塑过程及仪式空间结构。第三、四章，仪式展演（上、下），通过田野考察中口述文本、书写文本和现场文本“互文性”视域，书写了三种文本对话机制下成吉思汗祭祀中“圣主祭祀”与“苏勒德祭祀”仪式展演实录文本。

正文下篇：成吉思汗祭祀仪式音乐文化阐释。由四章构成，第五章，分类结构，对仪式音乐的分类及结构系统进行分析阐释。第六章，音乐形态，通过对《十二首祭歌》音乐形态的本体分析及地域性跨地域性分析，凸显了成吉思汗祭祀仪式音乐的独特性，体现出成吉思汗祭祀文化“固守”与“变迁”的对立统一关系。第七章，象征隐喻，对祭祀仪式及仪式音声符号功能而形成的象征意义进行分析阐释。第八章，民族认同，通过“族群语境”下仪式音声展演中的“历时性”与“共时性”、“主位”与“客位”的互视，以及文化记忆、历史记忆等功能的阐释，探寻达尔扈特族群如何通过仪式音声景观的建构，在族群文化空间和地域文化空间展演中表达国家在场背后深层的民族认同。

结论：本文在丰富的田野实践中，通过成吉思汗祭祀仪式音声民族志的建构与文化阐释，阐释了成吉思汗祭祀“历时与共时”、“宗教与世俗”、“官方与民间”、“冲突与调试”、“保护与传承”五对二元关系的对立统一；阐释了成吉思汗祭祀《十二首祭歌》仪式音乐的古老性与独特性；阐释了成吉思汗祭祀“固本守真”的深层文化现象与“发展变迁”的表层文化特征，同时，阐释了仪式及仪式音乐符号系统中的象征意义与民族认同。

关键词： 成吉思汗祭祀　仪式展演　仪式音乐　象征隐喻　民族认同

漫瀚剧音乐文化研究

作　　　者：李建军

指导教师：和云峰

专业方向：中国少数民族音乐

学　　　位：博士

学位授予时间：2014 年

论文述要：

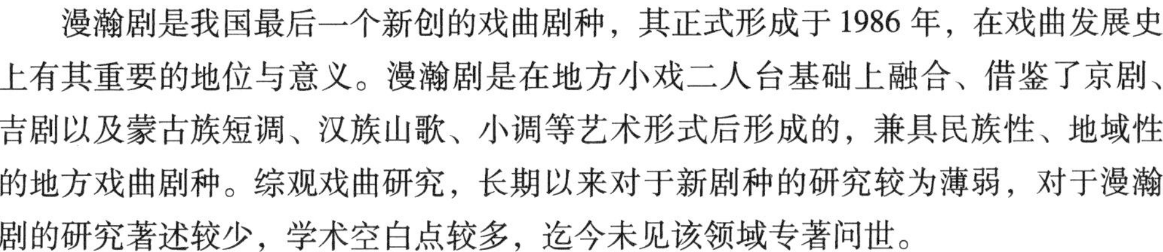

漫瀚剧是我国最后一个新创的戏曲剧种，其正式形成于 1986 年，在戏曲发展史上有其重要的地位与意义。漫瀚剧是在地方小戏二人台基础上融合、借鉴了京剧、吉剧以及蒙古族短调、汉族山歌、小调等艺术形式后形成的，兼具民族性、地域性的地方戏曲剧种。综观戏曲研究，长期以来对于新剧种的研究较为薄弱，对于漫瀚剧的研究著述较少，学术空白点较多，迄今未见该领域专著问世。

本文运用民族音乐学、历史音乐学、戏曲音乐分析等理论与方法，并以局内和局外“双视角”，对漫瀚剧进行历时性、共时性、戏剧性、隐喻性等多角度的考察与研究。本文将漫瀚剧作为一种文化现象，置入全国戏曲、全国文艺的语境下进行反观，同时从区域文化、民族文化的多重角度对漫瀚剧进行观照，以期更加客观地呈现漫瀚剧的发展历史与生存现状，并从音乐和文化两个纬度对其进行深入剖析和阐释。

绪论部分，笔者对漫瀚剧的研究现状进行了较为详实的综述和述评，对文章写作所使用的主要理论、研究方法、研究意义与价值等做了必要的交代。

第一章漫瀚剧存在空间，从共时性的研究角度，对其存在空间从地域环境和人文语境两方面，进行了客观、全面的阐述。第二章漫瀚剧历史分期，从历时性的研究角度，并结合其发展历史与剧目特点，划分为孕育期、成型期、转型期三个历史分期，并进行了较为深入的阐述。第三章漫瀚剧戏曲体制，从戏曲性的研究角度，对漫瀚剧的音乐体制和文本体制，进行了较为深入的分析与研究。亦对其母体形态二人台，以及京剧等其它剧种在锣鼓经、表演程式等方面对漫瀚剧的影响进行了较为详实的剖析。第四章漫瀚剧文化阐释与现状反思，从隐喻性的研究角度，对漫瀚剧所显现出的隐喻性文化事象进行文化阐释，对漫瀚剧的生存现状进行了总结、反思，旨在了解和“翻译”出漫瀚剧音乐文化现象所表现出的社会与文化内涵，并以此为契机，对漫瀚剧所体现出的模式和经验，进行了客观的阐述与评价。

结论部分，笔者认为漫瀚剧的创建是一种历史的必然，漫瀚剧的发展之路也应成为新剧种的反思之路。

关键词：漫瀚剧　存在空间　历史分期　戏曲体制　文化阐释　现状反思

中韩跨界语境中延边朝鲜族“盘索里”溯源与变迁研究

作　　　者：宁颖

指导教师：杨民康

专业方向：中国少数民族音乐

学　　　位：博士

学位授予时间：2014 年

论文述要：

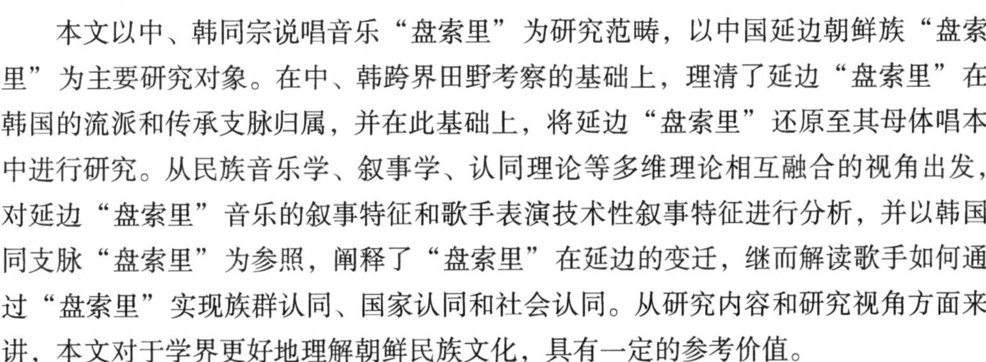

本文以中、韩同宗说唱音乐“盘索里”为研究范畴，以中国延边朝鲜族“盘索里”为主要研究对象。在中、韩跨界田野考察的基础上，理清了延边“盘索里”在韩国的流派和传承支脉归属，并在此基础上，将延边“盘索里”还原至其母体唱本中进行研究。从民族音乐学、叙事学、认同理论等多维理论相互融合的视角出发，对延边“盘索里”音乐的叙事特征和歌手表演技术性叙事特征进行分析，并以韩国同支脉“盘索里”为参照，阐释了“盘索里”在延边的变迁，继而解读歌手如何通过“盘索里”实现族群认同、国家认同和社会认同。从研究内容和研究视角方面来讲，本文对于学界更好地理解朝鲜民族文化，具有一定的参考价值。

首先，本文以中、韩“盘索里”的共同历史记忆为基础，追述了其产生、发展、繁荣、衰落至复兴的轨迹；然后通过对其在中、韩跨界语境中，音乐身份、界定分类、传承模式、表演语境等各个方面的探讨，解读出由“盘索里”构建出的朝鲜民族的双重历史与双重文化特征。

其次，延边“盘索里”音乐的来源是多元复杂的，源于传统“盘索里”、“伽倻琴併唱”、“唱剧”等三种表演形式，内容涉及到东便制、西便制、中高制等三个流派的多条传承支脉。它们由延边三代“盘索里”歌手分别从韩国获取，进而成为了延边“盘索里”的主要内容，其间形成了“移民至中国——复制到中国——留学回中国”三种不同的“盘索里”跨界传承路径，由此体现了“盘索里”既是歌手维系生存状态和社会地位的主要工具，也是延边歌手实现认同的主要载体。同时，随着留学回中国路径的实现，导致了“盘索里”表演风格在延边发生分流——延边本土风格“盘索里”与韩国传统风格“盘索里”的并存，从而体现出延边歌手认同方式的繁复多样。

再者，“盘索里”不是简单的“故事 + 音乐”的捏合之物，而是歌手在故事脚本基础上逻辑严谨的二度创造，在表演中展现出了故事叙事与音乐叙事的相互构建。并以此作为“盘索里”区别于非音乐故事讲演形式，以及同类型音乐表演形式的主要特征。“盘索里”在延边的传承过程中，音乐的节奏、旋律等音乐形态特征均承继了传统，而歌手对唱法和音色的调整与改变则是其变迁的主要方面与证据，也因此塑造了延边“盘索里”的新传统。

最后，“盘索里”集中体现了中、韩传统文化的核心观念。受到儒家文化影响而表现“孝”、“悌”、“忠”、“智”、“贞”等思想观念的故事内容，与朝鲜民族特有的音乐表现手法相结合，共同形成了“盘索里”的音乐文化内涵，是古代中国对朝鲜半岛音乐文化产生影响的重要证明。而延边“盘索里”跨界传承的达成，标志着传统文化核心的重归中国故里。

关键词：“盘索里”　延边朝鲜族“盘索里”　跨界　溯源　叙事　变迁　认同

那坡壮族女巫之声的音乐民族志研究

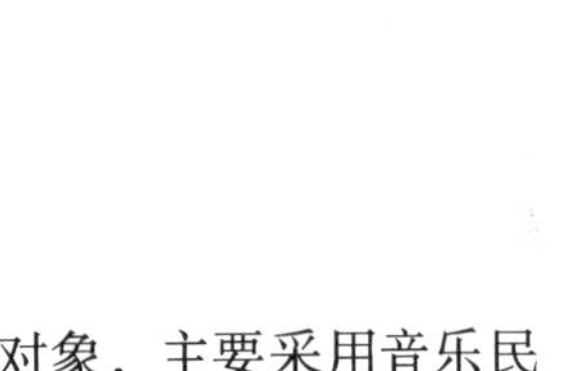

作　　　者：谭智

指 导 教 师：田联韬

专 业 方 向：中国少数民族音乐

学　　　位：博士

学位授予时间：2014 年

论 文 述 要：

本文以广西那坡县壮族女巫“蔓”仪式中的声音为研究对象，主要采用音乐民族志研究方法对其声音的形式、内容及至意义进行研究，在田野考察中获得的音乐民族志材料的基础上，从三个视域展开考察：1. 地方信仰习俗传统；2. 行巫仪式活动；3. 民间社会生活。

全文共五章。第一章通过文献的梳理及田野口述材料的整理，对那坡壮族信仰习俗传统中的巫文化进行考察，找到对研究对象的认识基础。第二章对那坡壮族女巫“蔓”的仪式活动进行整体考察，以“声音－动作”的形式对仪式中的声音进行类型化归纳，并在两个具有代表性的仪式个案中呈现“蔓”仪式活动及其声音的样貌。第三章对“蔓”仪式中的声音形式样态及声音表达内容进行分析。其中声音形态的分析包括声音的形成要素、声音的形式结构、声音的流动样态三个方面；声音内容的分析主要包括声音的表达对象及“蔓”的表达方式，以此呈现执仪人巫者身份，以及“蔓”以声音沟通阴阳两界的能力。第四章从“蔓”仪式中的特征音调类型出发，考察民间对唱形式在“蔓”仪式、民俗活动、日常生活三种场合中的运用，以及三者的关联。第五章在地方表述中寻找与局内人对话的可能，从其声音在“蔓”个体经验中的意义，以及在民间社会中的意义两个方面进一步阐述，获得“蔓”仪式中的声音既是一种信仰的存在方式，亦是人们的一种生活方式的认识。

通过研究，本文认为：那坡壮族女巫之声是其地方巫文化传统中体现祖先、鬼魂崇拜的一大文化事象，并以“蔓”的家庭仪式活动为平台，成为其地方信仰最为直接的存在方式。那坡壮族女巫之声以民间社会生活为土壤，已成为人们的一种方式。此外，以“蔓”其巫与人的双重身份来看，无论是在仪式中还是在生活里，其声音维系了各种对象的互动，并使其关系得到了梳理。

关键词： 那坡　壮族　女巫　仪式　声音　信仰　音乐民族志

中国音乐史

1919 年以前的中西音乐交流史料研究

作　　者：陶亚兵

指导教师：廖辅叔

专业方向：中国近现代音乐史

学　　位：博士

学位授予年代：1992 年

论文述要：

本文以史料研究为依据，按时代顺序，论述了1919 年以前中国与欧洲音乐上相互交流的历史过程。

可考的中西音乐交流史的起点是公元 7 世纪即我国唐代，本文通过对早期基督教东传的与音乐有关的《大秦景教三威蒙度赞》、《秦景教大通真归法赞》、道教吕祖派《救劫证道经咒》中景教赞美诗叙利亚文歌词译片段这三份资料的研究和对早期基督教的文化区域的介绍，论证了在唐代发生的中西音乐交流事例。

蒙元时期，中外文化交流十分频繁，西方音乐也通过基督教传教士传到蒙古地区和北京（汗八里）等地。这部分内容主要以来到中国的欧洲人柏朗嘉宾、鲁布鲁克、马可波罗的游记和约翰·蒙高维诺由北京寄往欧洲的信件资料，介绍了这时期西洋音乐交流情况。

明末清初是近代中西文化交流的开端，中西音乐交流也得到了新的发展。伴随着西方神学、天文、历法、数学等学问的输入，西洋音乐在中国的传播日益广泛，其影响也日益扩大。这部分内容介绍了传教士利玛窦、汤若望、徐日升、德理格等人的音乐活动，探讨了这一时期西洋音乐在中国的传播情况。同时，中国儒家哲学思想、艺术风格等中国文化也在欧洲产生了“中国热”，法国传教士钱德明第一次系统地向欧洲介绍了中国音乐，中国音乐也开始在欧洲产生影响。

清朝中期，封建统治日趋封闭、保守，西方文化在中国的传播受到限制，但西洋音乐却由于清统治者乾隆的偏宠，在宫中花样翻新地丰富起来，如演出意大利歌剧、组织西洋乐队等。这期间，北京的天主教音乐活动也在持续着。

19 世纪至 20 世纪初是西方殖民主义横行的时代，西方殖民主义心态影响到了西方人士对中国音乐的评价，但独具特色的中国音乐还是越来越多地被客观地介绍到了西方，并越来越多地影响到了西方的音乐创作，如普契尼、马勒、德彪西、勋伯格等人都曾创作过与中国音乐有关的作品。中国音乐为西方作曲家的创作提供了新的音乐语言，甚至成为他们发展或转变自己艺术风格的借鉴和契机。

1840 年鸦片战争使中国社会发生了重大变革，中国近代资产阶级世界观和新文化思想为中国人接受西洋音乐创造了必要文化环境，也为中国人认识西洋音乐提供了崭新的观点——对西洋音乐所具有的近代文化内涵和科学的形态体系的“认同”——这是国人西洋音乐观发展过程的第三个阶段。在我国新音乐前辈们的倡导下，20 世纪初以“学堂乐歌”为先导，形成了社会性的西洋音乐的启蒙运动，促进了我国近代新音乐的产生和发展，并奠定了我国近代新音乐中西音乐相结合的基本格局。

中西音乐交流的历史是中国音乐发展中的独具特色的一环，对于它的研究，将有助予加深对中国音乐特别是近现代音乐发展的认识。

关键词：中西音乐交流　《大秦景教三威蒙度赞》　《大秦景教大通真归法赞》　《救劫证道经咒》　景教赞美诗

中国现代音乐：本土与西方的对话

——西方现代音乐对中国大陆音乐创作的影响

作　　者：李诗原

指导教师：梁茂春

专业方向：中国音乐史

学　　位：博士

学位授予时间：2000 年

论文述要：

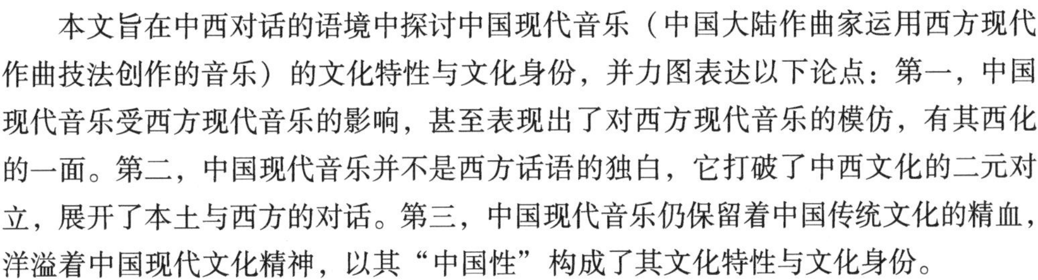

本文旨在中西对话的语境中探讨中国现代音乐（中国大陆作曲家运用西方现代作曲技法创作的音乐）的文化特性与文化身份，并力图表达以下论点：第一，中国现代音乐受西方现代音乐的影响，甚至表现出了对西方现代音乐的模仿，有其西化的一面。第二，中国现代音乐并不是西方话语的独白，它打破了中西文化的二元对立，展开了本土与西方的对话。第三，中国现代音乐仍保留着中国传统文化的精血，洋溢着中国现代文化精神，以其“中国性”构成了其文化特性与文化身份。

本文分三章展开论述。第一章“历史描述：本土与西方的对话录”分三阶段（1949 年以前，1949—1979，1979 年以后）概述了中国现代音乐的发展历程，并表明这个历程既是一个西方现代音乐不断影响中国大陆专业音乐创作的历程，同时也是本土与西方从冲突逐渐转向对话的历程。第二章“形态分析：现代技法的本土阐释”对中国现代音乐的音阶结构、和声语言、调性特征、节奏节拍、配器风格、曲式结构进行了扼要分析，并着重讨论了中国传统音乐语言与西方现代作曲技法的对话，从而力图表明尽管西方现代音乐对中国专业音乐创作产生极大的影响，但在这种受惠于西方话语的中国现代音乐中，本土与西方的对话仍得以充分展开，并且前者对后者的“影响”与二者的“对话”是一个统一的范畴。第三章“文化比较：本土与西方互为引证”是一个基于形态分析的文化比较，旨在寻找西方话语的本土文化意义，探索本土话语的现代文化阐释，并力图在中西的相通层面上展开本土与西方的对话。于是本章基于“比较即对话”的观念，围绕四个问题展开了讨论：从西方现代艺术的反异化精神、现代人道主义、个人主义说到中国的“反儒文化”传统；在中国传统文人艺术境界中寻找西方现代抽象艺术的真谛；对西方现代非理性主义进行基于本土文化传统的解读；探讨天人合一精神与西方后现代主义的联系。总之，本章力图表明一个事实：中国传统音乐与西方现代音乐的对话，既未脱离20世纪中西文化对话的上下文，也未脱离中国传统音乐与西方现代音乐各自依托的文化与哲学背景：在中国现代音乐中，本土与西方的对话不仅体现在音乐形态的表层，而且渗透到了音乐审美观念、音乐文化与哲学观念的深层，进而成为整个中国传统文化与西方现代文化的对话。通过上述三章的探讨，本文最后得出了结论：中国现代音乐具有鲜明的“中国性”，并以这种“中国性”构成了其文化特性及文化身份。

关键词：中西对话的语境　中国现代音乐　文化特性　文化身份

20 世纪中国音乐批评观念的嬗变轨迹

作　　者：明言

指导教师：梁茂春

专业方向：中国音乐史

学　　位：博士

学位授予时间：2001 年

论文述要：

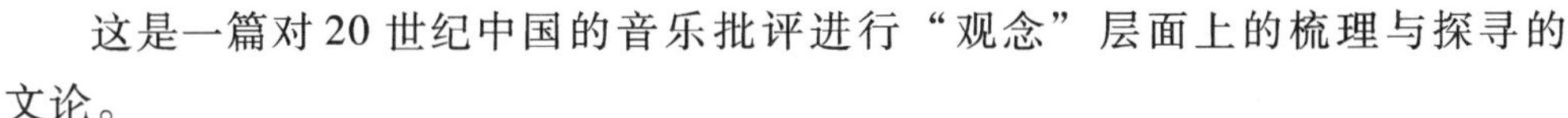

这是一篇对 20 世纪中国的音乐批评进行“观念”层面上的梳理与探寻的文论。

在绪论中，笔者以中外音乐辞典及学者的专论作为构筑自己的新的音乐批评定义、范围、属性的基础，对音乐批评这个学科做了新的思考和定性。并以这个定性为基础，对整个 20 世纪中国音乐历史中有关于音乐批评线索，做出了“观念”层面上的梳理与勾勒。

经过梳理与读解，本文认为：“学堂乐歌”时期的音乐批评观念，是为“新民”而“新学”、“新音乐”；五四新文化运动时期音乐批评的核心观念，是为“启蒙”、为“救亡”也为“艺术”；战争时代的音乐批评观念是“一切为了救亡”；建国初期的音乐批评观念，基本上是围绕着思想文化领域里的政治观念而展开；文革时期是一个只有“音乐批判”而没有音乐批评的特殊时代。

在结论中，本文提出了自己对未来中国音乐批评观念发展的理论总结，即：避免误入“三个误区”（政治禁忌、宗派主义、急功近利）；在“一分为三”（学院派、主旋律派、大众派）的基础上建构新型音乐批评观念场；以“文化中国”的文化批评观念，面向未来、而向世界。

本文坚持“论从史出”的史学原则，尤其重视批评史料的研究与评析。在展开过程中，坚持“以史料来说话”的原则，试图通过自己的整合，使史料能够向读者直接地坦述历史的本然。本文中的时间分划，以文化史学界的一般原则来进行，新时期以前是全文的重点。由于时间等因素的制约，对自 20 世纪 90 年代开始的“后新时期”，仅作热点问题的综述、观念轮廓的勾勒。

关键词：20 世纪　中国　音乐批评　观念

20 世纪 60 年代以来台湾新音乐创作之研究

作　　者：简巧珍

指导教师：汪毓和、张已任

专业方向：中国近现代音乐史

学　　位：博士

学位授予时间：2002 年

论文述要：

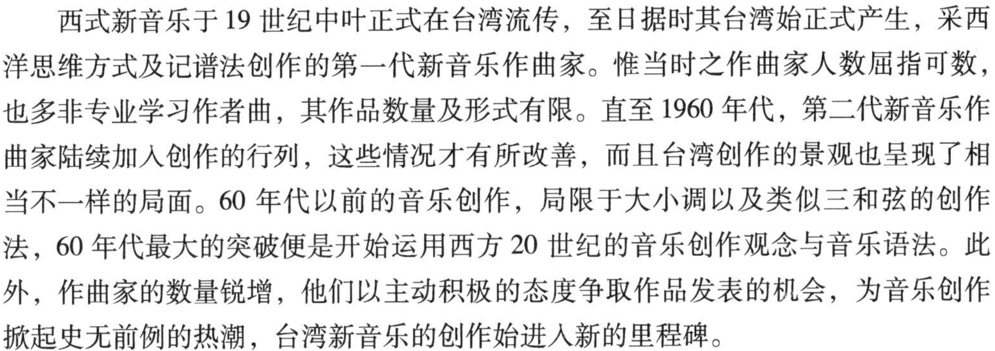

西式新音乐于 19 世纪中叶正式在台湾流传，至日据时其台湾始正式产生，采西洋思维方式及记谱法创作的第一代新音乐作曲家。惟当时之作曲家人数屈指可数，也多非专业学习作者曲，其作品数量及形式有限。直至 1960 年代，第二代新音乐作曲家陆续加入创作的行列，这些情况才有所改善，而且台湾创作的景观也呈现了相当不一样的局面。60 年代以前的音乐创作，局限于大小调以及类似三和弦的创作法，60 年代最大的突破便是开始运用西方 20 世纪的音乐创作观念与音乐语法。此外，作曲家的数量锐增，他们以主动积极的态度争取作品发表的机会，为音乐创作掀起史无前例的热潮，台湾新音乐的创作始进入新的里程碑。

本文旨在探求 60 年代以来，台湾音乐创作发展的轨迹及其成果，透过对 9 位具代表性之作曲家的作品分析，试图理出 60 年代以来的各个时期，台湾作曲家作品所呈现出来的普遍性与特殊性风格。全文共分四章，第一章“叙述西式新音乐在台湾发展的社会背景及其发展之轨迹”；第二章“叙述第二代新音乐作曲家之作品研究”；第三章“叙述第三代新音乐作曲家之作品研究”，此部分包含各作曲家之小传与其不同时期三部作品的具体分析，试图将作曲家学习的心路历程，与其作品研究之个性化及风格演变的现象，作相互之对应；第四章“台湾作曲家对中国传统音乐、文化思维与西方音乐风格的兼容并蓄”，论述台湾作曲家的作曲方向，自然直接而且大范围地受到西方音乐风格之影响，但是其作品内涵及精神，却多源于中国传统音乐与文化思想之启发，本章乃举例说明在中国传统音乐、文化思维和西方传统，以及现代技法的影响之下，台湾作曲家作品当中具体的运用手法。

面对各种形式与各种题材的作品，透过以上各层次的探索，归纳出一具体结论，即60年代以来，台湾作曲家们的音乐具有一个共同的特点，那就是充满民族文化意识，而其个人之间的音乐风格，则是呈多元化的表现。

关键词：台湾新音乐　第二代新音乐作曲家　第三代新音乐作曲家　民族意识　西方手法　个人风格　兼容并蓄

中国手风琴音乐艺术发展史研究

作　　者：高洁
指导教师：汪毓和
专业方向：中国近现代音乐史
学　　位：博士

学位授予时间：2003 年

论文述要：

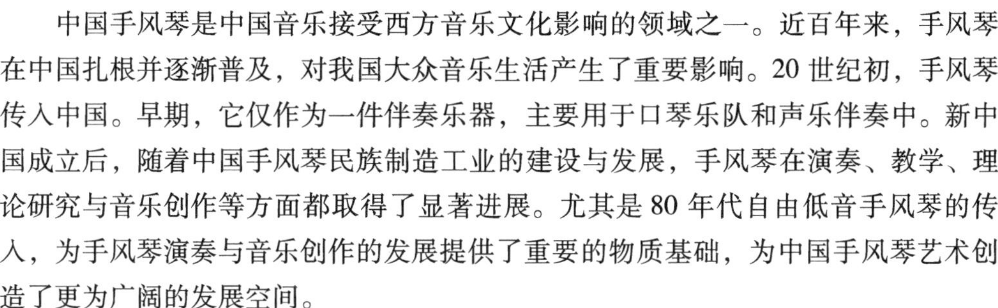

中国手风琴是中国音乐接受西方音乐文化影响的领域之一。近百年来，手风琴在中国扎根并逐渐普及，对我国大众音乐生活产生了重要影响。20 世纪初，手风琴传入中国。早期，它仅作为一件伴奏乐器，主要用于口琴乐队和声乐伴奏中。新中国成立后，随着中国手风琴民族制造工业的建设与发展，手风琴在演奏、教学、理论研究与音乐创作等方面都取得了显著进展。尤其是 80 年代自由低音手风琴的传入，为手风琴演奏与音乐创作的发展提供了重要的物质基础，为中国手风琴艺术创造了更为广阔的发展空间。

本文以国际手风琴音乐发展和中国近现代社会历史发展作为背景，分别从历史发展与音乐创作两方面对中国手风琴艺术的发展脉络进行了系统的梳理与研究，力求再现中国手风琴艺术发展的全貌，反映中国手风琴艺术的历史发展特征。

全文共分为五章。第一章是对“手风琴历史源流”的介绍；第二章是“中国最初的手风琴艺术传播”，本人挖掘出大量的相关史料，从“早期的中国手风琴教科书、上海、哈尔滨和延安的手风琴活动”四个方面进行了研究，真实地再现了 1949 年以前的中国手风琴艺术发展；第三章是“新中国成立以来的手风琴艺术发展”，分别从“乐器制造、手风琴教育、表演、理论研究与中外交流”五个方面按时间顺序进行了论述，全面反映了手风琴艺术在新中国成立后 50 余年所取得的丰硕成果；第四章是“中国手风琴音乐创作的发展”，论文将手风琴音乐创作分为四个时期进行了历史的回顾，并对创作中的民族化追求以及手风琴演奏技巧在创作中的运用作了具体分析。第五章是全文的结论，对中国手风琴艺术发展特征做出了历史性的总结与思考。作为一件大众化乐器，中国手风琴艺术经历了从伴奏逐渐走向独奏、重奏等多种表现形式，以及由改编走向独立创作的发展历程。手风琴在中国是一件有着广阔发展空间的乐器，因而还需要我们正确认识和对待其发展中存在的问题。

关键词：中国手风琴艺术　音乐创作　历史发展　自由低音手风琴

李凌音乐评论研究

作　　者：项筱刚

指导教师：梁茂春

专业方向：中国近现代音乐史

学　　位：博士

学位授予时间：2005 年

论文述要：

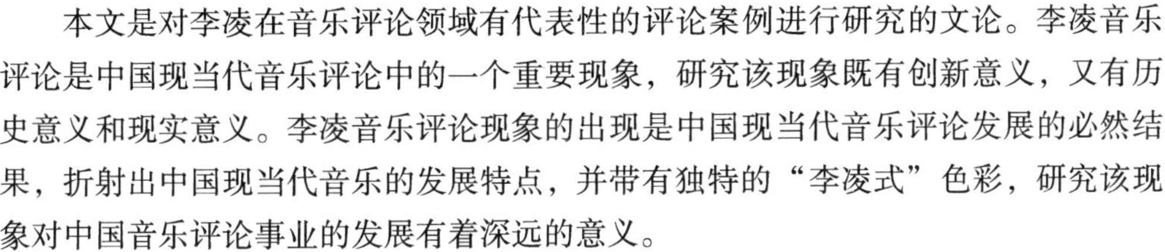

本文是对李凌在音乐评论领域有代表性的评论案例进行研究的文论。李凌音乐评论是中国现当代音乐评论中的一个重要现象，研究该现象既有创新意义，又有历史意义和现实意义。李凌音乐评论现象的出现是中国现当代音乐评论发展的必然结果，折射出中国现当代音乐的发展特点，并带有独特的“李凌式”色彩，研究该现象对中国音乐评论事业的发展有着深远的意义。

李凌的音乐评论文章形式短小而活泼，内容广博而前瞻，文笔深邃而犀利，影响广泛而深远，深受音乐界和广大群众的喜爱，并奠定了他在中国评论音乐史上的地位。直到今日，这些“李凌式”的音乐评论文章仍能够唤起许多当事人的难忘回忆，帮助年轻音乐学人了解有关音乐史实，并在一定程度上启示着未来中国音乐评论的发展。

李凌音乐评论以其独特的视角、自觉的意识、激扬的文采，将评论对象纳入中国现当代音乐史中去审视，因而他的评论文章在具有个人特征和属于历史的同时，又不可避免地显得与当时的“大环境”有点“不合时宜”。就此而言，李凌音乐评论和同时代的贺绿汀、钱仁康音乐评论一样，都是中国现当代音乐思潮发展的特点所产生的结果，是中国现当代音乐思想斗争的特点所产生的结果。

本文共分七章。其中，第一章“历史描述：李凌音乐评论的发展轨迹”，将李凌的音乐评论历程分为三个阶段：1. 40 年代；2. 50、60 年代；3. “新时期”。文章指出李凌的音乐评论多为“XX 杂谈”、“XX 漫谈”等，被誉为“杂而不乱，漫而不散”。这种特点自40年代起一直保持到他的晚年，构成了独特文风，堪称“李凌式”音乐评论。第二章至第六章，分别论述了李凌在40年代、“十七年”和“文革”后不同历史时期的音乐评论，内容涉及“新音乐”、“音乐的民族风格”、“音乐家”、“轻音乐”、“流行音乐”和“新潮音乐”的评论等。第七章“历史观照：李凌音乐评论的历史地位”，从主、客观两方面分析了李凌音乐评论“凸现”的历史原因，认为李凌音乐评论的凸现不是偶然现象，而是中国音乐史发展的必然现象，是李凌自己音乐生涯发展的必由结果。

此外，本文还贯穿着“重写音乐史”的观念，以期对李凌音乐评论所涉及的有关音乐评论案例、音乐史实重新审视，并尽可能做出更接近历史本来面目的客观评价。

关键词：李凌　音乐评论　20世纪　中国　音乐评论家

唐代二十八调理论体系研究

作　　　者：赵为民

指 导 教 师：冯文慈

专 业 方 向：中国古代音乐史

学　　　位：博士

学位授予时间：2004 年

论 文 述 要：

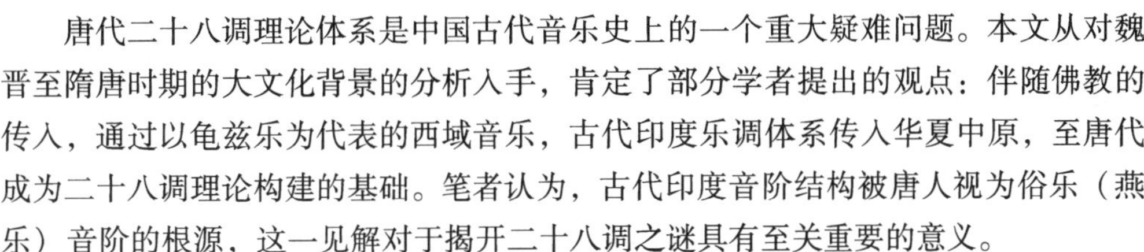
唐代二十八调理论体系是中国古代音乐史上的一个重大疑难问题。本文从对魏晋至隋唐时期的大文化背景的分析入手，肯定了部分学者提出的观点：伴随佛教的传入，通过以龟兹乐为代表的西域音乐，古代印度乐调体系传入华夏中原，至唐代成为二十八调理论构建的基础。笔者认为，古代印度音阶结构被唐人视为俗乐（燕乐）音阶的根源，这一见解对于揭开二十八调之谜具有至关重要的意义。

唐代二十八调体系是七宫四调还是四宫七调？本文通过唐宋文献中均使用七宫四调概念系统、唐代乐曲移调在七宫而不在四调之间进行、《辽史·乐志》中的“四旦”误“旦”为“声”，宫、商、羽、“角”四声各七运的主音均由俗乐（燕乐）音阶的七声所构成等方面的论证，力图支持唐代二十八调为七宫四调的论点，并提出二十八调理论只用七宫的根本原因是受到古代印度乐调体系的影响。

关于唐代二十八调理论的四调关系及其音阶体系，本文提出一个全新思路：羽调来源于古代印度的萨音阶，其音程结构在唐代称为俗乐（燕乐）徵调式，在二十八调理论中作为雅乐音阶羽调式的载体，传入日本称为律旋音阶；本来羽调框架已包容有雅乐音阶的五种调式，但由于受雅乐理论重宫观念影响，以七羽调为基础又派生出雅乐音阶的七宫调框架。隋唐以前，中国传统音乐理论习惯上已将清乐音阶作为雅乐音阶的下徵调包容在同一音列结构中，二十八调中雅乐音阶体系的七宫、七羽各调也以下徵调结构兼容有清乐音阶体系。

商调来源于古代印度的玛音阶，其音程结构在唐代称为俗乐（燕乐）宫调式，纳入二十八调理论的雅乐概念系统名为“商”调而实为燕乐音阶宫调式，传入日本称为吕旋音阶；本来商调已包容有燕乐音阶的所有调式结构，但受到雅乐音阶体系有七宫、七羽两组调式的影响，以七商调为基础又派生出燕乐音阶的七羽调框架。燕乐音阶羽调式纳入雅乐概念系统应称为变宫调式，因雅乐音阶的变宫不能立调，又因燕乐音阶羽调与雅乐音阶羽调之名重复，便借用了下徵调（即清乐音阶）的角调之名。在音乐实践中，二十八调中的七“角”调有名无实，只是为了与雅乐音阶的七羽调结构对应而虚设的燕乐音阶的七个羽调。

唐代二十八调理论中的四调实质上是由雅乐与燕乐两种音阶体系构成的双宫双羽框架，音乐实践中实际应用的是七宫（雅乐）、七羽（雅乐）和七商（实为燕乐宫），这一框架兼容有当时音乐实践中使用的三种七声音阶体系和所有的调式结构。

唐代二十八调中“正宫”调的宫音律位在太簇，由此构成了二十八调调名与律名的对应关系。宋人将“正宫”调的宫音对应黄钟，造成二十八调调名与律名之间相差二律，这一问题在唐代是不存在的。《新唐书·礼乐志》称“其宫调乃应夹钟之律”，是指七宫调的宫音律位构成的燕乐羽调式七声结构的宫音对应夹钟，与二十八调理论的律高问题无涉。

关键词：龟兹乐印度乐调　二十八调　七宫四调　双宫双羽

李焕之的音乐生涯及其历史贡献

作　　者：蔡梦

指导教师：梁茂春

专业方向：中国近现代音乐史

学　　位：博士

学位授予时间：2005 年

论文述要：

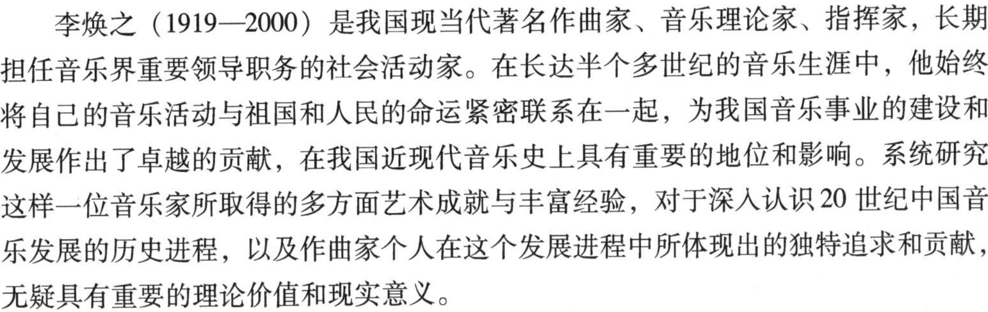
李焕之（1919—2000）是我国现当代著名作曲家、音乐理论家、指挥家，长期担任音乐界重要领导职务的社会活动家。在长达半个多世纪的音乐生涯中，他始终将自己的音乐活动与祖国和人民的命运紧密联系在一起，为我国音乐事业的建设和发展作出了卓越的贡献，在我国近现代音乐史上具有重要的地位和影响。系统研究这样一位音乐家所取得的多方面艺术成就与丰富经验，对于深入认识20世纪中国音乐发展的历史进程，以及作曲家个人在这个发展进程中所体现出的独特追求和贡献，无疑具有重要的理论价值和现实意义。

本文以历史唯物主义为指导，运用唯物辩证法，从中国近现代音乐发展的客观实际出发，力求以宽广的理论视野，对有关史料进行充分发掘和深入探析。在认真吸收以往有关李焕之音乐成就研究成果的基础上，通过全面介绍李焕之的音乐生涯，系统体察他的音乐成就和贡献，深入研究他的艺术思想和创作经验，以期获得新的理论成果和有益启示。

全文主体共分四章。第一章，对他的艺术历程进行简要回顾；第二章，从他重要作品的音乐分析入手，结合作曲家本人有关音乐创作的论述，对他声乐创作的实践成果和艺术特色加以考察研究；第三章，从他重要作品的音乐分析入手，结合作曲家本人有关音乐创作的论述，对他器乐创作的实践成果和艺术特色加以考察研究；第四章，对他在中华人民共和国“建国后 17 年”和“改革开放以后”两个重要时期的理论著述进行综合研究，力图对他所涉猎的不同领域的丰硕学术成果进行较系统的梳理和概括。在最后“结语”部分，综合论文的主体论述，在对李焕之一生的业绩、思想和历程进行了较全面考察分析的基础上，结合当时的历史背景，从四个方面总结了对这位具有历史代表性的人民音乐家进行研究和探讨的理论价值和深刻启示。

关键词：李焕之　中国近现代音乐　音乐创作研究　理论著述研究　历史贡献

缪天瑞音乐学术研究评述

作　　　者：国华

指 导 教 师：汪毓和

专 业 方 向：中国近现代音乐史

学　　　位：博士

学位授予时间：2005 年

论 文 述 要：

20 世纪以来我国新音乐领域的理论研究的建设与发展，与许多音乐家付出的艰辛劳动有着紧密的联系。缪天瑞以近一个世纪的辛勤劳动，在音乐教育和音乐理论研究的多个领域（编辑、著述、译著），为我国新音乐文化的发展做出了极其突出的贡献。

缪天瑞的音乐教育活动开始于 1926 年，持续了 50 余年的时间，其间所做出的贡献，对我国音乐创作、音乐教育、音乐研究均产生了较大的影响。他的音乐编辑活动开始于 1933 年，他曾经参与主编的音乐刊物和音乐辞书，无论其内容和形式始终处于学术前沿的位置，他所翻译的音乐理论译著和文论，在中外音乐文化交流中，起到了学习、了解、沟通和促进的历史作用。他的《律学》专著集律学原理和应用于一身，行文通俗易懂，再经过他多次的修订后更使其显现出律学学科“集大成”者的特点，从而使它对中国律学研究和发展产生了较大的影响。缪天瑞之所以对我国音乐事业的发展产生了较大的影响，是与他在音乐实践活动中所运用的科学研究方法和自身所具备的学者品质有着密切的关系。缪天瑞先生在今天 97 岁高龄的情况下，以自己丰富的学识和科学的研究方法，依然从事着学术领域的理论研究，关心着 21 世纪中国音乐的走向问题。

本文共分四个章节，从缪天瑞所涉猎的音乐教育、音乐编辑、音乐译著、音乐著述等方面，作一较为全面的分析研究，试图把缪天瑞在音乐领域的主要实践活动置于20世纪中国近现代音乐文化的大背景中，考察二者之间的相互关系，对其在音乐领域中的贡献作较为系统和全面的研究，并据他在中国20世纪就已开始的新音乐发展道路中的贡献，给予一个较为准确的历史定位。

关键词：缪天瑞　音乐辞书　音乐词典　音乐教育　该丘斯音乐理论丛书

现代京剧“样板戏”旦角唱腔音乐研究

作　　　者：刘云燕
指导教师：汪毓和
专业方向：中国近现代音乐史
学　　　位：博士
学位授予时间：2005 年

论文述要：

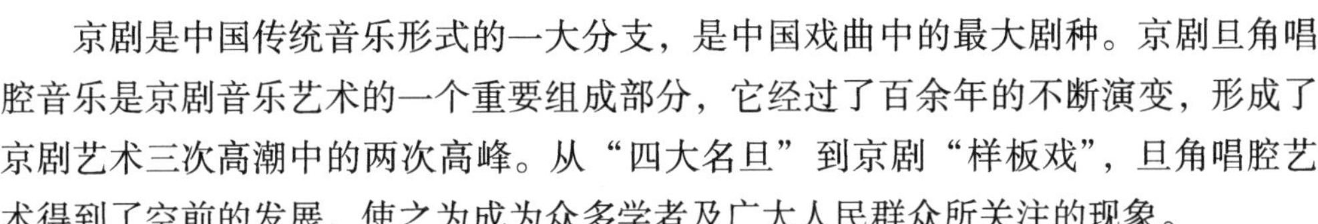

京剧是中国传统音乐形式的一大分支，是中国戏曲中的最大剧种。京剧旦角唱腔音乐是京剧音乐艺术的一个重要组成部分，它经过了百余年的不断演变，形成了京剧艺术三次高潮中的两次高峰。从“四大名旦”到京剧“样板戏”，旦角唱腔艺术得到了空前的发展，使之为成为众多学者及广大人民群众所关注的现象。

本文研究的对象是京剧“样板戏”中旦角的唱腔音乐。全文分为三个章节，第一章，论述了京剧的形成与旦角艺术的发展。涉及两个方面的内容，第一方面，主要概述京剧的形成与发展中，老生及其唱腔的艺术特点以及旦角艺术演变的时代背景及其唱腔艺术特点；第二方面，概述京剧“时装戏”的发展和京剧现代戏的产生以及京剧“样板戏”的形成。第二章，论述前期京剧“样板戏”旦角唱腔音乐的艺术特点。通过与传统旦角唱腔的对比分析，从旦角人物唱腔设计，创作手法，套式、板式运用，音乐组合形式，演唱方法、技巧等方面，论述前期京剧“样板戏”旦角唱腔在传统基础上的创新和发展。第三章，论述后期“样板戏”旦角唱腔音乐的艺术特点。通过与传统旦角唱腔及前期“样板戏”的对比分析，从旦角人物唱腔设计，新创板式、套式，主题音乐贯穿手段，歌曲体裁借鉴，合唱形式运用，中西混合乐队编制，纯音乐创作，唱腔演唱等方面，论述后期“样板戏”旦角唱腔音乐如何融入新的创作观念，在传统唱腔及前期“样板戏”唱腔创作基础上的进一步创新和发展。

通过对京剧“样板戏”旦角唱腔音乐的分析、对比研究，本文认为，京剧“样板戏”的发展，体现了中国戏曲音乐——京剧这一传统艺术形式在新的历史条件下的变革和发展。旦角唱腔音乐的凸现，体现了中国京剧音乐创作步入了更为广阔的发展空间，反映了中国传统京剧唱腔音乐艺术与现代音乐艺术及世界音乐艺术的高度融合。

关键词： 京剧旦角　“四大名旦”　“戏曲改革”　“样板戏”
主题贯穿　创新发展

彭修文民族管弦乐艺术研究

作　　　者：彭丽

指 导 教 师：梁茂春

专 业 方 向：中国近现代音乐史

学　　　位：博士

学位授予时间：2005 年

论 文 述 要：

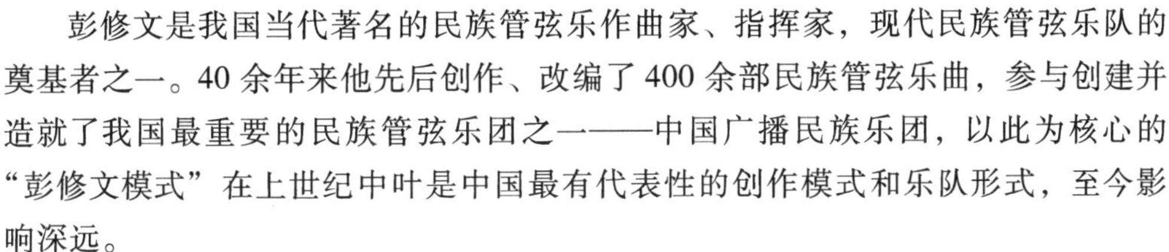

彭修文是我国当代著名的民族管弦乐作曲家、指挥家，现代民族管弦乐队的奠基者之一。40 余年来他先后创作、改编了 400 余部民族管弦乐曲，参与创建并造就了我国最重要的民族管弦乐团之一——中国广播民族乐团，以此为核心的“彭修文模式”在上世纪中叶是中国最有代表性的创作模式和乐队形式，至今影响深远。

本文主要以彭修文具有代表性的数 10 部民族管弦乐曲、他影响下的广播民族乐团的编制结构演进以及相关乐器改革实践为研究对象，总结归纳彭修文在民族管弦乐创作方面的风格特征，审视建国以来民族器乐合奏文化的发展历程，提炼彭修文在民族管弦乐艺术方面的观念，进而指出他在民族管弦乐事业发展中的作用，最终客观评价“彭修文模式”的历史贡献与不足。

全文分四章，第一章对彭修文的音乐生涯进行了回顾；第二章针对彭修文几十部代表性的民族管弦乐曲，从题材、旋律形态及发展、和声语言、复调手法、曲式结构、配器特色等方面进行了全面而深入地分析，并得出有关彭修文创作方面的简短结论；第三章主要通过梳理中国广播民族乐团的编制结构演进过程及相关乐器改革实践，指出彭修文在乐队模式建立发展过程中所起的重要而积极的作用，并检讨这一乐队模式及乐器改革的得失；第四章是在以上分析、梳理的基础上，总结提炼出彭修文的民族管弦乐艺术观念。

结论部分，充分肯定了彭修文在建国以来民族管弦乐事业发展中的作用与地位。

认为彭修文是中国当代民乐界的突出代表；彭修文民族管弦乐艺术是中国当代音乐事业中的宝贵财富；“彭修文模式”是建国初期新文化的突出代表，也是传统文化的突出载体；它是由民间音乐形态向专业音乐形态的一次嬗变；它继承并发展了中国民族音乐传统，引领中国民族器乐文化走向世界；同时也指出了彭修文民族管弦乐艺术的局限性，并阐述了作者由“彭修文模式”所引起的思考。

关键词：彭修文　民族管弦乐创作　民族管弦乐队编制　民族乐器改革　观念　“彭修文模式”

朱载堉乐律思想研究

作　　　者：王军

指 导 教 师：冯文慈

专 业 方 向：中国古代音乐史

学　　　位：博士

学位授予时间：2005 年

论 文 述 要：

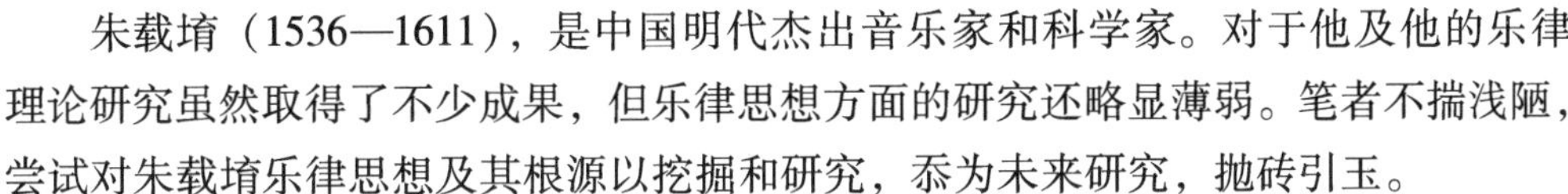

朱载堉（1536—1611），是中国明代杰出音乐家和科学家。对于他及他的乐律理论研究虽然取得了不少成果，但乐律思想方面的研究还略显薄弱。笔者不揣浅陋，尝试对朱载堉乐律思想及其根源以挖掘和研究，忝为未来研究，抛砖引玉。

朱载堉的乐律思想博大精深，内容涉及中国古代计量学、算学、物理声学、天文学、舞学等方面，思想上却是从中国传统文化及哲学思想中汲取营养，真正实现将中国优秀传统文化与具有近代研究特征的研究完美结合的创新。主要表现为：

一、追随其父及何瑭，注重自我人格修养完善的内圣境界；在冲突的社会思潮中，接受实学思想；在乐律研究的思想、方法和表述上，既有摆脱不了的中国传统文化负面影响，又有践行实学和近代西方科学的研究特征。

二、正确理解传统的“格物致知”思想，以此为指导，丰富和发展中国传统的算学理论和方法，为乐律计算所用；批判律法候气，挑战虚妄臆说；精研物理声学原理，提出正确的管口校正方法。

三、坚持理论联系实际的道器合一思想：凡事调查研究、考证、制作，虚心向乐工请教；从音乐的经验事实及理论研究中，概括出音律之间的规律性认识——十二平均律，即道寓于器，之后再以器明道，用准及乐器笙验证十二平均律的可行性、合理性，理论和实践并举，最终完成对十二平均律的科学创建。

四、承继优秀传统文化，崇尚“自然之理”；注意把律学研究与传统的天地人合一思想合理地联系起来；提倡以数为本；强调遵循自然法则。

五、以存在为依据，认为乐律产生于自然界的阴阳之气；坚持十二律能够“终而复始，循环无端”，具有“无往不复”的中国式辩证思维：在律学研究中，灵活运用中国传统体用哲学思想，使“律与度量衡”、“九进制与十进制”、“音与数”等中国律学史中，较为复杂的关系得到合理诠释；以发展的眼光认识事物，所论乐律产生与发展契合事物发展的内在逻辑。

六、晚明“礼崩乐坏”，为统治者计，朱载堉阐述传统中和之乐的伦理意义和方法论思想；主张用“乐从乎今，情合于古”的办法，创编拟古舞谱五种，冀复兴古代礼乐制度。

朱载堉的乐律思想中，有许多闪光之处，令后人叹赏景仰，但也有不足甚至糟粕，比如：在乐律研究中崇拜《周礼》；痴迷河图洛书；对祖冲之圆周率的错误批判；过分强调十二平均律的优越性。另外，朱载堉在有些论述当中，还有前后自相抵牾之处。但是朱载堉毕竟是四百年前的古代学人，今人切不能因为这些历史局限而淡化对其作为古代杰出音乐家、科学家的客观评价。朱载堉在乐律理论研究中所表现出的开创性贡献依然是主要的。

关键词：朱载堉　中国传统文化　晚明社会思潮　乐律思想

20世纪下半叶中国音乐作品评论研究

作　　　者：胡天虹

指 导 教 师：汪毓和

专 业 方 向：中国近现代音乐史

学　　　位：博士

学位授予时间：2006年

论 文 述 要：

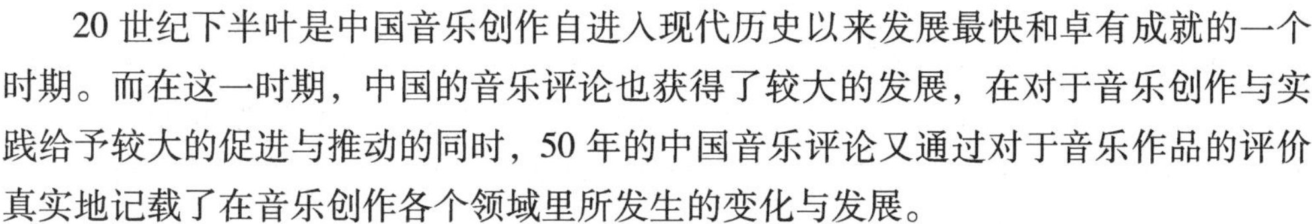

20世纪下半叶是中国音乐创作自进入现代历史以来发展最快和卓有成就的一个时期。而在这一时期，中国的音乐评论也获得了较大的发展，在对于音乐创作与实践给予较大的促进与推动的同时，50年的中国音乐评论又通过对于音乐作品的评价真实地记载了在音乐创作各个领域里所发生的变化与发展。

基于对20世纪下半叶中国音乐评论在创作上所发挥的重要作用，本文以在这一方面的音乐评论作为主要研究对象，从1949—1957年（新中国建国至“反右运动”前）、1957—1966年（“反右运动”至“文革”前）、1966—1979年（“文革”至“拨乱反正”）和1980—1999年（“改革开放”后20年）四个时期分别对声乐、器乐、歌剧与舞剧音乐以及舞蹈和歌舞音乐几大类中的音乐评论进行归纳与分析，通过对于“改革开放”前后音乐评论的两种不同状况和中国音乐评论自身在“目的性”与“重要性”方面的表现，使建国50年以来的中国音乐评论在整体社会文化的构架当中与音乐创作和受众群体之间的基本关系能够得以显露，由此可以清楚地认识到50年来中国音乐创作（作品）与音乐评论，二者在中国当代音乐事业的发展上的整体表现、音乐评论自身在不断与创作“互动”过程中的发展历程，以及在不断积累自身的过程中为中国音乐的理论研究所做出的贡献。而这些对于刚刚进入21世纪的中国音乐在继承与借鉴上都具有启迪作用。

关键词：20世纪下半叶　中国音乐评论　中国音乐作品

中国钢琴创作“民族化”探索的三个阶段

作　　　者：蒲方
指 导 教 师：汪毓和
专 业 方 向：中国近现代音乐史
学　　　位：博士
学位授予时间：2006 年

论 文 述 要：

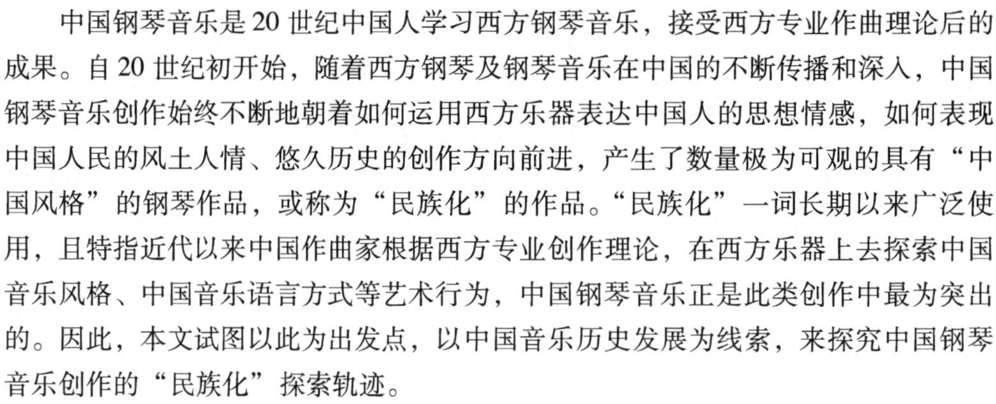

中国钢琴音乐是20世纪中国人学习西方钢琴音乐，接受西方专业作曲理论后的成果。自20世纪初开始，随着西方钢琴及钢琴音乐在中国的不断传播和深入，中国钢琴音乐创作始终不断地朝着如何运用西方乐器表达中国人的思想情感，如何表现中国人民的风土人情、悠久历史的创作方向前进，产生了数量极为可观的具有“中国风格”的钢琴作品，或称为“民族化”的作品。“民族化”一词长期以来广泛使用，且特指近代以来中国作曲家根据西方专业创作理论，在西方乐器上去探索中国音乐风格、中国音乐语言方式等艺术行为，中国钢琴音乐正是此类创作中最为突出的。因此，本文试图以此为出发点，以中国音乐历史发展为线索，来探究中国钢琴音乐创作的“民族化”探索轨迹。

本文将这种探索的过程纳入到中国钢琴音乐发展的历史之中，并试图从三个历史阶段来探究其发展变化的根源、经验、成果及其他相关情况，以期从多方面对“民族化”的钢琴音乐探索形成理论性的、建设性的结论。

序幕（1934 年前）：介绍西方钢琴音乐传入后中国音乐家最初的钢琴创作情况：其中对赵元任、萧友梅等早年留学期间具有“民族化”倾向的键盘（钢琴）作品，1934 年前国内发表的部分钢琴作品，以及 20 年代我国艺术歌曲钢琴伴奏中的一些情况进行梳理和研究。

第一阶段（1934—1949）：是中国钢琴音乐“民族化”探索的第一次集中展示和随后的成长过程。这一时期最为突出的是 1934 年俄裔美籍作曲家齐尔品在中国组办的“征求有中国风味钢琴曲”的创作比赛，以及出现《牧童短笛》等第一批真正明确地体现“民族化”意义的作品。随后从台湾作曲家江文也、钢琴家丁善德以及解放区的作曲家瞿维等人的作品为代表分头研究，试图呈现出不同意图、不同手法、不同风格的“民族化”钢琴作品。

第二阶段（1949—1966）：由于中华人民共和国的成立，各项音乐事业呈飞速发展不断上升之态，中国钢琴创作更是当时器乐创作中的“先锋”。在民族化的探索上也特别注重，其中反映多民族风格、多地方特色的钢琴音乐成为当时钢琴音乐民族化探索的重要方面。

第三阶段（1966—1976）：在“文革”这样一个万马齐喑的特殊年代里，钢琴音乐创作以其独特的身份存活着、前进着，特别是20世纪70年代后，中国钢琴音乐从“改编曲”这条道路上取得了突飞猛进的成果，其中对于中国民间音乐的融汇以及中国钢琴技巧语言的探索方面都达到了前所未有的水平。

80年代以来，中国钢琴音乐发展呈现出异彩纷呈的喜人景象，作曲家们对于“民族化”的理解在接受了更广阔的西方现代音乐及世界音乐的影响下，出现了与前期差别较大的观念，其作品也直接体现出这样的思想。对此时的中国钢琴作品，笔者认为尚需历史的筛选，故将在今后另立课题单独研究。

本文结论：中国钢琴音乐的发展是20世纪中国音乐发展的重要成果，其民族化的探索是建立在中西音乐文化互融互汇基础上的，它的成果将对世界钢琴音乐未来的发展产生不可估量的影响，以此为题探索其发展变化也应是当前中国音乐学研究、中国近现代音乐史研究的重要课题。

关键词：中国钢琴音乐　民族化　中国风格　历史阶段

中国大陆高等专业音乐教育体制发展研究

作　　　者：汤琼
指 导 教 师：汪毓和
专 业 方 向：中国近现代音乐史
学　　　位：博士
学位授予时间：2006 年

论 文 述 要：

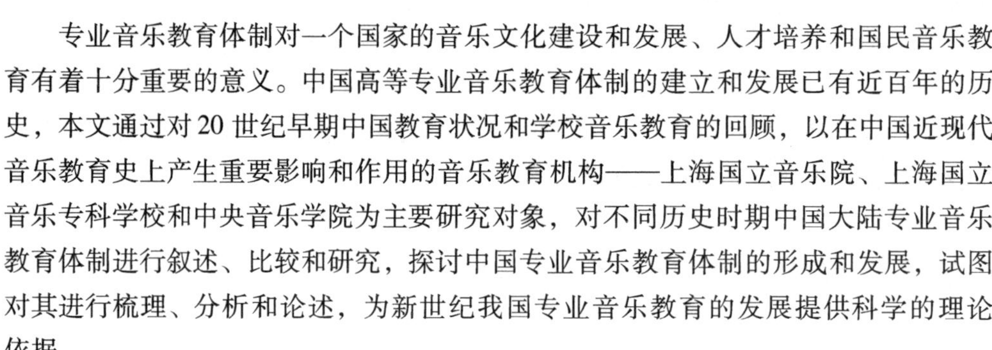
专业音乐教育体制对一个国家的音乐文化建设和发展、人才培养和国民音乐教育有着十分重要的意义。中国高等专业音乐教育体制的建立和发展已有近百年的历史，本文通过对 20 世纪早期中国教育状况和学校音乐教育的回顾，以在中国近现代音乐教育史上产生重要影响和作用的音乐教育机构——上海国立音乐院、上海国立音乐专科学校和中央音乐学院为主要研究对象，对不同历史时期中国大陆专业音乐教育体制进行叙述、比较和研究，探讨中国专业音乐教育体制的形成和发展，试图对其进行梳理、分析和论述，为新世纪我国专业音乐教育的发展提供科学的理论依据。

全文由绪论、六个章节和结语组成，第一章对 20 世纪初中国新型的教育及音乐教育进行了回顾。第二章围绕上海国立音乐院及国立音乐专科学校的培养目标、学制、课程设置等发展变化，论述我国第一所高等专业音乐院校教育体制的特点。第三章主要以重庆青木关国立音乐院和延安鲁迅文艺学院等院校为主要叙述对象，总结 40 年代专业音乐教育的发展特点。第四章讲述了 1949 年至 1965 年的高等专业音乐教育情况。第五章着重讲述了文革时期的专业音乐教育。第六章主要论述了拨乱反正及改革开放后的专业音乐教育。第四至六章集中论述了以中央音乐学院为代表的中国专业音乐教育体制的发展和变化，总结了 50 年代以来我国专业音乐教育的经验和特点。结语部分对整个中国大陆高等专业音乐教育体制的发展进行了总结，提出了自己的观点。

通过对我国高等专业音乐教育体制的研究，发现专业音乐教育有其自身的发展规律。一个成熟的教育体制应该具有稳定性，教育体制决定了人才培养的质量和水平，学校的办学方向。对教育体制的改革既要有创新又要符合音乐教育的发展规律，既要有自己的特色，又要充分看到音乐人才培养的特殊性和国外几百年来成功的音乐教育体制的经验，使我国的音乐教育体制符合中国的国情，使得我国的高等专业音乐教育培养更多的音乐人才。

关键词：专业音乐教育　教育体制　培养目标　课程设置　修业年限

音乐活动家吕骥及其历史贡献

作　　者：魏艳

指导教师：汪毓和

专业方向：中国近现代音乐史

学　　位：博士

学位授予时间：2006 年

论文述要：

吕骥（1909—2002）是我国近现代著名的革命音乐家，长期担任音乐界重要领导职务的音乐活动家。吕骥的音乐活动广及音乐创作、音乐教育、音乐理论及音乐组织领导工作等多方面内容，在长达半个多世纪的音乐生涯中，吕骥始终将自己的音乐活动与中国人民的解放运动和社会主义建设事业紧密联系，为我国音乐事业的建设与发展做出了突出的贡献，在我国近现代音乐史上具有重要地位和影响。本文通过全面、系统考察吕骥的音乐活动，总结其为推动我国音乐建设事业所做出的多方面努力和成就，最终客观地评价其历史贡献与影响。

全文分四章。第一章，对吕骥的音乐艺术历程进行概要性介绍，本文将其音乐生涯分为四个阶段：一、人生之初与“上海”时期（1909—1937）；二、“延安——东北”时期（1937—1949）；三、任职“音协”主席时期（1949—1985）；四、退居“二线”后的晚年时期（1985—2002）。第二章，阐述吕骥的音乐创作思想，集中分析其代表性群众歌曲和大合唱《凤凰涅槃》等音乐作品的艺术特点。第三章，梳理吕骥解放前和建国后的音乐教育活动，分析其音乐教育工作特点及成就。第四章，结合吕骥有关理论主张，对他在解放前和建国后担任中国音协主席两个时期的音乐组织工作进行综合研究，力图对其开展的重要音乐活动进行较系统的梳理和概括。结论部分，在综合论文主体论述基础上，结合中国近现代音乐发展的社会历史背景，总结吕骥对中国音乐建设事业的贡献和影响，分析其成就与不足。

作为反映社会生活的历史现象——历史人物有其复杂多变的一面，如何拨开各种复杂的历史现象，不受任何历史局限又不以今天的认识去苛求前人，这些都需要坚持“实事求是”和“具体事务具体分析”的科学态度。本文遵循历史唯物主义和辩证唯物主义相结合的研究方法，将所研究对象置于特定的历史时期和客观环境进行观察研究，把握所研究对象不断发展、变化的特点，力求实事求是地分析吕骥在中国近现代音乐发展中的作用和影响。

关键词：吕骥　音乐教育活动　音乐创作活动　音乐组织活动　音乐活动家

中国新时期与器乐创作相关的争鸣问题研究

作　　　者：李淑琴

指 导 教 师：梁茂春

专 业 方 向：中国近现代音乐史

学　　　位：博士

学位授予时间：2007 年

论 文 述 要：

在音乐领域中，器乐创作是“文革”受灾最惨重的门类之一。“文革”结束后，短短几年时间里，新时期我国器乐创作便达到前所未有的繁荣。个中因素固然复杂多样，然而，在历史新旧交替的变革时期，围绕着器乐创作展开的思想观念方面的争鸣所起的作用却不可小视。本论文即选择这个角度，从新时期初期在拨乱反正、思想解放运动的时代前提下，音乐界对新中国建国 30 年或建国 17 年经验教训的总结，到对艺术民主、艺术规律和音乐阶级性问题的讨论，从长达近 8 年的对“形象思维”和“音乐形象”问题的探讨，到观念更新、主体意识、异化问题和社会主义音乐等问题上展开的争鸣，从如何对待西方现代音乐的论争，到围绕着新潮音乐展开的我国音乐创作道路的激烈论辩，分别进行了总结和论述。围绕着这些问题展开的争鸣，为我国新时期器乐创作的繁荣打开了通道。

本论文主要从历史学角度，收集了“文革”后公开或内部发行的与本题相关的政府文献、国家领导人文集及报刊杂志、内部资料、节目单和作品乐谱、音响、个人文集等资料，对有些人进行了直接的或电话方式采访，在尽量掌握、熟悉新时期器乐创作总体情况的前提下，对资料按专题和时间顺序进行梳理解读，从宏观的历史角度把握每篇文章的内涵，挖掘文章之间的内在关系，再将其置于国家文化政策之下进行概括论述，以达窥探历史发展内在动因之目的。同时，笔者也以史学工作者积极参与的态度，不断提出自己对问题的认识和看法，如观念上的守旧与求新互补的看法，理论与创作互动关系的看法，多样性、多元化、多层次的社会文化格局中蕴含着历史发展主流的认识，及对我国音乐价值理念的探讨等。

对新时期我国音乐进行历史性研究是目前中国音乐史学领域中一个较新的课题，尽管在资料的汇集、作曲家及其作品的研究上已出现了可喜的成果，本文也力图选择一个新的角度对这个历史阶段与器乐创作相关的音乐观念作历史性的梳理研究，但工作毕竟刚刚开始，全面深入地研究尚待更多的人投入更多的精力。笔者相信，对新时期音乐发展全面深入的研究必将为21世纪我国音乐的繁荣提供宝贵的经验。

关键词：思想解放　守旧　求新　西方现代音乐　“新潮”音乐
中国音乐价值理念

中国动画电影音乐艺术特征发展研究

作　　者：程兴旺
指导教师：汪毓和
专业方向：中国近现代音乐史
学　　位：博士
学位授予时间：2008 年

论文述要：

本文以 1989 年以前中国大陆的动画电影音乐为研究对象，以电影哲学、美学为理论总视角，以相关动画电影创作理论、电影音乐理论和作曲家创作动画电影音乐的实践经验为分析依据，密切结合影片题材、体裁、风格、样式，充分利用作曲家提供的手稿总谱，深入分析作为音乐的动画电影音乐创作特征、作为动画电影音乐的动画电影化音乐特征，直觉把握影音结合的“现实”，用历史与逻辑、理论与实践、知识性与思想性统一的方法进行思性探索，归纳和总结了中国动画电影音乐艺术特征发展规律。

本文分五章。第一章（1949 年以前）滥觞时期，动画电影音乐成果集中体现于《铁扇公主》影片中，时代性、民族性、通俗性是其音乐的基本艺术属性，“救亡”意识是其内含的精神指向。第二章（1949—1956）初创时期，时代性、儿童性、民族性，成为该时期动画电影音乐的基本艺术属性，“救落后”为其精神内核。《神笔》和《骄傲的将军》以独特的个性和浓郁的民族风格，首开新中国动画电影音乐民族风格之先河。第三章（1957—1966）第一高峰期，以《小蝌蚪找妈妈》、《牧笛》、《大闹天宫》、《金色的海螺》等等一批优秀作品，腾举起动画电影的“中国学派”。时代性、民族性、儿童性、写意抒情性成为基本艺术特征，同时，延续前期“救落后”的精神内质。第四章（1966—1976）低谷时期，复杂的主流意识形态与社会深层的“救落后”意识相呼应，一定程度上导致该时期动画电影音乐基本特征走向“单一化模式”和“创新的感性样式”。第五章（1977—1989）第二高峰期，解放思想，改革开放，“四个现代化”的显主流意识与“救落后”潜意识的再呼应，造就了新一层面上的时代性、民族性、儿童性、通俗性、写意抒情性的基本艺术特征。同时，以新的动画电影音乐观，催生了动画电影音乐的语言性“言说”，促进了中国动画电影音乐新发展。

结论包括三个部分。第一，概括性阐释1989年以前中国动画电影音乐艺术特征发展规律。第二，以现代性视角，阐释中国动画电影音乐民族化问题，指出当下中国动画电影音乐民族化应该在全球化背景下充分展开审美现代性的积极因素，关注其问题核心是立足于现实的现代化问题和突破创新问题。第三，探寻动画电影音乐本体特性，并指出动画电影音乐特性在于音乐与影像、语言、音响的纵横复杂的关系之中，在于视听感性逻辑的合“度”性之中。

关键词：中国动画电影音乐　民族化　时代性　写意抒情性　审美现代性

中国当代大型合唱创作研究

作　　　者：石一冰
指导教师：梁茂春
专业方向：中国近现代音乐史
学　　　位：博士
学位授予时间：2008 年

论文述要：

大型合唱是我国当代各类音乐创作中影响较大的领域之一，在新中国建立后相当长的一段时期内，大型合唱作为与现实政治斗争、经济建设、社会变革联系非常密切的体裁获得了相当大的发展，其优秀作品无疑是我国音乐创作的重要收获。因此，对中国当代大型合唱的研究不仅具有较高的史学价值，而且对大型合唱资料（含乐谱、音响、音像等）的收集、整理，亦会对中国当代音乐史学科中相关史料的收集与学科的发展起到一定的填补、推动作用。本文对于中国当代大型合唱创作所作的研究，正是力求探寻这种史学价值并推动相关史料的收集工作。

本文的正文共分五个部分。第一章“20 世纪上半叶中国大型合唱发展概况”主要对 1949 年以前的中国大型合唱发展历史做出梳理，并从中总结出其特征——题材内容的时代性、战斗性与艺术手法的民族化。在第二章“革命历史与现实的交织：17 年的大型合唱”、第三章“特殊发展时期：‘文革’时期的大型合唱”、第四章“逐步走向多元化时期：新时期的大型合唱”中，笔者主要通过对近 30 部大型合唱作品的音乐学分析，得出不同历史阶段大型合唱的特征以及其发展规律。“结语”概括梳理了中国当代大型合唱的历史脉络，检讨其得失，并总结出其特征，即中国当代大型合唱建立于20 世纪上半叶中国大型合唱的基础之上，反映时代精神、时代主题是中国当代大型合唱在题材、内容方面的一贯特征；中西音乐交融的民族化手法是中国当代大型合唱主要的音乐特征，它以民族音调和民族调式为核心，并配合在此基础上的结构形式的民族化、多样化；丰富的合唱思维；乐队的民族化、交响化等要素共同构成的，并且它在中国当代不同的历史时期的表现也具有时代性。

笔者在本文中主要采用音乐学分析的研究方法，并在音乐学分析和采访相结合的基础之上，借鉴民族音乐学、音乐社会学、美学以及文化学等学科的观念与研究方法，遵循了“历史与逻辑的统一”和“史论结合、论从史出”的原则。

关键词：中国当代　大型合唱　时代性　中西交融　民族化

移居香港的大陆作曲家研究
（20 世纪 30—80 年代）

作　　者：高洪波

指 导 教 师：汪毓和、陈永华

专 业 方 向：中国近现代音乐史

学　　位：博士

学位授予时间：2009 年

论 文 述 要：

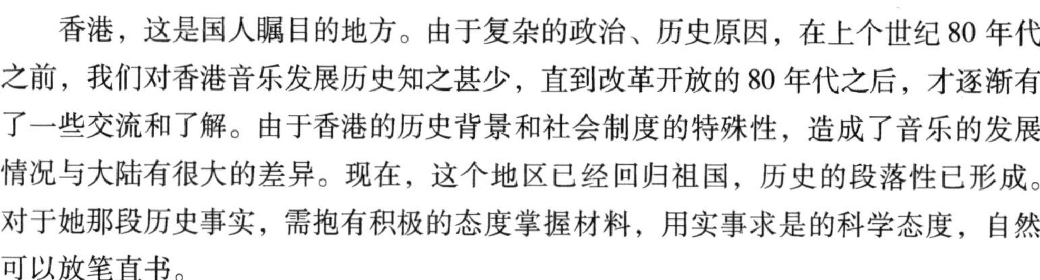

香港，这是国人瞩目的地方。由于复杂的政治、历史原因，在上个世纪 80 年代之前，我们对香港音乐发展历史知之甚少，直到改革开放的 80 年代之后，才逐渐有了一些交流和了解。由于香港的历史背景和社会制度的特殊性，造成了音乐的发展情况与大陆有很大的差异。现在，这个地区已经回归祖国，历史的段落性已形成。对于她那段历史事实，需抱有积极的态度掌握材料，用实事求是的科学态度，自然可以放笔直书。

本文研究的对象是“移居香港的大陆作曲家”，他们是在 20 世纪 30 年代抗战爆发至 80 年代先后移居香港，按照祖籍或出生地来为其定义的作曲家。论文中“大陆作曲家”的提法涵盖了：1. 在大陆或海外出生，并且在大陆成长和接受专业音乐教育的作曲家；2. 从 30 年代以来，由大陆移居香港，在英国政府管理下生活、创作的作曲家。本文将半个多世纪以来，移居香港的大陆作曲家在香港的音乐活动，进行了筚路蓝缕般地分段、分类阐述，对他们在香港的音乐历史上的影响进行了总结与评价。

本文在“绪论”之后，分述三章，以时间为序，以史实为纲，以具体作曲家事件为目，即第一章萌芽期（20 世纪 30—40 年代）；第二章拓展期（20 世纪 50—60 年代）；第三章黄金期（20 世纪 70—80 年代），最后一部分是本论文的结语。

本文研究将立足于音乐学方法，即运用音乐史学、音乐美学、音乐社会学、民族音乐学等分学科的诸种方法。特别是由于香港的特殊政情关系，以及中国土地、英国统治、广东居民——构成了香港音乐的多文化、跨文化特点。因此在对其音乐文化进行研究时，会特别结合音乐社会学的研究方法和手段，即研究社会群体的地理环境、人口的分布、数量及密度、人们之间的交往情况等，物质类社会形态方面的社会事实；研究宗教、习俗、时尚、舆论、公共情感等制度性和非制度性文化等方面的非物质类社会事实对香港音乐发展的影响。深入研究大陆作曲家在香港的专业音乐成就和贡献，在当地的文化身份认同，以及对香港当下音乐现状的评价及前景的展望等等，不仅有助于推动香港音乐整体的全面研究，而且可以填补香港音乐史研究方面的不足，从而促进“中国音乐史”的研究工作全面深入。

关键词：香港音乐　香港作曲家　移居香港的大陆作曲家

1937 年以前中国音乐期刊文论研究

作　　　者：祁斌斌

指 导 教 师：戴嘉枋

专 业 方 向：中国近现代音乐史

学　　　位：博士

学位授予时间：2010 年

论 文 述 要：

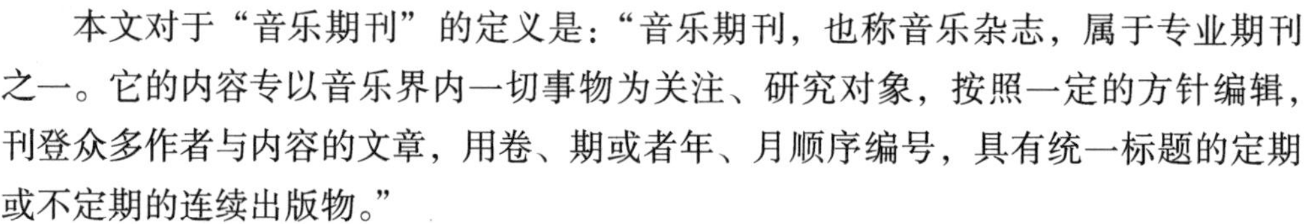

本文对于“音乐期刊”的定义是：“音乐期刊，也称音乐杂志，属于专业期刊之一。它的内容专以音乐界内一切事物为关注、研究对象，按照一定的方针编辑，刊登众多作者与内容的文章，用卷、期或者年、月顺序编号，具有统一标题的定期或不定期的连续出版物。”

1937 年以前的中国音乐期刊是中国近现代音乐史上一部重要的历史文献。它伴随着 20 世纪初中国新音乐的发展而产生发展，作为介绍音乐知识、宣传音乐思想、传播音乐创作、交流音乐动态的流动平台，在音乐书籍和资料极为匮乏的 20 世纪上半叶发挥着重要的宣传与教育功能，是中国近现代音乐史上极为重要的舆论阵地。

本文以 20 世纪初至抗日战争爆发以前 30 年间中国音乐期刊为研究对象，主要以历史唯物主义的观点，采用实证性与思辨性的双重研究方法，力求通过大量历史文献的整理与研究，对我国音乐期刊的初期发展轨迹进行完整的认识，并在对历史资料的思考与归纳的过程中，对文献予以解读，剖析文献背后的深层动因与潜在寓意，进而探索中国音乐期刊的发展规律。本文综合音乐史学、社会学、传播学、编辑学、定量研究分析法（数据统计）等多种研究角度，将音乐期刊置于社会环境与文化环境的双层结构中，对这一文化产物进行哲理性思考。最终以中景（音乐期刊整体情况）、近景（音乐期刊主要内容）、远景（音乐期刊历史意义）三个步骤来再现抗战爆发以前中国近现代音乐期刊的文化轨迹。

全文从我国音乐期刊发展史和音乐期刊文论两大方面进行研究。第一章“1937年以前中国音乐期刊发展概述”梳理30年来中国音乐期刊的发展脉络，讲述期刊的编辑出版情况及期刊主要内容特色，同时指出本时期音乐期刊在地域上的空白点，并总结音乐期刊的出版特点。第二至六章分别从“中国古代音乐沿革”、“现实音乐发展”、“中国音乐教育问题”、“音乐概论与音乐美学”、“西方音乐文化传播”五大方面进行论述，将期刊中的各专题文章进行归类与总结，展现当时音乐期刊的主要内容，并对此予以史学观照和理论剖析。从中展现音乐期干的进化变革与文化意义。最后在结论中，本文将总结本时期音乐期刊的特征演变、内容演变及社会功能演变，并力求为该30年来的中国音乐期刊发展做以客观公允的历史评价。

关键词： 20世纪初　抗日战争前　中国音乐期刊　音乐思想
音乐传播　启蒙　救亡

20 世纪中国合唱创作思想研究

作　　者：任秀蕾

指导教师：汪毓和
专业方向：中国近现代音乐史
学　　位：博士
学位授予时间：2010 年

论文述要：

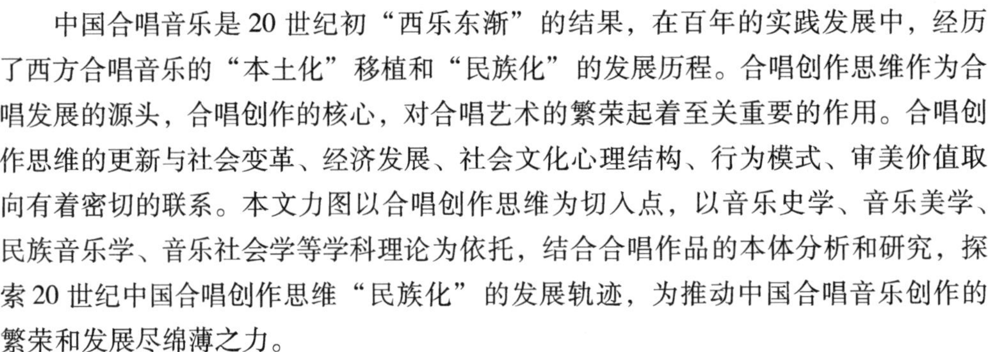
中国合唱音乐是 20 世纪初“西乐东渐”的结果，在百年的实践发展中，经历了西方合唱音乐的“本土化”移植和“民族化”的发展历程。合唱创作思维作为合唱发展的源头，合唱创作的核心，对合唱艺术的繁荣起着至关重要的作用。合唱创作思维的更新与社会变革、经济发展、社会文化心理结构、行为模式、审美价值取向有着密切的联系。本文力图以合唱创作思维为切入点，以音乐史学、音乐美学、民族音乐学、音乐社会学等学科理论为依托，结合合唱作品的本体分析和研究，探索 20 世纪中国合唱创作思维“民族化”的发展轨迹，为推动中国合唱音乐创作的繁荣和发展尽绵薄之力。

本论文“绪论”之后分述三章，第一章厘清了西方合唱创作思维的发展脉络及其传入简况，以及 1949 年前西方合唱创作思维在中国的植根和“本土化”、“民族化”的历程。第二章主要论述了战斗性和抒情性合唱作品“民族化”的继承与创新，“传统风格合唱作品”“民族化”的继承创新，以及大型声乐合唱套曲的继承创新等三个方面。第三章主要从抒情性、情景交融性合唱作品“民族化”多元拓进，“传统风格合唱作品”、“民族化”多元拓进，以及大型声乐合唱套曲多元拓进三个方面论述了新时期整体合唱创作思维“民族化”的多元格局。“结语”部分，首先阐述了 20 世纪中国合唱创作思维的发展轨迹，即：合唱织体从主调和声织体拓展到主调与复调相结合的多声复调合唱织体；人声运用从简单设置到多样融合；体裁运用从相对单一到多元并举；题材从相对单纯到多样并存；主要审美特征从“崇高”、

“阳刚”到”向“和谐”、“阴柔”拓展；“民族化”探求意识从“本土化”移植到“民族化”深化的发展以及“合唱”的观念转变等。并对中国21世纪最初10年中国合唱艺术呈现出新趋向提出建议和思考，即：建立职业合唱团的建议和对“原生态”多声部民歌挖掘与利用的思考、由合唱比赛引发的思考、由2009年《“帕伦天奴”第四届作曲比赛——合唱及艺术歌曲》引发的思考、合唱表演新趋向的思考并提出自己的见解。最后在展望21世纪中国合唱创作思维发展的趋向时提出：在全球化的文化背景下，“整体开放性思维”是21世纪中国合唱创作思维发展的趋向。

关键词：中国合唱音乐　合唱创作思维　“民族化”

20世纪下半叶新疆地区歌剧创演及其音乐概论

作　　者：王梅
指导教师：戴嘉枋
专业方向：中国近现代音乐史
学　　位：博士
学位授予时间：2010年

论文述要：

中国新疆地区是多民族聚居地，有着极其丰富的民族民间音乐，但直至20世纪前始终没有歌剧这种大型综合艺术形式。

20世纪以来，新疆地区经历了由清廷至中华民国和中华人民共和国的不同政权统治的交替。在30年代民国盛世才统治新疆期间，受其一度亲苏亲共的政策影响，新疆地区与邻近的苏联关系密切，并在苏联文化的影响下，新疆地区暂短地掀起过民族歌剧创演的热潮，在艰难的条件下，哈萨克族、维吾尔族、蒙古族等民族，均以本民族的语言和传统音乐，创演了若干以本民族历史故事和传说为题材的歌剧。只是不久就受政治局势的演变而趋衰弱。

进入20世纪下半叶，随着新疆和平解放和中华人民共和国成立，新疆地区进入到了一个崭新的时代，中央政府大力支持新疆地区的发展建设，在文化艺术事业上尤为重视，调入大型文工团，扶持本地艺术团体发展。50、60年代大量搬演内地优秀的新歌剧，促进了新疆地区歌剧艺术的发展和进步。反映新时代风貌和现实生活，结合新疆地区少数民族音乐风格特点创演的歌剧也逐渐成熟，其中由王洛宾等作曲家创作，以汉语演唱的大型歌剧《两代人》《无人村》《战斗的历程》等新歌剧，以及维吾尔歌剧《艾里甫与赛乃姆》有一定的影响力。

“文革”期间，70年代新疆歌舞话剧院将同名京剧“样板戏”移植成维吾尔歌剧《红灯记》。采用维吾尔族民歌和《十二木卡姆》作为移植歌剧《红灯记》的基础音乐素材，框定了以民间音乐为素材进行创作的思路，及用本民族语言演唱的形式。在乐队配置上，采用维吾尔民族乐队与管弦乐队组成混合乐队，并以此歌剧创演剧组为标准成立了新疆第一个歌剧团。受此影响，这一时期，新疆地区各地州文工团，纷纷采用各民族民间音乐素材移植京剧"样板戏"，创演了众多的民族歌剧。

80年代随着改革开放政策的实施，新疆地区的民族歌剧创演进入到一个繁荣期。不仅如维吾尔歌剧《艾里甫与赛乃姆》等这样一批深受群众喜爱的歌剧剧目获得重新演出的机会，而且以新疆歌剧团为创演主体，各种题材的民族歌剧也不断涌现，先后产生了采用本民族语言演唱，体现本民族传统和现实生活的《热比娅与赛丁》《塔什瓦依》《阿曼尼莎》（后改名为《木卡姆先驱》）等大型民族歌剧。

本文纵观20世纪下半叶新疆地区歌剧艺术的发展，根据不同时期歌剧创演的特征，将其发展脉络进行了梳理。证明了在新中国中央政府对于少数民族文化艺术发展所给予的前所未有的扶持政策指导下，随着新疆地区各民族社会文化的变化与发展，新疆地区的少数民族歌剧也取得了巨大的成就，并在歌剧音乐创作上，也取得了众多的成功经验，它以独特的鲜艳色彩，同时展示出不同寻常的发展轨迹。

关键词：新疆地区　歌剧　歌剧音乐

明代琴谱集考

——兼及明代琴学史

作　　　者：赵春婷

指导教师：郑祖襄

专业方向：中国古代音乐史

学　　　位：博士

学位授予时间：2010 年

论文述要：

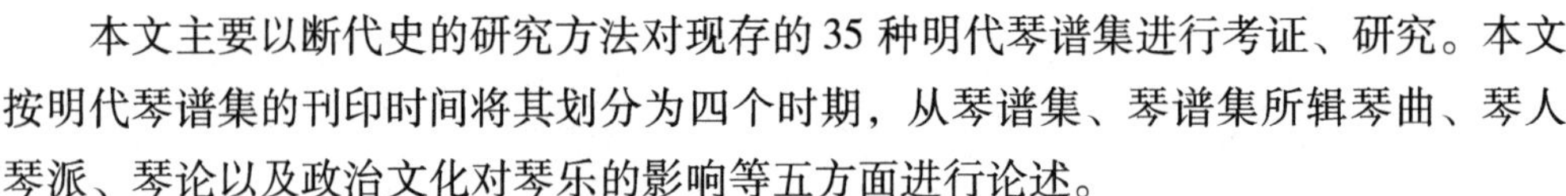

本文主要以断代史的研究方法对现存的35 种明代琴谱集进行考证、研究。本文按明代琴谱集的刊印时间将其划分为四个时期，从琴谱集、琴谱集所辑琴曲、琴人琴派、琴论以及政治文化对琴乐的影响等五方面进行论述。

全文根据琴谱集的发展脉络，共分四章进行论述。第一章以明代早期刊印的五种琴谱集为基础，提出了“藩王辑谱派系”的概念，并加以论述；总结出：《神奇秘谱》在琴曲解题的撰写、辑曲的选择上都为后世提供了范例。

第二章主要论述了“浙派徐门”的琴谱集，提出这一派“去文以存勾剔”的琴学主张；这一时期的“藩王辑谱派系”谱集《风宣玄品》开明代琴谱中兼收琴论的先河；《西麓堂琴统》以其收录琴曲 170 首、首刊琴曲 72 首、容纳 14 种外调琴曲等成为明代最为重要的琴谱集之一，其中保留了一部分唐宋以来的琴曲；《杏庄太音续谱》继承了《太音传习》中“曲必有吟”的原则。

再次，万历年间是明代琴谱集刊印最多的时期，共计 14 种。其中，以万历年间兴起的“琴歌派”琴谱集最多，共计 6 种，这些谱集内主要以填词琴歌为主。其曲调多是前面谱集内已出现的纯器乐琴曲，琴人将诗歌、辞赋“捍格”填入这些曲调中，使其难于演唱。然而，“琴歌派”这种为大量琴曲补文并大胆创作的做法，也使“琴歌派”在明代兴盛一时，对明代琴乐的发展也有一定的贡献，尤其是其新创作的琴歌为后世研究明代琴歌创作提供了范例；万历年间琴乐繁荣发展的迹象也在皇宫内廷中有所体现。继嘉靖年间黄献《梧冈琴谱》之后，又有《玉梧琴谱》《藏春坞琴谱》《思齐堂琴谱》三本皇宫内廷谱集刊印于世。

此外，明代晚期是琴谱集刊刻的衰落期，今仅存 6 种。这一时期的特点是，1. 新兴琴派迭出。其中，以尹晔为代表的“绍兴琴派”是这一时期较为重要的琴派，该派继承“虞山派”的琴学主张，主张发挥音乐本身的表现力，而不借助于文辞；2.“藩王辑谱派系”的最后一部谱集《古音正宗》亦刊刻于这一时期；3.“新琴歌派”是本文首次提出的。与万历年间的“琴歌派”相比较，“新琴歌派”在技法上更强调左手的演奏技法，器乐化更强，同时在歌词题材的选定上也由“琴歌派”的儒家思想内容转向道家、佛家思想内容。

本文力图通过对现存 35 种明代琴谱集的研究，全面而具体地对明代琴谱集的发展做一总结，以断代史的研究方法，分析明代琴谱集的特点、对清代琴谱集的影响以及其在中国古代琴史上的地位与价值。

关键词：明代　琴谱集　断代史研究

台湾新音乐（1945—1960）研究

作　　者：张娟

指导教师：戴嘉枋、赵琴

专业方向：中国近现代音乐史

学　　位：博士

学位授予时间：2010 年

论文述要：

很早以来，台湾就是中国神圣领土的一部分。其独特的地理位置、复杂的历史文化变迁，孕育了丰富多彩的台湾音乐。1895 年中日甲午海战以后，海峡两岸长期隔离，我们对台湾音乐的了解就很少了。因此，关注和研究台湾音乐就成了我们音乐工作者的重要课题。再从海峡两岸目前关于研究台湾音乐的成果来看，虽有论著提及 1945 年至 1960 年的台湾音乐，但还未见对 1945 年至 1960 年的台湾新音乐进行全面论述的专著。笔者以为，从整个台湾音乐历史发展进程看，1945 年至 1960 年是一段特殊的历史时期。一方面，1945 年台湾恢复中国主权后，新音乐文化有了一个新的起点；另一方面，1949 年国民政府迁往台湾，此期的音乐艺术有着独特的、区域性的时代特色和艺术形式。如果不了解这一时期的音乐文化，那么对台湾音乐史的认识就是不全面、不系统的。为此，笔者以“1945 年至 1960 年的台湾新音乐”为研究对象，以大量的文献资料及音乐人物的口述史为基础，在尊重客观历史的前提下，从当时的社会背景出发，以重要的人、事、物为研究主线，运用宏观与微观相结合的研究方法，秉持“论从史出”的治史原则，对此期新音乐的面貌进行客观描述，探讨其新音乐的特点，并明确这一时段的新音乐在台湾音乐史上的特殊地位。

全文内容有四：一是音乐教育事业的建设与发展（第一章）。从中小学音乐课程标准、中小学音乐教材、台湾省立师范大学音乐系、政工干部学校音乐系几方面入手，对这一时期台湾的普通音乐教育、专业音乐教育进行考察和研究；二是文艺机构、社会音乐活动及音乐传媒的发展（第二章）。先是以台湾文化协进会、台湾省交响乐团、中华文艺奖金委员会、“中国广播公司”国乐团、“国立音乐研究所”为代表，对此期的文艺机构进行考察。其次，从音乐会、全省音乐比赛、军歌推广活动以及对外音乐文化交流活动诸方面，对当时的社会音乐活动进行考述。最后以《新选歌谣》、“中国广播公司”音乐栏目、远东音乐社为主，对此期音乐传媒的发展进行考述；三是音乐家与专业音乐创作（第三章）。从大陆赴台音乐家、台湾本土音乐家两方面，对此期的作曲家进行重点介绍。同时从音乐体裁切入，对这一时期台湾的音乐创作情况予以回顾，并对主要作品进行音乐学分析；四是流行歌曲创作（第四章）。分台语、国语两部分，探讨当时流行歌曲的题材内容与歌词特点，并对主要作品的音乐特色进行分析。

笔者经过深入、系统研究，认为1945年至1960年的台湾，除了丰富的社会音乐生活外，还有不少艺术性较高的音乐作品，对台湾民众的精神生活，提供了宝贵的食粮。更重要的是，它在整个台湾音乐发展史上起到了承上启下的“桥梁”作用，不但摒弃了日本统治时期带有严重殖民色彩的殖民音乐文化，恢复了中华音乐文化传统，而且对日后台湾音乐的发展奠定了坚实基础。

关键词：台湾　新音乐　“反共”　思乡　悲情　中华音乐文化传统

基督教会学校女子音乐教育研究

——以江南地区四所学校为例

作　　　者：陈晶

指 导 教 师：汪毓和

专 业 方 向：中国近现代音乐史

学　　　位：博士

学位授予时间：2011 年

论 文 述 要：

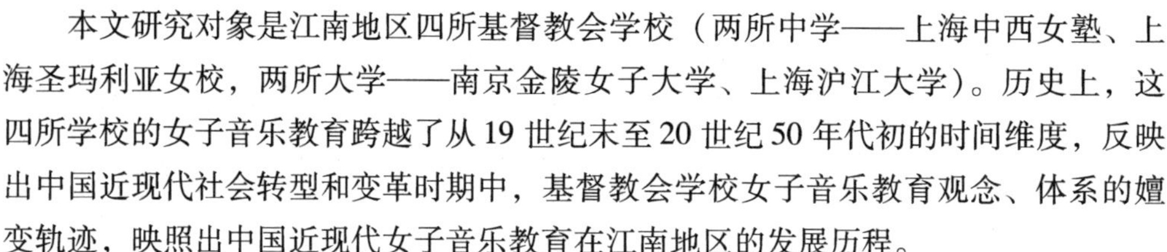

本文研究对象是江南地区四所基督教会学校（两所中学——上海中西女塾、上海圣玛利亚女校，两所大学——南京金陵女子大学、上海沪江大学）。历史上，这四所学校的女子音乐教育跨越了从 19 世纪末至 20 世纪 50 年代初的时间维度，反映出中国近现代社会转型和变革时期中，基督教会学校女子音乐教育观念、体系的嬗变轨迹，映照出中国近现代女子音乐教育在江南地区的发展历程。

本文第一章“中西女塾与‘世俗女性人才’音乐教育”，阐释了以培养中西兼通、影响于社会的“世俗女性人才”为主旨的中西女塾的音乐教育活动。中西女塾将西方音乐教育作为其“通才教育”方针中的重要组成部分，成立了专门的教学管理机构——音乐科，培养了中国近代第一批掌握西方现代音乐知识的女性，堪称基督教女子音乐教育的先锋与典范。

第二章“圣玛利亚女校与‘女基督徒’音乐教育”。本章阐述了以“培养合格的女基督徒”为建校旨趣的圣玛利亚女校的音乐教育活动。20 世纪初，选修性质的音乐科涵盖了琴科与唱歌科。两科皆具鲜明的西方音乐文化教育色彩，同时也呈现了“学堂跟着教堂走”的特征，为教堂培养司琴、为唱诗班培养预备役人员成为其教学中隐含的目的。

第三章“金陵女子大学与专业音乐教育”。本章阐析了金陵女大音乐系的专业女性音乐人才培养状况。20 世纪 20 年代，金陵女子大学设置了音乐系。这标志着从中学到大学，从审美教育到专业教育，江南地区完备的基督教女校音乐教育体系建立了起来。音乐系以发展女子教育为己任，为中国专业音乐教育与表演领域输送了大量巾帼音乐家，留下了鲜亮的历史印迹。

第四章“男女同校制度下的沪江大学女子音乐教育”。本章阐明了男女同校的沪江大学中的女子音乐教育和音乐生活状况。沪江大学的音乐教育活动呈现了与单一性别的女子学校迥异的景象，它使女生获得了与男生同等的接受高等音乐教育的权利，改变了以往基督教女子学校中完全屏蔽男同学的相对单一的学习空间，使女生们获得了更丰富的音乐思维与体验。此外，在丝竹管弦竞芬芳的音乐社团中，也映射出处于中国近代教育观念与模式变革时期的女大学生们的音乐生活状况。

在本文结语中，笔者评析了基督教会学校女子音乐教育的历史意义及其教育模式引发的思考。

关键词：江南地区　基督教会学校　女校　男女同校　女子音乐教育

20 世纪下半叶新疆地区的交响音乐创作

作　　　者：王宝龙

指 导 教 师：戴嘉枋

专 业 方 向：中国近现代音乐史

学　　　位：博士

学位授予时间：2011 年

论 文 述 要：

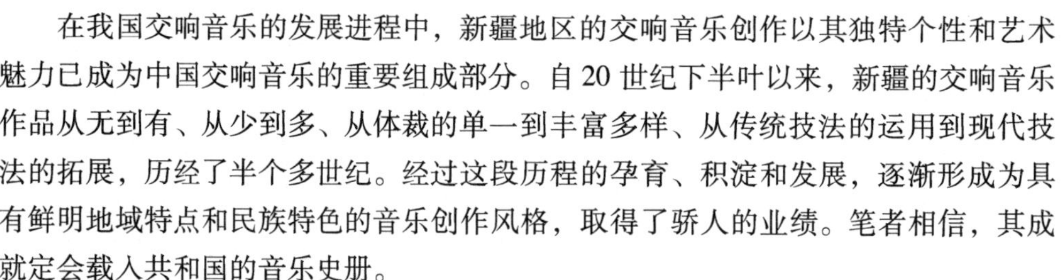
在我国交响音乐的发展进程中，新疆地区的交响音乐创作以其独特个性和艺术魅力已成为中国交响音乐的重要组成部分。自 20 世纪下半叶以来，新疆的交响音乐作品从无到有、从少到多、从体裁的单一到丰富多样、从传统技法的运用到现代技法的拓展，历经了半个多世纪。经过这段历程的孕育、积淀和发展，逐渐形成为具有鲜明地域特点和民族特色的音乐创作风格，取得了骄人的业绩。笔者相信，其成就定会载入共和国的音乐史册。

本论文以新疆地区交响音乐创作的发展历程为主要研究对象，以分析、研究 20 世纪下半叶新疆地区创作的交响音乐（包括作曲家及其作品）为主体。运用音乐史学原理，民族音乐学理论，作曲技术的方法，深入、细致地对涉及到的每部作品进行音乐学式的分析。通过有针对性和目的性的有效分析，力图揭示出在 20 世纪下半叶新疆地区交响音乐的发生、发展的规律，进而达到全面地认清新疆地区交响音乐全貌，包括其存在的社会环境和人文环境的实质意义。

本论文的研究涵概了新疆地区 10 位作曲家的 19 部交响音乐作品。从作曲家的民族划分，有维吾尔族、哈萨克族、蒙古族、汉族四个民族。从音乐风格划分，有维吾尔风格、哈萨克风格和汉民族为代表的国内通行风格。从音乐体裁划分，有交响曲、交响诗、交响组曲、交响音诗、交响随想曲、协奏曲、管弦乐。

全文除绪论外，共有五章正文，外加“结语”部分。在写作中，力求将形象描述与技术构成综合在一起加以叙述，以符合音乐史论文的文体要求。第一章介绍了新疆交响音乐创作发展概况；第二章介绍了四位维吾尔族作曲家并分析了他们创作的交响音乐作品；第三章介绍了哈萨克族、蒙古族、回族三位作曲家并分析了他们创作的交响音乐作品；第四章介绍了四位汉族作曲家并分析了他们创作的交响音乐作品：第五章以新观点、新视角、新认识，阐述新疆少数民族音乐在交响音乐创作中如何实现传承与超越。结语，是对全文的概括性的总结。

关健词：新疆地区　交响音乐　创作　民族风格

石夫改革开放初期舞剧音乐研究

作　　　者：郭懿

指 导 教 师：戴嘉枋

专 业 方 向：中国近现代音乐史

学　　　位：博士

学位授予时间：2012 年

论 文 述 要：

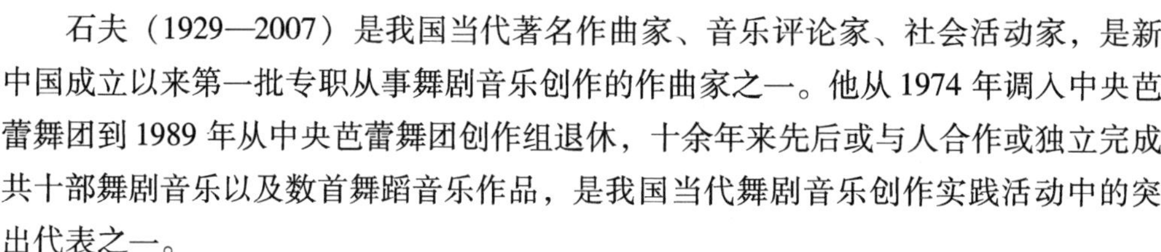

石夫（1929—2007）是我国当代著名作曲家、音乐评论家、社会活动家，是新中国成立以来第一批专职从事舞剧音乐创作的作曲家之一。他从 1974 年调入中央芭蕾舞团到 1989 年从中央芭蕾舞团创作组退休，十余年来先后或与人合作或独立完成共十部舞剧音乐以及数首舞蹈音乐作品，是我国当代舞剧音乐创作实践活动中的突出代表之一。

本论文以石夫 1979—1989 年创作上演的四部舞剧音乐（《文成公主》《黛玉之死》《幽魂梦》《南越王》）为研究对象，对舞剧音乐主题、结构（整体结构/场结构/舞蹈段落结构）、技术三方面进行分析，综合并提炼了石夫在舞剧音乐创作方面的理论思想，进而得出他在舞剧音乐方面取得的成就、总体特点及其局限性等结论。

全文分四章。第一章主要对石夫的音乐生涯进行了历史性回顾，可以说是石夫的小型音乐传记。第二章在对“改革开放初期”政治、经济、文化背景进行宏观分析后，进一步对石夫的四部舞剧音乐创作概况进行详细介绍。第三章包括三个部分：首先，以民族舞剧《文成公主》、芭蕾舞剧《黛玉之死》为实例，分析了石夫两类舞剧的音乐主题及其戏剧性发展；其次，分别以《黛玉之死》整部音乐、《文成公主》第一场“智认公主”、《南越王》部分舞段为实例，按整体－局部原则分别分析了舞剧音乐的整体结构、“场”结构以及各具特色的舞蹈段落结构；最后，则以《南越王》《幽魂梦》为主要实例，兼以《文成公主》和《黛玉之死》中的部分特色段落，分析、归纳、总结了石夫舞剧音乐中关于和声语言、复调手法、配器特色三方面的特点。第四章，在以上分析、梳理的基础上，对石夫20世纪80年代至90年代发表的近20篇舞剧音乐文论进行归纳、总结，并提炼出石夫对舞剧音乐创作方面的理论思想。

结论部分，充分肯定了石夫在新时期舞剧音乐创作中的作用和地位。认为石夫的舞剧音乐作品是改革开放初期舞剧音乐的典范之一，同时还能从中窥见新时期“新潮音乐”崛起对石夫本人创作观念及其技法的影响轨迹。可以说，石夫在吸收西方传统舞剧结构模式的基础上，结合中国人的审美特点进行本土化的改革，继承并发展了中国民族音乐传统，以自己的创作实践为处在“生长期”的中国当代舞剧音乐探索了一条“中西”结合、符合中国人线性音乐思维以及审美习惯的舞剧音乐创作模式。最后，本文在以上结论的基础上对石夫舞剧音乐创作中的局限性及不足之处做出了客观评价。

关键词：《文成公主》《黛玉之死》《幽魂梦》《南越王》
音乐主题　结构　技法

中国新石器时代出土乐器研究

作　　　者：申莹莹

指 导 教 师：王子初、郑祖襄

专 业 方 向：中国古代音乐史

学　　　位：博士

学位授予时间：2012 年

论 文 述 要：

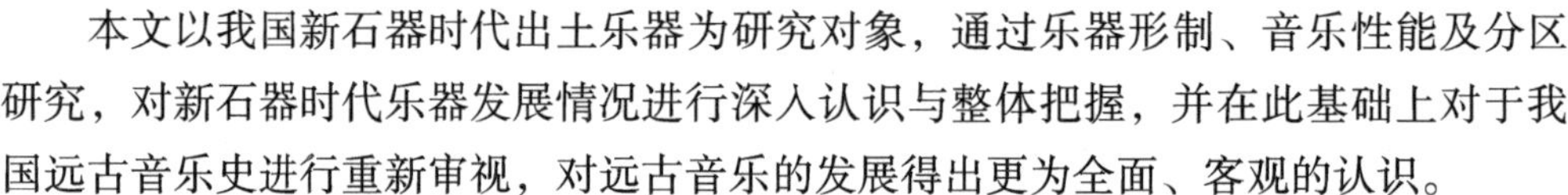

本文以我国新石器时代出土乐器为研究对象，通过乐器形制、音乐性能及分区研究，对新石器时代乐器发展情况进行深入认识与整体把握，并在此基础上对于我国远古音乐史进行重新审视，对远古音乐的发展得出更为全面、客观的认识。

文章第一部分主要是对 20 世纪初我国古代音乐史学初兴至今，音乐史类著作中有关远古音乐研究的历时性回顾，提出目前尚存在的问题，以便在接下来的研究中对其进行关注。

第二部分，对目前我国新石器时代出土乐器种类、数量及分布情况进行概括介绍。本文共收集新石器时代出土乐器 740 余件，包括击奏乐器：磬、铃、钟、鼓、摇响器及吹奏乐器：笛、哨、角、埙。主要分布于我国黄河、长江流域的大部分地区及西辽河流域部分地区。

第三部分，对新石器时代出土乐器进行类型学研究，涉及的乐器种类包括磬、鼓、铃、摇响器、埙、笛、哨等几种，对每种乐器进行型、式划分，并对其形制发展进行整体观察。

第四部分，对新石器时代出土乐器进行乐学研究，包括对贾湖早、中、晚骨笛音阶调式的再认识及对各型陶埙、石磬乐学特征的分析。

第五部分，结合出土乐器情况及考古学界对于我国新石器时代的文化分区理论，对新石器时代音乐进行分区探讨。对各音乐区出土乐器的发展演变情况进行纵向研究，得出其音乐发展的相关认识。

第六部分，在之前乐器研究的基础上，对我国新石器时代音乐多元一体化的发展趋势进行剖析，并对文章第一部分提出的远古音乐史研究中的遗存问题进行再探讨，得出有关我国远古音乐发展的更加深入、全面的认识。

文章的最后，是对我国远古音乐治史方法的思考。远古音乐史的重建是一项综合性的工作，需要以音乐考古学研究为主，同时结合文献学研究，并适当借鉴民族学、民俗学乃至古地质学、气候学、生态环境学等多学科研究成果，多方协作，共同完成。

关键词：新石器时代　出土乐器　类型学　乐学　音乐文化区

石夫歌剧音乐创作研究

作　　　者：武慧

指 导 教 师：戴嘉枋

专 业 方 向：中国近现代音乐史

学　　　位：博士

学位授予时间：2012 年

论 文 述 要：

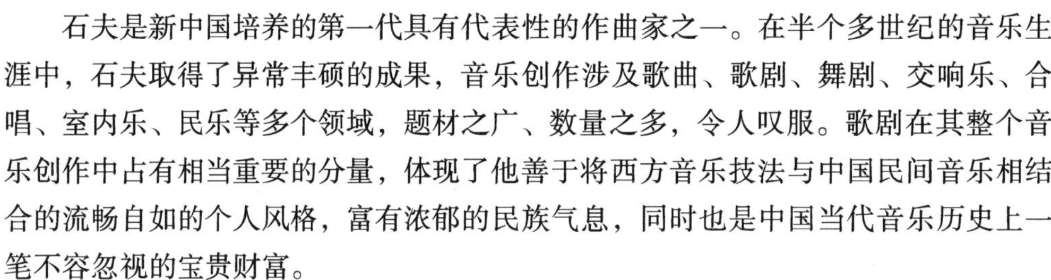

石夫是新中国培养的第一代具有代表性的作曲家之一。在半个多世纪的音乐生涯中，石夫取得了异常丰硕的成果，音乐创作涉及歌曲、歌剧、舞剧、交响乐、合唱、室内乐、民乐等多个领域，题材之广、数量之多，令人叹服。歌剧在其整个音乐创作中占有相当重要的分量，体现了他善于将西方音乐技法与中国民间音乐相结合的流畅自如的个人风格，富有浓郁的民族气息，同时也是中国当代音乐历史上一笔不容忽视的宝贵财富。

本论文以石夫的四部歌剧作品——《阿依古丽》《热土》《谷兰丹姆》和《阿美姑娘》作为主要研究对象，采用音乐学综合研究方法对其歌剧音乐创作从人文背景、作曲技法和艺术风格进行深入和细致的梳理与分析，并发掘出贯穿于其中的作曲家独特的创作思维和个人风格，在中国歌剧发展历程中给予客观公正的评价，以期获得新的理论成果和有益启示。

第一章“四部歌剧创作概要”，对石夫四部歌剧作品的创作背景、题材选择、写作始末、演出简况及故事梗概等进行了介绍。第二章“四部歌剧的戏剧与音乐结构及特点”，分别对四部歌剧作品从戏剧与音乐结构的角度进行分析，并概括其不同特点。第三章“歌剧中戏剧化的人物唱腔”，主要从声乐唱腔的角度阐述石夫歌剧的戏剧性色彩。歌剧重视音乐的形式美感，咏叹调、宣叙调、重唱、合唱等合理布局，有序地展开剧情，细腻地刻画人物的心理活动，对戏剧冲突进行了有力的揭示。第四章“歌剧中器乐的戏剧性功能”，阐明了石夫歌剧音乐创作中器乐的重要功能，分别对为声乐伴奏的乐队写作与独立的器乐段落进行分析。石夫紧密配合戏剧情节的发展来谱写音乐，乐队与声乐的整体发展同步而和谐，多个器乐段落效果新颖而强烈，作为“戏剧音乐”带有强烈的戏剧性色彩。第五章“石夫歌剧音乐创作思维”，分析了蕴含在歌剧作品中的作曲家的创作思维。以“洋为中用”来追求中国歌剧综合美的音乐思维始终贯穿在石夫的歌剧创作历程中，对音乐戏剧性的重视体现在整体的结构安排和具体细节中，合唱的运用、极具交响性的音响等颇具特色。在本文结语中，对石夫的歌剧音乐创作特征、成就及不足进行了思考和评价。可以说，石夫在歌剧音乐创作中的不懈努力和实践，为中国歌剧的长足发展与前进做出了自己的贡献。

关键词：石夫　中国歌剧　创作研究　民族风格

杜鸣心交响音乐创作研究

作　　　者：袁昱
指 导 教 师：汪毓和
专 业 方 向：中国近现代音乐史
学　　　位：博士
学位授予时间：2012年

论 文 述 要：

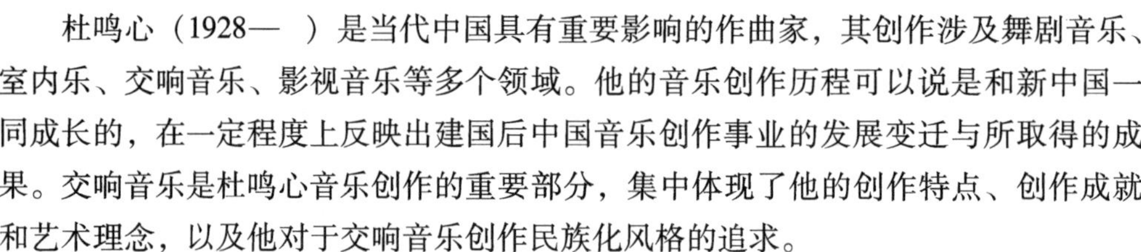

杜鸣心（1928—　）是当代中国具有重要影响的作曲家，其创作涉及舞剧音乐、室内乐、交响音乐、影视音乐等多个领域。他的音乐创作历程可以说是和新中国一同成长的，在一定程度上反映出建国后中国音乐创作事业的发展变迁与所取得的成果。交响音乐是杜鸣心音乐创作的重要部分，集中体现了他的创作特点、创作成就和艺术理念，以及他对于交响音乐创作民族化风格的追求。

本文主要以音乐学分析的方法，对杜鸣心的交响音乐创作进行研究，总结杜鸣心交响音乐创作的特色与艺术经验，并对其交响音乐创作的历史意义进行评价，以期对中国交响音乐创作事业的发展作些许努力。

本文包括三章。第一章以已有的研究成果和笔者的采访内容为基础，对杜鸣心的音乐生活道路加以梳理，力求勾勒出一位出生、成长于共和国建立之前，成名于建国初期，并在“改革开放”后和21世纪里持续施展才华的老一辈作曲家的音乐人生轨迹，从中透视其经历与交响音乐创作的联系。第二章将杜鸣心的交响音乐创作分为四类体裁：多乐章交响套曲、单乐章交响音乐、协奏曲、交响组曲，对每类音乐体裁在西方及近现代中国的发展脉络进行了梳理，对杜鸣心的该类创作情况进行了论述，并对代表性作品进行了具体分析。第三章在前文对作品分析的基础上，将杜鸣心交响音乐创作的艺术特色总结为抒情性、形象性、民族化探索、规整严谨的创作构思几个方面，并以具体创作为例分别进行了阐述。结语部分在对当代中国交响音乐创作的大背景进行观照的前提下，对杜鸣心交响音乐创作的风格发展轨迹进行了梳理，总结了其交响音乐的整体风格与形成原因，及其在当代中国交响音乐创作中的价值。

杜鸣心的交响音乐创作体现了对传统风格的坚守、明朗乐观的整体风格，以及“为大众”的创作理念。这些艺术创作特征的形成源于杜鸣心的生活、学习经历：他少年时代在育才学校学习时所接受的是为社会和一般民众服务的理念影响，赴苏联留学时所学到的主要为西方古典、浪漫主义的艺术手法，他的人生经历相对较为平顺，以及这些因素塑造了他较为平和内敛的性格、注重与听众的情感共鸣、力求达到“雅俗共赏”的艺术审美偏好。杜鸣心的交响音乐创作始终坚持对个人真挚情感的抒发，关注与听众的沟通，在继承传统的基础上坚守个人的艺术理念，追求具有时代精神的民族音乐风格，为当代中国的交响音乐创作提供了可贵的艺术经验。

关键词：杜鸣心　交响音乐　抒情性　形象性　民族化探索
规整严谨的创作构思　多元化

20世纪80年代二胡协奏曲创作研究

作　　　者：侯太勇

指 导 教 师：戴嘉枋

专 业 方 向：中国近现代音乐史

学　　　位：博士

学位授予时间：2013年

论 文 述 要：

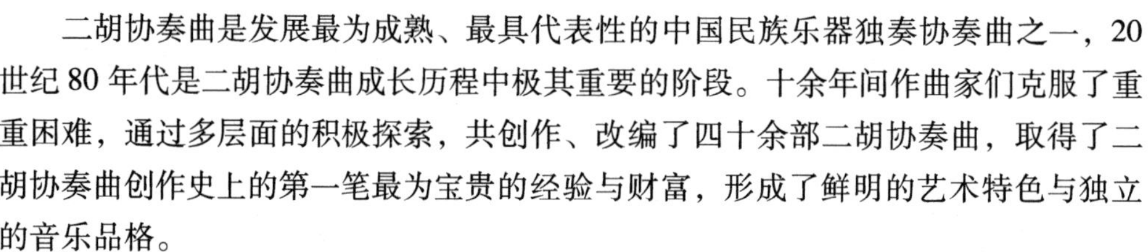

二胡协奏曲是发展最为成熟、最具代表性的中国民族乐器独奏协奏曲之一，20世纪80年代是二胡协奏曲成长历程中极其重要的阶段。十余年间作曲家们克服了重重困难，通过多层面的积极探索，共创作、改编了四十余部二胡协奏曲，取得了二胡协奏曲创作史上的第一笔最为宝贵的经验与财富，形成了鲜明的艺术特色与独立的音乐品格。

本文主要以80年代最具有代表性的十余部二胡协奏曲为研究对象，通过对前、后两个时期作品的研究，总结不同时期音乐语言与创作思维的特点，提炼整个80年代二胡协奏曲的风格特征，并结合80年代的历史背景，阐释该时期作品音乐内容、形式、观念的变迁与成因，最终客观评价其历史贡献与不足。

全文共分为三章。第一章从题材概述、旋律写作、二胡“声腔化”、和声语言、复调手法、配器技法、曲式结构等方面全面而深入地分析80年代前期二胡协奏曲的创作，最后从标题性与符号化、二胡的歌唱性与器乐性、乐队的交响性与室内性三个方面对该时期的创作进行简短总结。第二章从题材概述、旋律写作、音高体系、二胡“提琴化”、节奏、音色、结构与结构力等方面深入分析80年代后期二胡协奏曲的创作，并总结归纳后期二胡协奏曲最为突出的三个创新点——音高材料、节奏、音色。第三章是对80年代二胡协奏曲创作的回顾与反思，这一部分是整篇论文的重点。该章首先从多角度论述二胡协奏曲“创作热潮”的必然性与艺术特色，随后阐述前后两个时期在音乐内容、形式、观念方面的变迁与成因，最后主要对前期民族管弦乐队配器法问题与后期二胡“提琴化”问题进行探讨。本章并不满足于诸多音乐现象之间的逻辑关系如何，而是追问这些音乐现象是在什么条件下、出于什么目的而产生，思考其中获得的经验与存在的问题，并提出个人建设性的观点，其最终目的在于清醒地认识到阻碍二胡协奏曲发展的各种主客观因素，从而尽可能地克服、超越这种局限。结语是对80年代二胡协奏曲的创新、局限与历史定位的精简概括。

关键词：二胡协奏曲　中国当代音乐创作　民族管弦乐队配器

陈培勋及其音乐创作研究

作　　者：李俊

指导教师：汪毓和

专业方向：中国近现代音乐史

学　　位：博士

学位授予时间：2013 年

论文述要：

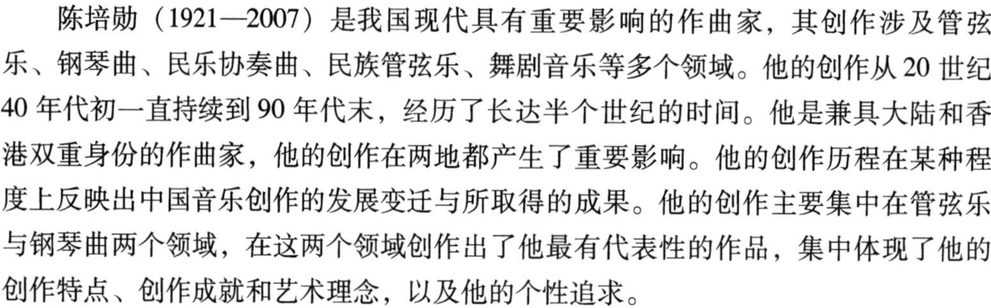

陈培勋（1921—2007）是我国现代具有重要影响的作曲家，其创作涉及管弦乐、钢琴曲、民乐协奏曲、民族管弦乐、舞剧音乐等多个领域。他的创作从 20 世纪 40 年代初一直持续到 90 年代末，经历了长达半个世纪的时间。他是兼具大陆和香港双重身份的作曲家，他的创作在两地都产生了重要影响。他的创作历程在某种程度上反映出中国音乐创作的发展变迁与所取得的成果。他的创作主要集中在管弦乐与钢琴曲两个领域，在这两个领域创作出了他最有代表性的作品，集中体现了他的创作特点、创作成就和艺术理念，以及他的个性追求。

本文对陈培勋管弦乐与钢琴曲为主的创作进行了分析研究，总结出陈培勋的创作特色，并对其音乐创作的历史地位进行评价，希望对中国音乐创作事业的发展作一些努力。

本文包括五章。第一章对陈培勋生活历程中的某些问题进行了梳理，以有助于探求陈培勋的生活经历与性格对其音乐创作产生的影响。第二章对陈培勋音乐创作历程中的某些问题进行了梳理，以期对他整体音乐创作的作品及历史变化有所把握。第三章从遵循西方音乐创作传统与遵循中国民族音乐传统两方面，对陈培勋音乐创作中所体现的对传统的遵循进行了论述。第四章从音乐的抒情性与交响性两个方面，对陈培勋音乐创作中所体现的创作个性进行了论述。第五章论述了陈培勋生活经历与性格两方面对他创作风格形成的影响，并对他在整个中国音乐创作中的历史地位作了评价。结语部分对中国音乐创作在固守传统与发展创新方面的某些问题进行了思考。

尽管现在的音乐创作是多元时代，但实际上现代技法仍趋于主流，对于传统技法的挖掘与尊重也应该成为多元中的重要一员，它对于保持音乐创作的生态平衡是有其重要价值的。他作品中表现出的抒情性、交响性等特色仍被人们所接受，他对某些技术，始终遵循创作原则，尊重创作技术，修炼出一套带有自己个性的音乐语言。像陈培勋这样对传统风格尊重的“一元”，是现代中国音乐创作中值得重视与借鉴的。

关键词： 陈培勋　当代音乐创作　管弦乐　钢琴曲

清代云南释奠礼乐研究

——以大理、临安及丽江地区为例

作　　者：洪江

指导教师：秦序

专业方向：中国古代音乐史

学　　位：博士

学位授予时间：2014 年

论文述要：

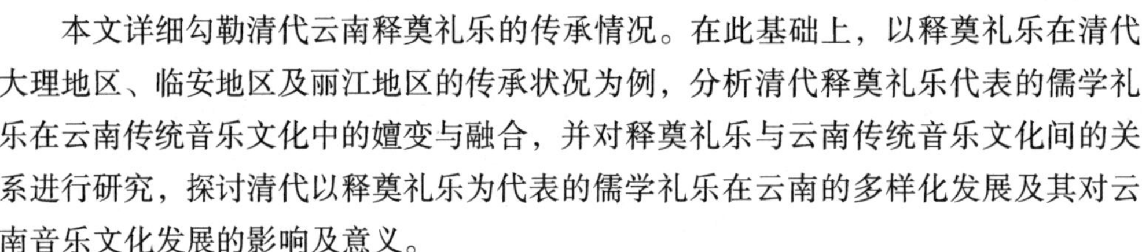

本文详细勾勒清代云南释奠礼乐的传承情况。在此基础上，以释奠礼乐在清代大理地区、临安地区及丽江地区的传承状况为例，分析清代释奠礼乐代表的儒学礼乐在云南传统音乐文化中的嬗变与融合，并对释奠礼乐与云南传统音乐文化间的关系进行研究，探讨清代以释奠礼乐为代表的儒学礼乐在云南的多样化发展及其对云南音乐文化发展的影响及意义。

本文首次对清代以前云南释奠礼乐历史进行了梳理与考察。在梳理出清代释奠礼乐体系及直省释奠礼乐内容基础上，首次对清代云南释奠礼乐传承的内容等作了全面细致的梳理，并探讨了清代云南庙学及儒学发展与释奠礼乐间的关系。

本文以清代大理、临安、丽江三个地区为例，探讨了清代释奠礼乐与当地社会文化及族群文化间的相互影响。在大理地区的研究中，探讨了奠礼乐与大理洞经音乐及“莲池会”、“辅国坛”间的相互关系。在临安地区的研究中，分析了该地区释奠礼乐传承中临安府学的核心地位，并分别探讨了释奠礼乐对少数民族音乐文化的间接影响及对汉族洞经音乐的深层影响及其原因。特别运用了新材料《孔教真理》，以证明清代释奠礼乐对清代临安洞经音乐的深层影响。在丽江地区的研究中，以丧葬文化及婚恋文化为切入点，运用东巴文化中的东巴经、东巴舞谱等相关史料，探讨了释奠礼乐“乐”层面对包括音乐文化在内丽江纳西族传统文化的正面影响，及释奠礼乐“礼”层面与丽江纳西族传统文化的冲突。本文通过对释奠礼乐在大理地区、临安地区及丽江地区音乐文化中变迁形式及特征的梳理，揭示出释奠礼乐对儒学礼乐发展的意义及其对云南音乐文化发展所产生的影响。

在详细勾勒清代云南释奠礼乐传承情况的基础上，本文就清代释奠礼乐影响下云南洞经音乐的多样性变迁状况得出以下结论：第一，大理、临安及丽江地区洞经音乐出现的多样性变迁，可以概况为“儒化”、“俗化”与“少数民族化”。第二，洞经音乐出现的“儒化”、“俗化”及“少数民族化”，是释奠礼乐代表的儒学礼乐不断丰富的过程，也是儒学礼乐在云南获得独立发展的过程。第三，云南洞经音乐的多样性发展，与释奠礼乐在云南的传承方式、儒学发展、社会变迁及云南特殊的历史文化背景密切相关。第四，清代释奠礼乐在云南传承过程中与不同地区及族群文化间产生的融合及变迁，使释奠礼乐所代表的儒学礼乐得到了新的发展，这种发展既体现为释奠礼乐“礼”的影响范围的扩大及内涵的拓展，又体现为释奠礼乐“乐”的内涵的丰富。第五，清代释奠礼乐影响下洞经音乐的多样化变迁，使云南民间出现多种祭孔音乐形式，丰富了清代云南的音乐文化，使洞经音乐发展为既具儒学礼乐性质又具浓郁地方色彩的乐种，并对后世云南音乐文化发展具有深远影响。第六，清代释奠礼乐影响下云南洞经音乐的多样性发展，丰富了清代云南的音乐文化，使洞经音乐发展成为既具有儒学礼乐性质又有浓郁地方色彩的云南地方性乐种，开辟了儒学礼乐在云南独立发展的道路。这个过程是少数民族文化受到汉文化影响的过程，是清代儒学礼乐文化在云南地方化的过程，也是云南地域文化实现多元一体化格局的过程。

关键词：清代　云南　释奠礼乐　庙学　儒学

一个音乐群体的社会角色研究

——上海交响乐团（1949—2009）

作　　者：秦萌

指导教师：戴嘉枋

专业方向：中国近现代音乐史

学　　位：博士

学位授予时间：2014 年

论文述要：

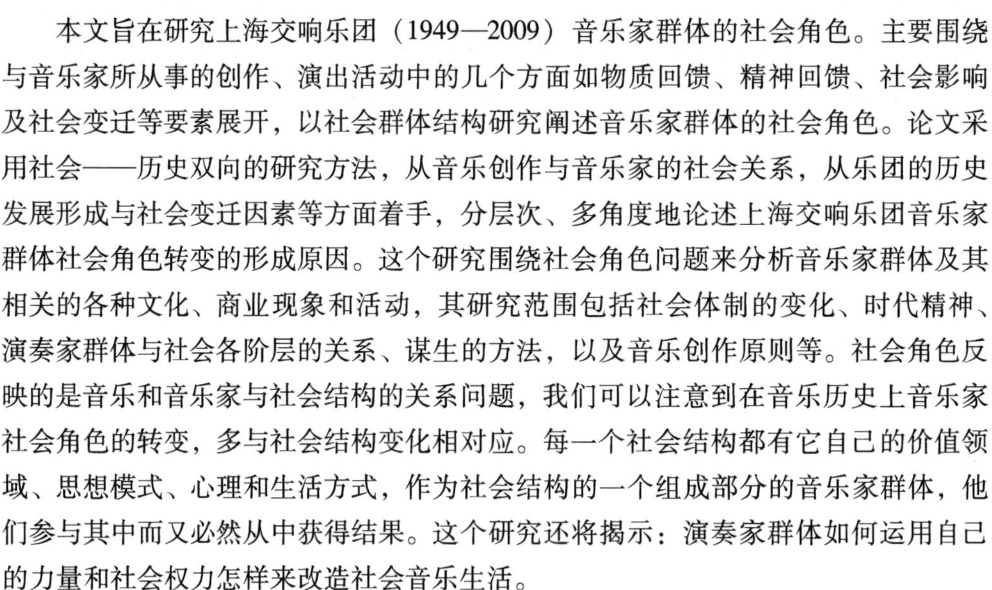

本文旨在研究上海交响乐团（1949—2009）音乐家群体的社会角色。主要围绕与音乐家所从事的创作、演出活动中的几个方面如物质回馈、精神回馈、社会影响及社会变迁等要素展开，以社会群体结构研究阐述音乐家群体的社会角色。论文采用社会——历史双向的研究方法，从音乐创作与音乐家的社会关系，从乐团的历史发展形成与社会变迁因素等方面着手，分层次、多角度地论述上海交响乐团音乐家群体社会角色转变的形成原因。这个研究围绕社会角色问题来分析音乐家群体及其相关的各种文化、商业现象和活动，其研究范围包括社会体制的变化、时代精神、演奏家群体与社会各阶层的关系、谋生的方法，以及音乐创作原则等。社会角色反映的是音乐和音乐家与社会结构的关系问题，我们可以注意到在音乐历史上音乐家社会角色的转变，多与社会结构变化相对应。每一个社会结构都有它自己的价值领域、思想模式、心理和生活方式，作为社会结构的一个组成部分的音乐家群体，他们参与其中而又必然从中获得结果。这个研究还将揭示：演奏家群体如何运用自己的力量和社会权力怎样来改造社会音乐生活。

自 1840 年以后，中国五口通商，上海开始成为中国近现代的前沿之地，成为中国近代历史的缩影。上海以其独特的城市文化特征和海纳百川包容性，吸引了全世界学者的目光。20 世纪 20、30 年代，第一次“上海研究热”蔚然兴起；20 世纪 80

年代“上海学”的提出，不仅在上海而且得到了国际学界的回响。作为“上海学”的重要组成部分，“音乐上海学”正日益突显出作为城市文化研究的重要组成部分的意义和价值。

本文试图将上海交响乐团音乐家群体社会角色置于历史场域中进行综合性、结构性的考察，以弥补以往该学科研究中对音乐的人事关系的关注的缺失，使学科既有的研究视域得到了拓展。本论题设定的时间跨度从1949—2009年，中间经历了60年的社会、历史、政治的剧变。论文在运用音乐社会学方法对音乐史各阶段加以描述时，发现每一时期演奏家群体社会角色的转变都与社会政治风向和文艺政策的变化有紧密的联系。论文针对音乐家群体社会身份的转变，试图以大量历史事实来阐述演奏家群体及其所处社会环境和音乐实践诸方面交互影响下社会角色形成的缘由。

关键词：上海交响乐团　社会角色　中国当代音乐

马思聪声乐创作研究

作　　者：邬晶琳

指导教师：汪毓和、蒲方

专业方向：中国近现代音乐史

学　　位：博士

学位授予时间：2014 年

论文述要：

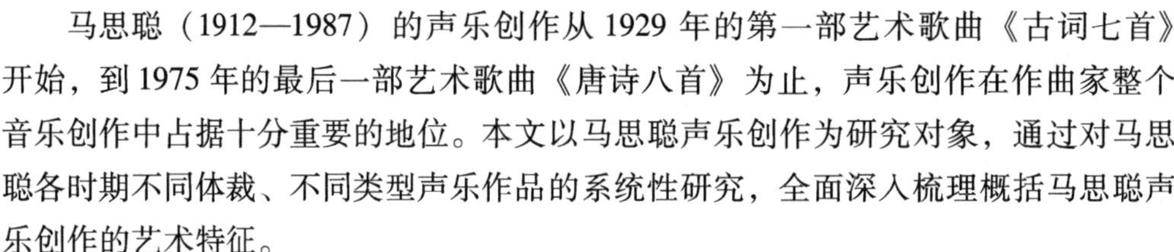

马思聪（1912—1987）的声乐创作从 1929 年的第一部艺术歌曲《古词七首》开始，到 1975 年的最后一部艺术歌曲《唐诗八首》为止，声乐创作在作曲家整个音乐创作中占据十分重要的地位。本文以马思聪声乐创作为研究对象，通过对马思聪各时期不同体裁、不同类型声乐作品的系统性研究，全面深入梳理概括马思聪声乐创作的艺术特征。

本文分为四章。第一章“1929—1937 年马思聪声乐创作”。这阶段是马思聪声乐创作上的尝试期，艺术歌曲是其创作的主要体裁，在创作特征上，表现出该时期明显的模仿性和探索性特征。

第二章“1937—1949 年马思聪声乐创作”。这是马思聪声乐创作上的繁盛期，伟大的抗日战争和解放战争的洗礼，使马思聪在声乐创作思想、创作风格及艺术观念上发生重大改变，他自觉地将自己的创作实践与祖国轰轰烈烈的民主革命事业紧密联系起来，创作了以抗战歌曲和合唱套曲为主的群众性声乐作品，表现出强烈的爱国意识和鲜明的政治立场，从中可以看到人民生活和民歌对马思聪创作上的深刻影响。

第三章“1949—1966 年马思聪声乐创作”。在建国最初 17 年间，马思聪以极大的热情，积极谱写了多部紧扣时代脉搏、密切结合现实斗争的群众歌曲和合唱套曲，不仅大大拓展丰富了题材，而且以更加圆熟的技术，使该时期声乐创作的民族化风格得到新的掘进和提升，以个性的咏叹融入时代歌颂的洪流之中，激扬着建设的时代精神，彰显着特色的审美理想。

第四章“1966—1975 年马思聪声乐创作”。“文革”迫使马思聪离开祖国去往美国，由于他个人遭遇和生活环境的巨大改变，这阶段的声乐创作在题材上表现为独有的“思乡”主题，而在创作体裁和创作风格上基本是国内时期的延续，他在创作中仍然坚定地植根于中国音乐文化的土壤，使作品中所体现出来的民族风格更为浓郁。

结语部分主要从马思聪声乐创作发展轨迹及其历史地位两个方面进行了总结性的归纳梳理，指出马思聪在 20 世纪中国声乐发展史上应有的历史地位和贡献。他的为艺术而坚守，更为艺术而大胆创新的精神，值得每个中国音乐文化工作者高擎。

关键词：马思聪　声乐创作　艺术特征　发展轨迹　历史地位

周汉音乐转型实证解析

作　　者：朱国伟

指导教师：王子初

专业方向：中国近现代音乐史

学　　位：博士

学位授予时间：2014 年

论文述要：

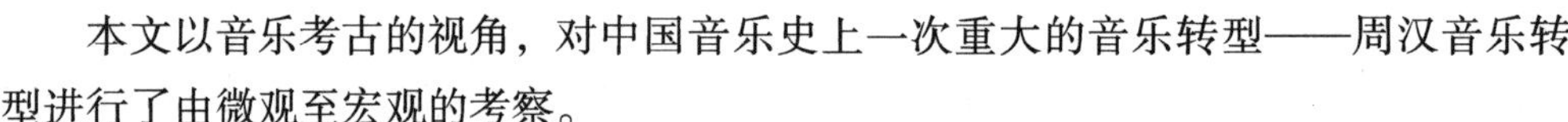
本文以音乐考古的视角，对中国音乐史上一次重大的音乐转型——周汉音乐转型进行了由微观至宏观的考察。

本文首先考察分析了从周代到汉代各种乐器的演变，发现金、石、丝、竹等主要乐器种类都在这个时段发生了重要变革。继而在周汉的乐队演变方面，本文从钟磬乐的衰落、丝竹乐的兴盛和鼓吹乐队的兴起这三方面做了对比和转型观察，并对其发生过程有了基本认识。

以汉代的乐器、乐队情况为参照，结合文献梳理，本文在对汉代礼乐制度内容进行分析后认为，除了汉初叔孙通制礼稍有成效，其后汉代一直未能建立起有效的用乐等级制度，周代的乐悬制度消失。乐律方面，本文首次对战国中期开始到西汉早期这个时段内的钟磬测音数据进行了系统的分析，一定程度上把握到了它们在音列、律高、律制及乐律理论等方面的发展脉络。

综合以上方面的分析结果，周汉音乐转型的存在得到肯定，并且可以得出主要的转型过程始于战国早中期，经历过秦代这一关键点后，在西汉汉武帝时期得以基本完成。周汉的音乐转型可以构成上古钟磬乐舞时期到中古歌舞伎乐时期之间的一个历史分期，这一分期观点从本文的分析成果中得到进一步支持。另外，本文对转型过程中的地域性因素、转型研究所引出的一些汉代音乐史问题进行了论述。

本文首次对战国中期到汉代的音乐考古资料做了系统的梳理和研究，对其涉及到的各种音乐事象做了演变过程的考察，在钟、磬、瑟等多种乐器的演进方面有新的发现，在汉代各种乐队的存在关系、礼乐在汉代的情况、鼓吹的兴盛时间及乐器组成等方面有新的认识，更对战国到汉代的乐器测音资料做了系统分析，其中有相当一部分内容是对汉代音乐史的补充。本文首次以实证、微观的方法对音乐转型和分期依据问题进行分析论证，以期对历史分期研究提供新的视角和成果。

关键词：音乐转型　周汉之间　音乐考古　汉代音乐　历史分期

西方音乐史

阿尔班·贝尔格的生活与创作道路

作　　　者：余志刚

指 导 教 师：于润洋

专 业 方 向：西方音乐史

学　　　位：博士

学位授予时间：1993 年

论 文 述 要：

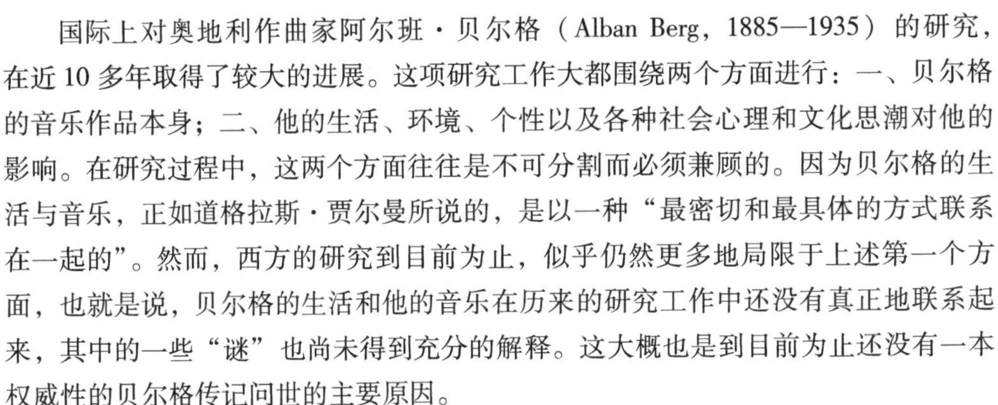

国际上对奥地利作曲家阿尔班·贝尔格（Alban Berg，1885—1935）的研究，在近 10 多年取得了较大的进展。这项研究工作大都围绕两个方面进行：一、贝尔格的音乐作品本身；二、他的生活、环境、个性以及各种社会心理和文化思潮对他的影响。在研究过程中，这两个方面往往是不可分割而必须兼顾的。因为贝尔格的生活与音乐，正如道格拉斯·贾尔曼所说的，是以一种“最密切和最具体的方式联系在一起的”。然而，西方的研究到目前为止，似乎仍然更多地局限于上述第一个方面，也就是说，贝尔格的生活和他的音乐在历来的研究工作中还没有真正地联系起来，其中的一些“谜”也尚未得到充分的解释。这大概也是到目前为止还没有一本权威性的贝尔格传记问世的主要原因。

我国对贝尔格的研究工作也是近 10 年才开始进行的。1987 年我在于润洋教授的指导下，完成了硕士论文《论阿尔班·贝尔格的歌剧〈沃采克〉》。这是国内第一篇较详细地研究贝尔格歌剧的论文。本文便是在那篇论文的基础上力求深入一步，从音乐社会学的角度，研究贝尔格与当时维也纳文化精英的圈子，特别是与勋伯格之间的联系，进而探讨“世纪末维也纳”的各种社会心理和文化思潮对贝尔格的个性及其作品的影响。目的仍然在于进一步认识贝尔格作品的价值，并对他在音乐史上的应有地位和可资我们借鉴的地方提出一些看法。

本文共分五章，并有五个附录（作品表、大事年表和歌剧脚本等）。在正文之前，首先以对国际上贝尔格研究状况的简单回顾作为代序。第一章主要讨论了贝尔格在“世纪末维也纳”的生活环境，以及他同那些对他产生重要影响的文化界精英人物之间的关系。从第二章起，开始涉及贝尔格师从勋伯格之后的创作历程。在分析了贝尔格的一些早期作品的同时，探讨了他与勋伯格之间的关系。第三章以贝尔格在第一次世界大战前后的创作为主要研究对象，特别是对歌剧《沃采克》这部贝尔格最重要的成名之作进行比较详细的论述。第四章则以贝尔格的另一部重要作品《露露》为中心，探讨了他在晚期作品中所流露的更加强烈的悲观和幻灭的情绪。第五章是结语，首先总结了世纪末维也纳的社会与文化环境以及第一次世界大战后的社会大动荡对贝尔格的影响，指出贝尔格作品中的悲观主义和宿命论的根源。但是结语认为，作品中的这种悲观宿命思想并没有削弱作品（特别两部歌剧）中的社会批判性，因此它们具有强烈的社会现实感和深刻的人道主义精神。其次，结语分析了表现主义（特别是在戏剧方面）对贝尔格的影响，但认为贝尔格是兼收并蓄的，其他艺术流派对他也有不同程度的影响，因此不能简单地称他为表现主义的作曲家。再其次，结语分析了贝尔格对待传统的态度，认为他在竭力打破传统的束缚时，实际上是在重建和巩固这种传统。在这方面他经常走在老师勋伯格的前面，因此可以把他称为20世纪最向前看的作曲家之一。他同许多跨世纪的作曲家（如巴赫、贝多芬）一样具有那种二重性。他既坚持了19世纪的很多东西，又向20世纪做出了大胆的开拓。结语最后提出对我们的两点启示：一、要像贝尔格那样真诚地反映自己的时代精神，在艺术上不追求外在的美感，而追求更深刻和更内在的东西。二、学习贝尔格对音乐形式技法的态度，不能因为强调技术和抽象的形式而忽视了音乐的表现力。

关键词：阿尔班·贝尔格 “世纪末维也纳” 《沃采克》 《露露》

西方音乐历史发展中的二元冲突的研究

——音乐结构的形态、意义及其历史发展

作　　　者：姚亚平

指 导 教 师：于润洋

专 业 方 向：西方音乐史

学　　　位：博士

学位授予时间：1995 年

论 文 述 要：

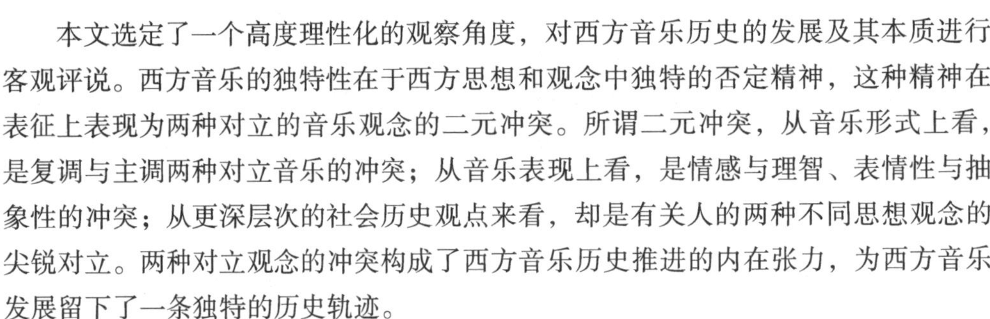

本文选定了一个高度理性化的观察角度，对西方音乐历史的发展及其本质进行客观评说。西方音乐的独特性在于西方思想和观念中独特的否定精神，这种精神在表征上表现为两种对立的音乐观念的二元冲突。所谓二元冲突，从音乐形式上看，是复调与主调两种对立音乐的冲突；从音乐表现上看，是情感与理智、表情性与抽象性的冲突；从更深层次的社会历史观点来看，却是有关人的两种不同思想观念的尖锐对立。两种对立观念的冲突构成了西方音乐历史推进的内在张力，为西方音乐发展留下了一条独特的历史轨迹。

论文首先从考察西方音乐中两种对立的形式观念起步。通过对复调和主调的抽象认识，提炼出：以单个音为音乐思维的最小基本单位，音乐观念为均等无中心的复调的本质，与以多个音为音乐思维的最小基本单位，音乐观念为不均等有中心的主调和声的本质。在此后，仍依据上面思想。从音乐形态角度，划分出两种对立的结构观念，即：消除稳定与不稳定两极对立的均等的单极结构，与建立稳定与不稳定两极对立的不均等有中心的双极结构。

对音乐形式进行理性化的二元划分之后，历史呈现出这样一幅总体画面：在历史的进程中，复调（均等观念）逐渐衰落，主调和声（不均等观念）逐渐向复调渗透，并最终取代复调；之后，主调音乐的观念不断削弱，直至双极和声体制解体，

复调走向复兴。西方音乐显露出 A—B—A 三阶段发展，贯穿着两种对立势力的起落沉浮。

得益于 H. 申克理论中“结构”与“延长”概念，本文提出“结构”与“非结构”这一对对立概念。结构与非结构的认识在本文的对西方音乐的总体观察中有着极为重要的核心作用。首先，西方音乐的整个历史可以在结构与非结构关系的变动中来进行考察；非结构因素破坏着旧的结构，同时又促成着新的结构形态的产生。其次，结构与非结构现象决不仅仅是一种形式现象，在对形式进行高度抽象后，形式演变中所隐含着的人的发展表露出来。本文认为，音乐结构形态的演变与人的发展具有着可观察、可实证的同构关系和内在联系，音乐中结构与非结构关系的变动无不与社会思潮同步变动。据此，本文提出：乐谱中隐藏着人的秘密！

有了上述概括性基本认识以后，论文循着历史进行论证。论证既是通过具体历史事实来解释和说明本文前面提出的基本思想，也是在考察历史的具体过程中对基本思想进行再发挥。中世纪、文艺复兴时期是宗教与世俗、神学与人文主义理想的冲突。人文主义的胜利在音乐的体现是主调和声对复调的不断渗透，并最终取代复调。音乐结构形态的变化很清楚地反映出时代思潮的变化。巴罗克时期非结构因素蓬勃，非结构淹没了结构，造成了结构的无序化危机。在思想领域这也同时表现出道德沦丧，享乐主义盛行的精神危机。启蒙时代的新兴阶级要求确立新的道德和人性观，这在音乐上表现为，确立新的有序逻辑 - 双极结构。启蒙时代的理想是二元均衡。它既反对宗教禁欲主义，也憎恶追求无度自由的享乐主义。启蒙时期总体的社会思潮是调和感性理性、有限无限、唯物唯心，这一时期的音乐也表现出对表情与抽象、多样与统一、松弛与紧张的调和特征。音乐中古典奏鸣曲式是双极结构的最高表现，也体现出音乐历史上的最大的折衷。在表情与抽象、多样与统一、松弛与紧张这些对立的两极倾向中，古典奏鸣曲式占据了音乐历史上迄今所有的最恰当的中间位置。中间立场的完满人性毕竟只是 18 世纪理性主义的理想，浪漫主义要求把理想变为现实，这导致古典主义的双极均衡的被破坏。在音乐中，浪漫主义表现出拒绝古典主义的节制，追求表达生活真实情感。从形式上反映出的是，非结构因素的再度兴盛，结构松散和被隐没。随着理性主义理想信念的衰落，音乐中双极结构也每况愈下，逐渐解体。20 世纪对理性主义的反动是从“双极”重归于“单极”。现代思潮在绝对的单极状况中寻求人性的完善：寻求感性的绝对性（非感性理性兼得），无限的绝对性（非有限之无限），在艺术思想上追求绝对的超验性（非现实性）。在音乐方面，“不协和音的解放”彻底取消了协和与不协和、稳定与不稳定的双极对立；既在结构形式的表层排除了非结构因素的存在，也在深层结构驱逐了对立的结构要素。从而，最终实现了绝对的抽象追求——无调性。

在对西方音乐历史进行了宏观的整体评说后，论文的最后作了概括性引申。指出，西方专业音乐在西方社会文化生活中所处地位不断“下沉”的总体历史趋势，音乐历史发展中的二元冲突实际表现出的是西方在追求完满人性时陷入的矛盾，这种矛盾显露出西方音乐的“局限”，即，音乐对实现完美人性的不胜任。西方音乐的独特性在于它的刻意性，它刻意于在音乐中寄予人生的追求，然而音乐的“局限”使音乐在实现这一追求时陷入二元冲突。音乐的局限（追求的屡屡落空）最终唤起西方的“觉悟”，20世纪下半以来的西方音乐发展终于放弃了这一无尽头的追逐。这样，从中世纪以来独特的西方音乐——刻意于高尚追求的、陷入二元冲突的西方音乐终结了！

关键词：二元冲突　二元均衡　“结构”　“非结构”　音乐结构形态

从地狱到天堂

——古斯塔夫·马勒的生活与音乐作品精神内涵的再审视

作　　　者：李秀军

指导教师：黄晓和

专业方向：西方音乐史

学　　　位：博士

学位授予时间：2000 年

论文述要：

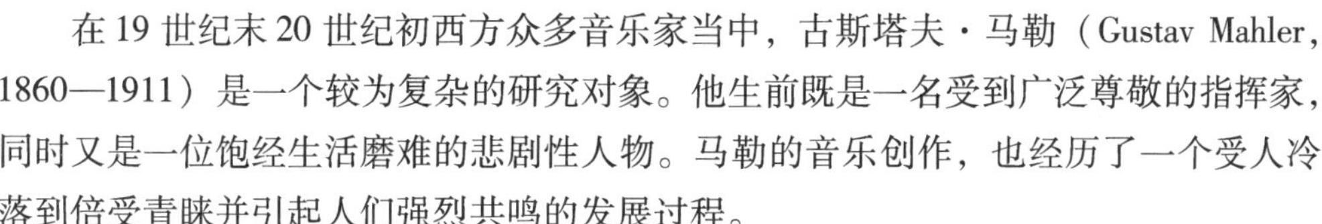

在 19 世纪末 20 世纪初西方众多音乐家当中，古斯塔夫·马勒（Gustav Mahler，1860—1911）是一个较为复杂的研究对象。他生前既是一名受到广泛尊敬的指挥家，同时又是一位饱经生活磨难的悲剧性人物。马勒的音乐创作，也经历了一个受人冷落到倍受青睐并引起人们强烈共鸣的发展过程。

从 20 世纪 50、60 年代开始，随着马勒音乐的复兴，国际上对马勒的音乐学研究也进入了一个新的阶段。研究工作大体上从两个方面来进行：一、马勒音乐的形态和风格研究；二、历史环境、社会思潮及马勒的生活和个性对其创作的影响。西方在第一项研究中可以说做了大量的工作，成就显著。然而到目前为止，在第二项研究中，西方虽然意识到了其问题的重要性，但在实际的研究中就探讨它们之间的内在关系及对马勒创作的深刻影响方面所作的研究还不够深入。这也就是在我们接触到一些有关这方面的资料时，总感缺憾的主要原因（对其他作曲家的研究也存在类似的现象）。就是说，对马勒的历史性研究还没有真正从其生活与创作的内在关系中获得富有说服力的解释。而这一点对马勒来说是非常重要的，因为马勒的生活和创作“就是如此紧密地交织在一起”，音乐创作是对“接踵而来的生活所作的预示”。

我国对马勒的研究起步得比较晚。从 80 年代中至今，已发表和出版了关于马勒的部分文章和书籍，如周化的《大地之歌》和周雪石的《马勒》等，总体来讲，这些文章和书籍仍处在对马勒研究的介绍性阶段。1992 年，我从社会学的角度对马勒的创作进行了考察。本篇博士论文就是在那篇文章的基础上对马勒进一步深入研究的产物，它包括 8 个章节（另附马勒作品表、歌词选译和大事年表），着重从世纪末德奥所处的特殊历史时期、世纪末的文化思潮、德奥文化的传统特征及马勒个人生活经历的内在关系中阐述了马勒音乐的创作特征。文中对事关马勒的一些重要问题，如哲学思想、宗教观念、创作内涵、风格特点及表现方式等作了比较深入、详尽的探讨。

关键词：古斯塔夫·马勒　音乐形态与风格　人生历程　社会思潮　精神内涵

理夏德·施特劳斯的歌剧《莎乐美》的文化意义

作　　　者：殷遐

指导教师：黄晓和

专业方向：西方音乐史

学　　　位：博士

学位授予时间：2002 年

论文述要：

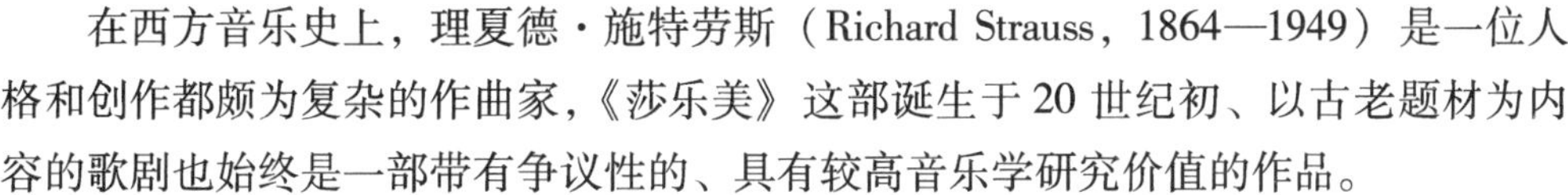

在西方音乐史上，理夏德·施特劳斯（Richard Strauss，1864—1949）是一位人格和创作都颇为复杂的作曲家，《莎乐美》这部诞生于 20 世纪初、以古老题材为内容的歌剧也始终是一部带有争议性的、具有较高音乐学研究价值的作品。

歌剧是由多种因素构成的文化综合体，本文希望能够认识这部作品的总体内涵，也就是关注这些复杂因素所共同体现出的整体观的意义。从具体情况来看，《莎乐美》牵涉了比较复杂的文化背景，而且一直面临比较复杂的文化反应，因此，本文基于“文化”一词在现代学术界所具有的广泛性和包容性，将关注重点确定为作品的“文化意义”，力求从一个尽可能全面的角度来认识这部歌剧。出于这样的目的，本文选取了在国内的西方音乐史学界具有一定尝试性的手段进行本文的文化观察和表述工作，希望在学习传统表达方式的基础上，能够从一个新的视角切入本文的研究中心——歌剧《莎乐美》，从而清晰、确切地描述这部作品从诞生以来，作为一个音乐史上的重要文化成果在各个方面所体现出的意义。

本文分为两个部分，第一部分的内容是“《莎乐美》在文化流程中”，希望从历史的角度来认识这部歌剧。这一部分又分为三章，分别将《莎乐美》这部歌剧置放于“题材流程”、“西方歌剧史的流程”以及“施特劳斯歌剧创作的流程”三个脉络当中，审视这部作品在不同的历史线条中的位置，同时探察它与其它重要的文化成果的关系。

本文第二部分借用了文化人类学领域使用的“文化分层”的方式，这种方式是依据人们认识事物的一般性规律，将关注文本分为“基础技术、社会组织、思想意识”三个层面进行分析，探究其中的物质、行为以及精神的含义。在“基础技术层面”的研究中，本文从整体构架和具体段落两个方面入手，一方面分析了施特劳斯在《莎乐美》创作中所表现出的整体性的特征，另一方面分析了莎乐美的“终场独白”和“七层纱舞”两个在歌剧中有一定代表性的段落；在“社会组织层面”中，本文分析了这部作品与作曲家本人以及它与观众和评论者之间的关系，以便认识作品在文化社会中所产生的反响意义；在“思想技术层面”中，本文分别从主流倾向与相关因素的角度分析了这部歌剧的思想表现，力求从根源上认识这部作品的重要意义。

关键词：理夏德·施特劳斯　歌剧《莎乐美》　文化意义　文化分层

20 世纪西方音乐中的“中国因素”

作　　　者：毕明辉

指 导 教 师：钟子林

专 业 方 向：西方音乐史

学　　　位：博士

学位授予时间：2004 年

论 文 述 要：

西方音乐家创作中的“中国因素”是一种文化现象。它的存在，不是什么偶发的零星事件，而是西方音乐文化纵向发展和中西音乐文化横向交流二者共同作用的产物。经历了一个由量的积累到质的飞跃的历史积淀过程。此一史识，为本文立论之根本。

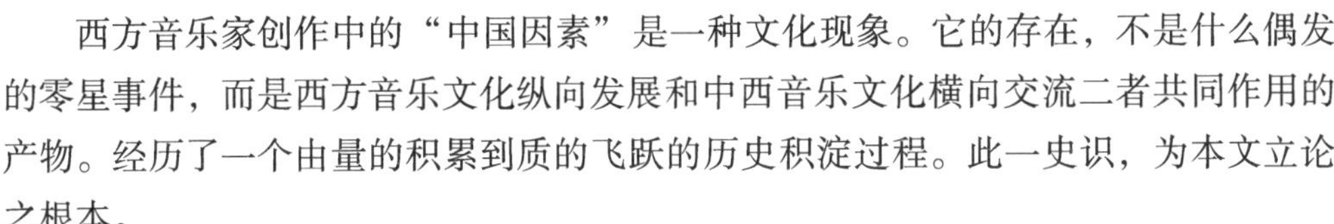

全文由前言、四个章节和结语构成。“前言”主要阐明的是论文选题的相关问题。

第一章旨在对 20 世纪之前西方音乐中“中国因素”的发展进行历史的回顾，并对 20 世纪之前发展变化的原因做出一定分析。

第二章“题材中的‘中国因素’”，分别就标题、情节和歌词三个方面展开讨论。认为以标题的方式点明作品与中国的联系，是 20 世纪西方音乐家最常见的手法之一，其突出特征在于为作品提供一个“中国背景”。通过对不同类别情节的分析，认为情节中的“中国因素”在 20 世纪出现了从西方人的“中国情节”到中国本土的“中国情节”、从“局部的现实”到“整体的现实”以及从“幻想”的中国到“现实”的中国的变化。在介绍了中国诗词在西方各国的流播情况和作品中的中国诗词之后，本文通过《中国歌曲》和《大地之歌》两部较具代表性的作品对诗词的意境表现问题进行了重点研究，认为西方作曲家选择中国诗词各有兴趣，其中唐诗地位最为突出，李白诗歌最受关注。中国诗词与西方音乐结合，在西方音乐家手中存在两种表现思路和两种音乐风格，同时，中西两种不同文化以这种特殊的形式交融互补，相得益彰。

第三章“音乐语言中的‘中国因素’”，对20世纪西方音乐中的中国曲调、中国调式音阶、中国节奏和中国音色逐一进行了讨论。通过大量音乐文献的梳理和分析，认为20世纪西方音乐语言中的“中国因素”摆脱了以往臆想杜撰的藩篱，走向原汁原味的新天地。同时，在通行做法的基础上，西方音乐家不乏个性创造，并形成融会中国音乐语言的三种思路。

第四章“思想中的‘中国因素’”，主要反映在以约翰·凯奇和彼德·利伯森的创作为代表的中国哲学思想和中国宗教思想两方面。在分别讨论了二者与中国思想的渊源关系之后，着力探究了其创作中的中国思想因素。认为思想中的“中国因素”在20世纪经历了一条从“表层相似”到“深层渗透”、从“思想的吸收者”到“生活的实践者”、从“中国式的智慧”到“西方式的创造”、从“来自中国的思想资源”到“对自身文化传统的突破”的发展道路。

“结语”意在对“中国因素”总体特征及其成因进行探析。认为相比以往，20世纪西方音乐中的“中国因素”进入了一个新阶段，其总体特征表现为层递式的历史演进轨迹、多元化的文化情状和整合性的时代态势。认为中西文化交流的极大改观和西方音乐家的文化自觉是造成20世纪西方音乐中“中国因素”发展变化的外在和内在原因。认为20世纪80年代以来，西方再度掀起“中国热”，短短二十余年里，中西文化交流达到了前所未有的深度和广度。展望未来，西方音乐中的“中国因素”将迎来更高的热潮。

关键词：中西文化交流　20世纪西方音乐　中国因素

斯克里亚宾晚期音乐观念与创作的研究

作　　者：宋莉莉

指导教师：黄晓和

专业方向：西方音乐史

学　　位：博士

学位授予时间：2005 年

论文述要：

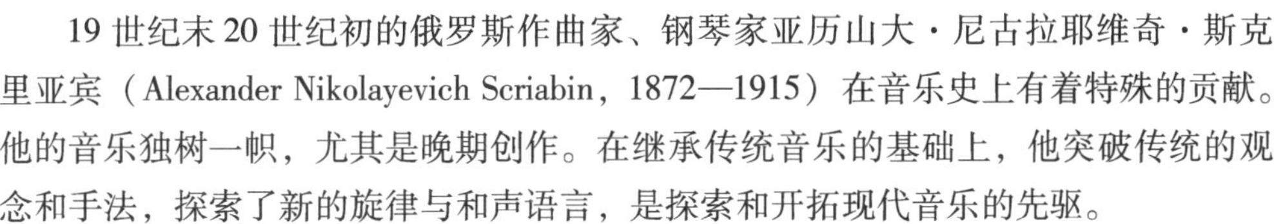

19 世纪末 20 世纪初的俄罗斯作曲家、钢琴家亚历山大·尼古拉耶维奇·斯克里亚宾（Alexander Nikolayevich Scriabin，1872—1915）在音乐史上有着特殊的贡献。他的音乐独树一帜，尤其是晚期创作。在继承传统音乐的基础上，他突破传统的观念和手法，探索了新的旋律与和声语言，是探索和开拓现代音乐的先驱。

晚期的斯克里亚宾在思想与创作上极为复杂。俄罗斯历史的变迁、世纪末思想和欧洲文化的熏染、“神秘主义”的宗教观念、叔本华的“唯意志论”和尼采的“超人”哲学，使他的音乐思想日益走向极端，形成了“神秘主义”的观念。斯克里亚宾晚期的音乐创作，手法十分复杂，在旋律写作、和弦运用、曲式原则、调式调性、节奏节拍及风格倾向等多方面都继承了传统，又突破了传统。他的音乐在 19 世纪末 20 世纪初的音乐发展史上有着重要价值，是十分宝贵的音乐文献。

本文以斯克里亚宾晚期的思想发展和创作活动为线索，对其进行总体的分析与论述。全文由引言、四个章节、结语几部分组成：引言是关于研究课题的选定、国内外研究现状的陈述；第一章是对斯克里亚宾所处的历史背景、文化环境及个人创作与生活的考察；第二章是对斯克里亚宾音乐创作特征的总体分析，对其音阶、主题、和声、节奏、调式、调性方面的论述；第三章是对斯克里亚宾音乐观念内涵的分析，对其神秘主义、宇宙主义、艺术综合体的思想深层进行分析；第四章是对斯克里亚宾音乐的影响与意义的阐述；结语是对晚期斯克里亚宾的整体评价，论析其音乐的观念、创作和历史价值。斯克里亚宾是怎样在音乐创作中体现神秘主义的，分析和揭示斯克里亚宾晚期音乐创作的手法特征和观念内涵，构成了本论文的中心线索。全文以音乐作品、音乐家评说、回忆录、笔记、书信等史实资料为依据，以音乐学分析、作品分析等方法，通过分析和梳理，对斯克里亚宾晚期的音乐观念和创作进行了论述。论文后附录斯克里亚宾年表、作品目录和部分图片资料。

本论文为国内第一本以斯克里亚宾晚期的思想观念和创作活动为研究线索的专论，其中许多资料为我国学界第一次使用。论文还对斯克里亚宾的最后一部宗教仪式剧作了进一步的分析和阐释，在前人研究的基础上弥补了以往的不足。

关键词： 斯克里亚宾　神秘主义　神秘和弦　宇宙主义　超音乐　《神秘剧》《狂喜之诗》《普罗米修斯》

勋伯格表现主义音乐与视觉艺术之关系研究

作　　　者：班丽霞
指 导 教 师：钟子林
专 业 方 向：西方音乐史
学　　　位：博士
学位授予时间：2006 年

论 文 述 要：

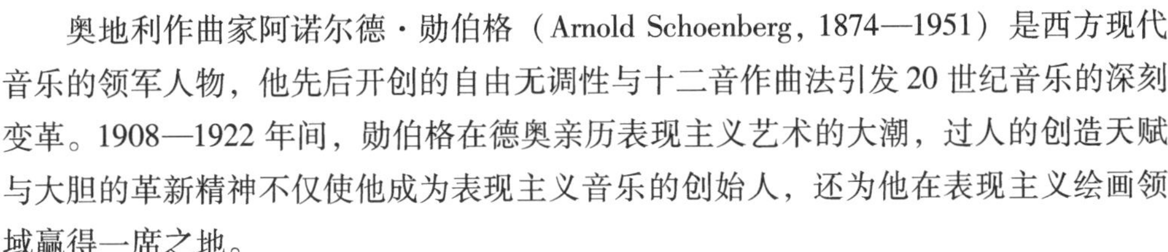

奥地利作曲家阿诺尔德·勋伯格（Arnold Schoenberg，1874—1951）是西方现代音乐的领军人物，他先后开创的自由无调性与十二音作曲法引发 20 世纪音乐的深刻变革。1908—1922 年间，勋伯格在德奥亲历表现主义艺术的大潮，过人的创造天赋与大胆的革新精神不仅使他成为表现主义音乐的创始人，还为他在表现主义绘画领域赢得一席之地。

表现主义时期也是音乐与视觉艺术联系异常紧密的时期。视听艺术全方位的互动与交融对许多作曲家和画家的创作都有重要影响，这在“两栖艺术家”勋伯格身上体现得尤为明显。因此，从视听艺术之关系范畴中研究勋伯格的表现主义音乐，对于深入了解其形成发展、美学内涵、风格特性等具有重要意义。

全文主要由绪言和四个章节组成：绪言是关于课题研究意义与国内外研究现状的陈述；第一章简要回顾了视听艺术关系在漫长历史中的发展与演变；第二章分别对表现主义思潮、勋伯格的表现主义音乐与绘画创作、勋伯格与先锋派美术家的关系展开论述；第三章是对勋伯格的表现主义音乐与视觉艺术之间并行互动的关系研究，包括对美学观念、主题内容、表现形式三方面的分析论述；第四章通过对音乐戏剧《幸运之手》的实例分析，探讨勋伯格的表现主义音乐与视觉艺术在“整体艺术”中交汇融合的关系。

从表现主义音乐与绘画的诸多相似性中可以证实，在视听艺术交流日益频繁的时代，勋伯格的表现主义音乐既非个人闭门造车的产物，也非音乐自身孤立发展的结果。如果没有表现主义绘画的启发和影响，没有先锋派美术家的鼓励和支持，很难想象勋伯格能在表现主义音乐的创作中实现如此巨大的变革。当然，本文并不想夸大视听艺术互动在表现主义音乐发展中的作用，正如前面曾指出的，艺术的创新与发展是多种因素共同促成的结果，不同艺术之间的交流互动只是其中的一种可能。本文能够确信的是，在勋伯格表现主义音乐风格的形成与发展中，视听艺术的互动交融是不可缺少、不容忽视的推动因素。此外，在视听艺术的互动联系中，勋伯格的美学观念与音乐风格也曾对表现主义绘画的发展产生影响，两者在艺术上的变革几乎完全同步。德奥表现主义时期的独特艺术气氛，是由相互联系的各种艺术所共同营造的，艺术间的互动交融对于表现主义各类艺术的发展都有着积极意义。

关键词： 勋伯格　表现主义音乐　表现主义绘画　艺术互动
整体艺术《幸运之手》

布里顿两部歌剧的研究

——《彼得·格莱姆斯》和《命终威尼斯》

作　　　者：安宁

指 导 教 师：余志刚

专 业 方 向：西方音乐史

学　　　位：博士

学位授予时间：2007 年

论 文 述 要：

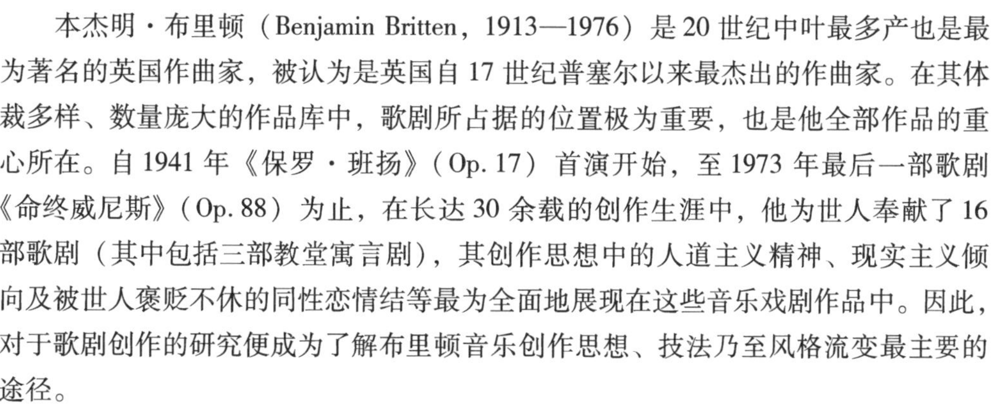

本杰明·布里顿（Benjamin Britten，1913—1976）是 20 世纪中叶最多产也是最为著名的英国作曲家，被认为是英国自 17 世纪普塞尔以来最杰出的作曲家。在其体裁多样、数量庞大的作品库中，歌剧所占据的位置极为重要，也是他全部作品的重心所在。自 1941 年《保罗·班扬》（Op. 17）首演开始，至 1973 年最后一部歌剧《命终威尼斯》（Op. 88）为止，在长达 30 余载的创作生涯中，他为世人奉献了 16 部歌剧（其中包括三部教堂寓言剧），其创作思想中的人道主义精神、现实主义倾向及被世人褒贬不休的同性恋情结等最为全面地展现在这些音乐戏剧作品中。因此，对于歌剧创作的研究便成为了解布里顿音乐创作思想、技法乃至风格流变最主要的途径。

在布里顿的全部歌剧作品中，本文所涉及的这两部——《彼得·格莱姆斯》（Op. 33）和《命终威尼斯》是最富特色的：一部是举世公认的他的成名作、代表作，另一部则不仅是他艺术生涯中此类体裁的“天鹅之歌”，而且还与他的情感生活有着密切的联系。本文以此为契机，对这两部歌剧从体裁形式、题材内容、音乐风格及具体技术手法和美学追求等方面展开比较研究，并对影响作曲家创作的“性取向”问题进行解读，以音乐本体分析与文本意义阐释的双重视角审视本课题，进而探究造成这些变化与发展的原因。

全文分四章。前两章分别是对这两部歌剧的音乐本体分析，从题材的选择及动机、调性、配器等技术手法方面进行了全面而深入的分析。第三章是对其创作理念及风格特征的比较研究，并得出有关布里顿创作方面的简短结论。第四章则探讨了“性取向”问题对布里顿这些创作的具体影响，同时涉及对学界研究方法的思考。结论部分从历史、社会、文化的角度探讨了作曲家歌剧观念和创作风格的来源，认为英国传统文化的精神及“性取向”问题是形成布里顿创作理念和风格特征的主要因素。

关键词： 本杰明·布里顿　歌剧　《彼得·格莱姆斯》《命终威尼斯》　新音乐学　女权主义批评　性取向

弗朗索瓦·库普兰的羽管键琴音乐及其语境

作　　　者：郭金玲

指 导 教 师：余志刚

专 业 方 向：西方音乐史

学　　　位：博士

学位授予时间：2007 年

论 文 述 要：

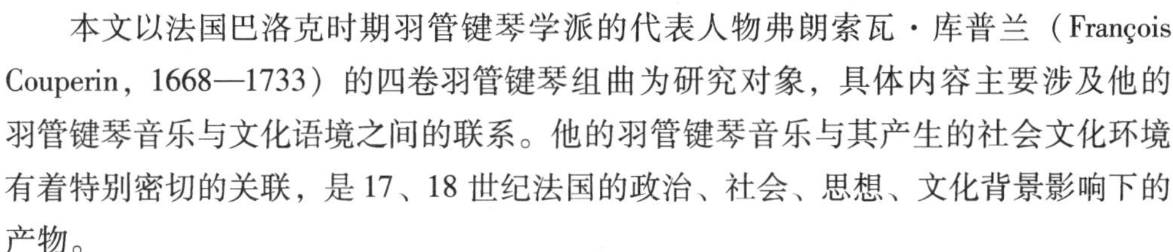

本文以法国巴洛克时期羽管键琴学派的代表人物弗朗索瓦·库普兰（François Couperin，1668—1733）的四卷羽管键琴组曲为研究对象，具体内容主要涉及他的羽管键琴音乐与文化语境之间的联系。他的羽管键琴音乐与其产生的社会文化环境有着特别密切的关联，是 17、18 世纪法国的政治、社会、思想、文化背景影响下的产物。

全文共分五章，主要围绕着库普兰的羽管键琴作品、时代文化环境以及这二者之间的联系进行阐述。第一章“社会文化环境”，从政治体制、思想流派及艺术风格三方面阐述库普兰羽管键琴音乐语言形成的大环境；第二章“库普兰羽管键琴音乐概况”，介绍了库普兰羽管键琴音乐的小背景——17、18 世纪的法国音乐发展概况、库普兰的生平与创作，以及库普兰的四卷羽管键琴曲集的概况；第三章“库普兰羽管键琴音乐的风格与手法”，主要对库普兰羽管键琴音乐本体的典型特征进行技术分析，其中包括组曲的构成与安排、舞曲形式、调式的使用、曲式结构、织体类型、主题发展手法及和声细节处理、标记的使用等内容；第四章“库普兰羽管键琴音乐所涉及的法国文化传统”，分别从题材与体裁、琉特琴与羽管键琴音乐传统、宫廷埃尔与抒情风格、宫廷芭蕾及抒情悲剧、意大利风格的影响等方面进行论述，考察库普兰羽管键琴音乐所融合的传统风格与手法；第五章“库普兰羽管键琴音乐标题所涉及的社会生活内容”，包括法国宫廷贵族及其生活、戏剧演出及演员、女性的世界、自然景观和同时代的音乐家，这些是库普兰生活世界中的主要构成部分，库普兰通过音乐的表达描画出那个时代的社会生活内容。

库普兰的羽管键琴音乐是其所处社会文化环境的产物，它们具有强烈的时代气息，是洛可可艺术风格的音乐代表。这些音乐也是对法国音乐风格的融合，库普兰把所有音乐风格中最典型化的手法运用于作品中并加以消化，以凝练的语言对法国传统音乐风格进行了总结。库普兰的羽管键琴音乐也是对其所处社会文化环境的音乐评注，表达了他对那个时代的态度，其作品具有重要的艺术价值和历史意义。

关键词： 弗朗索瓦·库普兰　羽管键琴　语境　路易十四时代　巴洛克　洛可可　古典主义

从心灵中来－但愿再次－回到心灵

——论贝多芬《庄严弥撒》的创作特征、信仰内容和宗教文化背景

作　　者：刘小龙

指导教师：李应华、姚亚平

专业方向：西方音乐史

学　　位：博士

学位授予时间：2007 年

论文述要：

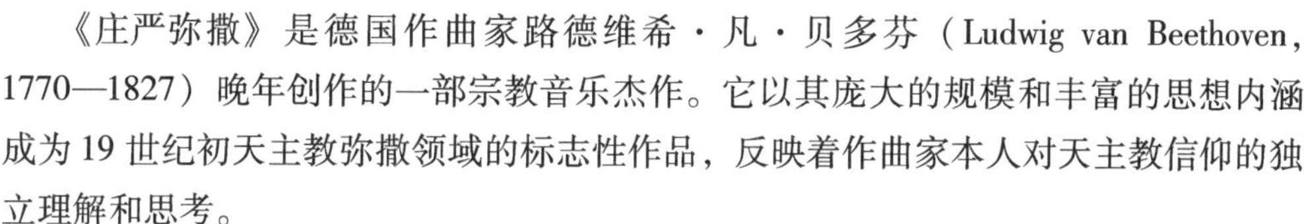

《庄严弥撒》是德国作曲家路德维希·凡·贝多芬（Ludwig van Beethoven，1770—1827）晚年创作的一部宗教音乐杰作。它以其庞大的规模和丰富的思想内涵成为 19 世纪初天主教弥撒领域的标志性作品，反映着作曲家本人对天主教信仰的独立理解和思考。

本文主要从创作特征、信仰内容和宗教文化背景三个方面对这部作品加以分析和论述。全文的基本观点是，《庄严弥撒》既是贝多芬晚年用于表达个人宗教思想的音乐结晶，又是他所经历的信仰历程的一个缩影。作曲家通过多元化的音乐风格和作曲技法在《庄严弥撒》各个部分表现出独特的信仰观念，使这部作品成为超越于传统弥撒表现风格的独立艺术品。它反映着贝多芬对音乐艺术发展革新的不懈追求，同时也是当时欧洲的政治文化因素综合影响的结果。

本文包括三个章节。第一章主要针对《庄严弥撒》的赋格写作、奏鸣曲式的应用、复古与象征等创作特征加以分析，并且具体论述了这部作品的多元风格特点及其影响。第二章针对《庄严弥撒》各个乐章的信仰内容加以探讨，主要采用音乐阐释的方法，将具体的音乐表现特征与贝多芬的生平、思想结合起来加以解读，从中揭示出作曲家投入这部作品的个性化的信仰观念。第三章主要针对《庄严弥撒》的宗教文化背景展开论述，探索这部作品在 19 世纪初奥地利宗教政治环境中具有的社

会历史价值。

本文研究的核心目的在于深入了解贝多芬晚年的创作特征和信仰特征，并且对作曲家的宗教思想作出更加严谨的评价。直至目前，我国音乐学术界对于《庄严弥撒》这部作品的系统研究尚属空白。笔者希望通过这篇文章唤起学者们对贝多芬及其音乐的研究兴趣，使我们对这位音乐巨匠的认识和评价进一步走向深入。

关键词：《庄严弥撒》 贝多芬 天主教 音乐阐释 理性主义 浪漫主义

勋伯格的宗教思想对其音乐创作的影响

作　　　者：王婷婷

指 导 教 师：钟子林

专 业 方 向：西方音乐史

学　　　位：博士

学位授予时间：2007 年

论 文 述 要：

奥地利作曲家阿诺尔德·勋伯格（Arnold Schoenberg，1874—1951）是 20 世纪最著名的作曲家之一。他曾经开创了无调性与十二音作曲法。在这位富于创新精神的作曲家的创作中，宗教起到了不可或缺的作用。

作为生活在西方社会中的个体，作曲家的思想和行为势必受到其所处社会环境的制约和影响。他的创作也必然在其思想指导下进行。本文以勋伯格的宗教思想为考察视角，探讨其对音乐创作上的影响，试图更清楚地认识勋伯格，更好地理解他的音乐。

全文由绪言、四个章节和结论组成：绪言主要陈述论文的研究意义与国内外的研究现状；第一章对勋伯格的宗教信仰历程进行回顾，通过对勋伯格本人有关宗教思想的第一手资料的收集和整理，根据作曲家特殊的生活和宗教信仰的经历，探索了他对宗教的认识和理解的独特性，深入研究他的宗教信仰和宗教观；第二章论述勋伯格宗教思想对创作影响的第一个方面“先知意识”，梳理先知意识在技法和作品的体现，并深入研究《四首管弦乐歌曲》和歌剧《摩西与亚伦》中的先知意识；第三章“上帝观念”，在考察勋伯格的上帝观念的内涵之后，以《雅各的天梯》和《现代诗篇》为例做重点分析；第四章“犹太情结”，在分析了作为犹太人后裔，勋伯格一生的宗教思想与犹太情结有密切关系后，着重分析《华沙幸存者》和《三千年》两首作品。结论在综合论文主体论述基础上，在更广泛的背景下，归纳勋伯格的宗教思想的特点，进一步明确这种宗教思想对其创作影响的重要性。

通过研究发现，勋伯格的宗教思想具有着与众不同的独特性。勋伯格由于内心宗教信仰的支撑和强烈的使命感，使他能够在音乐创新的旅途中，面对重重的困难和压力，表现出了巨大的勇气、毅力和献身的精神。勋伯格的宗教思想被明显地打上了与反犹主义相对立的印记，具有强烈的时代特征。

关键词：勋伯格　宗教思想　先知意识　上帝观念　犹太情结《四首管弦乐歌曲》《摩西与亚伦》《雅各的天梯》《现代诗篇》《华沙幸存者》《三千年》

瓦格纳《尼伯龙根的指环》音乐－戏剧建构研究

作　　　者：白君汉

指 导 教 师：余志刚

专 业 方 向：西方音乐史

学　　　位：博士

学位授予时间：2008 年

论 文 述 要：

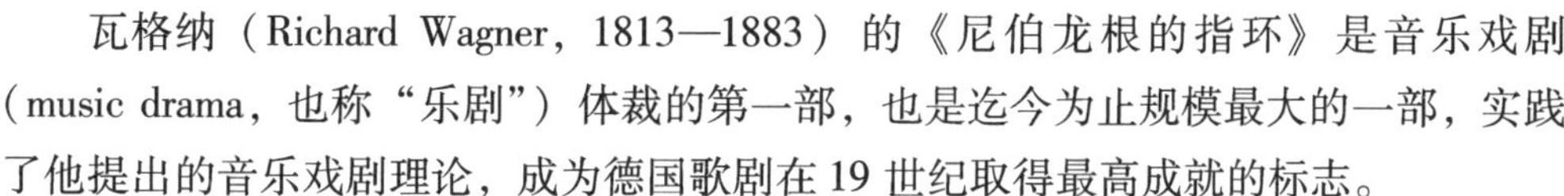

瓦格纳（Richard Wagner，1813—1883）的《尼伯龙根的指环》是音乐戏剧（music drama，也称“乐剧”）体裁的第一部，也是迄今为止规模最大的一部，实践了他提出的音乐戏剧理论，成为德国歌剧在 19 世纪取得最高成就的标志。

音乐－戏剧建构是《尼伯龙根的指环》（以下简称《指环》）音乐与戏剧要素结合的观念结构体系，本文共分三章，对这一建构的形成、建构整体形式、时间形式和诗化形式以及建构内涵进行了分析和阐述。

《指环》音乐－戏剧建构是瓦格纳对歌剧基本观念的创新，其思想来源有古希腊悲剧精神、德国哲学和贝多芬的音乐观念；建构理想以拯救观念为中心——拯救个人、拯救民族精神和拯救历史；建构的现实起因是对歌剧现状不满、声乐与器乐戏剧风格的趋势和个人风格发展的要求。《指环》依靠音乐与戏剧要素相互支持的动态融合，形成了以音乐为内核戏剧为框架的整体建构形式，用音乐表达诗的戏剧意图和戏剧情感，用主导动机网络和无终旋律造成音乐连贯统一。时间建构形式有音乐与戏剧情感延续，长时段中音乐与戏剧情境交叠，主观时间中音乐与戏剧仪式并行。诗化建构形式是词语－音乐的语言与和声、配器等管弦乐手法与戏剧自由想象的结合。通过建构形式实现“诗性意图”和整体艺术品的设想。

《指环》音乐－戏剧建构是音乐与戏剧要素动态的融合，戏剧性音乐与音乐化的戏剧相互支持形成意义，具有诗化的品格，具有崇高和悲剧美内涵，其表达特征是以隐喻和象征打破神话与生活的界限，以重现强化整体统一，实现情感升华，使人达到幻想与忘我的境界。

关键词：瓦格纳　《尼伯龙根的指环》　音乐－戏剧建构　古希腊悲剧　德国哲学　贝多芬　诗化　隐喻“世界图景”

女性主义视角下克拉拉·舒曼的艺术成就

作　　　者：刘颖

指 导 教 师：余志刚

专 业 方 向：西方音乐史

学　　　位：博士

学位授予时间：2008 年

论 文 述 要：

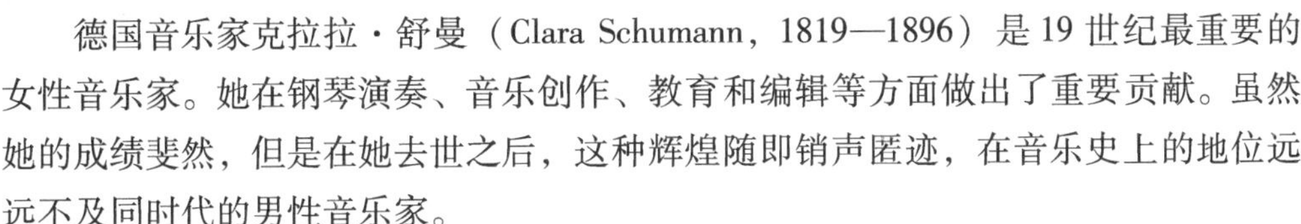

德国音乐家克拉拉·舒曼（Clara Schumann，1819—1896）是 19 世纪最重要的女性音乐家。她在钢琴演奏、音乐创作、教育和编辑等方面做出了重要贡献。虽然她的成绩斐然，但是在她去世之后，这种辉煌随即销声匿迹，在音乐史上的地位远远不及同时代的男性音乐家。

随着女性主义研究的兴起，音乐界也开始关注那些被历史所忽视的女性音乐家，对她们的贡献给予应有的重视，重新探求她们的社会地位、角色、成就、贡献以及影响等，评价她们在历史发展中的重要作用。克拉拉即是 19 世纪女性音乐家的一位杰出代表。她在男尊女卑观念特别严重的德国社会环境下，凭借自己顽强的毅力和积极进取的精神，与男性音乐家站在同一平台上，为自己赢得了荣誉，取得了令人瞩目的成就。本文选取克拉拉作为研究对象，从女性主义视角出发，把她还原到当时的社会背景下进行研究，考察克拉拉在历史上的音乐活动、她的艺术创作，以及她作为女性音乐家受到社会各种不利因素的影响，从而不仅使人们更加了解克拉拉其人其乐，而且希望更多的人关注音乐历史上的女性音乐家及其贡献。

全文主要由绪言、正文、结论几部分组成。绪言是关于课题研究意义与国内外研究现状的陈述。正文分四章：第一章是关于克拉拉研究的学术背景，对女性主义的形成、研究以及在音乐学领域中研究状况的梳理与分析；第二章是克拉拉的生平，分别对克拉拉作为钢琴演奏家、作曲家、教育家和编辑者进行论述；第三章是对克拉拉作品的实例分析，借鉴新音乐学从社会性别与性征的分析方法，对其作品进行研究；第四章是文化内涵阐释，把克拉拉放在当时的社会背景下，考察她作为女性音乐家与男性音乐家不同的成功之路。本文的结论部分是对女性主义视角下克拉拉艺术成就的总结，肯定女性音乐家在音乐发展中具有的积极意义。

关键词：克拉拉·舒曼　女性主义研究　新音乐学　社会性别　性征
阳性气质　阴性气质

从调式到调性

——16、17 世纪西方音乐音高组织体系之演变

作　　者：王新华

指导教师：姚亚平

专业方向：西方音乐史

学　　位：博士

学位授予时间：2008 年

论文述要：

从调式到调性的演变构成了西方音乐音高组织体系极为重要的历史线索，是一个西方音乐研究中被广泛关注，但长期争论纷纭的课题。

本文立足于16—17 世纪这一西方音乐语言的转型期，以当代科学哲学家库恩在《科学革命的结构》中提出的“范式”理论为方法论基础，将调式—调性的演变视为新旧“范式”的转换，旨在从更加宽广的历史视角去观察和解释调式—调性此消彼长的发展逻辑，从而在“范式”革新和转换的框架中梳理出了一条西方中世纪至巴洛克时期调式—调性体系演变的历史线索。

根据“范式”理论，本文分为四章：第一章，追溯中世纪常规——教会八调式的源起、建构和变化；第二章，深入剖析文艺复兴人文主义者格拉瑞安提出的十二调式理论，把十二调式看作是中世纪常规的扩展和对调式传统的重新解释；第三章，围绕意大利理论家扎利诺对十二调式理论承上启下的革新，着重就他对调式的二分法展开论述，认为这是调式“危机”时代的开始；第四章，阐述新的常规——以和声为主导的调性体系形成的过程，详细考察了十二调式在后续发展过程中的数量增减和“二元”分立趋势；早期和声的发生、发展；六声音阶的变迁；律制的更迭；大小调在各国的萌芽；班契埃里、尼沃等理论家对调关系的规范化，以及理论家海尼兴、马泰松在其基础上向二十四大小调的扩展。

通过本文的论述，笔者试图表达如下观点：中世纪调式是欧洲政治、宗教和音乐合流的一套价值观念和音高体系——基于音域、音程类别和结束音等原则对圣咏进行分类目的，经过教会理论家数百年的孕育和综合，于11世纪趋向成熟。它通过种种思想模式和规范在历史中传递，构成了早期音乐共有的文化认同和集体记忆。这个大一统的体系在音乐实践的细化、泛化和催化下，不断被纂改，终于在17世纪分崩离析，形成了一套反思巴洛克特有音乐文化属性的新的价值观念和音高体系——调性。新的体系是适应音乐实践变化的必然结果，它从根本上改变了自古希腊以来调式即“八度”的概念，以和声的归属进行重新定义，导致西方音乐从调式时代到调性时代的重大转变。这种转变是从水平向垂直，旋律向和声的变化，是一个渐变的、迂回的跃迁过程。因此，本文借用库恩的“范式”理论，认为从调式到调性的演变是一场发生在西方音乐领域的革命。其实质是和声在母体（调式）中孕育，从“边缘”到“中心”暗地操纵，最终与母体决裂，促使音乐从横向到纵向演变的过程。

本文在总结和概括国外研究成果的基础上，还在以下几方面有所创新：1. 指出中世纪教会八调式与文艺复兴时期十二调式的区别和联系，认为两者在本质上是同一个体系，两者的分歧更多地在于意识形态上的对立；2. 针对国内外某些学者将十二调式中的伊奥利亚调式和爱奥尼亚调式等同于后来大小调的模型（a小调和C大调）的观点，提出了不同的见解；3. 对16世纪晚期理论家扎利诺在调式理论革新中的历史定位作出了客观的评判；4. 对调式—调性概念的联系与区别作出了历史的解释；5. 注视调式—调性研究中他人尚未涉及的乐律学研究领域。

关键词：调式体系　调性体系　和声　“范式”

格鲁克与瓦格纳歌剧改革理论与实践的比较研究

作　　　者：刘红柱

指 导 教 师：于润洋

专 业 方 向：西方音乐史

学　　　位：博士

学位授予时间：2009 年

论 文 述 要：

本文通过对西方音乐史上两位歌剧改革家格鲁克（Christoph Willibald von Gluck，1714—1787）和瓦格纳（Wilhelm Richard Wagner，1813—1883）关于歌剧改革的理论和思想，以及音乐创作实践进行比较研究，通过最能代表他们歌剧改革理论、思想感情倾向和艺术风格的作品《奥菲欧与优丽狄茜》和《特里斯坦与伊索尔德》，从各自蕴藏的社会历史的内涵、美学思想做一些比较性的考察，以此来揭示西方歌剧创作、同时也是西方歌剧史中最为重要的问题——音乐与戏剧的关系——这一核心问题。

论文第一章着重论述了格鲁克和瓦格纳歌剧改革的背景，深入探究歌剧发展史中两次重要改革运动的起因、背景和影响。第二章对格鲁克和瓦格纳生活和创作做了比较，指出两人在艺术发展道路上的相同点和差异。第三章重点比较了两人歌剧改革理论，从几个不同方面梳理和探讨他们歌剧改革理论的主要观点及其异同。第四章通过对格鲁克和瓦格纳两部歌剧改革的代表性作品《奥菲欧与优丽迪茜》和《特里斯坦与伊索尔德》的个案比较，从创作实践上对其歌剧改革理论进行讨论，探讨理论与实践的关系，找出两者的异同和内在联系，并试图探索歌剧改革的内在动力、内在本质和意义，进而对西方歌剧史的发展有更深入的了解，对歌剧创作和研究起到促进和推动作用。第五章对格鲁克和瓦格纳的评价和影响进行了论述。

论文通过对格鲁克和瓦格纳生活、思想、歌剧理论和歌剧实践以及评价和影响等方面进行比较研究，看到了两者之间的共同点，同时又找出了他们之间的差别，以及继承和发展的关系，对歌剧史发展的两次重要改革运动的起因、背景和影响有了进一步的了解，认识和澄清了音乐史上的许多理论问题，对今后深入进行歌剧改革、创作和理论的研究等具有一定的现实意义。

关键词：歌剧史　歌剧改革　比较研究　理论与实践

论李斯特的清唱剧创作及其人文主义宗教观

作　　者：刘悦

指导教师：李应华、刘经树

专业方向：西方音乐史

学　　位：博士

学位授予时间：2009 年

论文述要：

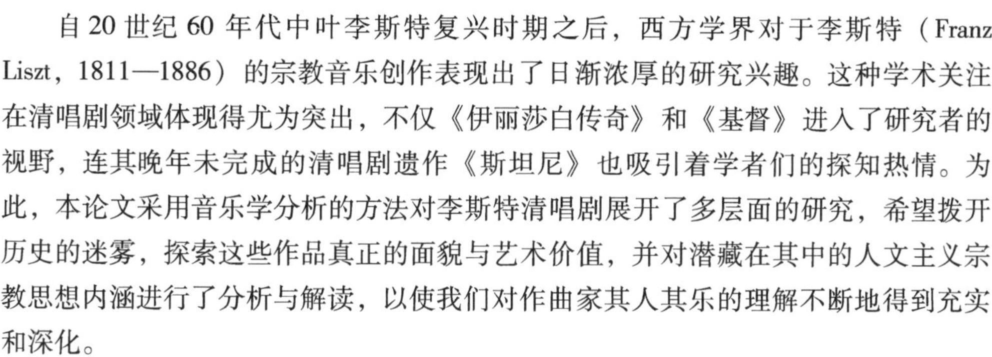

自 20 世纪 60 年代中叶李斯特复兴时期之后，西方学界对于李斯特（Franz Liszt，1811—1886）的宗教音乐创作表现出了日渐浓厚的研究兴趣。这种学术关注在清唱剧领域体现得尤为突出，不仅《伊丽莎白传奇》和《基督》进入了研究者的视野，连其晚年未完成的清唱剧遗作《斯坦尼》也吸引着学者们的探知热情。为此，本论文采用音乐学分析的方法对李斯特清唱剧展开了多层面的研究，希望拨开历史的迷雾，探索这些作品真正的面貌与艺术价值，并对潜藏在其中的人文主义宗教思想内涵进行了分析与解读，以使我们对作曲家其人其乐的理解不断地得到充实和深化。

全文分为五章。第一章、第二章从微观入手对两部清唱剧的艺术特色进行音乐形态学范畴的研究。笔者认为，李斯特的清唱剧创作之所以能够超越同代作曲家，成为 19 世纪的一个伟大范本，是因为他的艺术理念中始终包含着两种重要思维。第一种是变革求新的思维。主要表现为：其一，实现了清唱剧的结构变异——突破了传统清唱剧分曲编号的固化模式，使各编号段之间的连贯感得到了有效的提升，将清唱剧从声乐体裁形式连缀的程式化套路中解放了出来；其二，把当时交响器乐和歌剧里常用的主题变形和主导动机思维巧妙地“移植”到清唱剧中，使音乐获得内在的统一力量，也满足了寓意表达的需求；其三，实现了清唱剧中器乐功能的转型——把器乐部分从原始的伴奏功能升华为作品的本质要素，从而奠定了器乐－声乐一体化的新型模式，为发挥清唱剧的表现力开拓了新的疆域。第二种是多元化思维。

李斯特将湮没已久的素歌艺术和帕莱斯特里那风格等基督教音乐范式与 19 世纪的新兴元素，如半音化音乐语言、瓦格纳乐剧理念、民族主义音调等有机地融合在一起，形成了新旧元素的交织、教堂艺术与世俗风格的融会、神圣感与世俗感的对比碰撞，其新颖性、复杂性不仅在清唱剧体裁史上无前例，亦开创了宗教音乐之先河。

通过论文第三章、第四章对作曲家宗教信仰及作品精神内涵的深入剖析，笔者认为，导致李斯特清唱剧独具个性化的创作源动力实际上来自于作曲家思想意识中的人文主义宗教观。其最本质的特点就是摆脱了传统神学论据和基督教信条的束缚，转而将信仰者个人的人性意识和主观意志作为宗教信仰的基础。作曲家 1834 年发表的文章——《论未来的宗教音乐》就是这种人文主义宗教音乐思想的一次直观呈现。

论文第五章着重对研究对象生息的 19 世纪基督教文化语境进行了探讨。笔者认为，对李斯特清唱剧创作产生了重大影响的人文主义宗教观并非横空出世，其思想源头来自于当时崛起的两大神学思潮，即卢梭、康德倡导的“道德神学”和施莱尔马赫奠立的“心灵宗教”。它们淡化了传统宗教意识中对于教会权威的臣服和神学教条的恪守，将信仰的根系由外在的神迹启示与宗教律令转入了新的基础之上，即人的道德良知与情感需求。在天主教自由派领袖拉梅内神甫的引领下，以及与圣西门主义者交往的过程中，李斯特对于这样一种朝向现代化发展的人文主义宗教精神获得了深切的体认，并深刻地反映到了三部清唱剧的创作实践中。

关键词：李斯特　清唱剧　《伊丽莎白传奇》《基督》　人文主义宗教观

席曼诺夫斯基音乐风格的演变轨迹研究

作　　者：潘澜

指导教师：于润洋

专业方向：西方音乐史

学　　位：博士

学位授予时间：2010 年

论文述要：

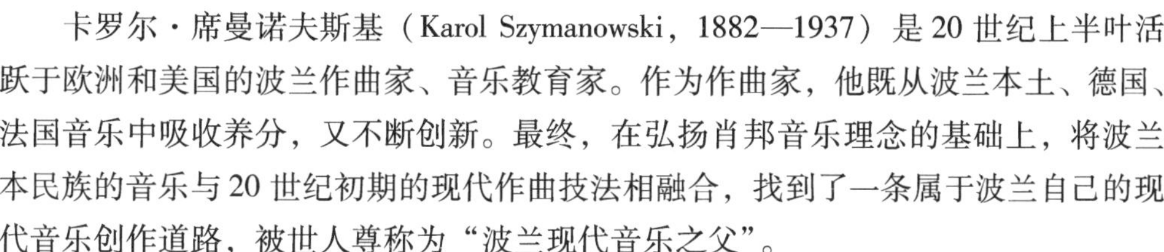

卡罗尔·席曼诺夫斯基（Karol Szymanowski，1882—1937）是20世纪上半叶活跃于欧洲和美国的波兰作曲家、音乐教育家。作为作曲家，他既从波兰本土、德国、法国音乐中吸收养分，又不断创新。最终，在弘扬肖邦音乐理念的基础上，将波兰本民族的音乐与20世纪初期的现代作曲技法相融合，找到了一条属于波兰自己的现代音乐创作道路，被世人尊称为“波兰现代音乐之父”。

从“音乐风格”来看，席曼诺夫斯基一生的创作可以分为三个时期：创作早期（1882—1914）、创作中期（1914—1919）和创作晚期（1919—1937）。“音乐风格”是音乐史学中非常重要的一个理论问题。长久以来，中外音乐学者对这一问题的认识和理解存有较大分歧：国外学者更倾向于将音乐风格理解为作品的音乐形式；国内学者则倾向于将音乐风格理解为作曲家的个性和思想，认为音乐风格统一于作品的形式与内容中。本文认为，由于西方音乐在将近两千年的发展中，业已形成庞大、繁复而系统的形式体系，因而音乐风格对于西方音乐的研究而言，形式是占据主导地位的一个非常重要、不可忽视的要素。然而，艺术创造与科学文明最根本的区别，就在于它是属于人类精神文明的一个部分，是人类思想、情感世界的深刻反映。我们应该结合我国对风格的传统理念，将微观的技法－形式分析与宏观的社会、历史、文化艺术相融合，以探求人的精神、情感世界。因而，本文认为“音乐风格”的中心还是在“人”，是在基于某种社会、历史、文化艺术等诸多环境因素当中的作曲家，根据他们自己的思想、情感等自身的内在需要和个人智慧与才等能力，对各种技法－形式的有机选择与再创造，正是在这个选择与创造的过程中，“音乐风格”得到显现。

本文建立在这样的综合性“音乐风格”理念之上，从对乐谱的理性分析和对音响的感性体验两种分析途径入手，对席曼诺夫斯基三个时期不同的创作风格进行分析与研究。全文分为三章：创作早期是席曼诺夫斯基汲取前辈和同时代优秀音乐成果的时期。他深深热爱波兰本民族的音乐文化，对当时滞后的波兰音乐现状有一定的认识，也试图改善这种状况。然而，不尽完善的技术水平使他更多地表现出对前人和外国音乐文化的模仿与借鉴，虽然其才华得到初步显露，却遭到波兰评论界的质疑；创作中期恰逢第一次世界大战爆发，从作品风格中体现出来的是他内心对战争的反感，作曲家主要通过沉迷于古希腊、东方世界等时空遥远的创作题材中来寻求心灵上的解脱、慰藉与宣泄；创作晚期是波兰在灭亡 123 年之后重新恢复独立的时期，百废待兴的波兰状况、娴熟的作曲技法，更重要的是他个人思想上的成熟认识，使他最终将波兰的民间音乐与 20 世纪的西方现代音乐语汇相融合，坚定地走上了探求波兰现代民族主义音乐风格的道路。

关键词： 席曼诺夫斯基　20 世纪　波兰音乐　音乐风格　晚期浪漫主义　新印象主义　民族主义

贝多芬在中国

——20 世纪贝多芬在中国（大陆）的接受问题研究

作　　者：张乐心

指导教师：于润洋

专业方向：西方音乐史

学　　位：博士

学位授予时间：2010 年

论文述要：

贝多芬（Ludwig van Beethoven，1770—1827）是举世公认的知名度最广、历史地位最高的作曲家之一，两个世纪多以来，他的作品在世界各国广为流传，产生了极为巨大而悠远的影响。在西方，人们赞叹“没有一个音乐领域的真正灵魂不是归功于贝多芬”；在东方，他在社会发生政治、经济、文化全方位巨变的特殊历史时刻传入了古老的中华帝国，其影响的时间之长、程度之深、范围之广，在诸多西方作曲家中均系首屈一指。

本文以 20 世纪初贝多芬被引入中国（大陆，以下均简称“中国”）直至 20 世纪末近一百年内，贝多芬的被接受历史为主要研究对象，以历史唯物史观为理论前提，并吸收当代哲学释义学、接受美学等相关理论观念，通过对大量中国贝多芬接受史料的分析、综合与提炼，勾勒出不同时期的中国人对贝多芬及其音乐的接受概貌，并结合贝多芬作品的音响结构及精神内涵，从特定时期中国人“期待视域”的基本特征入手，分析接受概貌形成的深层原因，最终加深与丰富我们对接受者与被接受对象双方本质的理解与认识。

《绪言》部分简要陈述了本课题的理论基础、相关研究现状，以及贝多芬在世界的被接受状况。正文共分五章，分别论述了 20 世纪初至新文化运动前、新文化运动至抗日战争前、抗日战争和解放战争期间、建国后至文革期间、文革后至 20 世纪末这五个历史时期的中国贝多芬接受历史。每章的第一节主要在对出版物、音乐作品演出两大方面情况进行梳理、统计分析的基础上，勾勒出这一时期贝多芬接受的历史发展概貌，并总结主要接受特点。第二节主要从“社会－人文维度”和“音乐维度”两大层面，总结该时期中国人“期待视域”的基本特征，第三节主要将前两节的结论进行进一步的对比分析，总结出该时期贝多芬接受的整体状态及中国人对贝多芬音乐理解阐释的深层原因。

结论部分力图从更广阔的视角，寻求贯穿于整个贝多芬接受历史的若干条纵向线索。即：第一、东西文化交汇中的中国贝多芬接受历史。第二、传统与现代文明更迭中的中国贝多芬接受历史。第三、深刻体现音乐内涵的多样性与同一性的中国贝多芬接受历史。最终得出“中国贝多芬接受的历史，既不单纯是贝多芬作品在中国传播的历史，也不单纯是中国人欣赏贝多芬音乐的历史，而是由中国人与贝多芬共同书写的、承载着丰富的审美体验与人文精神的历史”的全文最终结论。

关键词： 中国　贝多芬　接受　接受美学　释义学　期待视域

斯特拉文斯基的新古典主义音乐观念研究

作　　　者：纪露

指导教师：姚亚平

专业方向：西方音乐史

学　　　位：博士

学位授予时间：2011 年

论文述要：

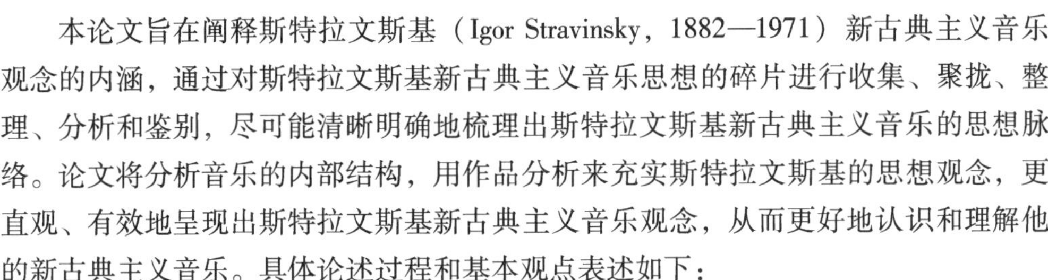

本论文旨在阐释斯特拉文斯基（Igor Stravinsky，1882—1971）新古典主义音乐观念的内涵，通过对斯特拉文斯基新古典主义音乐思想的碎片进行收集、聚拢、整理、分析和鉴别，尽可能清晰明确地梳理出斯特拉文斯基新古典主义音乐的思想脉络。论文将分析音乐的内部结构，用作品分析来充实斯特拉文斯基的思想观念，更直观、有效地呈现出斯特拉文斯基新古典主义音乐观念，从而更好地认识和理解他的新古典主义音乐。具体论述过程和基本观点表述如下：

第一章首先从“新古典主义”这个概念的历史发展入手，对这个术语进行明晰的梳理和归纳，从而为斯特拉文斯基的新古典主义音乐观念勾画出一个基本轮廓。第二、三章从社会、历史、心理、美学等多个角度深入分析了斯特拉文斯基新古典主义音乐观念的内涵，进而明确了他对古典的态度、使用古典的缘由、运用古典的目的等新古典主义音乐观念的核心内容。第四章通过对音乐本体的深入分析，从音乐发展手法、主题动机、音高组织结构、曲式、结构、客观性等几个方面论证了斯特拉文斯基新古典主义音乐的独特之处，进一步明确了斯特拉文斯基新古典主义音乐观念的内涵。

经过详细的论证，我们可以看出：斯特拉文斯基对欧洲新古典主义的主流立场和观点并不苟同，但是基于自身特殊的生命体验和思维方式，他又无法过多地偏离主流的观点，这种矛盾感和分裂感构成了斯特拉文斯基新古典主义思想最富有张力的内涵，对这一暧昧思想的合理阐述和分析并得出自己的结论是本文的创新之处。

就个人努力而言，本论文避免全面系统地对斯特拉文斯基进行整体的研究，力求以小题传达出丰富的信息；避免对学界的普遍认识做长篇累牍的重复描述，力求对有争议的问题做认真细致地探讨；避免空洞的解释，力求以确凿的史料为依据，做到言之有物，有根有据。

关键词：斯特拉文斯基　新古典主义　八重奏

文本·角色·寓意

——威尔第歌剧《奥赛罗》解读

作　　　者：董蓉

指 导 教 师：姚亚平

专 业 方 向：西方音乐史

学　　　位：博士

学位授予时间：2014 年

论 文 述 要：

本文以意大利作曲家威尔第（Giuseppe Verdi，1813—1901）的晚期歌剧《奥赛罗》为研究对象，旨在通过对该作品的多角度解读，来探讨歌剧作品分析与认识中的方法论问题。

文章整体呈“理论－实践”之内在逻辑架构。理论层面，主要借鉴了科尔曼的歌剧批评的观点与方法，并在此基础上，吸收当代艺术研究强调阐释的思潮和观察态度，进而，通过自己的理解，明确了歌剧解读立场——“音乐承载戏剧”，并提出两个基本的解读思路——“写作策略”与“形式意蕴”；实践层面，力图在解读思路的辐射下，尝试音乐作品理解的多种可能性，即从——文本特性、角色塑造、戏剧意蕴——三个不同的角度来全程审视《奥赛罗》。

第一章“解读歌剧：立场与方法”。本章将研究现状分析与及解读理论探寻糅合在一起，通由科尔曼、阿蓓特、彼得罗贝利、赫伯科斯基与“新历史主义”等，厘清歌剧《奥赛罗》的解读立场与方法。

第二章“文本特性：《奥赛罗》的三个分析向度”，有关它的讨论分别涉及脚本设计、音乐建构及戏剧动作三个向度，其间穿插了有关威尔第歌剧与莎士比亚戏剧、罗西尼歌剧的创作差异之澄明。本章力图回答，在戏剧向歌剧媒介转型的过程中，作曲家对脚本结构的处理倾向、对音乐的整体呈现所持有的创作观念和写作实践，以及作曲家戏剧动作处理方式所导致的歌剧节奏之变化态势等。

第三章“角色塑造：《奥赛罗》中的三个世界”，将歌剧解释为三个并列人物——雅古、苔丝德蒙娜、奥赛罗——之间的交叉与对峙。讨论了相对于戏剧原作而言，他们的音乐话语之呈现方式，以及各自性格的音乐表现特质。最终，将作曲家的写作之锚投射至社会－文化话语系统之中，以阐明作曲家角色塑造方式的生成语境，勾勒出交织于浪漫主义时期的——现实、女性宗教、情感——三个表现世界。

第四章“寓意呈述：《奥赛罗》中的叙事线索”，尝试以“毒药”的叙事线索来诠释歌剧的潜在意蕴，观察它的音乐话语如何在歌剧中铺垫、渲染、渗透与起效，进而促成悲剧结局的。这一叙事线索被主要放置于“手帕情节单元”中加以陈述，其间，交织与结合了对“手帕”、“毒药”词源的关联性认识、对音乐手段所创造的隐喻结构的解析等。

在结语中，笔者对歌剧《奥赛罗》的解析实践以及解读立场和方法加以重释和反思。

关键词：威尔第　《奥赛罗》　科尔曼　“写作策略”　“形式意蕴”

世界民族音乐

论阿金·尤巴的“非洲钢琴艺术”

作　　者：李昕

指导教师：俞人豪

专业方向：世界民族音乐

学　　位：博士

学位授予时间：2007 年

论文述要：

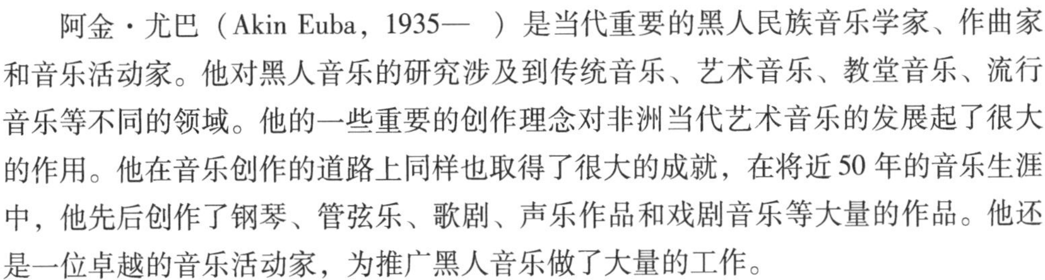

阿金·尤巴（Akin Euba，1935— ）是当代重要的黑人民族音乐学家、作曲家和音乐活动家。他对黑人音乐的研究涉及到传统音乐、艺术音乐、教堂音乐、流行音乐等不同的领域。他的一些重要的创作理念对非洲当代艺术音乐的发展起了很大的作用。他在音乐创作的道路上同样也取得了很大的成就，在将近 50 年的音乐生涯中，他先后创作了钢琴、管弦乐、歌剧、声乐作品和戏剧音乐等大量的作品。他还是一位卓越的音乐活动家，为推广黑人音乐做了大量的工作。

本文以他的“非洲钢琴艺术”为主线，从理论、音乐创作与社会实践三方面展开讨论。整项研究被纳入文化全球化的观察视野，重点考察“非洲钢琴艺术”的“交叉文化”特色，涉及“非洲钢琴艺术”创作基础、理论与创作的关系、创作与社会实践的关系、“交叉文化”音乐创作的分析原则与方法、发展特征等要点。

全文分七章，第一章涉及作曲家介绍、研究视野、研究现状等方面的问题。第二章重点论述以“交叉文化”音乐创作为特征的“非洲钢琴艺术”形成的社会及历史文化背景。第三章研究阿金·尤巴的“非洲钢琴艺术”创作思想。第四章结合对尤巴创作的一些钢琴音乐作品的分析，探索走近“非洲钢琴艺术”的路径。第五章从创作发展的角度认识“非洲钢琴艺术”。第六章讨论尤巴对“非洲钢琴艺术”的社会推广。第七章以多重视野的观察方法去评价“非洲钢琴艺术”的历史地位，并指出：“交叉文化”音乐创作中的“和而不同”是“非洲钢琴艺术”在世界范围内受人关注的重要原因之一。最后，结合研究中的一些体会，作者憧憬了“交叉文化”音乐研究的未来，展望了“交叉文化音乐学”的研究之路。

关键词： 阿金·尤巴　交叉文化　非洲钢琴艺术　文化认同　客位

拉维·香卡艺术实践中的印西音乐文化交融

作　　者：张玉榛

指导教师：陈自明

专业方向：世界民族音乐

学　　位：博士

学位授予时间：2008 年

论文述要：

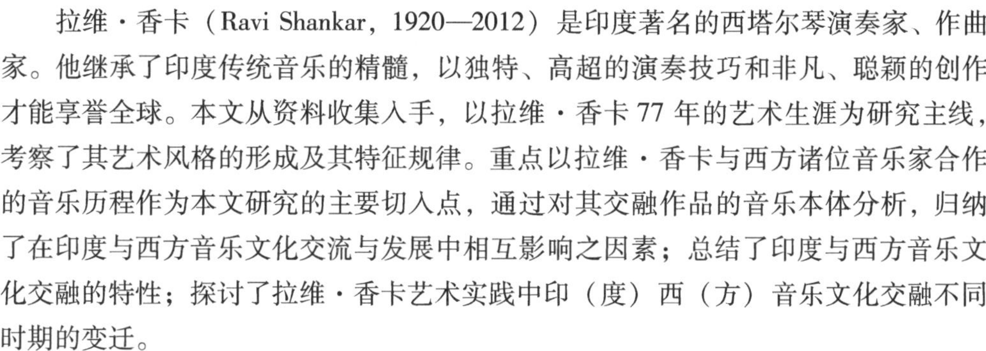

拉维·香卡（Ravi Shankar，1920—2012）是印度著名的西塔尔琴演奏家、作曲家。他继承了印度传统音乐的精髓，以独特、高超的演奏技巧和非凡、聪颖的创作才能享誉全球。本文从资料收集入手，以拉维·香卡 77 年的艺术生涯为研究主线，考察了其艺术风格的形成及其特征规律。重点以拉维·香卡与西方诸位音乐家合作的音乐历程作为本文研究的主要切入点，通过对其交融作品的音乐本体分析，归纳了在印度与西方音乐文化交流与发展中相互影响之因素；总结了印度与西方音乐文化交融的特性；探讨了拉维·香卡艺术实践中印（度）西（方）音乐文化交融不同时期的变迁。

全文共为八部分。首先是导论部分，主要是对本文的研究主题、相关文献、研究方法等问题进行了阐释。第一章是对拉维·香卡艺术生涯的整体概述。第二章针对拉维·香卡与诸位西方音乐家合作的作品进行音乐本体分析。第三章阐述了拉维·香卡印西音乐文化交融的审美倾向和思想根源。第四章归纳总结了拉维·香卡艺术实践中的印西音乐文化交融的风格特征。第五章论述了拉维·香卡印西音乐文化交融的观念。第六章从文化和音乐两个方面提炼出拉维·香卡印西音乐文化交融的特性。最后是结语部分，论述了拉维·香卡作为印度非官方文化大使在世界范围内传播印度音乐的史实，意在给予中国民族音乐发展之启迪。

本文研究结论：拉维·香卡艺术实践中的印度与西方音乐文化交融特征是：1.“传播式”的历史演进轨迹；2.“拓宽式”的多元文化情态；3.“交融式”的递

进态势。在拉维·香卡的印西音乐交融实践中，无处不体现“东方与西方”、“古典与流行”、“传统与现代”的交融特性；“根于传统形于现代”是其文化交融的指导思想；“印度性”（民族性）构成他印（度）西（方）音乐交融中的风格特征。

本人在研究中完成的工作如下：1. 印度音乐以“口传心授”为主要传承方式，以“即兴演奏”为主要表演方式，因此，在研究中无法得到乐谱，笔者根据公开发行出版的CD，记录了9首有关拉维·香卡与西方音乐家合作的“交融音乐”作品的主要旋律乐谱，并加以分析。2. 本论文是国内第一本有关拉维·香卡印度与西方音乐交融研究的专论，其间，翻译、编辑了一部分相关研究的中文资料，愿意与同行共享。3. 借鉴、采用音乐学、民族音乐学以及相关学科的研究方法，分析、归纳、总结出拉维·香卡艺术实践中的印度与西方音乐文化交融特性。希望通过自己的研究，能够起到“抛砖引玉”之作用。

关键词：拉维·香卡　西塔尔　拉格　传播　传统文化　交融音乐

社会变迁中的美国黑人福音音乐与黑人身份认同

作　　　者：毕玲

指 导 教 师：俞人豪

专 业 方 向：世界民族音乐

学　　　位：博士

学位授予时间：2009 年

论 文 述 要：

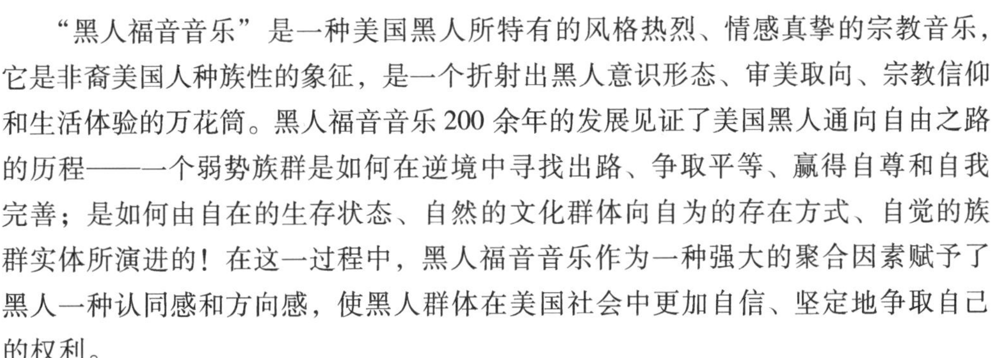

“黑人福音音乐”是一种美国黑人所特有的风格热烈、情感真挚的宗教音乐，它是非裔美国人种族性的象征，是一个折射出黑人意识形态、审美取向、宗教信仰和生活体验的万花筒。黑人福音音乐 200 余年的发展见证了美国黑人通向自由之路的历程——一个弱势族群是如何在逆境中寻找出路、争取平等、赢得自尊和自我完善；是如何由自在的生存状态、自然的文化群体向自为的存在方式、自觉的族群实体所演进的！在这一过程中，黑人福音音乐作为一种强大的聚合因素赋予了黑人一种认同感和方向感，使黑人群体在美国社会中更加自信、坚定地争取自己的权利。

本文以黑人福音音乐的演变为主线，以当代文化研究中的“认同”为主要研究视角，从其音乐本体中寻找“黑人性”的体现，分析黑人福音音乐对建构黑人身份认同的重要意义及其与美国政治、经济、文化等之间的交互关系，并力图解读福音音乐中诸多音乐现象背后所蕴含的文化意义。

本文共分为四章。第一章，主要从历史的角度呈示黑人福音音乐由孕育、萌发、成熟至多元化发展的轨迹；第二章，从调式音阶、节奏节拍、应答轮唱等方面揭示黑人福音音乐音乐本体的普遍规律；第三章，剖析对黑人福音音乐产生、发展具有重要影响的社会、文化等深层次原因，探究福音音乐在黑人身份建构、黑人民权运动及黑人自我完善过程中的重要作用；第四章，透视黑人福音音乐的深层文化内涵及其多重功能。最终在综合论文主体论述的基础上，强调黑人福音音乐所具有的历史意义和文化价值，并思考这一“黑白”文化融合、宗教性与世俗性并存的美国基督教音乐对音乐人类学研究的意义。

关键词：黑人福音音乐　认同　基督教　黑人教会　融合　文化价值

武满彻音乐创作的民族音乐学分析

作　　者：张萌

指导教师：俞人豪

专业方向：世界民族音乐

学　　位：博士

学位授予时间：2009 年

论文述要：

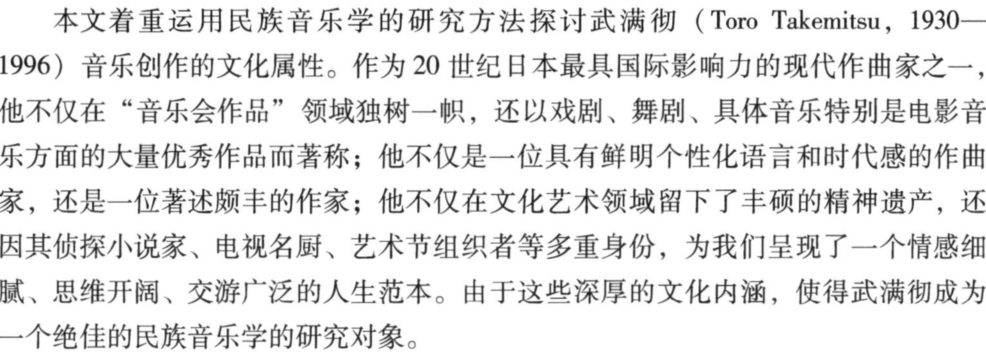

本文着重运用民族音乐学的研究方法探讨武满彻（Toro Takemitsu，1930—1996）音乐创作的文化属性。作为 20 世纪日本最具国际影响力的现代作曲家之一，他不仅在“音乐会作品”领域独树一帜，还以戏剧、舞剧、具体音乐特别是电影音乐方面的大量优秀作品而著称；他不仅是一位具有鲜明个性化语言和时代感的作曲家，还是一位著述颇丰的作家；他不仅在文化艺术领域留下了丰硕的精神遗产，还因其侦探小说家、电视名厨、艺术节组织者等多重身份，为我们呈现了一个情感细腻、思维开阔、交游广泛的人生范本。由于这些深厚的文化内涵，使得武满彻成为一个绝佳的民族音乐学的研究对象。

本文以武满彻的“音乐会作品”创作为主线展开研究，试图说明在有着鲜明时代特征的“现代外衣”下，其音乐作品在美学和精神层面如何以一种个性化的方式保持了日本文化独特的内核。具体而言，笔者在文章中采用了“三重架构”的研究模式，即技术层面——着重探讨武满彻对西方现代音乐创作技法深入、广泛的吸收和借鉴以及深刻的反思；美学层面——剖析武满彻的音乐作品在审美和精神层面上与日本传统文化的内在联系；文化层面——通过梳理作曲家音乐创作以及其特殊的生活经历，归纳其“不分东西方的”普适性文化观的形成过程。当然，这其中还贯穿着两条重要的线索，一是武满彻对于传统、现代，东方、西方多元文化养料的个性化、选择性的借鉴和吸收过程；另一个是日本文化的影响作为武满彻与生俱来的文化基因，从早期创作中的表面抗拒（实际表现为一种潜意识层面的联系）逐渐发展为一种自觉呈现的过程。

研究过程中，本文采用了文化视角、多重性思维等民族音乐学研究的基本方法，如既运用了传统音乐学中对于音乐家以“作品”为单位的研究方法，也将武满彻的性格特点、生活经历、创作思维习惯以及表演方式等“音乐外因”纳入到研究视野当中，以期尽可能从更多的侧面反映出武满彻与其文化母体的深层联系。此外，笔者还借鉴了结构主义的研究方法，在微观层面，将武满彻音乐的最小单位具体到“一个音”的表现，并在此基础上探讨他对“间”、“触”等日本传统文化特有美学观念的表现，试图为人们欣赏和解读武满彻音乐的独特风格提供一种非西方的依据；在宏观层面，将他的“音乐会作品”与电影音乐创作置于二元对立的结构中，通过对比两个创作领域在创作手法和音乐风格上的内在联系及差异，揭示其“音乐会作品”在武满彻追求自己的文化价值观过程中所具有的独特意义以及其在行为模式和精神内涵上与日本传统“艺道”文化的深层联系。武满彻像一座横跨在东西文化之间的桥梁，他的作品不仅保留了日本传统文化独有的美感，同时其敏锐的洞察力、富有成效的艺术实践都为非西方世界的艺术家对世界文化和当代艺术审视提供了新的视角。

关键词：武满彻　音乐会作品　电影音乐　现代技巧　日本精神

机缘与诉求：新时代音乐语境下的世界民族音乐

——以喜多郎为个案

作　　者：朴万里

指导教师：俞人豪

专业方向：世界民族音乐

学　　位：博士

学位授予时间：2011 年

论文述要：

本论文以自上个世纪 60 年代末进入兴盛期的新时代运动为研究背景，以喜多郎（Kitaro，1953—　）这个在东方和西方均家喻户晓的新时代音乐艺术家的创作为主要研究对象，力图揭示在新时代运动种种典型思想的影响下，西方人对“东方”进而对“东方艺术”产生的兴趣，与喜多郎这样一个在异国他乡大获成功的移民音乐家的创作行为/心态之间，如何地相互影响、相互取舍，进而共同造就了喜多郎的音乐样貌，并满足了西方人对东方意向的想象和需求，以及东方人在全球化语境之中对自我的理解和对“西方”的解读与诉求。

新时代运动发端于当代人，尤其是西方发达国家民众对物质文明和科技文明的反思之中，曾经意味着“野蛮”和“未开化”的“东方”，在这场运动里被赋予了“未受污染的”、“精神自由的”这样的崭新涵义，并且连同对大自然的敬畏和热爱，共同成为了西方人精神自救的希望所在。诞生于这样一种观念之下的新时代音乐，天然地倾向于世界各民族传统音乐风格和充满了自然界清新气息的音乐风格。这样的倾向最为突出的一类音乐，被称为民族融合乐，而喜多郎便是民族融合乐中比较重要的一位音乐家。

喜多郎音乐的特殊性，不仅仅在于其音乐的新时代音乐和民族融合乐的分类归属，他在世界范围内所获得的成功，也不仅仅是因为他的音乐风格充分地迎合了那场社会运动之下民众对此类音乐风格的偏好。作为一个移民作曲家，尤其是一个从东方去至西方的音乐家，他在成长道路、创作心态、宣传策略方面，与普通的欧美流行音乐家有着显而易见的区别；而听众在对他的作品的接受过程中，也有着显而易见的独特心态。新时代运动中，民众对东方的好奇和重视以及理解和误解，喜多郎的来自日本的移民作曲家身份，喜多郎音乐对流行音乐和亚洲，尤其是中国和日本传统音乐的融合等，共同造就了喜多郎音乐的风貌。喜多郎用自己的音乐，为西方人创造了一个和真实的东方既有关联又有巨大差别的东方，而东方人又将这个经由西方人定义为“东方”的东方接受了下来。文化之间的相互诉求和渴望在这里显得如此地迫切而诚恳，而文化上的差异和不可弥合在这里又是那么地清晰和刺目。

喜多郎的意义不在于他的作品，不在于他的专辑数量，也不在于他所获得的那些奖项，而在音乐本体方面进行东西方的沟通和互相推介，如此宏大的历史成就也不可能写在喜多郎的履历之下。喜多郎借助新时代运动和新时代音乐这个历史契机，为东方音乐在西方赢得了应有的尊重和价值肯定，这才是他独特的和最重要的意义。

关键词：新时代（new age）思潮　新时代音乐（new age music）
民族融合乐（ethnic fusion）　喜多郎（Kitaro）　民族音乐（ethnic music）

越南西原地区少数民族竹类乐器研究

作　　　者：阮氏华灯（Nguyen Thi Hoa Dang）
指 导 教 师：陈自明

专 业 方 向：世界民族音乐
学　　　位：博士
学位授予时间：2012 年

论 文 述 要：

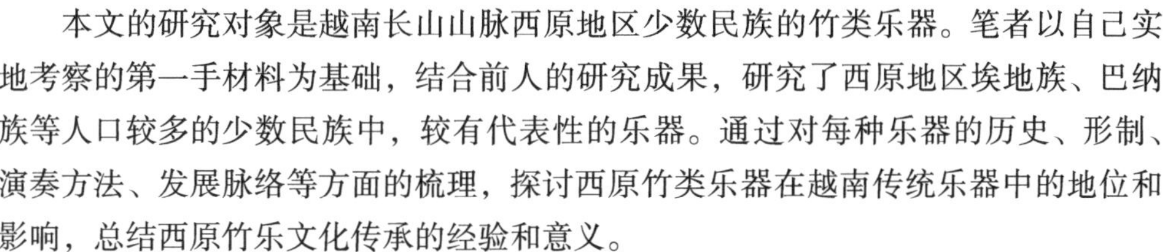

本文的研究对象是越南长山山脉西原地区少数民族的竹类乐器。笔者以自己实地考察的第一手材料为基础，结合前人的研究成果，研究了西原地区埃地族、巴纳族等人口较多的少数民族中，较有代表性的乐器。通过对每种乐器的历史、形制、演奏方法、发展脉络等方面的梳理，探讨西原竹类乐器在越南传统乐器中的地位和影响，总结西原竹乐文化传承的经验和意义。

论文分为四章。第一章为越南西原地区文化与音乐概述，介绍西原地区的自然环境、人文环境，包括地理、历史和文化遗产几个部分。第二章涉及到西原竹类乐器及其文化特点。笔者将实地考察的资料整理、分析，结合前人的研究成果，将西原竹类乐器进行分类，对其产生、形制、音阶、演奏方法、文化内涵等进行更深层次的探讨。第三章主要论述西原竹类乐器的发展及其当代音乐创作特征。本章笔者梳理了特龙琴和其他几个西原代表性竹乐器的改良和发展，以及在民间音乐基础上，当代西原竹类乐器的音乐创作。展示了西原竹类乐器从西原民间走上专业音乐舞台的历程。第四章探讨西原竹类乐器及其音乐的传承。笔者总结了西原竹类乐器的传承和发展情况，尤其是对有突出贡献的代表人物的介绍，这些在以往的文论中常被忽略。笔者还分析了越族（越南主体民族）人与西原人共通的竹文化渊源，探讨西原竹乐文化能够在越族人中普及的原因。本章初步涉及越南西原竹类乐器与一些国家个别竹乐器的相似之处以及在国际中的交流情况。

本文采用民族音乐学的研究方法，结合人类学、历史学、符号学等多学科知识，对西原地区竹类乐器进行系统分析和研究。笔者身为越南人，演奏越南竹乐器又处于西原竹类乐器文化中，属于“部分是局内的人”，同时又是接受现代音乐学思想的音乐研究者，以民族音乐学的思维方式分析音乐现象，属于局外人。笔者兼具局内人和局外人的双重角色，尽可能融合“主位－客位”两种视角，来阐释西原少数民族竹乐器文化现象，并发现其在社会历史发展中的重要意义。在乐器分类方面，论文采用德国乐器学者萨克斯（C. Sachs，1881—1959）和奥地利音乐学者霍恩博斯特尔（V. Hornbostel，1877—1935）提出的现代乐器分类法，并结合越南本国乐器分类习惯。

关键词：越南　西原　竹类乐器

纽约 Rap 音乐文化研究

作　　　者：郝苗苗
指 导 教 师：俞人豪

专 业 方 向：世界民族音乐
学　　　位：博士
学位授予时间：2013 年

论 文 述 要：

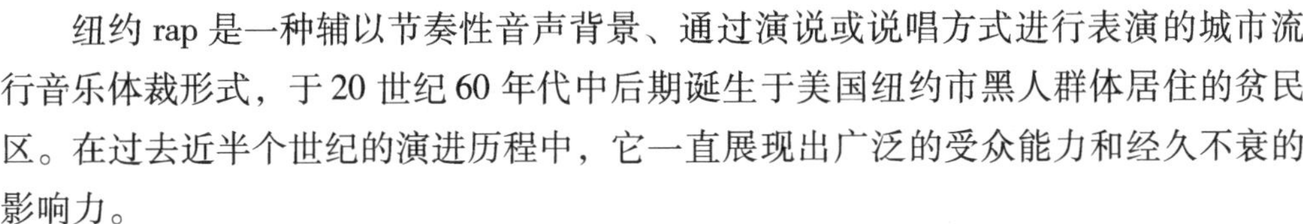

纽约 rap 是一种辅以节奏性音声背景、通过演说或说唱方式进行表演的城市流行音乐体裁形式，于 20 世纪 60 年代中后期诞生于美国纽约市黑人群体居住的贫民区。在过去近半个世纪的演进历程中，它一直展现出广泛的受众能力和经久不衰的影响力。

本文以文化阐释学理论、表演民族志理论以及语言学、音乐图像学等理论为基础，对纽约 rap 这一城市流行音乐文化现象展开了全方位、多维度的考察、分析与比较研究。

第一章以介绍 rap 的界定为起点，对纽约 rap 的生成、缘起及社会价值分别给予了分析和阐释。

第二章则将纽约 rap 的历史流变置于美国社会大背景中进行阶段性的梳理，并结合社会学场域理论分析了发展过程具有碎片化和非连续性的纽约 rap 亚类（sub-genre）形成的社会文化动因，纽约 rap 审美认同构建的变迁之源，阐释了纽约 rap 作为一种城市流行音乐体裁于当代社会的互动结合方式以及社会文化语境对于纽约 rap 发展的导向性作用。

第三章是有关纽约 rap 本体形态特征的多视角认知。作为一种以唱词本体为核心辅以节奏性音声背景的音乐表演方式，笔者首先将重心投注于 rap 唱词本体之上，从语音风格特征、词法形态特征、句法形态特征三个层面分析、归纳了纽约 rap 唱词本体的语体形态风格特点，而后又从黑人个性和现代性两个层面对纽约 rap 的音声本体之形态特征进行了研究，进而论证了纽约 rap 的发展是黑人群体在维系其群体文化身份的前提下与当代社会文化语境适融的结果，并在此基础上提出了有关亚属群体传统音乐文化现代转型的全新认知方式——族群文化特征以非体系化的碎片性形式存在，但却传承和发挥着认同指认作用。

第四章是针对纽约 rap 中的两大文化现象展开的专题研究。笔者以历时性和共时性视角相结合的方式，分别对纽约 rap 发展中暴力情结的恒定存在现象以及世纪之交崛起于忽然之间的炫富情结之突发现象给予了多维度的考察和分析，并对西方学者在该领域研究中所存在的学术漏洞给予了批判和修补，进而驳斥了有关流行音乐信息单向传递的理论，提出了社会与音乐文化之间所存在的作用与反作用的互动影响关系，以及流行音乐文化的文化政治潜能——不仅能够彰显和激发新的群体身份，而且可以对主流群体操控下的、具有定型化的身份标签进行重构，甚至产生当下美国社会中有关黑人群体的全新身份认同。

第五章以表演民族志的理论为基础对纽约 rap 表演展开研究。第一部分以表演民族志和图像学研究理论相结合的方式，对纽约 rap 音乐表演之传承和变迁中的表层元素和深层元素及其音乐表演中所呈现出的程式化因素和新生性因素给予比较研究和文化阐释，进而解析了纽约 rap 表演之嬗变及其所承载的双重历史文化进程。第二部分从文化马克思主义的理论视角切入，对纽约 rap《理想国！吖哈!》展开个案研究，分析了当代受控于主流音乐产业之下的纽约 rap 表演中服从性和对抗性的并置存在、娱乐功能与批评功能的并行存在以及纽约 rap 表演之碎片性——意识流现象存在的深层原因：亚属群体在意识形态领域争取主导性的斗争策略——调整性对抗，论证了当代美国社会中从属群体对于主流意识形态的斗争并非通过对抗而实现，而是通过在服从基础上的改编、调整和重构而达成，说明了由从属群体创造和表演的流行音乐文化形式具有社会经济权利体系操控以外的相对自主性。

关键词：纽约 rap　流行音乐　文化演进　音乐风格　音乐表演　身份认同

佳美兰在温哥华

——一种东方音乐在西方的个案研究

作　　　者：杨艳丽

指导教师：俞人豪

专业方向：世界民族音乐

学　　　位：博士

学位授予时间：2014 年

论文述要：

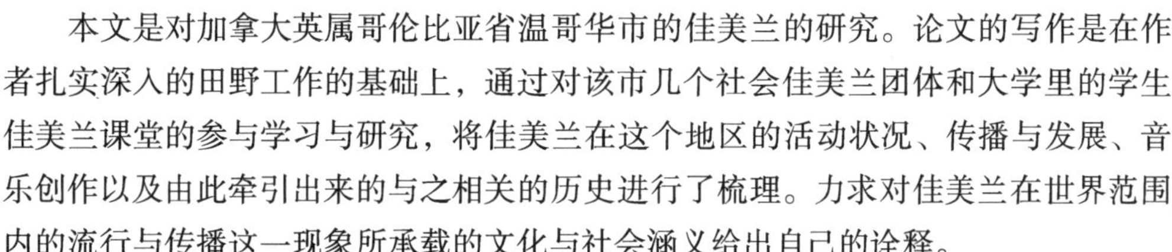
本文是对加拿大英属哥伦比亚省温哥华市的佳美兰的研究。论文的写作是在作者扎实深入的田野工作的基础上，通过对该市几个社会佳美兰团体和大学里的学生佳美兰课堂的参与学习与研究，将佳美兰在这个地区的活动状况、传播与发展、音乐创作以及由此牵引出来的与之相关的历史进行了梳理。力求对佳美兰在世界范围内的流行与传播这一现象所承载的文化与社会涵义给出自己的诠释。

论文的基本框架和内容是：温哥华社会佳美兰团体与学生佳美兰课堂的历史与现状的梳理；温哥华市佳美兰学习者与研究者（包括与之相关的音乐家）的音乐创作与分析；以一次西方佳美兰社团的巴厘岛旅行表演为例对于其蕴含的社会意义的分析。

作为印度尼西亚文化标签的佳美兰是世界一流大学开设“世界音乐”课程的首选之一，也是国内大学世界民族音乐研究的短板之一。而在西方文化的语境下来探究佳美兰这一源于东方的民族音乐是个很好的角度，国际上对于这一方向的研究也处于刚刚开始的阶段，可以说本文的研究在国内属于开先河者。

佳美兰在西方的演奏群体中，它的成员不分种族（民族）、不分职业门类、不分年龄层次，也不属于印尼移民群体。它得以在西方世界生根，其中有佳美兰社团的组织者与领导者的作用，也有来自佳美兰故乡的教师的作用，还有乐团成员以及佳美兰本身等各级“中间人”的作用。然而不管是以课堂形式呈现的佳美兰还是以社团表演形式出现的佳美兰，其参与者和受众群体都还局限在一个相对狭小的圈子里。本文的研究素材除了来自于传统媒介和网络外，更多的是通过有深度、广度和长度的田野调查工作，在田野工作积累的资料基础上，以双重身份、换位思考的方式，结合自我民族志写作中个人体验与文化反思的手法，来阐释“佳美兰在西方”所蕴含的文化意义和社会意义。

对于佳美兰音乐创作方面的研究，本文主要涉及两种典型的和相异的风格：一种是受西方实验音乐影响下的佳美兰创作，另一种是尽可能保持印尼传统佳美兰风格的“仿派”佳美兰。辩证地来看“文化基因”的存在使佳美兰既有不变性，又有可变性，而可变的因素是建立在不变因素的庞大基础之上的。

另外，对于佳美兰源生地的“朝圣”既反映出西方团体在精神上的需求，也折射出源生地人在物质上的需求。通过西方佳美兰人的“朝圣”之旅，这种音乐源生地的期许得到了一定程度的满足。作者通过自己不同层次的文化体验以及换位思考，更加深刻地理解了不同文明同处一室时的碰撞、冲突与融合。

关键词：自我民族志　佳美兰　世界音乐　音乐的价值

北印度塔布拉鼓及其节奏圈研究

作　　　者：庄静

指 导 教 师：陈自明

专 业 方 向：世界民族音乐

学　　　位：博士

学位授予时间：2014 年

论 文 述 要：

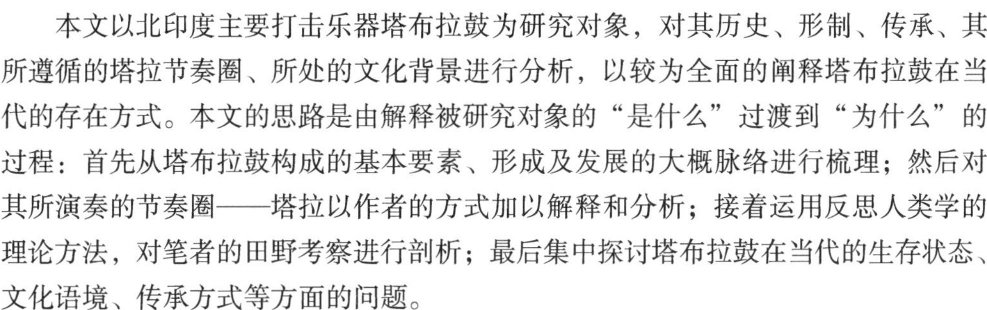

本文以北印度主要打击乐器塔布拉鼓为研究对象，对其历史、形制、传承、其所遵循的塔拉节奏圈、所处的文化背景进行分析，以较为全面的阐释塔布拉鼓在当代的存在方式。本文的思路是由解释被研究对象的“是什么”过渡到“为什么”的过程：首先从塔布拉鼓构成的基本要素、形成及发展的大概脉络进行梳理；然后对其所演奏的节奏圈——塔拉以作者的方式加以解释和分析；接着运用反思人类学的理论方法，对笔者的田野考察进行剖析；最后集中探讨塔布拉鼓在当代的生存状态、文化语境、传承方式等方面的问题。

文章包括五个部分。第一章“塔布拉鼓的历史渊源及形式特点分析”中，笔者对塔布拉鼓的起源、形制、演奏技巧、礼仪等直观构成因素，进行浅层次的阐释与说明。

第二章“塔布拉鼓的灵魂：塔拉节奏圈的音乐本体特点及作用”主要在于塔布拉鼓的演奏内容——北印度节奏体系塔拉，从塔拉的由来、塔拉在北印度古典音乐中所担当的作用以及塔拉节奏圈的“双层结构”以及塔拉在塔布拉鼓中运用所需要的术语进行有关音乐形态学的分析。

第三章“反思人类学视角下的塔布拉鼓田野考察”中，笔者大胆采用反思人类学的部分理论与方法，对笔者所做的田野工作进行反思，将自己作为阐述内容的角色之一。并在阐述中加入试图以笔者个人的风格全方位地呈现如何得到田野考察结论的过程。

第四章“北印度音乐文化中的‘等级性’：塔布拉鼓的生存土壤”则是对隐藏在塔布拉鼓背后的北印度社会的等级性问题进行分析，首先指出等级性存在的根源——种姓制及其在印度的普遍传播，由于种姓制源于印度教的教义，而笔者所采访到的塔布拉鼓手多为伊斯兰教徒，以及部分的锡克教徒，因此在第二节中笔者侧重对除印度教之外的社会等级性进行分析，以说明等级性对印度社会所产生的烙印以及其作为北印度音乐社会内部音乐家社会关系重要衡量标准之一。

第五章“塔布拉鼓的传承”则对北印度音乐传承中特有的“格拉纳”，即门派问题进行较为深入的探讨。首先解释了格拉纳的概念，并凭借个人的田野经验对与格拉纳密不可分的“师徒制”进行了带有主观色彩的阐释。为了更好地说明印度特色的师徒制传统，笔者在第三节中对于该体系下的细节问题，如上课时间、授课方式及内容进行了具体的分析。

本文以塔布拉鼓为例，将印度节奏以一种多数人能够看懂的方式加以剖析，并挖掘影响其节奏观念的种种文化因素。通过对印度文化的带有个人视域的解释，力图寻找其中的精彩之处，为中国音乐的发展服务。

关键词：塔布拉　塔拉　反思人类学　种姓制　等级性　格拉纳　师徒制

音乐美学

西方音乐思想史中的情感论美学

作　　　者：邢维凯
指 导 教 师：于润洋
专 业 方 向：音乐美学
学　　　位：博士
学位授予时间：1996 年

论 文 述 要：

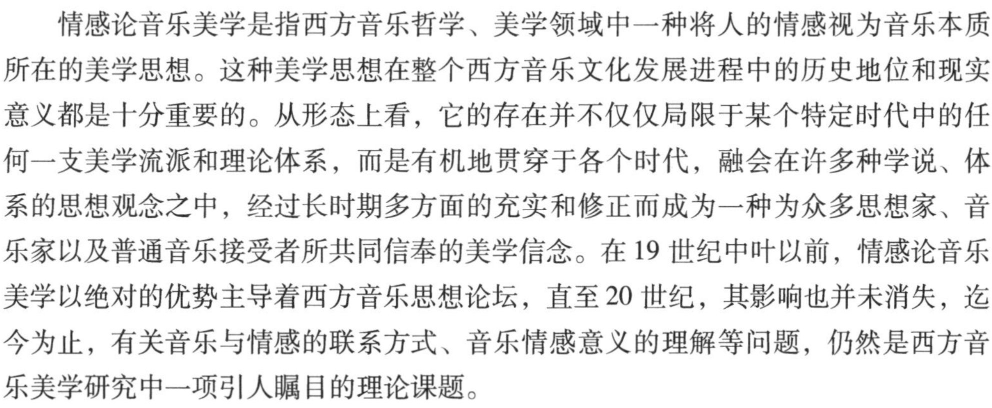

情感论音乐美学是指西方音乐哲学、美学领域中一种将人的情感视为音乐本质所在的美学思想。这种美学思想在整个西方音乐文化发展进程中的历史地位和现实意义都是十分重要的。从形态上看，它的存在并不仅仅局限于某个特定时代中的任何一支美学流派和理论体系，而是有机地贯穿于各个时代，融会在许多种学说、体系的思想观念之中，经过长时期多方面的充实和修正而成为一种为众多思想家、音乐家以及普通音乐接受者所共同信奉的美学信念。在 19 世纪中叶以前，情感论音乐美学以绝对的优势主导着西方音乐思想论坛，直至 20 世纪，其影响也并未消失，迄今为止，有关音乐与情感的联系方式、音乐情感意义的理解等问题，仍然是西方音乐美学研究中一项引人瞩目的理论课题。

本文以西方音乐文化发展中的几个主要历史阶段为顺序，依次考察了情感论音乐美学思想在不同历史时期、不同理论体系中所经历的发展历程，并就西方情感论音乐美学的历史价值以及音乐与情感的关系问题发表了作者的见解，指出：音乐艺术中的情感问题关系着音乐的本质乃至人的本质问题，因此必须站在社会历史发展的高度，从人性解放的总体趋势中，重新审视情感在音乐审美活动中的地位和作用；要把音乐艺术同情感的关系上升到人类在感性的对象物中确证自身的本质力量这样一种高度上来加以理解和认识；必须克服西方哲学中理性至上的传统观念，在哲学上充分肯定感性的独立品格，承认情感具有纯粹的感性价值；不仅从生理学、心理学方面，而且要从社会的、历史的、文化的各个方面，全面地看待感性需要作为人之本质的特殊地位。

作者所刻意强调的是一种美学观念的历史性，因此在论述过程中始终坚持把历史的视角放在第一位，力求把美学研究的逻辑思维建立在坚实的历史基点上。一方面尝试从情感论音乐美学这一特定的角度，对西方音乐文化的历史发展进行一次理论的反思，同时也希望通过这项课题的研究，使人们对音乐美学思想在人类音乐文化发展史中的重要地位有一个比较全面而完整的认识。

关键词：情感论音乐美学　西方音乐思想　美学观念

西方后现代主义文化逻辑中的音乐现象考察

作　　　者：宋瑾

指 导 教 师：于润洋

专 业 方 向：音乐美学

学　　　位：博士

学位授予时间：1999 年

论 文 述 要：

本文从介绍后现代主义思潮的第一章开始，引入后现代主义视角，对西方 20 世纪专业音乐和大众音乐，尤其是 50 年代之后的各种音乐现象进行考察。

为了使考察具有历史的眼光，在相临的一个章节首先考察了传统调性体系音乐的特点及其瓦解，以及现代主义音乐体系的建立及其衰微。以此作为历史导引的线索，在随后的两个章节里分别考察了后现代主义文化逻辑中的专业音乐现象。

本文认为，二战之后西方进入后工业社会，在政治、经济和文化艺术各个领域都有很大变化。这些变化也反映到音乐领域。特别是后现代主义思潮中的反罗各斯中心主义、解构主义和多元主义，以及杰姆逊所说的后现代人的主体的零散化或无中心化，在音乐中有明显的体现。二战后西方专业音乐出现了与传统和现代主义不同的两种样式，即解构的样式和无机拼贴的样式。前者如具体音乐、偶然音乐、电子音乐的一部分、电脑音乐、环境音乐、概念音乐等等。其特点是反人工、反形式、反美学，结构无序化、作品行为化，消解音乐艺术与现实生活的等级和界线。后者包括一部分新浪漫主义以及各种倾向于综合的音乐，它不是传统的回归，而是各种风格的拼凑，具有多中心或无中心的特点。上述二者都造成传统言路的断裂，即突破了传统和现代主义的主题发展的有序模式。

本文在第五章对二战后西方大众音乐的情况进行了考察。这个领域的考察包括文化工业中的音乐和大众广场音乐。从考察中可以看出，前者具有本雅明、阿多诺、杰姆逊等学者分析、批判过的特点，后者具有类似于巴赫金分析民间狂欢节所概括出的特点，同时又具有后现代社会和人的特点。

本文最后一章对西方后现代主义文化逻辑中的音乐现象进行了反思，呼吁音乐的美的回归，并联系中国音乐中的后殖民现象，对20世纪末音乐的中西关系问题以及中国音乐的发展问题发表了作者自己的看法。本文作者认为应该站在超越的立场，以全球文化研究为背景来看待西方音乐和中国音乐以及二者的关系，建立音乐文化生态的观念，精心保护、充分开发和利用全球音乐文化资源，并且不断创新，使这个资源更为丰富。

关键词： 后现代主义思潮　传统调性体系音乐　反罗各斯中心主义　解构主义　多元主义

音乐与其表现的世界

——对音乐音响与其表现对象之间的关系的心理学与美学研究

作　　者：周海宏

指导教师：张前

专业方向：音乐美学、音乐心理学

学　　位：博士

学位授予时间：1999 年

论文述要：

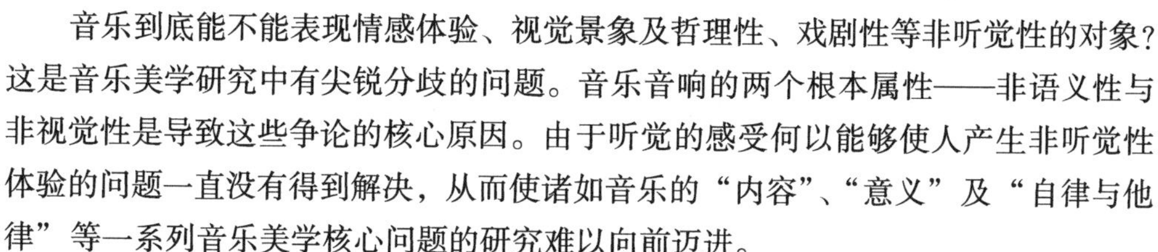
音乐到底能不能表现情感体验、视觉景象及哲理性、戏剧性等非听觉性的对象？这是音乐美学研究中有尖锐分歧的问题。音乐音响的两个根本属性——非语义性与非视觉性是导致这些争论的核心原因。由于听觉的感受何以能够使人产生非听觉性体验的问题一直没有得到解决，从而使诸如音乐的“内容”、“意义”及“自律与他律”等一系列音乐美学核心问题的研究难以向前迈进。

本研究以联觉关系为突破口，用心理学的实证方法证明了与音乐听觉相关的六种联觉对应关系规律：与音高相关的联觉、与音强相关的联觉、与时间相关的联觉、与时间变化率相关的联觉、与紧张度相关的联觉、与新异性体验相关的联觉。联觉对应关系规律是音乐之所以能够表现听觉之外对象的根本原因与最重要的基础。这个规律的发现使我们有可能系统地揭示音乐音响与其表现对象之间的对应关系及其中介环节的机制，并获得对能够落实到具体音乐形态操作的音乐表现性规律的把握与认识。联觉对应关系规律，决定了音乐表现的限度——被表现的对象必须与音乐音响构成稳定而充分的联觉对应关系，否则就不能被音乐所传达。同时，在丰富多彩的音乐艺术中，还存在着一类无法使人感到表现对象的音乐，对良好听觉感性样式的理想及丰富情态体验的追求成为此类音乐的精神内涵。以联觉对应关系规律为基础，本文分析了联想活动介入对音乐表现的影响及“感情性对象”、“视觉性对象”及“哲理性、戏剧性”对象在音乐中的表现：分析了情态、情绪、情感三种感情对象在音乐中的发生过程与条件，明确了“情态”在音乐表现中的重要地位；分析了景象、动象、场景与形象四种视觉对象在音乐表现中的实现途径，并指出了“情”在其中的作用；分析了音乐表现哲理性、戏剧性对象的基础、过程及最后完成的条件。

本文以联觉对应关系为基础，还从创作与欣赏双向对音乐表现对象的发生过程作了进一步的考察，回答了“表现对象怎样进入到音乐中去？它又怎样从音乐中出来，进入到听者那里去”的问题，并指出音乐理解的“多解性”与“不确定性”是必然的，而理解的共同性则是有条件的。

最后，本文讨论了音乐的“内容与形式”——音乐的表现与理解问题，音乐的“意义”——音乐的价值与功能问题，及“自律与他律”——音乐的形式与结构原则问题。指出音乐的“内容”就是“审美主体（包括创作者与理解者）赋予音乐并从音乐中体验到的精神内涵”；纯听觉感性样式的良好性作为感性美的价值是音乐艺术的根本价值，但并不是它的全部价值，积极的理解活动会丰富与强化主体在音乐中的审美体验与感情体验，进而赋予音乐多方面的综合性价值；音乐的形式结构既受听觉感性样式良好性原则的制约，也受其表现对象感性特征的制约——音乐既是自律的，又是他律的，从总体上说，二者有机的结合支配与制约着音乐的创造。

关键词： 联觉　音乐表现　听觉感性样式　自律　他律

古琴美学与古琴命运的历史考察

作　　　者：苗建华

指 导 教 师：蔡仲德

专 业 方 向：中国音乐美学史

学　　　位：博士

学位授予时间：2002 年

论 文 述 要：

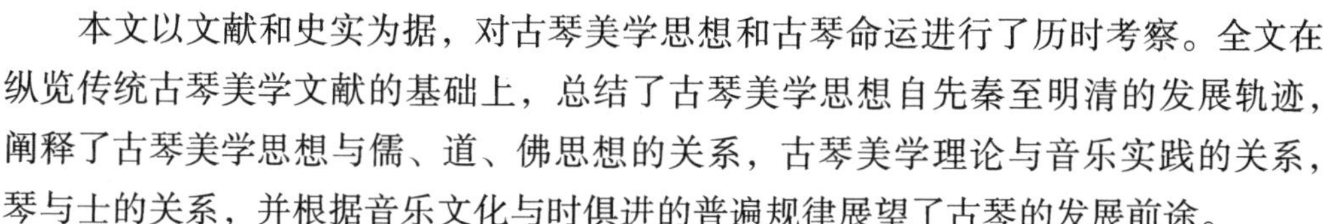
本文以文献和史实为据，对古琴美学思想和古琴命运进行了历时考察。全文在纵览传统古琴美学文献的基础上，总结了古琴美学思想自先秦至明清的发展轨迹，阐释了古琴美学思想与儒、道、佛思想的关系，古琴美学理论与音乐实践的关系，琴与士的关系，并根据音乐文化与时俱进的普遍规律展望了古琴的发展前途。

本文认为，古琴美学思想先秦至明清的发展有两个显著特征：研究对象从外部关系的论述转到内部规律的探索；美学思想从前期的相对自由变为后期的绝对禁锢。古琴美学理论和儒、道、佛思想联系紧密。其中，儒家礼乐思想是古琴美学思想的主体，道、佛思想则在其局部体现。与之相反，在古琴实践中，道家思想占据主导地位。这就使古琴美学思想与其音乐实践形成了既统一又矛盾的关系。随着历史的演进，古琴逐渐成为文人的专用乐器，琴的盛衰与士的兴亡不可分离。

本文进而认为，古琴的前途与美学思想的革新息息相关。古琴美学思想必须对传统美学思想进行扬弃，吸收现代化思想，抛弃以礼为本，坚持以人为本，舍弃文人琴中的不合理成分，发展艺术琴，还艺术于古琴，还古琴于人民，才会使古琴的命运出现根本转机。

关键词：古琴　音乐美学　儒家礼乐思想　道家思想　佛家思想
古琴命运　琴与士

音乐意义的形而上显现并及意向存在的可能性研究

作　　　者：韩锺恩
指 导 教 师：于润洋
专 业 方 向：音乐美学
学　　　位：博士
学位授予时间：2003 年

论 文 述 要：

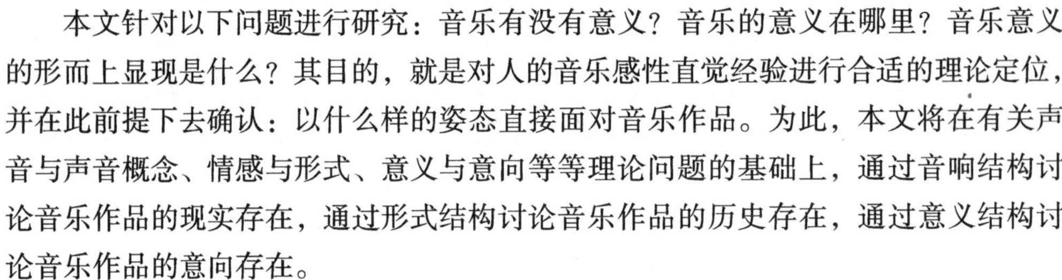

本文针对以下问题进行研究：音乐有没有意义？音乐的意义在哪里？音乐意义的形而上显现是什么？其目的，就是对人的音乐感性直觉经验进行合适的理论定位，并在此前提下去确认：以什么样的姿态直接面对音乐作品。为此，本文将在有关声音与声音概念、情感与形式、意义与意向等等理论问题的基础上，通过音响结构讨论音乐作品的现实存在，通过形式结构讨论音乐作品的历史存在，通过意义结构讨论音乐作品的意向存在。

与此相应，本文在确定意义和意向关系为研究重点的前提下，进一步确定与音乐意义相关的事项和理论，并在充分汲取和利用已有理论资源的基础上，架构合理的理论台阶（把与音乐意义问题相关的音乐美学理论作为切入点，并由此扩及现代美学和艺术理论，在重点读解西方现代哲学美学理论的同时，用马克思历史唯物主义理论和西方古典批判哲学理论加以整合）。此外，通过复合研究尽可能显示历史与逻辑统一的综合指向及其相应力度。

本文研究涉及的主要术语概念，分别是：意义（〔英〕Meaning，〔德〕Sinn）：表示对象中所包含的，又不在经验范畴中的一种东西。意向（〔英〕Intention，〔德〕Intention）：表示直接面对对象的一种意识方式，并且，是一种指向主体自身的直觉行为。意向存在（〔英〕Intentional Being，〔德〕Intentionalitat Sein）：作为本文研究的一个原创术语概念，表示一种通过主体意识构造出来的、不同于意识本身的、自在的、有客体属性的对象；与此同时，这种不同于意识本身的、自在的、有客体属性的对象，也可以通过人的主体直觉显现出来。

通过以上各项回答有关问题：音乐是有意义的，但不仅仅在声音；音乐的意义在声音之中以及声音之后，并且通过意向显现；音乐意义的形而上显现就是意向存在。本文在论证意向存在的可能性之后，结论：意向存在作为音乐意义的形而上显现。

关键词：音乐意义　意向　意向存在

音乐的“语境”

——一种音乐解释学视域

作　　者：谢嘉幸

指导教师：张前

专业方向：音乐美学

学　　位：博士

学位授予时间：2004 年

论文述要：

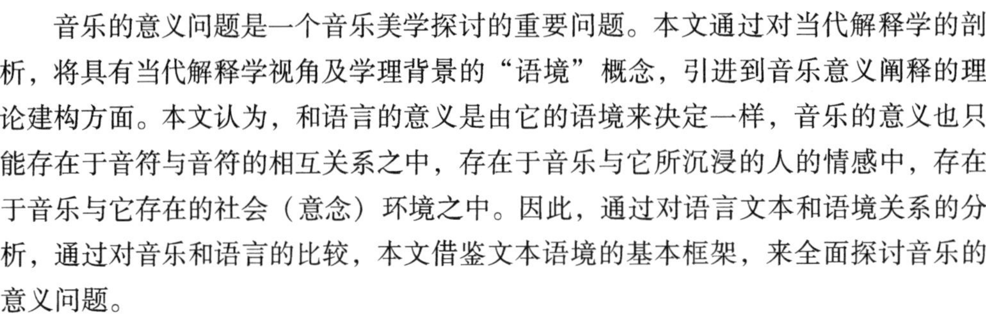

音乐的意义问题是一个音乐美学探讨的重要问题。本文通过对当代解释学的剖析，将具有当代解释学视角及学理背景的“语境”概念，引进到音乐意义阐释的理论建构方面。本文认为，和语言的意义是由它的语境来决定一样，音乐的意义也只能存在于音符与音符的相互关系之中，存在于音乐与它所沉浸的人的情感中，存在于音乐与它存在的社会（意念）环境之中。因此，通过对语言文本和语境关系的分析，通过对音乐和语言的比较，本文借鉴文本语境的基本框架，来全面探讨音乐的意义问题。

本文认为，音乐的意义结构中存在着三层文本—语境关系：第一层，是音乐材料与其上下文的关系，即特定音乐材料与特定音乐作品的关系，以及特定音乐与其形态类型环境的关系；第二层，是音乐作品的“能指”（音乐形态）与“所指”（音乐情感）的关系，即特定音乐形态与其审美情感的关系；第三层，是特定音乐文本与其社会背景，也即社会意念环境的关系。音乐文本—语境的这三层关系，构成了音乐基本语境：音乐形态语境、音乐情感语境和音乐意念语境。

借助这一框架，本文从“‘语境’概念的理论基础——当代解释学的学理分析”、“音乐解释学中的语境——基本观点、任务和方法”、“音乐的形态语境——音乐形态的内涵意义”、“音乐的情感语境——音乐情感的内涵意义”、“音乐的意念语境——音乐的约定性意义”等五个部分全面阐述了音乐的语境问题。

在第一章中，本文简略回顾了西方解释学古代、近代及当代三个阶段的发展，着重剖析自海德格尔与伽达默尔以来西方当代解释学的本体论转向，并借鉴中国古代“知、感、悟”的概念范畴，辨析西方当代解释学基本学理的价值和局限，确立本文的理论基础；在第二章中，本文通过语言和音乐的比较，将当代解释学引进到音乐解释学的建构方面，通过共时性与历时性的双重视角，以及“聆听”、“体验”、“感悟”和“应用”等基本概念，来探寻人类的音乐语境及其实现的“解释学复原”与“解释学创意”等基本过程。从第三章到第五章，本文依次展开了对音乐形态、情感和意念语境的探讨，以中西方音乐形态和审美情感范畴，以及中国近现代音乐发展进程等对象为实例，通过对人类共同的音乐特征、作为种族记忆的音乐以及特定生态环境中的音乐等基本方面的层层剖析，阐明了只有将音乐文本看成是一个可变的“对话记录”，一个曾经发生过的“事件”（一个声音事件、一个音乐情感事件、一个社会感性生活事件），才可能把握音乐文本活的灵魂，把握音乐的意义：阐明人类的音乐过程说到底是一种人类具有特定目标的解释学过程等基本观点。

关键词：音乐的意义“语境”　音乐材料　音乐形态　音乐情感

师范类音乐专业大学生对乐句结构认知特点的研究

——从音乐认知发展的视角

作　　　者：蒋存梅

指 导 教 师：张前

专 业 方 向：音乐美学

学　　　位：博士

学位授予时间：2005 年

论 文 述 要：

20 世纪 80 年代中期兴起的音乐认知发展研究是音乐能力研究的延续，它集中探讨了个体对音乐形式结构的把握能力及其发展的问题，解决了以往音乐能力研究遗留的主要问题。通过对西方目前三个重要的音乐认知发展研究进行回顾，并对其存在的不足进行分析，本文指出，由于音乐认知发展是一个内涵相当庞大的领域，任何单方面的认知研究难以涵盖它的全部。因此，音乐认知发展研究者应将音乐认知所涉及的音乐形式知识看成是一个综合的知识体，而不是单一的知识。

本文以个体对音乐微观结构——乐句结构的认知为研究的切入点。然而，由于个体对乐句结构的认知是一个内在的心理过程，由此，本文选取乐句结构划分作为个体对乐句结构认知的外在显现方式，这种划分能力体现出个体对乐句结构的认知水平，同时，对乐句结构划分的特点也体现了个体对乐句结构认知的特点。

本文主要通过考察师范类音乐专业大学生对乐句结构划分的总体能力水平，论述被试对乐句结构划分的特点，进一步探讨被试对乐句结构认知的特点，从而为勾勒出个体完整的乐句结构认知的发展历程做准备，最终为音乐认知发展体系的研究提供支持。

鉴于本文所论及的音乐作品都限定在调性音乐的范围，本文认为，个体的乐句结构划分能力应涉及两个层面的内容：第一，对于调性音乐乐句构成的基本组合规则的感知能力；第二，个体对乐句结构进行划分的能力。根据这种理论设想，本文设计如下实验：

实验一与乐句结构划分能力中第一层面——乐句构成的基本组合规则的感知能力相关。它包含调式调性的确定、旋律音高的倾向、和声的功能解决、拍号的识别以及节奏组合的划分等测验项目，实验结果表明，师范类音乐专业大学生对调性音乐音高层面基本组合规则的感知能力不存在统计意义上的差异；是否学过和声对个体把握音乐在时间层面的基本组合规则具有影响作用。

实验二与乐句结构划分能力中第二层面——对乐句结构的划分能力相关。它主要测验被试在8个调性音乐片断中，划分乐句、乐节以及乐汇的能力水平差异。实验结果表明，在大学阶段，音乐学习年限以及是否学过和声影响着师范类音乐专业大学生的乐句结构划分能力。

本文还对实验一与实验二的综合结果进行进一步的统计，探讨师范类音乐专业大学生对乐句结构划分总体能力水平的差异。统计结果表明，师范类音乐专业学生的乐句结构划分能力在大学阶段经历了四个不同的水平。在此基础上，通过对实验访谈的分析，本文指出，在大学阶段，师范类音乐专业学生对乐句结构的认知体现出从表层直觉向深层理性演进的特点。

关键词： 乐句结构　乐句构成的基本组合规则　乐句结构划分能力　音乐学习年限　和声训练　乐句结构划分的总体能力水平　认知特点　大学生

中国音乐美学史中的“平和”审美观与“不平”审美观研究

作　　者：叶明春

指导教师：蔡仲德、郭乃安

专业方向：中国音乐美学史

学　　位：博士

学位授予时间：2005 年

论文述要：

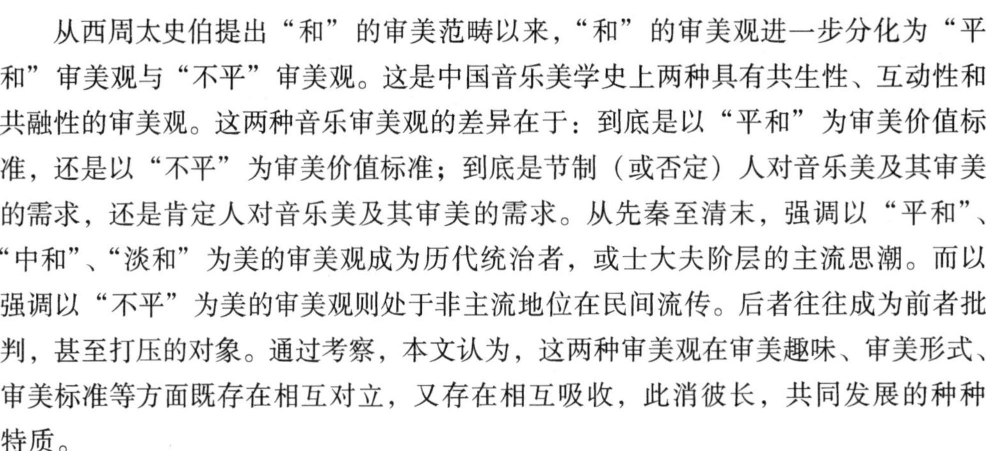

从西周太史伯提出“和”的审美范畴以来，“和”的审美观进一步分化为“平和”审美观与“不平”审美观。这是中国音乐美学史上两种具有共生性、互动性和共融性的审美观。这两种音乐审美观的差异在于：到底是以“平和”为审美价值标准，还是以“不平”为审美价值标准；到底是节制（或否定）人对音乐美及其审美的需求，还是肯定人对音乐美及其审美的需求。从先秦至清末，强调以“平和”、“中和”、“淡和”为美的审美观成为历代统治者，或士大夫阶层的主流思潮。而以强调以“不平”为美的审美观则处于非主流地位在民间流传。后者往往成为前者批判，甚至打压的对象。通过考察，本文认为，这两种审美观在审美趣味、审美形式、审美标准等方面既存在相互对立，又存在相互吸收，此消彼长，共同发展的种种特质。

依据“平和”审美观与“不平”审美观的产生、发展及演变的历史规律，本文将其划分为四个发展阶段，即萌芽时期、上升时期、成熟时期和转化时期。这两种审美观在每一个时期的不同发展及演变，都直接影响了当时的社会音乐生活及音乐审美实践。由此，本文用四个章节对这两种审美观作分析研究。在第五章则对这两种审美观做出历史回顾及反思，探讨中国音乐美学史中关于人的本质和音乐审美本质的关系，和中国传统音乐审美评价的实质，以及两种审美观与儒、道、佛三家

“心性论”的关系等等。立足于音乐审美价值论的角度对中国音乐审美思想的历史作出评估及展望。

长期以来，音乐美学思想史的研究和音乐审美实践的研究之间常常出现脱节现象。要解决这个问题不能不说是中国音乐美学史学和中国音乐史学研究中的一个难题。本文的选题及其研究就是试图在这一方面作一个尝试，希望有助于学界对这个问题作更进一步的深入研究和探讨。

关键词：不平　平和　中和　淡和　审美观　音乐审美价值

期待与风格

——迈尔音乐美学思想研究

作　　者：高拂晓

指导教师：王次炤

专业方向：音乐美学

学　　位：博士

学位授予时间：2007 年

论文述要：

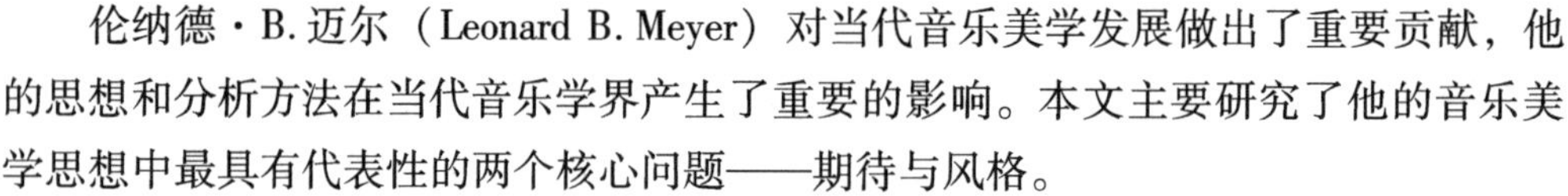

伦纳德·B. 迈尔（Leonard B. Meyer）对当代音乐美学发展做出了重要贡献，他的思想和分析方法在当代音乐学界产生了重要的影响。本文主要研究了他的音乐美学思想中最具有代表性的两个核心问题——期待与风格。

论文勾勒了迈尔的生活经历和思想产生的背景，对实用主义哲学、美国心理学、结构主义和符号学几大学术背景的考察试图更深刻地揭示出，迈尔的思想特色很大程度上归功于他批判地运用了各种现代理论。接着，论文从总体上概括了迈尔的思想特征，指出了期待与风格是迈尔思想的核心。

通过对情绪和情感的概念进行辨析，并与汉斯立克和苏珊·朗格的观点进行比较，作者认为，迈尔的音乐情感论是以非参照性的情绪体验为主的音乐的特殊情感论。在重新阐释迈尔的音乐期待与意义的关系的基础上，论文指出，应该从句法价值和审美体验两个方面去理解迈尔所言的音乐意义问题。接着，论文阐述了迈尔的风格分析观念，强调了迈尔风格理论的历时性和共时性结合，历史与审美统一的特点。作者认为，稳定性和变化性是迈尔风格理论的核心。通过考察浪漫主义意识形态对风格变化的影响，风格的稳定性和变化性的辩证关系得到了具体揭示。其中，对风格变化中稳定性特征的形态归纳和解释是迈尔的风格理论不同于其他理论的重要特征。在讨论了迈尔观点中有关“形式主义”的实质后，作者以审美的现代性视野审视了风格的内涵，指出了风格的“内在，超越性”及期待与风格的审美张力，并认为期待与风格都具有开放性。

最后，论文从理论与实践两个方面阐述了本研究的意义，指出了迈尔音乐美学思想的成就与局限。在音乐创作上，迈尔理论提出了创作风格上的三种平衡，即期待与未被期待之间的平衡、继承与创新的平衡，以及作曲家的选择与限制因素的平衡；在音乐表演上，对不同等级层次上的音乐参数的理性分析和认识，与感性经验联系起来时，音乐的歌唱性、音乐的层次性以及音乐的结构关系能够得到更为深刻的揭示；在音乐欣赏中，迈尔提出了一种结构聆听的方式，使得音乐体验成为一种有意义的、值得的情感体验和审美享受。作者认为，迈尔的期待与风格理论在当代西方音乐美学史上占有重要的地位。迈尔的思想不仅对我们的音乐美学理论研究而且对音乐实践问题都具有很大的启发。

关键词：迈尔　期待　风格　音乐美学

哲学－美学视野中的西方和声演进

作　　　者：何宽钊

指 导 教 师：于润洋

专 业 方 向：音乐美学

学　　　位：博士

学位授予时间：2007 年

论 文 述 要：

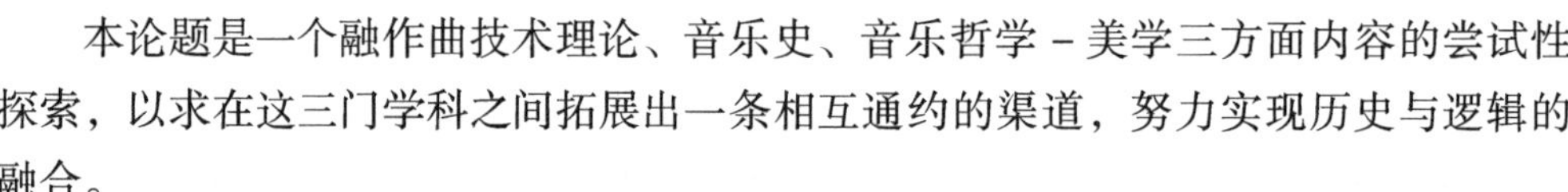

本论题是一个融作曲技术理论、音乐史、音乐哲学－美学三方面内容的尝试性探索，以求在这三门学科之间拓展出一条相互通约的渠道，努力实现历史与逻辑的融合。

文章按照通常的音乐史分期共分为六章，每章分别对特定历史时期和声的结构、和声的哲学－美学内涵以及其中蕴涵的理性或非理性因素进行阐述。在阐述不同历史时期的和声结构时，本文借鉴了法国著名哲学家、历史学家米歇尔·福柯（Michel Foucault，1926—1984）的知识型（episteme）理论，以求揭示支配不同历史时期和声结构特征的深层密码。本文认为和声作为人的精神创造物，与当时人们的社会文化及审美意识密切相关，因此试图从社会文化及审美层面对特定历史时期的和声结构的精神内涵加以阐释。同时，西方文化具有一个一以贯之的传统，那就是不断否定、不断超越、不断建构的理性精神，理性精神成为西方文化成长、发展的生生不息的内在动力，本文结合西方特定历史时期的和声结构，对其中的理性精神（有时兼及非理性因素）进行考察。

就结构而言，中世纪（Middle Ages）音程性和声处于相似（resemblance）性知识型的控制之下，因而体现出相似、均等的形态特征。这种形态特征适应于当时的宗教文化，抑制人的感性冲动，事实上是一种“上帝”的声音，同时当时的宗教理性包括经院辨证法等也在和声中得到体现。文艺复兴（Renaissance）时期的调式和声依然处于相似性知识型的控制，但其中已开始分化出差异性因素。同时，文艺复兴是一个人神对话的历史时期，人性与神性的交织也体现在当时的调式和声中。这一时期和声中的理性精神表现为一种诗意的理性。巴罗克（Baroque）时期是一个文化史上的过渡时期，其和声形态也呈现出过渡性特点：一方面遗留有调式和声的残余，另一方面又建立了影响深远的大小调调性和声。巴罗克时期和声的美学特征表现为强烈、夸张的情感表现。和声理性与对位理性在这一时期得到融合。另外拉莫（Jean Philippe Rameau，1683—1764）的和声理论对后来和声的发展产生了极为深远的影响。古典主义时期的大小调调性和声受表征（representation）知识型的控制，和声结构被条分缕析了，形成清晰明确的分类学模式。古典大小调调性和声的感性特征也表现为率直明朗。这一时期和声结构与崇高的审美形态密切相关。同时，古典主义时期是一个真正的理性时代，理性精神在这一时期的和声中得到了最为显著的体现，并达成了感性与理性的完美平衡。19 世纪和声受所谓“现代知识型”的控制。浪漫主义和声中变和弦、变格进行的重用及调式交替带来和声的暧昧含混，这一和声形态与当时强调人的主观情感表达密切相关。同时由古典调性和声所构筑起来的严密的逻辑性在这一时期出现了松动。德彪西及瓦格纳的和声动摇的调性基础，瓦解了古典主义时期音乐中的崇高，走向了非理性。20 世纪的自由无调性及十二音音乐标志着调性的消解，20 世纪和声走向多元化格局，无调性、新调性、多调性、多调式、新调式等多种和声手法异彩纷呈。无调性造成感性的流放与否定的表现，新调性带来新的感性特征。

本文认为和声作为人的精神创造物，是属人的符号，其中隐藏着人的秘密，需要从中挖掘出这个隐藏的东西，以走向真正的“音乐学分析”。

关键词：知识型　相似性知识型　表征性知识型　现代知识型　音程性和声
调式和声　调性和声　无调性

有限的相对主义

——论音乐的价值及其客观性

作　　　者：柯扬

指 导 教 师：王次炤

专 业 方 向：音乐美学

学　　　位：博士

学位授予时间：2007 年

论 文 述 要：

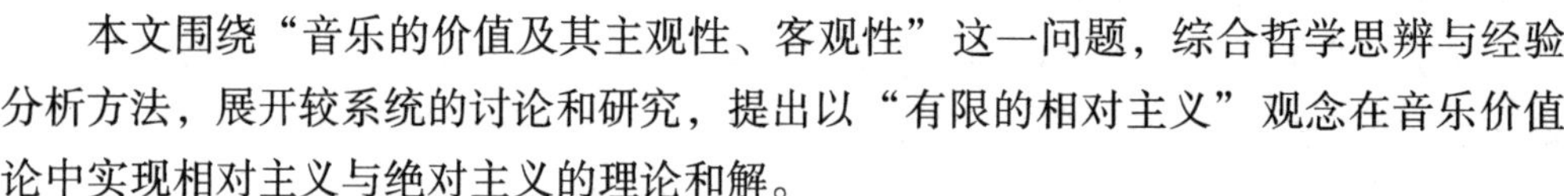

本文围绕“音乐的价值及其主观性、客观性”这一问题，综合哲学思辨与经验分析方法，展开较系统的讨论和研究，提出以“有限的相对主义”观念在音乐价值论中实现相对主义与绝对主义的理论和解。

第一章讨论“价值是什么”、“价值存在于哪里”这两个哲学问题。文中将“价值”理解为“积极作用”，它作为事物对人产生的效果，实现于主体范畴，可能因人、因时、因地而异。若在积极作用的意义上谈价值，便可能强调价值的主观性、主体间性，并走向不同程度的相对主义。

第二、三章讨论“音乐的价值（积极作用）何以可能”。认为：（1）音乐的价值之所以可能，有赖于人的音乐认知和音乐评价活动。两种活动分别可在主体的不同心理层次上展开，如听感知觉、感情体验、联想想象、分析等层次。音乐评价的真正对象，是人们凭借自己的认知能力、以往经验知识构建起来的、存在于意识中的音乐认知经验（认知结果）。（2）任何主体都具有一个“认知—评价”心理结构，它包括三个因素：其一是认知能力；其二是经验知识；其三是评价标准。认知能力和评价标准既受先天因素决定，又受后天因素决定，而经验知识则完全通过后天学习获得。具体而言，该心理结构同时受到生理、心理、历史、社会、文化、地理、种族、阶级、阶层、职业、教育、家庭、性格、年龄、性别、偶然心境，以及当下对音乐的需求等诸多因素的影响。由于每一位主体皆凭借自己独特的心理结构认知、评价音乐，由此，音乐认知、评价活动具有意向性本质。不同主体凭借自己独特的“意向性背景”，获得独特的音乐认知经验，并在自身音乐认知经验的基础上，以独特的评价标准或标准系统对作品作出褒贬。这是音乐价值具有主观性、差异性、相对性特征的根本原因。

第四章讨论“音乐价值的客观性”。认为音乐价值客观性体现在四方面：其一，体现为音乐作品已经实现的积极作用；其二，体现为作品本身的质量；其三，体现为价值的主观普遍必然性；其四，体现为主体价值选择的被给定性。而音乐作品的质量应成为音乐价值客观性课题的核心。随后通过对不同作品进行质量比较，以说明音乐作品质量评价的标准、方法及常见问题，并认为不同作品的质量既有可分高低的情况，也有难分伯仲的情况。

结论部分对音乐价值论研究的根本思维方式作出进一步思考，试图以“有限的相对主义”观念实现价值相对主义与价值绝对主义的理论和解。

关键词： 音乐　价值　客观性　有限的差异　有限的相对主义

感性智慧的思辩历程

——西方音乐思想中的形式理论

作　　　者：李晓冬

指 导 教 师：王次炤

专 业 方 向：音乐美学

学　　　位：博士

学位授予时间：2007 年

论 文 述 要：

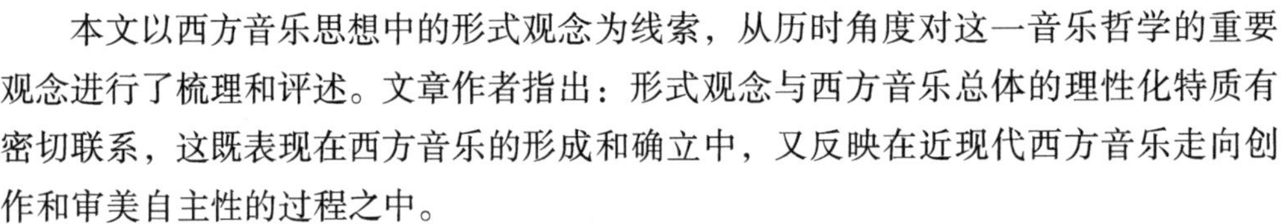

本文以西方音乐思想中的形式观念为线索，从历时角度对这一音乐哲学的重要观念进行了梳理和评述。文章作者指出：形式观念与西方音乐总体的理性化特质有密切联系，这既表现在西方音乐的形成和确立中，又反映在近现代西方音乐走向创作和审美自主性的过程之中。

本文作者依据对西方哲学、美学的总体分析，把形式论音乐思想划分为四个大的历史阶段，即本原形式、超验形式、理性形式以及自主形式等四大阶段，以四个章节的大半篇幅对其所涉及的思想史以及相关论域，进行了全方位述评与批判性检视。在文章后两章中，作者针对 20 世纪的音乐以及创作的发展，立足形式论音乐思想，对其进一步的发展和前景作出了个人化理解，并以美国思想家苏珊·桑塔格与英国哲学家卡尔·波普尔的形式化哲学、美学思想为例，提出把音乐作品作为一种独特的“感性智慧”的形式美学思路，继而把中国音乐思想置于此坐标系中，审视了中国音乐文化中的若干命题，对其进行了一定深度的批判。

本文所关注的音乐形式，既属于音乐哲学层面的范畴，又属于一个历史文化层面的范畴。作者认为，西方音乐形态的独特性，在于特定历史进程中逐渐形成的、高度发达的理性化思维，而形式观念起了不可或缺的作用。作者从审美现代性与音乐审美自律的演化角度，审视了奥地利音乐美学家汉斯利克形式自律论的深层内涵。

进一步指出：以绝对音乐观念为代表的“器乐的自觉”，是西方音乐进入现代之后对自身合法性的哲学美学层面诉求，它以高度发达的音乐思维为基础，必然体现为具有哲学高度的反思精神。

本文后半部，以若干思想家为例，尝试提出一种音乐美学的新思路。作者强调，听觉感性的开放性与音乐价值的客观性应是音乐美学的重要考虑，在音乐审美研究中，应倒转音乐审美的主客地位，回归音乐的感性秩序对主体感性能力的拓展，把音乐作为一种独特的感性智慧。最后笔者认为，对西方音乐文化的深层认识，将会有力地促进我们对自身音乐传统的更新和改造，在这方面，形式论音乐思想提供了重要的启发。

关键词：形式　感性智慧　自主性

中国当代流行歌曲的审美品评

作　　　者：雷美琴

指 导 教 师：张前

专 业 方 向：音乐美学

学　　　位：博士

学位授予时间：2009 年

论 文 述 要：

在中国当代诸多音乐文化现象中，流行音乐，特别是其中的流行歌曲，是一个极为引人瞩目，同时又是一个颇具争议的话题。这是因为，流行歌曲的社会受众面极广，特别是它在数亿青少年中的流传和影响有如潮涌一般猛烈而不可小觑，同时在社会上，特别是在许多成年人中所引起的议论和疑虑又是那样牵动人心而众说纷纭。令人遗憾的是，中国音乐理论批评界，长期以来对于这样一个有着如此广泛社会影响的音乐现象却关注得较少，真正有份量和有影响的美学研究和批评文章有如凤毛麟角。有鉴于此，本论文不揣冒昧，把 20 世纪下半叶以来两岸三地，特别是 80 年代改革开放以来的中国大陆流行歌曲作为主要研究对象，以期抛砖引玉。

本文的引论部分，着重对 20 世纪下半叶以来中国两岸三地的流行歌曲进行追根溯源，梳理其发展脉络、阶段特征以及相互促进的互动关系，以期把流行歌曲放在广阔的社会背景中加以审视，把握其产生、发展、流变的过程与成因。本文的主体部分分为四章，对 20 世纪下半叶以来浩如烟海的中国流行歌曲进行风格分类与专题研究。对“校园歌曲”、“都市情歌”、“民族化流行歌曲”、“摇滚歌曲”等四大主流风格类型，及其代表性作品的歌词内涵、音乐形态与具有个性特征的演唱做系统的解读、分析和审美品评。

本文结论部分，从美学与社会学相结合的角度，对流行歌曲进行总体评价。第一章，立足于流行文化的总体视野，探讨了有关流行音乐的诸多社会学问题。第二章，对流行歌曲审美范畴的流变及其社会动因做了考量。第三章进一步从音乐美学的视角出发，对流行歌曲这一综合性音乐体裁的音乐美的形态（诗词美、旋律美、伴奏美）逐一进行分析，并对它的审美价值、社会功能和雅俗问题进行综合品评，最后对中国流行音乐的发展前景做出展望。

关键词：流行歌曲　审美品评　校园歌曲　都市情歌　民族化流行歌曲　摇滚歌曲

他律音乐美学探微

——安布罗斯、豪塞格、克莱茨施玛尔、舍林综合研究

作　　者：汪涛

指导教师：张前

专业方向：音乐美学

学　　位：博士

学位授予时间：2010 年

论文述要：

奥古斯特·维尔赫姆·安布罗斯、弗里德里希·冯·豪塞格、赫尔曼·克莱茨施玛尔和阿诺德·舍林是 19 世纪中叶到 20 世纪初德奥著名的音乐学家。他们的音乐美学理论尽管不尽相同，但却具有一个最大的共同点，即强调音乐与其他艺术、与人的情感的关联。这种思想被德国音乐学家卡茨（Felix Maria Gatz）在 1929 年出版的《音乐美学的主要流派》中归纳为“他律论”。本文旨在以“他律”论为主线，对他们的音乐美学思想进行个案与综合研究，来观察他们对音乐的思考，并借此管窥这一时期音乐美学思想的发展。

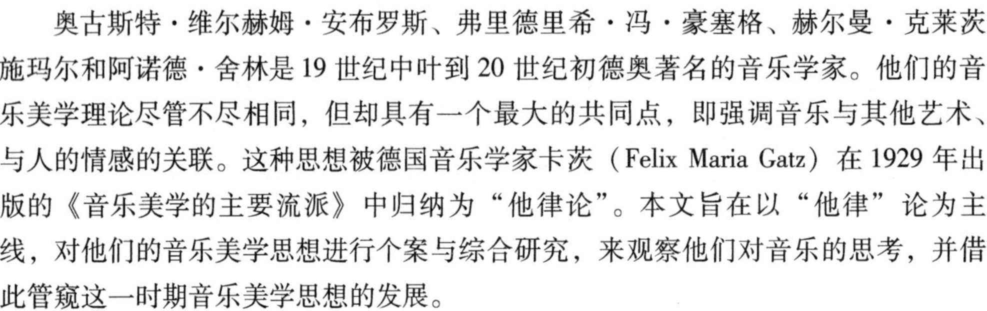

全文由绪论、第一、二、三章和结语五个部分组成。绪论陈述了笔者的选题缘起、国内外学者对这四位音乐学家的研究状况和他律与自律的美学范畴。第一章安布罗斯的音乐美学思想，重点阐释他关于音乐与诗歌的界限的论述，以及他与汉斯立克在对待瓦格纳的总体艺术以及音乐的内容与形式等问题上的不同观点。第二章豪塞格的音乐美学思想，主要剖析他关于音乐起源、游戏与同感、艺术宗教和音乐作为“表现”的美学思想。第三章重点论述克莱茨施玛尔的音乐释义学与舍林的象征音乐美学。在对安布罗斯和豪塞格的论述中，笔者的着眼点是他们二人与汉斯立克的论争，而在克莱茨施玛尔和舍林的章节中，则根据他们的“实践音乐美学”特点，以论述他们对巴赫和贝多芬音乐作品的解释为重心。结语归纳了这四位音乐学

家音乐美学思想总的特点，从音乐的表现、音乐的“诗意”与“诗化解释”、音乐的释义以及音乐的“自律”与“他律”等四个方面进行了综合分析，对“他律”、“自律”二元对立的理论划分的历史局限性作出解读，并充分肯定了四位音乐学家的历史贡献。

今天我们所强调的音乐学研究中应该努力达到的历史与逻辑的统一、理论与实践的统一，在这几位音乐学家身上也有着不同程度的体现。他们对音乐的理解和阐释为我们提供了多角度的思考，这对我们今天的音乐美学研究仍然有着深刻的、多方面的启示。

关键词：安布罗斯　豪塞格　克莱茨施玛尔　舍林　他律　表现　释义

“心”与“声”的解读

——从李贽等四位士人论乐看晚明音乐美学观念中的主体性特征

作　　者：王维
指导教师：邢维凯
学　　位：博士
专业方向：音乐美学
学位授予时间：2010 年

论文述要：

晚明是中国历史上一段特殊的历史时期，当时的商品经济迅速发展，而政治制度却愈发腐朽僵化，城市中弥漫着奢靡享乐之风，人们纷纷慕奇好异，追浮逐虚。如此种种导致了整个晚明社会在经济结构、价值观念、道德标准等等方面出现了一系列前所未有的变化。在这样一个混乱但又充满活力的年代里，作为知识精英的晚明士人们开始了对传统思想、社会现实以及生命本身的深刻反思。他们的思想当中都有着一个共通特点，那就是视域的改变，即由过去对于“外王”的关注转向了“内圣”的修炼，由原来对于“理”的外部探寻转向了对于“心”的深度挖掘，归结起来就是由外到内，将人的主体意识视为生命存在的根本。这种对于人的主体性的关注，除了受到外界客观因素影响之外，更为直接的原因是受到当时的主流学说——阳明心学的影响以及儒、释、道三教合流倾向的启发。

本文选取了李贽、袁宏道、汤显祖、黄道周这四位士人的乐论思想作为研究对象，其原因在于他们四人对于主体之“心”的不同解读囊括了王学之“心”所具有的全部内涵。同时，由于四位士人都有着参禅学老的经历，因此他们对“心”的阐释当中又融入了佛、道的思想，以上这些理论使得他们对于“心”“声”问题的论述表现出了一定的创新性。另外，他们还以一种审美的方式（“声”）化解了王学之“心”所存在的理论问题，这也让晚明的音乐美学理论承担了一份新的责任，即当士人的精神活动在哲学领域中得不到施展的话，也可以在音乐美学领域里得到某种落实。因此，本文认为这四位士人对于心声问题的解读，体现了晚明士人对于主体之“心”的深度追寻与全面思考，而对“心”的不同层面的解读也引发了晚明士人对不同领域的音乐艺术的重新认识，由此使得明末音乐美学思想呈现出一种多元化的理论格局。所以，本文认为选取这四位士人的乐论思想作为研究对象，具有一定的典型性意义，本文期望通过此项研究能够起到以点带面的作用。

李贽的“心同吟同”；袁宏道的“真声”命题；汤显祖的“意趣神色”；黄道周的“声有哀乐”。他们都将“心”作为了理论的起点，但每个人对心的理解又不尽相同，李贽从“圣人之心”的视角去俯视人间；袁宏道是以俗人之心去平视大众；汤显祖是以士人之心去营造自我的空间；而黄道周在心声关系的解读中以一种理性分析的态度去纠正晚明士人流于空疏的学术风气。最后，我们对晚明音乐美学思想的整体态势加以总结：纵向是“心”的深层挖掘，横向是“声”的领域拓展，两者存在着一种互动关系，“心”的深化认识是“声”不断拓展的基础，而“声”的不断拓展又反过来促进了人们对于“心”的深刻感悟。

关键词：晚明　李贽　袁宏道　汤显祖　黄道周　阳明心学　儒、释、道合流

老子音乐美学思想与相关艺术审美

作　　者：何艳珊

指导教师：李起敏

专业方向：音乐美学

学　　位：博士

学位授予时间：2011 年

论文述要：

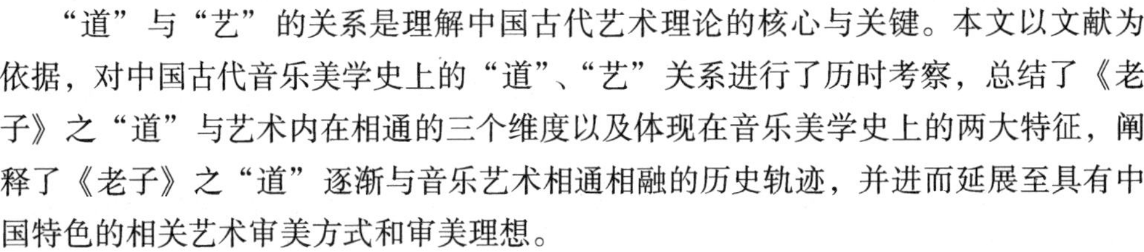

“道”与“艺”的关系是理解中国古代艺术理论的核心与关键。本文以文献为依据，对中国古代音乐美学史上的“道”、“艺”关系进行了历时考察，总结了《老子》之“道”与艺术内在相通的三个维度以及体现在音乐美学史上的两大特征，阐释了《老子》之“道”逐渐与音乐艺术相通相融的历史轨迹，并进而延展至具有中国特色的相关艺术审美方式和审美理想。

《老子》之“道”的影响不仅表现在历代道家音乐美学思想中，对于儒家的音乐美学思想同样具有重要的影响。故本文将儒、道两家视为一个互补的整体来考察“道”与中国古代音乐美学特征的内在关系。笔者将“道”、“艺”关系分为“道艺相通”、“以艺求道”、“道以艺显”、“艺道相融”四章来叙述，分别论述“道”对艺术审美的本体、方法及评价的影响。

首先，《老子》之“道”对于古代艺术本体具有重要影响。这种影响体现在音乐中的“气”和“象”两个方面：一方面，“气”作为艺术的本源影响了古人对艺术本体的认识。古人普遍认为“气”的运动、发展和变化的规律既是“道”运动和变化的体现，同时也是音乐艺术的规律，因此“道”与“艺”是内在相通的。另一方面，“象”在古代美学史上是一个重要的本体范畴。《老子》首次指出“象”是“道”的显现，故“象”中有“道”，“象”也可寓“道”。这一思想经过王弼等人的发展对后世艺术理论产生了重要影响。总之，“象”是“气”的感性表现，“气”是“象”的内在机心，“气”和“象”共同构成了古代艺术的本体理论。其次，《老子》悟道的方法对古代艺术审美方法具有重要影响。《老子》首次提出悟“道”的方法是“致虚极，守静笃”、“专气致柔”，也就是说主体通过去除一切欲望恢复到“无知”、“无欲”的先天本性时就可以与“道”相通。《庄子》的“坐忘”、《吕氏春秋》的“节欲”、《淮南子》的“损欲从性”、《乐记》的“存天理，节人欲”等思想都是《老子》的悟道方法在音乐美学思想中的体现。笔者认为，“去欲”的方法使得《老子》影响下的中国美学成为一种内在美学、心灵美学，它更为注重音乐审美者内在的修养和心灵的自由。再次，《老子》思想深刻地影响了中国古代艺术理论对于“美”的认识。《老子》影响中国古代音乐美学评价出现了两大特征：一是“以和为美”的传统。“和”充分体现了古人对于“美”的辩证认识；二是将“合”作为最高追求，如“天人合一”、“艺道合一”的思想。“天人合一”的境界也就是“道通为一”、“物我两忘”的境界，是审美的极致，也是中国古代音乐美学追求的最高理想。总之，“以和为美”和“天人合一”所体现的“和”、“合”精神是中国古代音乐美学评价的两大根本特征。

综上所述，笔者认为《老子》思想影响了中国古代艺术的本体、方法和审美评价等诸多方面。《老子》之“道”与艺术的融合使得中国古代的艺术总是体现着回味无穷的韵意和对至善至美的追求。“艺”与“道”的合一，是艺术的人生化，也是人生的艺术化，是审美境界与人生境界的合一。这对于当今的艺术审美具有重要的启发意义。

关键词：道与艺　气　象　德　和　合

京剧音乐中的悲情性

作　　　者：段蕾

指 导 教 师：王次炤

专 业 方 向：音乐美学

学　　　位：博士

学位授予时间：2012 年

论 文 述 要：

本文的研究方向是“中国传统音乐的美学问题”，这一课题是在中国传统文化的背景下，将传统音乐思想与传统音乐形态相结合研究的一个新领域。但是从以往的研究成果来看，上述二者一直处于平行状态，而在我国传统文化的大背景下，二者是不可能没有联系的。依据上述研究思路，本文以京剧音乐为研究对象，选取其中具有悲情性审美风格的唱段，与我国传统音乐美学、戏曲美学中“以悲为美”的审美思想相结合研究，力求在揭示京剧音乐悲情性这一重要审美风格的基础上，从中总结出悲情性的审美特征，最后上升到我国古代哲学思想层面中去探讨“悲情”的传统文化根源，并希望通过对京剧音乐悲情性的研究，来进一步思考我国戏曲音乐中“悲情”的审美特征。

全文分绪论、正文三章、结语五部分。绪论对本文的研究方向、研究对象、研究现状与方法进行阐述，并对文中所用“悲情”等重要概念进行界定。第一章主要从历史的角度，对我国音乐美学、戏曲美学中“悲”与“美”的关系进行归纳，总结出“悲怨”、“悲苦”、“悲愤”与“悲壮”四个审美范畴。第二章分为四节，依据上述四个审美范畴，与京剧音乐唱段相结合论述，并分别提炼出“雅而含蓄”、“深沉浓烈”、“酣畅激昂”、“沉雄壮烈”四种审美风格。最后一章结合我国传统文化与历史环境，归纳出京剧音乐悲情性的三个审美特征：内向性与突破性；悲情内涵的丰富性与表现形态的简洁性；“情”的艺术与对人生的喟叹。结论部分认为，通过对京剧音乐中悲情性审美风格的研究，证明我国戏曲是不缺乏悲剧意识的，无论在美学思想还是音乐形态方面，它都有着与西方悲剧不同的审美特征以及文化底蕴，并且在当代京剧音乐创作中，应该很好地继承与发扬我国传统戏曲“悲情性”这一审美特征。

关键词： 京剧音乐　悲情性　审美风格

魏晋士人音乐精神研究

作　　　者：程乾

指 导 教 师：王次炤

专 业 方 向：音乐美学

学　　　位：博士

学位授予时间：2013 年

论 文 述 要：

士人音乐滥觞于先秦，成熟于魏晋，延续至今。本文在中国传统文化与哲学的背景下，以魏晋时期的士人音乐精神为立足点，将“士”作为具有觉解意识的群体和感性存在的个体，通过他们对于音乐的体验与表达，探讨音乐实践活动中“生生”精神形成的内在机制。

本文主要分三部分：一、梳理了《周易》和孔子、《庄子》哲学中与音乐思维、审美体验相关的问题，以及玄学影响下魏晋士人音乐家群体的形成及其贡献，认为只有声音本身获得尊重，并成为士人思考对象的时候，中国音乐哲学的独立生命才真正开始。二、从音乐美学范畴入手，选择了气、情、远、独四个主要维度及其相关的范畴与命题，展开分析，从整体上勾勒出一种由此及彼的多向度的生命体验理论。三、围绕魏晋士人的音乐观念与行为，以个体生命的“觉解”与“感性”体验出发，关注士对于音乐理解与表达所作出的多样化选择。将道与技、声与心、乐与礼、古与新、言与意、自然与规则、生命与死亡、传承与绝响等诸多问题，置于理论范畴和实践活动的冲突与佐证中梳理论证，追究其根源，发掘音乐形态中具有生命活力的内核。

士阶层不仅以“辨名析理”的逻辑形式对音乐作形而上学的探索，更从行为活动上透露出主体的听觉期待和精神诉求。魏晋时期，士的音乐观念与行为作为一种特殊的文化现象，是玄学精神生命化的体现，是儒、道思想第一次大规模的碰撞与贯通，也是成就中国士人音乐“生生”之道的关键所在。

关键词：士人音乐　生生精神　音乐行为　独有　反本

肖邦国际钢琴比赛的美学审视

作　　者：段召旭
指导教师：张前
专业方向：音乐美学
学　　位：博士
学位授予时间：2013 年

论文述要：

华沙肖邦国际钢琴比赛是当代最重要的音乐赛事之一，也是历史最悠久的国际钢琴比赛。肖邦国际钢琴比赛的众多获奖者如奥柏林、阿什肯纳齐、波利尼、阿格里奇、傅聪、齐默尔曼、内田光子等人后来都成为了国际乐坛举足轻重的人物，肖邦国际钢琴比赛的美学主张和表演理念也在当代音乐学界产生了重要的影响。本文主要研究了肖邦国际钢琴比赛中在表演美学上最具有代表性的核心问题——对音乐作品“纯正性”的把握与表演者个性展示之间的关系。

论文勾勒了肖邦国际钢琴比赛的历史脉络、历届评委与获奖者的情况和大赛历史上几次著名的争议（1955 年哈拉谢维奇与阿什肯纳齐之争、1960 年“鲁宾斯坦奖”的由来、1980 年的波格雷里奇事件、1995 年苏塔诺夫拒绝领奖和格尔纳的“抗议音乐会”、2010 年的冠军之争等），从总体上概括了肖邦大赛的主流表演美学理念，指出了追求“肖邦精神”与表演的“纯正性”是其美学理念的核心。通过对几位具有代表性的大赛获奖者的演奏进行分析，并与产生争议的一些选手的演奏进行比较，作者认为，肖邦比赛获奖者的演奏在共同体现了“肖邦精神”的同时，也都展露出各不相同的面貌。在重新阐释音乐表演的客观性与主观性的基础上，论文指出，纯粹客观的音乐表演是不可能做到的，任何表演中都会带有演奏者的主观成分。接着，论文阐述了肖邦国际钢琴比赛的主流意识，强调了其追求的是在忠于作曲家与作品的基础上展现演奏者的创意、忠实性与创造性相统一的表演风格。作者通过考察西方音乐表演美学观念演变的历史，指出了音乐表演“纯正性”产生的背景及原因。其中，既有哲学美学思潮的原因，也有“音乐作品”概念的形成、以及科技进步等多方面的原因。在讨论了强调忠实原作与强调彰显个性这一音乐表演美学观念冲突的症结后，作者以审美的现代性视野审视了音乐表演“纯正性”的内涵，指出了音乐表演“纯正性”的审美张力，并认为其具有开放性和多元性。最后，论文从理论与实践两个方面阐述了本研究的意义，指出了肖邦国际钢琴比赛的成就与贡献。

作者认为，肖邦国际钢琴比赛的音乐表演美学理念在当代音乐表演美学史上占有重要的地位，它所引起的问题远远大于它所解决的问题。对肖邦国际钢琴比赛的美学审视不仅对我们的音乐美学理论研究而且对音乐实践问题都具有很大的启发。

关键词： 肖邦国际钢琴比赛　肖邦精神　纯正性　音乐表演美学

论音乐美感的属性

——对音乐美感生成与审美体验机制的多维考察

作　　　者：黄宗权

指 导 教 师：宋瑾

专 业 方 向：音乐美学

学　　　位：博士

学位授予时间：2014 年

论 文 述 要：

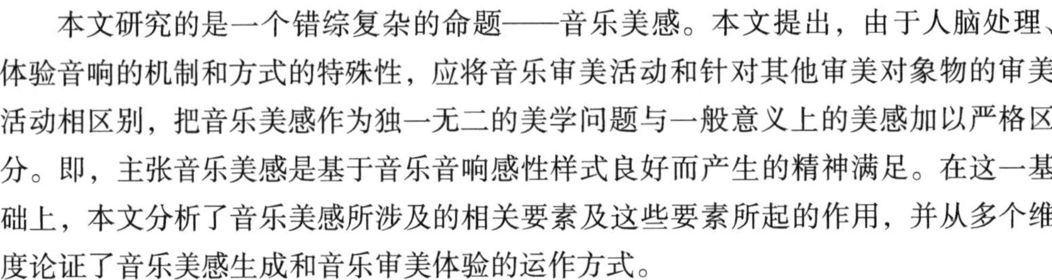

本文研究的是一个错综复杂的命题——音乐美感。本文提出，由于人脑处理、体验音响的机制和方式的特殊性，应将音乐审美活动和针对其他审美对象物的审美活动相区别，把音乐美感作为独一无二的美学问题与一般意义上的美感加以严格区分。即，主张音乐美感是基于音乐音响感性样式良好而产生的精神满足。在这一基础上，本文分析了音乐美感所涉及的相关要素及这些要素所起的作用，并从多个维度论证了音乐美感生成和音乐审美体验的运作方式。

以音响知觉为特征的音乐审美活动，其起点是对音乐音响的感知和处理。应用认知心理学的相关原理，本研究从人脑处理、加工音响的生理——心理机制入手，分析解释了人的音响处理方式具有“感性与直觉”、“听觉主动性”、“从‘无序’中构建‘组织’和‘秩序’”等特征。这一处理方式是人对音乐样态的“一般感知”和“文化感知”的基础。人对音乐的一般感知具有的普适性，使人们对音乐形成某些普遍的偏好，这些偏好包括了“乐音偏好”、“和谐偏好”、“规整节律偏好”等方面。

普适的音乐审美偏好，无法解释各文化中形态各异的音乐样式，更无法解释跨文化中的音乐审美现象。因此，本文纳入审美人类学和音乐人类学的视野来看待音乐的审美问题，把目光从西方艺术音乐（尤其是“纯音乐”）这一特例中转移到更为广阔而多元的音乐现象上。由此，本文重新对“音乐意义”进行了界定，把音乐表现的意义分为“音乐样态自身呈示的意义”和“音乐表达的意义”两个层级。同时提出，音乐意义的理解对音乐美感的获得具有重要的影响。

音乐技能是一个被长期忽略的重要音乐美感元素。本文把音乐技能分为“创造”声音的技能和“掌控”声音的技能，认为这两个方面（尤其是后者）体现了音乐美感构成的独特性。对音乐技能的鉴赏是美感获得的重要方面，这一问题与音乐有关但又超越了音乐自身，本文从进化心理学的立场，对音乐技能鉴赏何以作为音乐审美活动作出阐述。

考察音乐美感的历时变易，是本文的另一中心议题。本文提出，人们因用音乐进行自我表达和对音乐样态的“新异”化追求，同时又受制于音乐功用和音乐意义的规约，导致了美感的历时交易，这一视角为音乐形态的历史变迁提供了另一种解释。即，相对于社会历史文化这些人文因素，导致音乐形态变迁的更为直接而根本的原因是音乐美感的变易，这为本文提出的音乐形态的发展变化具有“自律性”的主张提供了解释。

关键词：音乐审美　音乐感知　音乐样态　音乐意义　音乐技能
音乐功用　音乐观念

生活风格视野下的音乐会受众研究

作　　　者：李彦频

指导教师：邢维凯、刘少杰

专业方向：音乐社会学

学　　　位：博士

学位授予时间：2014 年

论文述要：

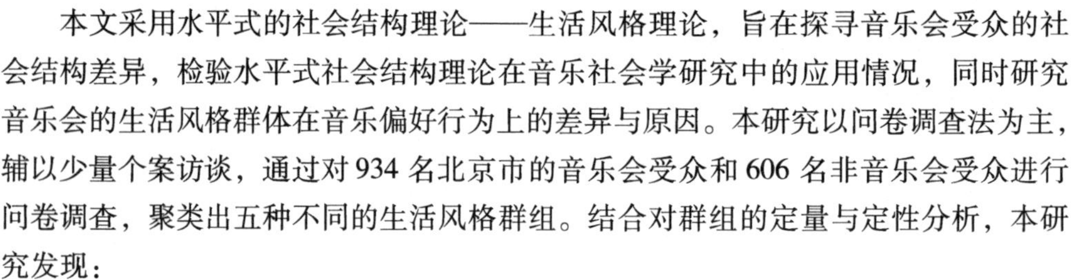
本文采用水平式的社会结构理论——生活风格理论，旨在探寻音乐会受众的社会结构差异，检验水平式社会结构理论在音乐社会学研究中的应用情况，同时研究音乐会的生活风格群体在音乐偏好行为上的差异与原因。本研究以问卷调查法为主，辅以少量个案访谈，通过对 934 名北京市的音乐会受众和 606 名非音乐会受众进行问卷调查，聚类出五种不同的生活风格群组。结合对群组的定量与定性分析，本研究发现：

首先，非音乐会受众与音乐会受众的差异主要是社会阶层差异，但在以中产阶层为主的音乐会受众中，参加音乐会的类型与数量的不同则与其生活风格有关，后者由文化偏好主导的感性体验模式与由生活目的、自我评阶、人生满意度构成的体验取向共同决定，同时也受收入和阶层地位等社会因素的干预影响。他们形成五种不同的生活风格：尊贵精英型、富足安逸型、轻度享乐型、自我实现型、摇滚压抑型。

其次，不同的生活风格有不同的音乐偏好与音乐审美包容度。所谓音乐审美包容度，是受众对各种音乐的接受与认可程度的总和，涉及偏好的音乐种类数量及种类之间的相似度，它与受众的社会阶层地位呈正相关关系。以中上阶层为主的风格群体比中间阶层为主的风格群体的音乐审美包容度更大。再次，不同类型的音乐会，其受众的结构与音乐偏好情况不同。古典音乐会的受众女性比例较高，学历也较高，平均 2—5 个月参加一次音乐会，偏好复杂程度较高的音乐；民族音乐会的上层男性受众比女性多，平均1—4个月参加一次音乐会，对社会地位极高与极低的受众都有吸引力，偏好中国民族音乐；流行音乐会的受众大多没有参加音乐会的习惯，排斥古典与民族音乐会，对30岁以下的女性比较有吸引力；摇滚音乐会的受众男性比例多，有固定的参加音乐会习惯，比较吸引30岁以下、8000元以上的中高收入年轻人，偏好动感摇滚乐。

最后，本研究通过研究调查不仅证明了风格分类在此的可行性，同时也说明在一定阶层地位范围内，决定受众选择的因素不是传统的身份地位，而是体验，是体验取向和感性体验模式。它预示着我们的消费社会已经逐渐从符号消费迈入体验消费阶段，在这个阶段，感性体验将成为一种大众消费的目的，进而影响人们的日常生活行为。

关键词：音乐会　受众　生活风格　体验取向　感性体验模式　偏好　区隔

律学与音乐声学

和谐与协和的历史演进与验证研究

——和声学的底层探索

作　　　者：付晓东

指 导 教 师：韩宝强

专 业 方 向：音乐声学

学　　　位：博士

学位授予时间：2011 年

论 文 述 要：

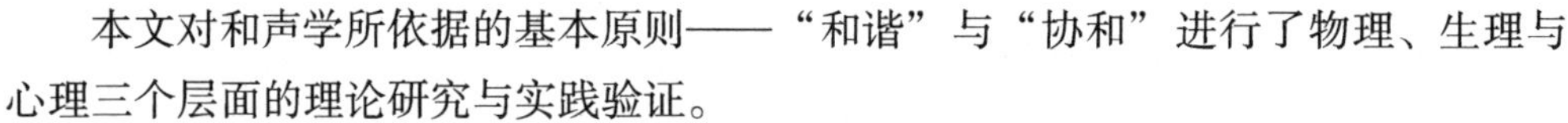

本文对和声学所依据的基本原则——“和谐”与“协和”进行了物理、生理与心理三个层面的理论研究与实践验证。

第一章至第四章为理论研究部分。其中第一、二章以毕达哥拉斯的“和谐数列”为起点，围绕着和声学理论的发展进程，兼涉及宇宙学研究视野，阐述了和谐与协和感知的自然与物理基础。第三章介绍了以亥姆霍兹为代表的科学家们对和谐与协和感知所进行的实践研究成果，并论证了亥姆霍兹所奠定的物理——生理——心理互证的音乐声学研究模式，成为和谐与协和感知经典的研究范例与技术路线。第四章则将 20 世纪以来与本选题相关的听觉生理与心理声学的研究成果进行综述，并将其置于和谐与协和感知的探索目标进行了整合与关联性研究，从而揭示了和弦结构原则即是建立在“听觉谐音”与“虚拟音高”的心理基础之上，前者为上方音高叠置的心理期待依据，后者是下方根音的心理推导原则。

第五章至第七章为实践研究部分。重点考察了“和谐宽容度”、“拍音现象”、“听觉谐音”与“虚拟音高”，并采用音乐心理学的实验方法对其进行了研究。其中对“听觉谐音”与“虚拟音高”进行了验证性调查，对“和谐宽容度”、“二级拍音”则在验证的基础之上又进行了拓展性的探索。第七章则进行了复合音协和的验证研究，对音程协和与和弦协和进行了理论性的推导与思辨，并借助虚拟音高理论，对小三和弦起源所依据的自然基础进行了探索。在论及和弦的色彩性感知时，本文借用了语音韵律学与生物声学“频率编码”的概念，对大小三和弦的色彩性区别进行了归因。以此为拓展点，在最终的讨论中，借以中国民间音乐侗族大歌的多声现象的成因探讨，笔者意图将和谐与协和感知的研究领域置于更为广阔的背景中予以考察，从而进一步揭示出隐含在和谐与协和感知背后的生物学、社会学意义。

本文由此得出和谐与协和感知研究的结论：和谐与协和感知具有其普遍性与一致性规律，即有其自然与物理的客观原理，也有其生理与心理的主观依据，是确立大小调和声体系的底层基础。本文也由此进一步提出假设：人类听觉系统中存在有“预制谐音列结构”，对音响进行和谐与协和性的判断过程，即是以“预制谐音列结构”对音响进行的匹配过程。

关键词：简谐比　听觉谐音　虚拟音高　和谐宽容度　预制谐音列

有品乐器律制研究

作　　　者：夏凡

指导教师：韩宝强

专业方向：律学

学　　　位：博士

学位授予时间：2011 年

论文述要：

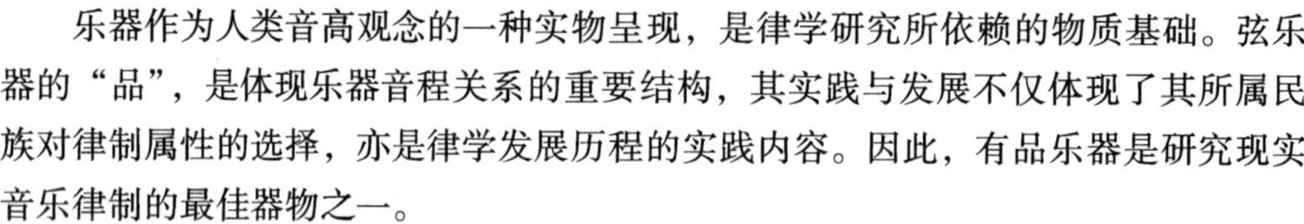

乐器作为人类音高观念的一种实物呈现，是律学研究所依赖的物质基础。弦乐器的“品”，是体现乐器音程关系的重要结构，其实践与发展不仅体现了其所属民族对律制属性的选择，亦是律学发展历程的实践内容。因此，有品乐器是研究现实音乐律制的最佳器物之一。

本论文通过对有品乐器“品”的研究，探讨此类乐器的律制倾向以及实践中的律制情况。全文立足于从律学的角度研究有品乐器，同时参考乐器学、声学、民族音乐学、世界音乐、音乐史等学科方法。有品乐器的结构类型划分主要按照乐器学的方法和术语。律制的分类与论述兼顾世界乐制体系以及时间顺序。

绪论与结论除外，论文共有八章。第一章为有品乐器弦振动特性以及“品”的最早记载。此章有两部分内容，一是明晰有品乐器的声学、物理特点与音高的关系，为有品乐器的律制研究打好基础；一是“品”的最早图像信息和文字记载，图像信息主要是根据世界考古发现的有品乐器，文字记载则限于中国古代文献。第二章至五章主要是介绍中国有品乐器，由于篇幅较长共分成四章进行论述。第二、三章以琵琶为代表乐器，论述中国秦汉至近现代“品”的历史和基本律制倾向。由于古琴属于较为特殊的有品乐器，因此单独在第四章阐述其特殊的“品”及其律制的可能性。第五章为中国当代有品乐器，分为中国当代琵琶和新疆少数民族有品乐器两部分。第六章为欧洲有品乐器，主要体现欧洲律制发展的有品乐器以琉特琴为代表，此章主要探讨琉特琴等有品乐器的调律，以及特殊的有品乐器—击弦古钢琴的律制发展。第七章为印度有品乐器，此章有品乐器将结合印度音乐理论、乐器演奏技法，说明其律制特点。第八章世界其他地区有品乐器，主要涉及波斯、阿拉伯音体系之下的有品乐器，以及较为典型的具有律制代表性的有品乐器。结论“以品探律”，是在“品”及其律制研究的基础上，探讨有品乐器结构与律制的关系，以及律制对有品乐器结构发展的影响。

本文将律学研究深入乐器实物层面，补充实践律学研究的不足。同时验证理论律制与实践的差距，以及两者的关联。不仅如此，本文的研究，能够扩展对有品乐器的认识与发掘，从而有利于此类乐器的演奏、作曲、制作，同时也丰富音乐史、乐器史中有品乐器的内容。

关键词： 有品乐器　柱　品　律制

音乐制作中的虚拟声场设计研究

作　　者：李凯

指导教师：韩宝强

专业方向：音乐声学

学　　位：博士

学位授予时间：2012 年

论文述要：

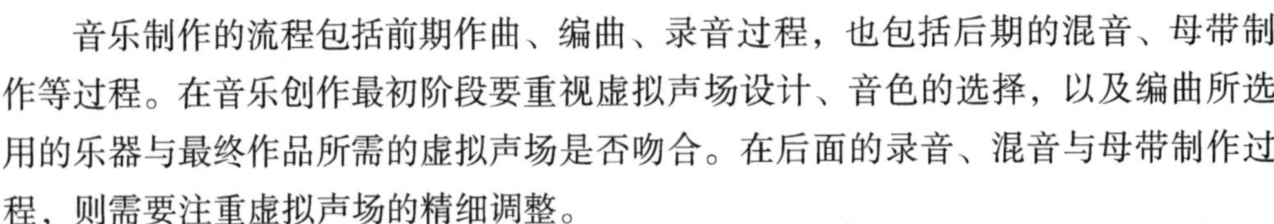

音乐制作的流程包括前期作曲、编曲、录音过程，也包括后期的混音、母带制作等过程。在音乐创作最初阶段要重视虚拟声场设计、音色的选择，以及编曲所选用的乐器与最终作品所需的虚拟声场是否吻合。在后面的录音、混音与母带制作过程，则需要注重虚拟声场的精细调整。

专业音乐工作者与音乐爱好者在评价某部电子音乐作品时往往会提及作品的声场，并经常以作品声场是否宽广等作为作品好坏的评判依据。目前国内对音乐制作虚拟声场设计的学术研讨尚未形成规模，从音乐声学角度对虚拟声场的研究文献也比较稀少。为此，本文以虚拟声场的设计与调整为题，同时针对音乐制作的前期与后期，尤其是后期，从音乐声学的角度出发，对音乐制作中的声场进行阐述与探究，并从音响心理学角度出发，探究音乐制作中的虚拟声场设计与调整方法。

论文分为七章。文中将虚拟声场细分为层次感、频段听感、空间感与距离感，详细分析了影响这些听感的因素，并提出了具体解决方案，即在音乐制作的前期与后期这一系列过程中如何使用各种设备与软件对虚拟声场进行调整。论文还着重介绍了均衡、压缩、混响、延时、失真等效果器的调整方法，详细描述各参数调整与听觉心理之间的联系，并阐述了如何使用这些效果器的参数进行虚拟声场的设计与调整，使之成为我们创作的源泉。

本文研究的主要意义在于：一、从音乐声学的角度对音乐制作中的声场设计理论与实践进行总结，为未来音乐制作提供相关的理论支持，以期在保持音乐制作中丰富的感性认知的同时，增加音乐声学方面的理性思维；二、通过笔者在音乐制作领域多年的试验、实践、研究和总结，归纳出一套行之有效的虚拟声场设计和调整的技术方法，以期为他人的音乐制作实践提供有价值的参考。

关键词：音乐制作　虚拟声场　混音　音频效果器

达玛沟三弦琵琶音响复原研究

作　　　者：张寅

指 导 教 师：韩宝强

专 业 方 向：音乐声学

学　　　位：博士

学位授予时间：2012 年

论 文 述 要：

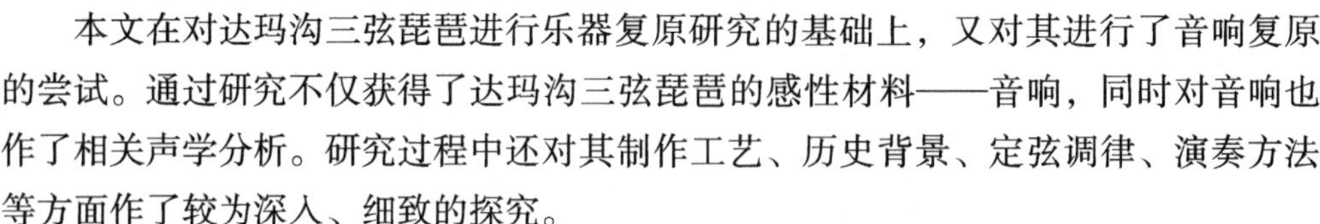

本文在对达玛沟三弦琵琶进行乐器复原研究的基础上，又对其进行了音响复原的尝试。通过研究不仅获得了达玛沟三弦琵琶的感性材料——音响，同时对音响也作了相关声学分析。研究过程中还对其制作工艺、历史背景、定弦调律、演奏方法等方面作了较为深入、细致的探究。

文中有关乐器复原、定弦调律、演奏方法、音响分析等核心内容主要采用了实证的研究方法；乐器的历史溯源、文化背景等内容主要采用了思辨法、田野调查法和历史学研究方法。上述研究方法之间并不截然分开，时常相互借鉴、互为佐证。

公元 5—8 世纪，棒状、直颈的三弦琵琶在古代新疆于阗、龟兹等地普遍使用，由于文化转型和乐器本身性能的局限，无论在西域本土，还是在中原地区都未能得以传承。达玛沟三弦琵琶是在中原文化回授西域的过程中，当地五弦受到敦煌、吐鲁番地区半梨形三弦琵琶的影响“混血”而成的衍化体。从散音孔、放音孔、覆手、系弦位置等结构细节来看，其声学结构已发展得较为完备，同现代琵琶已无二致，说明当时的乐器匠人已具备了较为成熟的声学经验。

达玛沟三弦琵琶横抱于胸前演奏，采用丝质琴弦，持琴姿态非常接近当代维吾尔族乐器热瓦普，手指的按弦位置在音柱上端。琵琶所用律制已非常接近十二平均律，印证了杨荫浏等学者关于古代琵琶采用十二平均律的论断。达玛沟三弦琵琶的柱制结构为三整柱加一孤柱，乘弦与一柱为全音关系，其余相邻二柱之间为半音关系。当代琵琶的基本演奏技巧在达玛沟三弦琵琶上大致都可实现，部分噪音奏法无法完成。三弦琵琶有十三个音位，最多可奏出十三个音，音域为一个八度加小三度，音区位置主要在现代琵琶音区的中低声区域。达玛沟三弦琵琶相对十二平均律标准音高，普遍存在一定音高偏离，偏离度基本在理论和听觉可允许的范围以内。音响的谐音列排列顺序符合谐音列排列的一般规律，第一谐音普遍较弱，第二、第三谐音相对较强。谐音以外有较多分音突起，个别分音能量较强。基音的音高稳定度相对当代琵琶较为不稳定，音高变化范围多在3—5Hz之间。各音的发声过程主要由起始、初始衰减、最终衰减三个阶段构成，其中起始过程和初始衰减过程时间较短、动态变化范围较大。达玛沟三弦琵琶四个能量较强的共振峰频段分别在500—700Hz、1300—1500Hz、2100—2300Hz、3200—3500Hz区域内，这四个稳定的共振峰频段和当代琵琶较为接近，也是其作为琵琶类乐器的重要身份标识。文中还对达玛沟三弦琵琶的形制归属、孤柱的学术价值、消隐的原因等相关问题作了探讨与研究，阐明了自己的观点。

关键词：三弦　琵琶　达玛沟　音响复原

钢琴音板声学品质评测方法研究

作　　者：李子晋

指导教师：韩宝强

专业方向：音乐声学

学　　位：博士

学位授予时间：2013 年

论文述要：

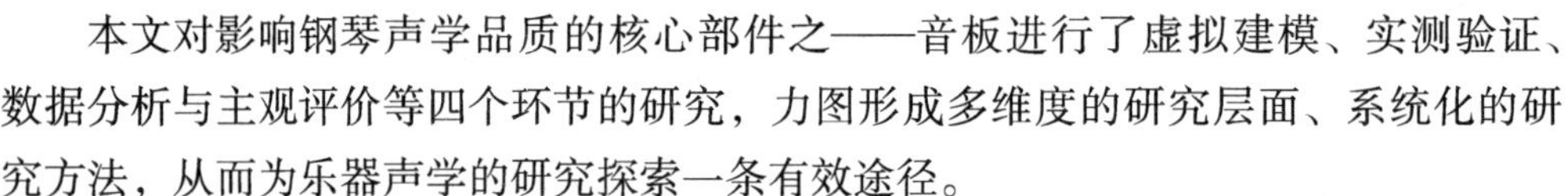

本文对影响钢琴声学品质的核心部件之——音板进行了虚拟建模、实测验证、数据分析与主观评价等四个环节的研究，力图形成多维度的研究层面、系统化的研究方法，从而为乐器声学的研究探索一条有效途径。

第一、二章是文章的理论研究部分。其中，第一章介绍了钢琴各部分结构的声学作用以及音板结构、用材、工艺对声学品质的影响；第二章介绍了以板振动为基础的钢琴音板振动原理，并对影响钢琴音板声学品质的输入阻抗、声音传导性能、弦板耦合特性等参数及特性进行了概念解析与总结，为其后钢琴音板的实验方法与实验手段提供了声学理论基础。

第三章至第六章为实践研究部分。其中第三章介绍了以 ANSYS 为基础的有限元分析法在钢琴音板声学品质研究中的运用，阐述了对钢琴音板虚拟建模及分析的过程，并选择钢琴实木及复合音板振动模态分析案例进行方法验证，之后利用有限元方法确定了音板厚度、肋木排列、弹性模量等对钢琴音板声学品质具有重要影响的参数，并在上述研究的基础上对立式钢琴音板进行结构上的改良尝试；第四章从实验模态分析理论基础出发，以克拉尼的研究为起点，延伸到现代钢琴音板的实验模态研究，对共鸣板、加肋音板以及组装音板振动模态分析以及输入阻抗的测定方法等进行了实验与分析，并用三角钢琴和立式钢琴音板的实验模态研究作为方法验证的案例，从而建立了钢琴音板实验模态分析模型；第五章介绍了两种适用于钢琴音响的分析方法——频谱分析法和波形分析法，并对以往钢琴音板研究所使用的时频分析方法进行梳理，最后以弦板耦合特性分析为例进行了实验方法与实验结果的验证；第六章介绍了对乐器音质进行主观评价的理论基础。通过对钢琴音板声音辐射均匀度与钢琴音质统一度进行主观评价的实验与调查，说明钢琴主观评价在钢琴音板声学品质评测中的作用。

钢琴音板声学品质评测方法需形成一整套包括虚拟建模法、实验模态研究、时频分析以及主观评价在内的完整体系。从振动—传播—人耳的整个过程，即是振源（琴弦）—共鸣（音板及其他共振部件）—声波—听觉感知的过程，最终形成物理—生理—心理的系统过程。因此，对于钢琴结构与音响的研究，不能仅停留在单一的某个环节中，只有对上述过程整体把握才能对钢琴音板声学品质形成全面而系统的分析。推而言之，对于其他乐器结构与音响研究也应遵循这个方法论，在研究过程中使用虚拟建模—实验模态—时频分析—主观评价的综合评测方法。

关键词：钢琴音板　虚拟建模　模态分析　时频分析　主观评价

中欧弦式音高标准器发展历程研究

作　　　者：逯璐
指 导 教 师：姜夔
专 业 方 向：律学
学　　　位：博士
学位授予时间：2013 年

论 文 述 要：

乐器是乐音的载体，而正律器则为乐音音高标准的载体，正律器分为管式音高标准器和弦式音高标准器两类。弦式音高标准器，即以弦定律的音高标准器，主要作为声学仪器而使用。中国古代弦式的音高标准器，在我国历代文献中被称为“准”、“通”、“律准”、“均准”、“弦准”。欧洲的弦式音高标准器则指“一弦器”。

本文是中欧弦式音高标准器研究第一阶段的成果，即对中国和欧洲历代的弦式音高标准器的发展历程进行全面梳理论述。

全文内容分为上下两编。上编包括第一至四章，全面论述了中国历代弦式音高标准器的发展历程。第一章运用考古学的方法对曾侯乙墓“均钟”的形制、纹饰特点、命名等特征进行分析，并结合对曾侯乙墓编钟的测音结果及钟体铭文的记载，对“均钟”的作用方式及其所体现的律制形态进行探讨；第二章是对基于京房准的各代律准进行论述，包括梁武帝“四通”、陈仲儒准、王朴准，对其相关律制及准器形制、数据等进行了分析；第三章论述了朱载堉“新法密率”的创立过程及其在“均准”上的实践；第四章则总结了当代学者对于弦式音高标准器所进行的实验及创新，包括郑觐文所制作的“一弦琴”、刘复的“审音小准”、杨荫浏的“量音尺”和“弦乐器定音计”以及陈应时的“律琴”等。

下编包括第五至七章，以翻译欧洲有关律学及测弦学的著作为基础，论述了欧洲自古希腊至现代一弦器及测弦学的发展历程。第五章论述了古希腊自发现协和比例，建立和谐学理论，运用一弦器对协和比例进行表示，直至最终建立测弦学的整体过程；第六章以波伊提乌所创立的一弦器的两种划分方式（手工划分和数字划分）为基础，论述了中世纪时期一弦器划分方式的发展，还从中世纪图像中推测出一弦器在教育、演奏和调律方面的功用；第七章以文艺复兴时期欧洲律制的发展为线索，论证了一弦器的划分在各种律制形成及实践中的作用，同时还对现代学者关于一弦器所作出的进一步创新进行了简要介绍。

在结语中，提出了对中欧弦式音高标准器进行第二阶段对比研究的设想。了解弦式音高标准器的历史发展脉络，便能够从另一个重要侧面了解音乐科学发展的整体脉络，这也正是本论题的目的所在。

关键词： 均钟　律准　一弦器　律制

民族声乐唱词清晰度研究

作　　　者：屈歌

指 导 教 师：韩宝强

专 业 方 向：音乐声学

学　　　位：博士

学位授予时间：2014 年

论 文 述 要：

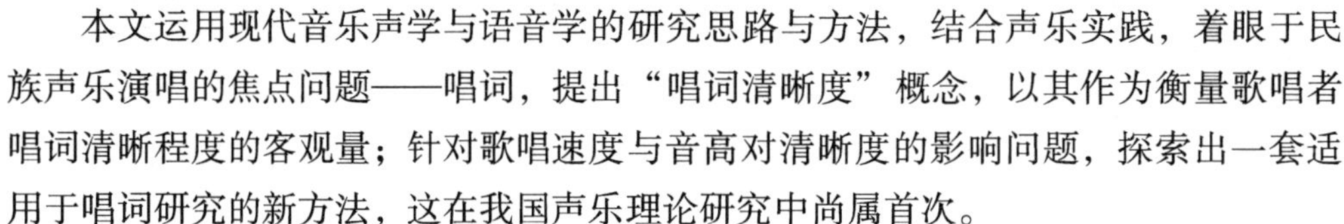

本文运用现代音乐声学与语音学的研究思路与方法，结合声乐实践，着眼于民族声乐演唱的焦点问题——唱词，提出“唱词清晰度”概念，以其作为衡量歌唱者唱词清晰程度的客观量；针对歌唱速度与音高对清晰度的影响问题，探索出一套适用于唱词研究的新方法，这在我国声乐理论研究中尚属首次。

研究工作主要集中在以下几点：

1. 编制了适用于民族声乐唱词实验研究的测试字表及实验材料：制订了发音人、审听人的遴选方法与唱词清晰度实验的完整方法流程。

2. 针对“速度对唱词清晰度的影响”问题，设置 8 种不同演唱速度，分别考察音乐审听人与非音乐审听人在不同速度条件下的清晰度得分，得出审听人清晰度得分随速度加快而逐渐小幅下降、前者清晰度得分高于后者的结论；歌唱发音人性别因素亦对清晰度有影响，相同条件下，男性发音人清晰度高于女性；探讨唱词音节声母韵母时长、强度因素与清晰度的关系，发现同性别发音人中，清晰度较高者声母时长较长、强度较弱，这与通常认为字头应尽量“短促、有力”不同。

3. 针对“演唱音高对唱词清晰度的影响”问题，设置 5 种不同音高，分别考察音乐审听人与非音乐审听人在不同音高条件下的清晰度得分情况，得出清晰度得分随音高升高而下降、且下降幅度逐渐增大，相同条件下男性发音人清晰度高于女性的结论；分析讨论不同音高对唱词元音共振峰特征的影响，以及歌唱中颤音使用、频率、强度、歌声长时平均谱等歌声声学特征与清晰度的关系，并对上述因素造成清晰度随音高升高而下降的原因做了阐释。

4. 立足当前音乐院校歌唱语言课程教学实际，论述“台词”、“正音”等训练课程与歌唱实践的脱节，提出要在唱词清晰度理论的基础上，在声乐教学中开设真正针对歌唱实践的“唱词课”；从音节辅音、音素过渡、元音保持等方面论述唱词清晰度理论对声乐教学与演唱的指导借鉴作用，并对唱词清晰度在声乐理论研究中的应用前景做了展望。

关键词： 民族声乐　唱词　清晰度　测试字表　长时平均谱　共振峰

古琴振动体与共鸣体声学特性研究

作　　　者：杨帆

指 导 教 师：韩宝强

专 业 方 向：音乐声学

学　　　位：博士

学位授予时间：2014 年

论 文 述 要：

论文是对古琴振动体与共鸣体声学特性进行的音乐声学研究，文章探讨了古琴振动体、共鸣体与古琴声学特性之间的必然联系。第一章分析了古琴声学系统构成及在时间过程中的振动特性，探讨了古琴声学特性各构成要素与古琴音响表现的关系。第二章说明了本次乐器声学测量实验的设计方案，介绍了琴弦物理性能测量、全消声室音响素材采录、琴弦声学特性测量三个环节的实验内容与实验条件。第三章分析了小波包变换理论的技术优势，阐述了开发古琴乐音小波包分析程序的必要性，说明了程序设计思路与模块构成。第四章依据国家标准测试方法对古琴钢丝缠弦、合成纤维缠弦、蚕丝缠弦三种材质共 16 套琴弦进行了直径均匀度、延伸率、拉力等物理性能的测量。琴弦声学特性分析使用了基于 LabVIEW 2012 虚拟仪器工程平台编写的乐音信号小波包分析程序，对钢丝缠弦、合成纤维缠弦进行了平均声压级、1/3 倍频带声压级、动态范围、传远性能等方面的分析。研究中，结合古琴三种演奏方法，分别从频域与时域两个角度探讨了古琴振动体材质与声学特性之间的关系。论文第五章采用 Abaqus 有限元分析软件对六种形制古琴共鸣体进行了比较，探讨了共鸣体材质、形制等物理特性对古琴振动模态、声学特性的重要作用。

论文得出的主要结论有：通过本次研究实验，证明将小波包变换理论应用于音乐信号分析不仅可以取得比傅立叶变换更高的频域分析精度，同时还兼有对音乐信号时域特性的精确分析能力，为音乐信号分析提供了新的研究手段。

研究表明，不同材质古琴琴弦1—7弦，各弦具有较为相似的振动模式，各频带振动能量有着固定分布。受琴弦振动一般规律影响，不同材质琴弦乐音频谱差异并不显著，时域变化特征具有较为明显的规律性，通过分析起振过程中乐音谐音在振幅与频率两方面的变化，能够有效提取表征不同材质琴弦声学特性的核心参数。分析数据表明，较低的古琴共鸣体材质密度利于共鸣体固有频率向下延伸。共鸣体面、底板选择不同的制作材料有利于共鸣体固有振动频率的规律增长，得到较为平滑的频率响应曲线。其中，面板为桐木、底板为梓木的材质搭配能使共鸣体获得比其他材质组合更好的声能转换效率，以这种材质组合制成的共鸣体，高度方向为主要振动方向。此外，共鸣体面板厚度的增减、天地柱保留与否等乐器形制的变化，其对共鸣体声学特性的影响需结合具体形制及不同振动方向分别考查。

关键词：古琴　振动体　共鸣体　物理特性　声学特性　振动模态　小波包变换

【作曲与作曲技术理论专业】

作　　曲

分析与总结

——关于我近三年来的音乐创作

作　　者：唐建平
指导教师：苏夏
专业方向：作曲
学　　位：博士
学位授予时间：1995 年

论文述要：

这篇论文的写作是在近年来的音乐研究、创作以及教学过程中所获得的心得和体会基础上进行的。论文所论述的对象是自己的音乐创作。通过在职攻读博士学位期间所写的 8 个不同音乐风格、体裁的作品的分析来展开论题。

为什么选择自己的作品作为论述的对象呢？选择自己的音乐创作为论题，其目的只有一个：就是通过自我剖析来进一步了解自己、认识自己，以便于在将来的创作中能够不断进步。

本文共分为 10 个部分。第一部分是以作品的公开发表为序，简单地介绍了作品的创作、演出以及获奖情况。第二部分主要总结了多年来的创作思想。提出“音乐艺术是人的艺术，因此音乐创作不仅应当而且必然要和人的精神与情感紧紧联系”的观点。在这样的思想观念基础上，将人们对于自我生命的热爱和对于生命力量的崇拜以及对于自我存在的感慨，作为音乐表现的主要目的。第三部分分析了作品中的文化内涵，提出音乐作品中“人”的精神与情感的充实与完善，应当在也只能是在人类文化的支撑下得以实现。因此，在创作中依托于不同的文化，也就在相当的程度上造就了音乐作品中的“人”的性格和个性，并希望自己的创作通过这样的充实来接近现实生活中人的精神与情感。第四部分从艺术创作源于生活的角度分析了几年来所创作的作品及其和生活的联系。第五部分简要地分析了上述作品的音乐风格。一方面指出创作中整体风格上的多样化追求；另一方面也具体研究了作品中多种技法混合的复合风格。同时还总结了不同音乐风格作品中的共同因素。第六部分主要从思维方式的角度研究了创作中的灵感问题。提出音乐创作的灵感既是思想精华的凝聚，也是思维技术的产物的观点，并通过实例论证了思维方式对于捕捉灵感的重要意义。论文的第七、八、九三个部分，分别从作品的音乐主题、曲式结构以及和声方面对所引作品加以较为细致的分析。第十部分是对作品《玄黄》的具体的音乐分析。分析的重点主要在如下三个方面：1. 关于乐队的编制和组合形式；2. 关于音乐的音高体系；3. 关于音色与音响。

最后，结语部分就论文写作中的两个问题作了简要的说明。第一、论文的写作主要是从总结经验入手，着重强调了在这些作品的创作过程中有益的获得。第二、论文中没有以专门章节来集中研究现代作曲技法在作品中的运用情况。通过简要的分析提出：对于特定的音乐表现内容以及具体的音乐创作，唯一的作曲技术只有一种，即：合理组合各种音乐材料以及选择和确定适当的音乐表现方式的技术。

关键词：《布依女儿》《菊豆与天青》《京韵》《打春》《云梦》《玄黄》《春秋》《龙抬头》

为乐集古　说命写今

——论第二交响曲《命》的创作

作　　　者：范乃信

指 导 教 师：吴祖强

专 业 方 向：作曲

学　　　位：博士

学位授予时间：1997 年

论 文 述 要：

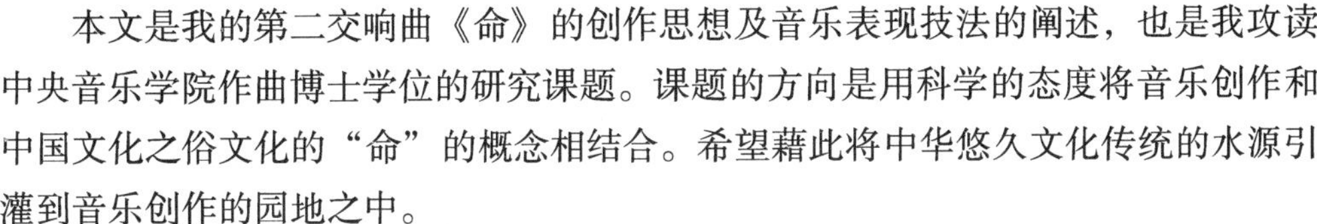

本文是我的第二交响曲《命》的创作思想及音乐表现技法的阐述，也是我攻读中央音乐学院作曲博士学位的研究课题。课题的方向是用科学的态度将音乐创作和中国文化之俗文化的“命”的概念相结合。希望藉此将中华悠久文化传统的水源引灌到音乐创作的园地之中。

“命”的概念在文化范畴中或许是艰深而神秘的，但在人类社会的生活中却实实在在地存在于每个人的生活之中，它既属于文化、哲学的领域，又是宗教、社会的范畴，还是每个人实际的人生体验。

我在交响曲创作的前期构思中，预制了一条内含丰富的天干地支音阶作为音系统的母体，并对之进行了理论方面和实际操作可能性的评估，证明其内藏的信息量的确是很丰富的（包含了阴阳五行、天干地支、八卦九宫、四时五方、六十甲子等各种应用的音材料），以此产生交响曲中关于我对命的四个方面的认识和与之相适应的创作方案。

第一乐章表现人的客观生命过程，音乐采用《易》六十四卦序作为乐章的内核，通过阴阳两部分的此消彼长体现生命的自然过程，是为“生命”。

第二乐章表现人的主观理想、追求的奋斗人生，音乐选取了四柱命学的理论作为创作基础，以人和命运现象的矛盾冲突为主线形成这一斗争的乐章，故称

“搏命”。

第三乐章表现人在生活中通常存在的一种心理现象，即对未知世界的那份好奇和探求心理，音乐建立在中国术数之精华的《奇门遁甲》这一系统之上，以九宫八卦，四时节气在天、地、人三盘上的运行展开音乐，这是人与命运的游戏，名曰“求命”。

第四乐章以“知命”为题，表现对人生的再认识，感悟那种提升了的生命和精神境界，获得天人合一的生命净化，音乐取老子《道德经》部分章节为词，通过人声的合唱歌唱生命状态的升华。

文章的附录部分辑编了部分中国术数的概念和系统，它们是我创作第二交响曲《命》时所选用的理论基础，也是我依托转化为音乐语言创作音乐的源泉。

关键词：第二交响曲《命》　天干地支音阶　创作思想　音乐表现技法

主要音透视

——尹伊桑创作技法特征及第一交响曲研究

作　　者：罗新民

指导教师：苏夏

专业方向：作曲

学　　位：博士

学位授予时间：1996年

论文述要：

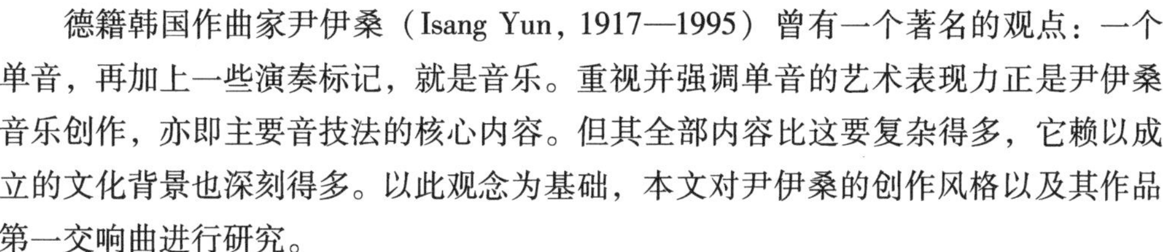

德籍韩国作曲家尹伊桑（Isang Yun，1917—1995）曾有一个著名的观点：一个单音，再加上一些演奏标记，就是音乐。重视并强调单音的艺术表现力正是尹伊桑音乐创作，亦即主要音技法的核心内容。但其全部内容比这要复杂得多，它赖以成立的文化背景也深刻得多。以此观念为基础，本文对尹伊桑的创作风格以及其作品第一交响曲进行研究。

全文分为上、下两篇。上篇从五个角度探讨尹伊桑的创作技法特征。分别为：一、“序言”，本文认为研究尹伊桑音乐创作的基本出发点，无疑是被称之为“主要音”的单音。主要音，作为具有尹伊桑个人特点的作曲技法，既与东亚（朝鲜）音乐传统及语汇有关，也和现代作曲技法有关，而最重要的，是与源自中国的“道”思想有关。二、“主要音与‘道’”。该部分主要研究了尹伊桑对“主要音”的观念，提出：尹伊桑的音乐创作中最先显示的是中国传统“知一”的观念，诉诸音乐，表现为对“单音”绝对无条件的重视。在他的世界中，单音，被视为或象征着八卦中的“太极”、或“太一”，是根，是本，是一个静态的、永恒的持续过程，象征着“道”的“不易”的性质。其次，尹伊桑认定了音乐中促成各种变化的阴阳对立统一原则。这正是尹伊桑与西方作曲家，乃至西方音乐传统产生了最初的也是最重要的区别。三、“主要音与中国书法艺术和朝鲜传统音乐”。本文认为，尹伊桑在创作中实现如何使“道”的观念贯彻到音乐的细节；如何使音乐观念与作品形态成为一个有机的整体，得益于对中国书法绘画和朝鲜传统音乐语汇的提炼。四、“主要音与西方现代作曲技法”。尹伊桑除以“道”为思想基础、以朝鲜传统“摇声”为语汇基础外，还吸收了西方现代的作曲技法，特别是以“音色作曲法”为基础，融汇东西方作曲技法。五、“织体形态及其功能”。笔者将尹伊桑管弦乐作品中的织体形态大致分为三种类型：主导、填充和装饰型织体形态。三种形态以主导型为核心，主要音则存在于所有形态中间，作为一个有某种象征意义的静态背景贯彻始终。

下篇，本文以尹伊桑《第一交响曲》（1982—1983）为研究对象，进一步探究主要音是如何在作品中展衍延伸，最后形成完整作品的。此外，更为重要的是，通过研究展示一种方法，希望以此能够进一步对他的其他作品进行深入的研究。

关键词：尹伊桑　主要音　道　摇谣声　《第一交响曲》

继承与创新

——伊戈尔·斯特拉文斯基的五部交响曲音乐分析

作　　者：郝维亚

指导教师：吴祖强

专业方向：作曲

学　　位：博士

学位授予时间：1999 年

论文述要：

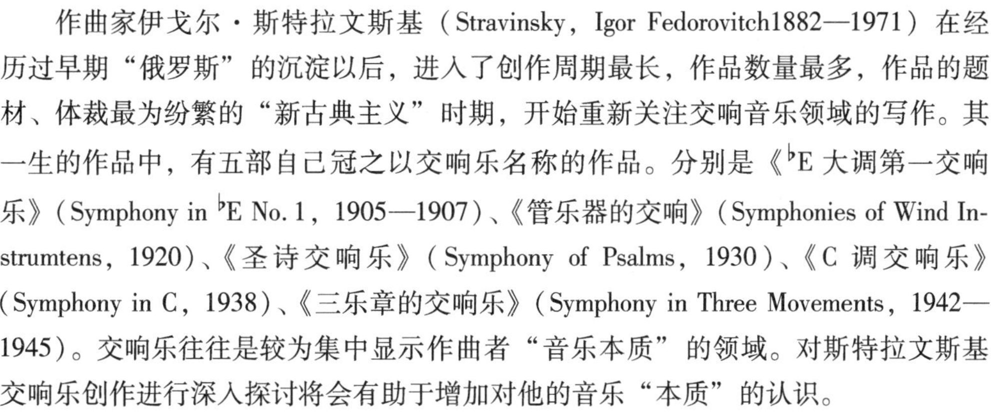

作曲家伊戈尔·斯特拉文斯基（Stravinsky，Igor Fedorovitch1882—1971）在经历过早期“俄罗斯”的沉淀以后，进入了创作周期最长，作品数量最多，作品的题材、体裁最为纷繁的“新古典主义”时期，开始重新关注交响音乐领域的写作。其一生的作品中，有五部自己冠之以交响乐名称的作品。分别是《♭E 大调第一交响乐》（Symphony in ♭E No. 1，1905—1907）、《管乐器的交响》（Symphonies of Wind Instrumtens，1920）、《圣诗交响乐》（Symphony of Psalms，1930）、《C 调交响乐》（Symphony in C，1938）、《三乐章的交响乐》（Symphony in Three Movements，1942—1945）。交响乐往往是较为集中显示作曲者“音乐本质”的领域。对斯特拉文斯基交响乐创作进行深入探讨将会有助于增加对他的音乐“本质”的认识。

全文分四大部分：1. 绪言；2. 音乐分析；3. 作曲技术方面的若干概况和总结；4. 附录和索引。

在绪言部分，笔者简述了本文研究的缘起，并对五部交响乐的写作背景、版本和演出情况作大致梳理，提出笔者对所要分析作品的初步认识。第二部分，音乐分析。首先提出本文对每首作品分析的方法，即先列出图表，再进行描述，并对本乐章的特点进行总结。其次，按照此分析方法和步骤对五部交响乐逐一进行分析研究。第三部分从结构、动机、节奏、和声等方面分析了斯特拉文斯基五部交响乐的创作特点，进而提出几点思考：1.“新古典主义”的浪潮在一战、二战这短短21年中开始孕育、发展，至二战结束后逐渐退却。首先是对于即将“消亡”的传统音乐（德、奥晚期浪漫派音乐与法国为主的印象主义音乐）划上句号，但是对于20世纪50年代后即将风起云涌，甚至有时会让人无法理喻的先锋音乐却划上一个逗号。作为对浪漫派音乐的否定之否定，这一次的“新古典主义”实际上是以此对以往音乐风格的全面回顾。不同于以往的古典主义，也许用“继承与创新”能表达这一运动的本质。而这一“本质”也就是斯特拉文斯基在“新古典主义”时期，交响乐创作中所力求达到的“音乐本质”。2. 本文借用斯特拉文斯基《音乐诗学六讲》中的话阐释对传统的继承问题：“……人们可以说，超越了平凡的同代人的伟大作曲家们发射出的天才光芒超越了他们自己的时代。在这一意义上他们就像辉煌的信号之火，用波德莱尔的话来说，像烽火一样，其光芒和温暖发展成一种潮流，为他们的继承人所分享，并构成了文化传统的一部分……我们提到的伟大烽火的爆发没有一次不在音乐世界中引起深刻的动荡。动荡之后失误将再度归于安定，烽火的光芒日益淡化，直至它失去温暖而变成一种卖弄……发生在我们这一时代的事变，恰好提供了一个音乐文化日益丧失继承意识及共性语言的审美趣味的例证。”第四部分，本文将笔者硕士论文《斯特拉文斯基〈管乐器的交响〉音乐分析》作为附录收入，以供参考。

关键词：伊戈尔·斯特拉文斯基 《♭E大调第一交响乐》《管乐器的交响》《圣诗交响乐》《C调交响乐》《三乐章的交响乐》 新古典主义

施尼特凯的复风格及第八交响乐分析

作　　　者：陈泳钢（陈岗）

指导教师：刘霖

专业方向：作曲

学　　　位：博士

学位授予时间：2001 年

论文述要：

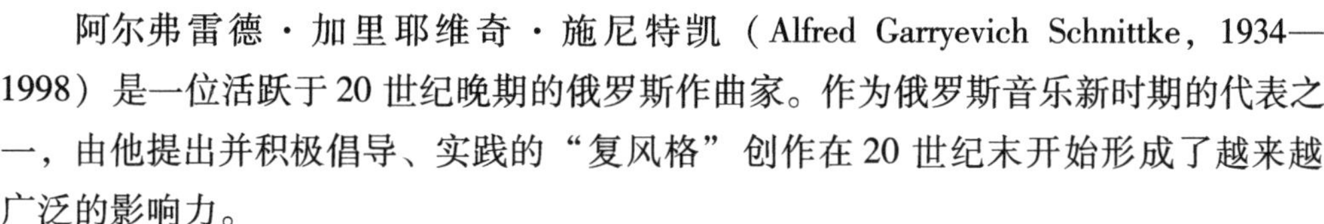

阿尔弗雷德·加里耶维奇·施尼特凯（Alfred Garryevich Schnittke，1934—1998）是一位活跃于20世纪晚期的俄罗斯作曲家。作为俄罗斯音乐新时期的代表之一，由他提出并积极倡导、实践的“复风格”创作在20世纪末开始形成了越来越广泛的影响力。

“复风格”创作是试图在作品中同时吸收传统和现代内容的后现代主义音乐艺术，是视野广阔的、能够同时面向过去和未来的一种创作方式。从某种角度审视，施尼特凯的“复风格”创作也反映出现今时代多元文化相汇合、交融的文化现象。

在本论文的“前言”部分，主要根据施尼特凯本人在不同场合的论述及谈话对“复风格”创作当中的基本概念、手法原则进行阐述；论文的第一章将施尼特凯一生的主要创作按不同时期分别进行简要介绍，对作曲家创作风格的演变给予了较多的关注；论文的第二章是技术分析部分，着重分析了施尼特凯晚期重要作品《第八交响乐》，在逐章分析的基础上，根据各乐章不同特点从音高、节奏、音响、结构等方面进行论述。论文第三部分为结论部分，除了归纳、总结《第八交响乐》与“复风格”相关问题之外，还论述了某些个人的由此引发的相关思考。

笔者认为，施尼特凯的《第八交响乐》从多方面体现出一种更深层地将音乐历史中诸多不同风格、技法相融合的“复风格”，并且他的“复风格”创作没有单纯地跨越时代，而是承前启后地承继了他的民族传统，吸收了德奥音乐传统，然而主要还保留了他的个性风格，将这些内容与更为抽象的现代音乐表现手段相结合，使我们感受到它的具有多元性的丰富内涵，也向我们显示了作曲家的实力，告诉了我们一个当代作曲家尽可能地学习、积累不同风格的技法具有何等重要的意义。就整体而言，“复风格”创作不是那种有一套固定模式或严格技法体系的创作方式。因为对于来自不同文化背景、传承的作曲家来说，他在掌握、继承历史时代、民族地域风格时是具有极大多样性和自由度的。从这一角度来理解，我们可以将施尼特凯提出的“复风格”看作是一种开放的、视野宽阔的、具有极大创造自由度的创作理念。此外，在施尼特凯关于“复风格”概念的论述中，有关“异己风格”是比较明确易解，而作曲家的个人风格则是一个相对比较含混、难以界定的概念。在进行《第八交响乐》分析时，笔者深深意识到，个人风格最深层的底蕴，该是像流淌在我们身体中的血液般的、来自民族的、来自我们祖先的文化积淀。联系到我们自身的创作，“加强对民族音乐的学习”这样的理念绝非过时，甚至应该予以更多的关注和强调。而且，它的内涵应比以前更丰富更宽广，成为中国作曲家个人风格中的根基。

关键词：复风格　个性风格　异己风格　引用　暗示　音高结构　音响延续

鲁契亚诺·贝里奥的十三首《模进》

作　　　者：徐昌俊

指 导 教 师：吴祖强

专 业 方 向：作曲

学　　　位：博士

学位授予时间：2001 年

论 文 述 要：

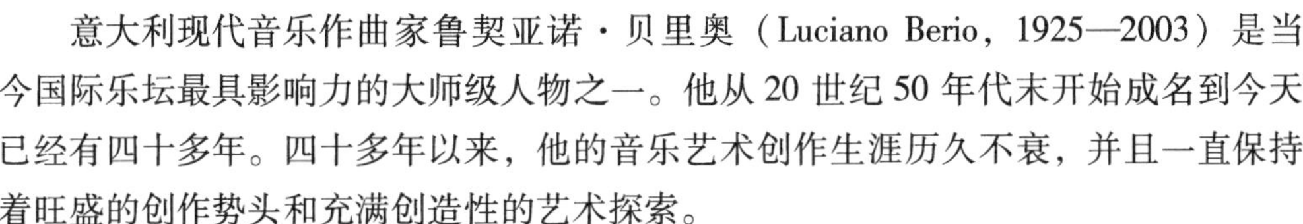

意大利现代音乐作曲家鲁契亚诺·贝里奥（Luciano Berio，1925—2003）是当今国际乐坛最具影响力的大师级人物之一。他从 20 世纪 50 年代末开始成名到今天已经有四十多年。四十多年以来，他的音乐艺术创作生涯历久不衰，并且一直保持着旺盛的创作势头和充满创造性的艺术探索。

他于 1958 年到 1995 年间分别为 13 种不同的乐器及人声而作的 13 首独奏作品《模进》是其创作中迄今为止最长的系列。这 13 首《模进》在构思、风格变换的把握、各种作曲技巧的运用、对表演技巧的了解和使用，以及处理材料和控制结构的能力等方面，都显示了其高超的创作水准和典型的细腻的个人风格。这些作品由于它们的表演形式简便、能充分发挥表演者的技术水平以及作品本身所具备的明显的可听性等原因，成为各种现代音乐会经常上演的曲目。13 首《模进》不仅在贝里奥的创作中占据着重要的地位，还对作曲家其他作品产生了重要的影响。由于这些《模进》的创作跨越了 37 年的时间，经历了贝里奥创作道路发展及风格演变的各个重要阶段，因此，对于这些《模进》的研究将有助于人们对贝里奥音乐更全面的了解。

本文由 6 个基本部分组成。在一个简短的引言之后，论文的第一部分主要介绍贝里奥生平及个人风格的形成与发展。第二部分是关于《模进》的几个要点，如：标题、技巧、乐器等方面的简要介绍。第三部分是论文的主体，分别对 13 首《模进》逐一进行偏重于技术细节的分析。由于贝里奥的音乐属于现代音乐范畴，加之

13 首《模进》都具有鲜明的个性，彼此之间在许多方面都很不同。所以本文只是针对每首作品不同的写作手法和不同的艺术风格，采用不同的分析程序和不同的分析方法，从不同的角度进行分析。论文的第四部分是从横向上去比较 13 首《模进》相互之间的共性与个性。第五部分是对 13 首《模进》在贝里奥音乐创作中的地位和影响进行一些评论。在经过比较详细的研究之后，最后是论文的结语，笔者针对贝里奥的创作风格特征进行了总结，提出了自己的观点和见解。

关键词： 贝里奥 《模进》 创作风格 技术分析 作曲技巧 地位和影响

鲁托斯拉夫斯基的中晚期交响曲

作　　　者：向民

指 导 教 师：吴祖强

专 业 方 向：作曲

学　　　位：博士

学位授予时间：2000 年

论 文 述 要：

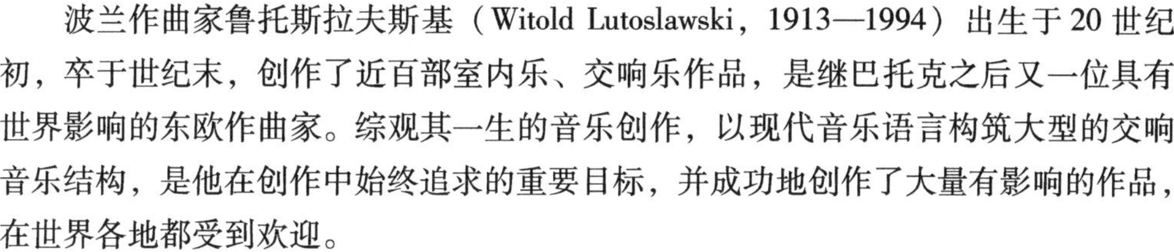

波兰作曲家鲁托斯拉夫斯基（Witold Lutoslawski，1913—1994）出生于20世纪初，卒于世纪末，创作了近百部室内乐、交响乐作品，是继巴托克之后又一位具有世界影响的东欧作曲家。综观其一生的音乐创作，以现代音乐语言构筑大型的交响音乐结构，是他在创作中始终追求的重要目标，并成功地创作了大量有影响的作品，在世界各地都受到欢迎。

鲁托斯拉夫斯基的作品既具有独特的写作技法和个性化的音响，又展现出强烈的戏剧性，可以认为他的音乐在一定程度上是对19世纪美学的延续，从这一角度上说，在20世纪现代音乐作曲家中，鲁托斯拉夫斯基具有极其鲜明的特点。所以我认为他的作品对中国的现代音乐创作有很重要的借鉴作用。

鲁托斯拉夫斯基无疑是一位极其多产的作曲家，穷其毕生精力对现代音乐创作执着追求。有意思的是可以发现他的四部交响曲都分别处于不同的风格时期，这是因为每一种新的写作手法都是先在较小规模的室内乐作品中做准备，成熟之后才用于交响乐当中。所以同19世纪的大师们相似，他最具有代表性的依然是交响乐作品。通过对于和声、横向音高组织、旋律技术特点以及在作品中的表现意义和偶然技术的特点及其运用等方面的分析，本文旨在研究鲁托斯拉夫斯基中晚期写作技术与风格的演变，所以选取了比较有代表性的三部中晚期交响曲——《第二交响曲》《第三交响曲》《第四交响曲》加以分析，并试图进行可能的概括。

笔者认为，与20世纪的很多作曲家一样，鲁托斯拉夫斯基的作品中尽管运用了许多现代音乐写作技术，但从音乐表现意义来看，则仍然是比较忠实地继承了 19 世纪的传统美学观念。他对于作曲技法的探索，表现出革新较少而以兼收并蓄为主的特点。特别是他的交响乐作品具有与传统交响乐体裁在精神本质上的密切关系，不仅保持发扬了这一体裁强烈的戏剧性特色，而且在其中逐渐形成了颇具个性和艺术说服力的、新的结构技法与音乐语言。也正是因为这一点，不能不认为鲁托斯拉夫斯基既是 20 世纪具有个性的现代音乐作曲家，也是仍然坚持音乐艺术传统的继承和发展的大师之一。

关键词：鲁托斯拉夫斯基　音程级　音高组织　曲式阶段

韩国现代音乐对传统音乐的继承与发展

——对三位韩国著名作曲家的作品分析

作　　者：李爱莲

指导教师：杜鸣心

专业方向：作曲

学　　位：博士

学位授予时间：2002 年

论文述要：

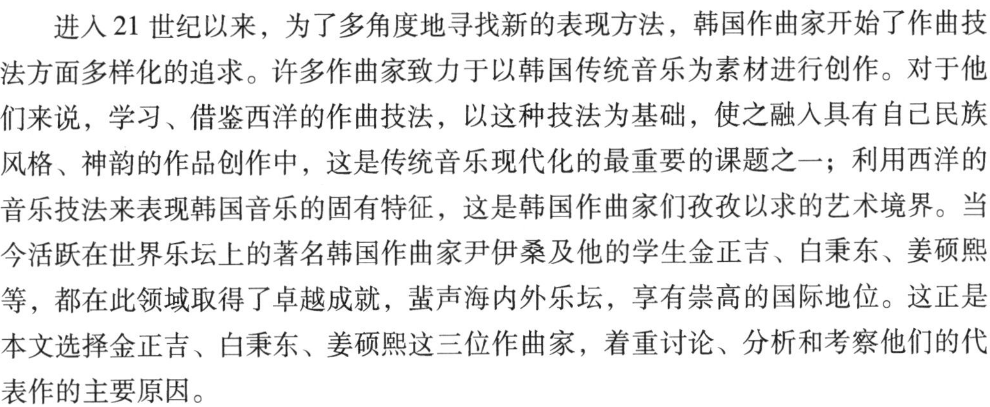

进入 21 世纪以来，为了多角度地寻找新的表现方法，韩国作曲家开始了作曲技法方面多样化的追求。许多作曲家致力于以韩国传统音乐为素材进行创作。对于他们来说，学习、借鉴西洋的作曲技法，以这种技法为基础，使之融入具有自己民族风格、神韵的作品创作中，这是传统音乐现代化的最重要的课题之一；利用西洋的音乐技法来表现韩国音乐的固有特征，这是韩国作曲家们孜孜以求的艺术境界。当今活跃在世界乐坛上的著名韩国作曲家尹伊桑及他的学生金正吉、白秉东、姜硕熙等，都在此领域取得了卓越成就，蜚声海内外乐坛，享有崇高的国际地位。这正是本文选择金正吉、白秉东、姜硕熙这三位作曲家，着重讨论、分析和考察他们的代表作的主要原因。

本文共分为六章，其大致内容如下：第一章为引言，说明研究目的、意义、方法和材料等。第二章为“韩国传统音乐史概论”。本章按时代的划分分成上古时代、三国时代、高丽时代、朝鲜时代、甲午更张以后等 5 个阶段，并主要考察从韩国音乐生成时期开始，经过各时期的发展、演变过程，到甲午更张以后进入成熟期的韩国传统音乐的大体面貌。每个时代的韩国传统音乐有自己的固有特点，音乐随着时代的发展或其社会各方面的变化会受一定的影响，而且每一时代的政治体制或其统治方式也会影响到各个文化方面的具体部门。本文主要着眼于这一点简要讨论韩国传统音乐史。这对研究韩国传统音乐的产生和发展的基本背景有所帮助。第三章为“韩国现代音乐创作变迁史”。本章主要讨论韩国音乐摆脱传统的束缚而经过现代音乐的胎动期，继续发展至今的整体面貌，论述韩国现代音乐家从开始认识西洋音乐，到接受西洋的音乐技法而试图结合韩国传统音乐的历史脉络，着重考察了从韩国门户开放以后到20世纪80年代至今的现代音乐发展趋势。第四章为“韩国音乐的特征”。本章从西洋音乐理论的角度来分析和解释韩国传统音乐中的要素和特点，重点介绍韩国传统音乐中的律名、律程（音程）、调式、和声、音阶、长短（节奏）概念，这对后面的作品分析和理解韩国传统音乐的基本构造会有一定的帮助。第五章为“对韩国传统音乐的继承和发展”，是本论文中最核心的一部分。在这里，笔者选择了韩国现代音乐史上最有名、影响最为深远的三位作曲家金正吉、白秉东、姜硕熙，对他们的作品加以详细的分析、解释，找出在他们的作品中应用现代技法并试图表现韩国音乐风格的痕迹。第六章阐述了本文的结论。

关键词：韩国作曲家　国乐精神　音乐风格　现代技法　传统音乐要素

歇尔西的“单一音”探析

作　　者：刘湲
指导教师：吴祖强
专业方向：作曲
学　　位：博士
学位授予时间：2003 年

论文述要：

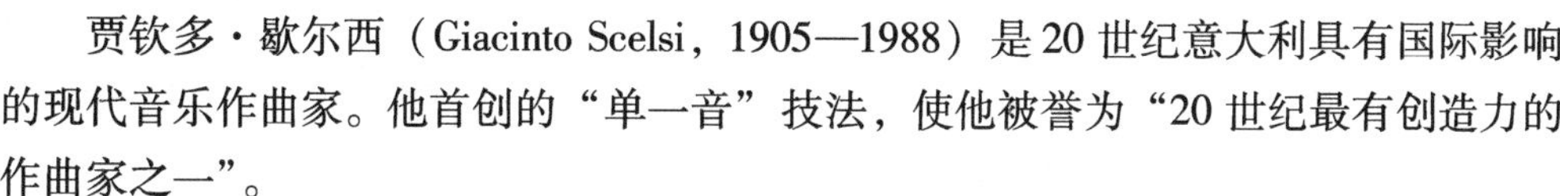

贾钦多·歇尔西（Giacinto Scelsi，1905—1988）是 20 世纪意大利具有国际影响的现代音乐作曲家。他首创的“单一音”技法，使他被誉为“20 世纪最有创造力的作曲家之一”。

歇尔西的“单一音”是一种既区别于“音色旋律”，又不同于简约主义（minimalism）和“微复调”（micropolyphony）的音乐观念。它的特点是以“单一音符”的微分音化为主，并在各种从属支架结构中层层铺展开来；他的作品不仅具有很深刻的内涵（哲学、宗教等方面），而且还具有丰富的变化和戏剧性张力。在情感色彩上，他的音乐具有强烈的悲剧性。在形式上打破了 20 世纪现代主义音乐普遍具有的精巧写作方式，而在内容上更为自由而浪漫，同时又不同于偶然音乐的随机方式，具有相对控制的内聚力。

为了集中探讨“单一音”，本文选取了歇尔西创作成熟期对“单一音”手法运用得最典型的代表作之一：《ANAHIT/pour violon solo et 18 instruments》（女神/为小提琴独奏与 18 件乐器）（1965）作为切入点，分析他在创作中的技术手法与风格特征，作为学习，笔者结合本人创作实践进行参照思考，以期对“单一音”的经验有更多深入的理解，并试图探寻其创新价值和对我们创作的启发。

论文第一章首先论述歇尔西一生创作的四个时期：初始阶段、探索阶段、成熟阶段、回归阶段，概要地介绍他生平的基本情况以及相关的历史文化背景与创作的总体特点。在第二章中，文章重点从“单一音”形态所包含的三种技法思维：单一音符、单一音调和单一音响，以及作品的旋律形态、和声形态、节奏形态、结构形态和音色技法等多个不同的角度对歇尔西的《ANAHIT》进行较详尽的技术分析。在第三章中，文章选取了与“单一音”思维接近或相似的几位20世纪作曲家的作品进行了简要的比较分析，同时还以本文作者的作品——《第一狂想诗——为阿佤山的记忆》和交响诗篇《土楼回响》为例，在运用我本人所设想的“单细胞”生成原则的初步实践中，对其与歇尔西“单一音”观念的异同关系做出一些思考。论文结语归纳了“单一音”的创作特征及可能对我们创作实践带来的启示，并指出了歇尔西“单一音”技法的内涵：以最小的材料形式，负载极深层的思想、情感内涵与技术信息内涵，并围绕净化的材料进行精密的技术处理，积极攀登艺术创作的至高境界。

关键词： 歇尔西　单一音　单一音调　单一音响　《ANAHIT》　单细胞

混沌·分形与音乐

——音乐作品的混沌本质与分形研究初探

作　　者：姜万通

指导教师：徐振民

专业方向：作曲

学　　位：博士

学位授予时间：2004 年

论文述要：

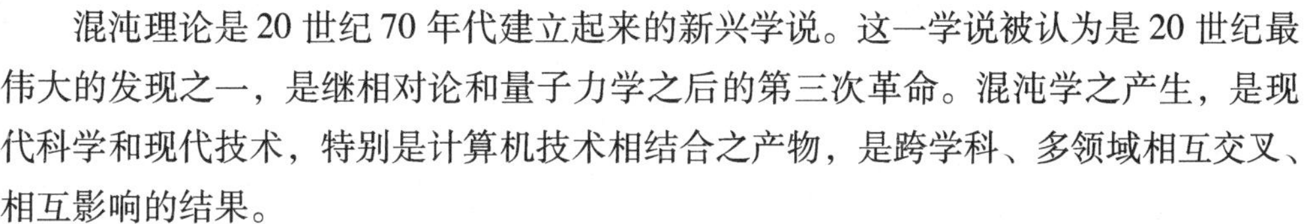

混沌理论是 20 世纪 70 年代建立起来的新兴学说。这一学说被认为是 20 世纪最伟大的发现之一，是继相对论和量子力学之后的第三次革命。混沌学之产生，是现代科学和现代技术，特别是计算机技术相结合之产物，是跨学科、多领域相互交叉、相互影响的结果。

本文将运用混沌理论的研究成果对音乐作品中的音乐发展现象进行观察、探讨和研究，不是针对某个作曲家的作品、某种音乐风格或某个音乐流派的专门研究，而是针对音乐作品中某些带有普遍意义的现象，这些现象为人所熟知但却常常被忽略，并通过这一新的视角观察、分析和论述，以期达到在宏观上把握音乐的规律性的目的，因此具有基础理论研究的性质。

本文把“初始条件”确立为研究工作的起点，从时间序列和空间序列入手，分别在基本表现手段和整体表现手段的各个层面上进行探讨、论述：绪论简单地介绍选题的缘起、意义以及国内外研究的概况；第一章和第二章划分了音乐作品在发展演化过程中的行为模态，从确定性与不确定性两个视点对音乐作品中的现象进行观察和论述；第三章从系统论的角度对音乐作品中的现象进行阐述，并且进一步指出音乐作品是一个确定性与不确定性的综合体——非线性动态系统；第四章则阐明音乐作品的混沌现象，揭示音乐作品的混沌本质。

传统的音乐理论是对已有音乐创作经验的总结。面对形式多样的“新音乐”，它要么采取回避的态度，要么只能做“削足适履”式的分析。音乐创作超前与音乐理论研究滞后的矛盾状态在20世纪音乐历史中表现得尤为突出。因此，本文的研究意义与学术价值便在于，通过引入混沌理论，将自然学科与人文学科交叉，将作曲技术理论与音乐学理论融合，从一个独特的新视角来观察和审视音乐作品中的现象，并试图探寻某些未知领域，从而揭示音乐所具有的本质规律。从实践上，又多了一个分析音乐作品、研究音乐现象的方法。

关键词： 音乐　音乐音　音乐事件　音乐作品　混沌　分形　初始条件　敏感依赖性　线性　非线性　确定性　不确定性　系统　确定性系统　不确定性系统　非线性动态系统

武满彻音乐创作的理念与实践

作　　者：董立强

指导教师：吴祖强

专业方向：作曲

学　　位：博士

学位授予时间：2006 年

论文述要：

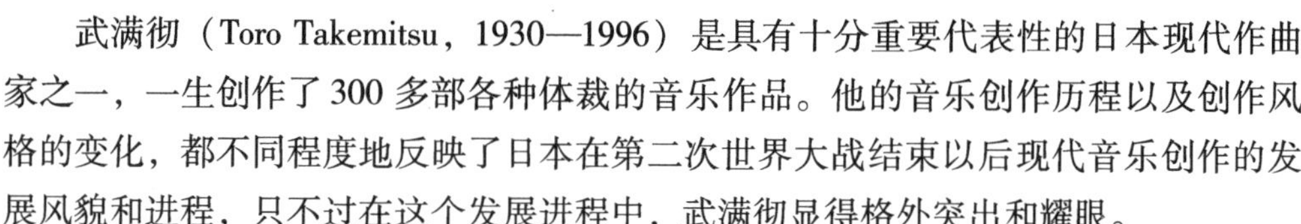

武满彻（Toro Takemitsu，1930—1996）是具有十分重要代表性的日本现代作曲家之一，一生创作了 300 多部各种体裁的音乐作品。他的音乐创作历程以及创作风格的变化，都不同程度地反映了日本在第二次世界大战结束以后现代音乐创作的发展风貌和进程，只不过在这个发展进程中，武满彻显得格外突出和耀眼。

武满彻音乐创作的主要手法和音乐的“传播载体”都是西方式的，而表现出来的音乐思维逻辑却是东方式的，形成了被称为“武满彻音调”的独特风格，而这种西方技法与东方思维有机结合的方式，正是应引起我们予以特别关注的地方。

本论文分成两个部分，第一部分着重论述武满彻及其一生的主要音乐创作和作品风格的变化，以及武满彻的音乐创作理念和音乐语言的构成元素，同时也会简略叙述武满彻的电影音乐创作，以及他的电影音乐与“纯音乐”之间的关系。论文的第二部分则主要是从创作技术上，对确立武满彻创作风格的成名作《弦乐安魂曲》（*Requiem for Strings*，1957 年），运用音块技法构造音响结构的重要代表作《十一月的阶梯》（*November Steps*，1967 年），具有浪漫气息与协和音响、带有调性回归性质的《遥对来自远方的呼唤！》（*Far Calls. Coming. far*！，1980 年）等三部作品进行具体的技术分析。其中将着重从音高关系、旋律走向、节奏节拍、音色形态以及结构形式特征等方面对以上作品加以论述。力图通过全面论述武满彻一生的创作历程，特别是通过对其三部不同时期代表作品的技术分析，勾勒和体现出武满彻音乐创作理念与美学观点、音乐创作技法的特征，以及音乐语言的构成元素，展示武满彻在音乐创作风格上的变迁。笔者希望通过对武满彻及其音乐创作技法和创作理念的分析和研究，能为认识和了解武满彻的音乐提供一些线索，同时也希望能对同属亚洲的我国作曲家的音乐创作引发一些启示和借鉴。

关键词：武满彻　创作理念　无调性　音块　音列　武满彻音调

新乐探寻

——中国现代音乐创作选例研究

作　　者：贾国平

指导教师：吴祖强

专业方向：作曲

学　　位：博士

学位授予时间：2006 年

论文述要：

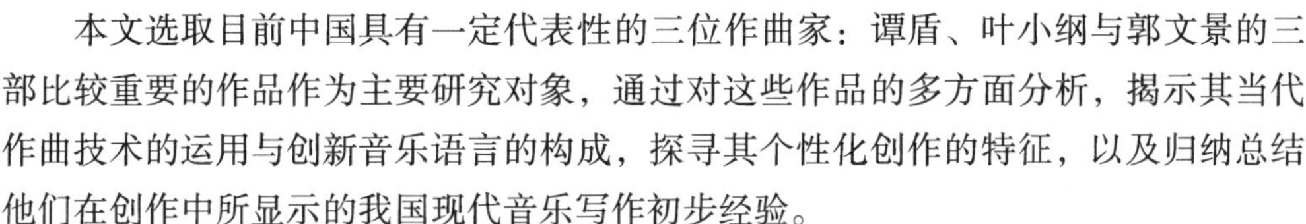

本文选取目前中国具有一定代表性的三位作曲家：谭盾、叶小纲与郭文景的三部比较重要的作品作为主要研究对象，通过对这些作品的多方面分析，揭示其当代作曲技术的运用与创新音乐语言的构成，探寻其个性化创作的特征，以及归纳总结他们在创作中所显示的我国现代音乐写作初步经验。

本文以紧扣乐谱与其音响所表达的信息来开展音乐分析工作。对于每部作品，都将根据它自身所具有的独特音乐语言与材料特性进行归纳，发现其内在结构的规范与关联。本文以音乐分析与作品所涉及到的技术分析两个层次入手，分别对三部作品进行了研究。在音乐分析中，笔者主要以音乐顺时性的进行为导引，以内部结构为单位，分别描述与分析了音乐材料的组成及音乐内部结构的曲式构成，并且在局部音乐的分析中针对其音乐技术的运用、音乐语言的来源与构成予以论证。在技术分析中主要针对具有结构意义的音高结构，以及那些在作品中带有创意性与个性化的技术进行分析，并在归纳分析的基础上来探讨这些技术在作品中的功能以及其对于现代音乐作曲所具有的普遍意义。

本文在绪论中对中国近现代音乐创作的发展予以简略地回顾，对 20 世纪 80 年代“新潮”音乐兴起的历史背景与音乐创作的现象作了一些概述。在接下来的三章中，笔者分别对三部作品作了音乐分析，并根据每部作品不同的技术特征加以进一步研究。诸如在谭盾《道极》的分析中，对其音色创意、歌腔模式旋律陈述的特点、多声部写作中的“留白”法则与织体音型写作中“机遇音乐”手段的运用等等作了剖析；在叶小纲《地平线》的分析中着重对其内部曲式的构成、多样化的音高材料组织、旋律中的“偏离音”变形手法等等予以分析与归纳；在对郭文景《社火》的分析中，对其引用《老六板》的四音列作为全曲核心音调的音高结构作了较为详细的分析，并对作品中非常规演奏法的运用与新音色的追求以及定弦法的改变及其意义作了论述。在结论中，从音乐语言的构成特点、音乐结构的观念与音乐内容的取向等三个方面对三位作曲家的这几部作品作了一些比较分析，并提出若干个人的见解。

关键词： 音高结构　五声调式音列　无调性　复合调性　歌腔模式　核心音调　留白法则　偏离音变形手法　传统音调的引用　音色观念

中国民族管弦乐队的源流及发展

作　　　者：王宁

指 导 教 师：吴祖强

专 业 方 向：作曲

学　　　位：博士

学位授予时间：2006 年

论 文 述 要：

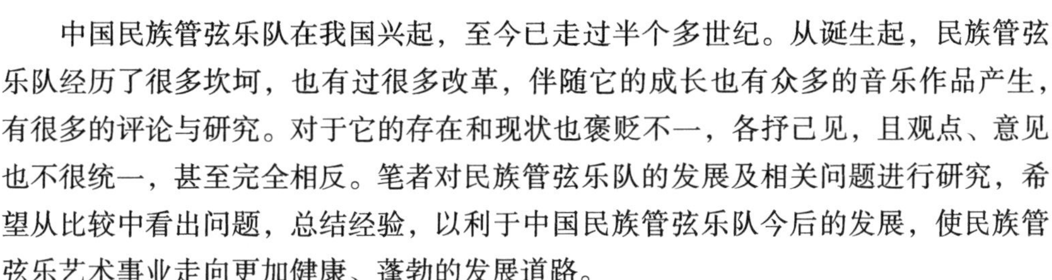

中国民族管弦乐队在我国兴起，至今已走过半个多世纪。从诞生起，民族管弦乐队经历了很多坎坷，也有过很多改革，伴随它的成长也有众多的音乐作品产生，有很多的评论与研究。对于它的存在和现状也褒贬不一，各抒己见，且观点、意见也不很统一，甚至完全相反。笔者对民族管弦乐队的发展及相关问题进行研究，希望从比较中看出问题，总结经验，以利于中国民族管弦乐队今后的发展，使民族管弦乐艺术事业走向更加健康、蓬勃的发展道路。

本文主要探讨的问题是中国民族管弦乐队的源流及其发展。文中所涉及的“中国民族管弦乐队”，是指目前被广泛认同、普及于全国各地及东南亚东区的、由人数众多的不同的吹、弹、拉、打乐器组构成的大型的民族管弦乐队。

本文共分第一篇和第二篇两大部分及前言和结论。第一篇主要涉及的是中国民族管弦乐队，包括有民族管弦乐队的乐器及其改革、民族民间合奏音乐的历史、民族管弦乐队的形成与历史变革等；第二篇是对民族管弦乐队的目前结构及将来发展的认识和看法及相关的建议等问题。

民族管弦乐队经历了半个多世纪的发展，但与欧洲交响乐队五百多年的发展历史相比，这只是个开始，要做的事还很多，要走的路还很长。人类历史已跨进了新世纪，我们将面临新的挑战和新的机遇。民族管弦乐队应该怎样面对新世纪？前人做出了巨大的努力，无论从创作还是演奏，都付出了很多心血，才走到今天，使民族管弦乐队达到了一个相当程度的发展规模。面对前辈，我们应该充分认识到，这其中无论是成功还是失败，对未来来说都是一笔可贵的财富，关键是我们怎么面对这笔财富和怎样使它增值和获得更大的发展。欧洲交响乐队的出现，对人类文化做出了巨大的贡献。但愿中华民族的管弦乐队也会成为人类文化的另一朵奇葩。

关键词：民族管弦乐队　乐队结构　民族乐器　改革　发展

20 世纪管弦乐作品选例分析

作　　　者：常平
指 导 教 师：唐建平
专 业 方 向：作曲
学　　　位：博士
学位授予时间：2007 年

论 文 述 要：

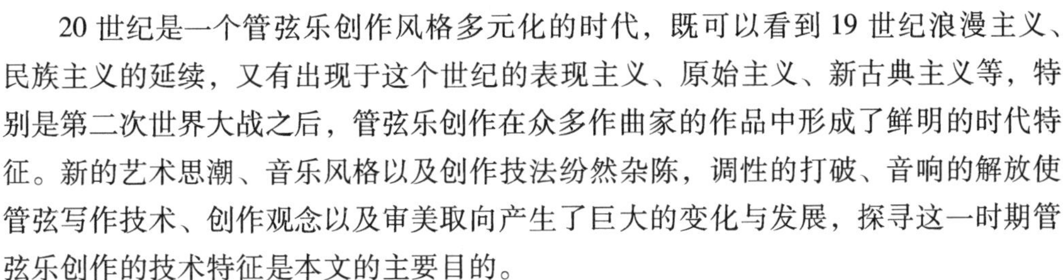

20 世纪是一个管弦乐创作风格多元化的时代，既可以看到 19 世纪浪漫主义、民族主义的延续，又有出现于这个世纪的表现主义、原始主义、新古典主义等，特别是第二次世界大战之后，管弦乐创作在众多作曲家的作品中形成了鲜明的时代特征。新的艺术思潮、音乐风格以及创作技法纷然杂陈，调性的打破、音响的解放使管弦写作技术、创作观念以及审美取向产生了巨大的变化与发展，探寻这一时期管弦乐创作的技术特征是本文的主要目的。

本文分为五章：第一章主要阐述了 20 世纪管弦乐发展的概况（由于资料和篇幅所限，论文的阐述截止到 20 世纪 80 年代），当中包括笔者对 20 世纪管弦乐创作发展的个人观点与见解；第二章列举了 20 世纪管弦乐队的编制、形态方面的变化，而进一步分析其变化的必然原因；第三章结合具体作品论述了管弦乐音响方面的发展，包括运用人声的方式、非常规乐器的引入、常规乐器的新发展等方面问题；第四章通过对若干作品的分析比较，对 20 世纪管弦乐作品的结构特点以及材料展开的技术进行论述，并阐明音乐语言的变化对音乐结构与展开技术的影响以及个人对这一问题的理解；第五章透过具体作品对 20 世纪管弦乐的配器技术进行分析，阐明了不同的音乐语言与配器技术发展变化的关系。通过以上五个章节的论述，笔者对 20 世纪管弦乐创作的发展做了概括式的分析，使 20 世纪管弦乐创作在乐队形制、音响观念、结构设计、展开技术、配器技术等方面显示出的长足发展以及审美取向变化较为清晰地显现出来。

20 世纪管弦乐创作的发展是一个十分庞杂的问题，绝非这样一篇论文可以承载，仅以选例为题，进而大胆尝试，热情与勇气来源于笔者对 20 世纪管弦乐的热爱、对这一时期的作曲家的敬佩以及这一时期的作品对当代管弦乐创作极为深远的影响。

关键词： 20 世纪　管弦乐创作　表现主义　音乐风格　调性　音响　结构　展开　配器技术

论里盖蒂“音响音乐”

作　　　者：陈欣若

指导教师：郭文景

专业方向：作曲

学　　　位：博士

学位授予时间：2008 年

论文述要：

本论文以 20 世纪下半叶欧洲新音乐的代表人物、德籍匈牙利作曲家里盖蒂（Gyorgy Ligeti，1923—2006）的音乐风格及其创作技法为研究对象，力图从音色、音响的角度来论述其音乐语言风格的形成原因及创作技法的具体构造。

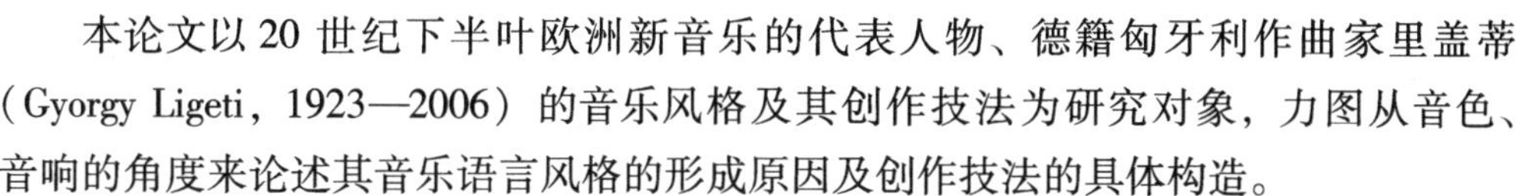

“音响音乐”是 20 世纪 50 年代末 60 年代初左右出现的一种以音色、音响为中心进行创作的音乐风格，其形成与 20 世纪多种理论、观念、事件、人物及创作活动密切相关，尤其是勋伯格的音色旋律理论与早期电子音乐的创作手法。而在几位以创作“音响音乐”著称的作曲家中，又以里盖蒂的创作最能代表“音响音乐”的风格特点与美学特征。因此，笔者最终选择了以里盖蒂的创作为重心来论述其“音响音乐”的形成原因及构成方法。

关于里盖蒂的创作观念及具体的创作技法，国内的学者们历来多以研究其微复调技法为主，较少从音色、音响的角度对其进行研究。笔者认为，要想真正掌握里盖蒂“音响音乐”的本质，就必须对其作品的音响构成进行研究，因为里盖蒂的创作完全是以“凸显音响”为主旨的。无论是其创作观念还是具体的创作技法，都离不开对音色、音响的表现。这一点尤其体现在“音响音乐”与音色旋律理论及早期电子音乐语言特征的密切关联上，而笔者也正是以此为着眼点展开论述的。

本论文从结构上分为三个大部分。在绪论之后的第一大部分中，笔者首先以 20 世纪音乐中音色的发展为主线，详细介绍了“音响音乐”形成的历史演进过程；其次以“音响音乐”中最具代表性的三位作曲家：里盖蒂、谢纳基斯、潘德烈茨基为例，就其创作观念与创作技法特征的异同，进行了类比分析。而在第二大部分中，笔者通过将勋伯格的音色旋律理论及早期电子音乐的创作技法，分别与“音响音乐”的语言特征相对照，进一步论述了前两者对后者的形成所产生的重要作用。在第三大部分中，笔者从“音块组织技法”、“节奏技法”、“微复调技法”与“作为结构因素的音响织体”这四个方面着手，结合实际作品，对里盖蒂“音响音乐”的创作技法进行了详细论述。最后，笔者在结语中就之前各部分的观点进行总结，得出结论，并结合“音响音乐”的后期发展状况提出自己的观点与见解。

关键词：里盖蒂“音响音乐”　音色旋律理论　早期电子音乐　密集音块　微复调

汉斯·维尔纳·亨策《第八交响乐》创作与研究

作　　　者：丛欣竹

指导教师：叶小纲

专业方向：作曲

学　　　位：博士

学位授予时间：2008 年

论文述要：

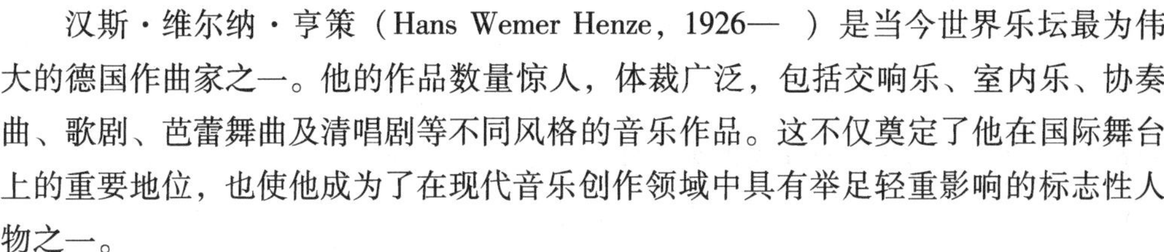

汉斯·维尔纳·亨策（Hans Wemer Henze，1926—　）是当今世界乐坛最为伟大的德国作曲家之一。他的作品数量惊人，体裁广泛，包括交响乐、室内乐、协奏曲、歌剧、芭蕾舞曲及清唱剧等不同风格的音乐作品。这不仅奠定了他在国际舞台上的重要地位，也使他成为了在现代音乐创作领域中具有举足轻重影响的标志性人物之一。

从 1947 年创作的具有新古典主义风格的第一部交响乐开始，亨策迄今为止已经完成了 10 部交响乐的创作和演出。在这些伟大的作品中，“很少有作曲家如同亨策这样，对歌剧和交响乐中那种更抽象的戏剧性给予同等关注”。正如作曲家本人在 1963 年发表的一段话那样来概括：“一切都指向戏剧，又从那里返回。我的管弦乐作品中既保留了一定的传统交响乐的特点，又有明显的戏剧痕迹。”例如，在第四交响乐的初始部分引用了歌剧《鹿王》（《Konig Hirsch》，1955 年）的第二幕终曲；而第五交响乐则包含了歌剧《年轻恋人的挽歌》（《Elegy for Young Lovers》，1961 年）中的许多段落，这使得亨策的交响乐作品在某种程度上具有很强烈的抒情色彩和戏剧性特色。

本文之所以选择亨策的《第八交响乐》作为研究对象，正是基于对上述文字的理解与领悟而确立的。该部作品的灵感与素材来自英国文学家威廉·莎士比亚

（William Shakespeare）的戏剧名作《仲夏夜之梦》（《A Midsummer Night's Dream》）。作曲家本人曾说："它完全不似第七交响曲般阴郁而悲情。它是一首夏日的乐曲，三个乐章来自莎士比亚的《仲夏夜之梦》。"这部作品将传统思维的创作技法与现代音乐语言进行了有机的融合，综合体现了作曲家本人在音乐创作中特有的新概念化的经典风格，以强烈的色彩对比、多变的节奏、不规则的音乐语言等亨策在创作中所使用的特有的音乐元素缔造出别具创意灵感的戏剧性交响乐篇章，充分体现了亨策在音乐创作中所坚持的道路，即："延续19世纪的歌剧和管弦乐所遵循的美学线条，并在其中不断织入新的魔力。"《第八交响乐》创作于1992年9月至1993年6月之间，专为中型的管弦乐队而作，分为3个独立乐章，1993年10月1日由日本著名指挥家小泽征尔（Seiji Ozawa）指挥美国波士顿交响乐团在波士顿进行首演。

本文将从作曲技术角度出发，以文字和谱例相结合的方式对亨策的《第八交响乐》进行详尽的分析与剖析，希望能够从中得到一些对现代音乐创作有价值的作曲技术手法的运用与启发。全文由4个基本部分组成，在一个简短的引言之后，论文的第一部分主要介绍亨策的个人生平及创作道路的形成与发展；第二部分简介《第八交响乐》的创作背景；第三部分是论文的主体，分为三个主要部分对作品进行详尽的技术分析，重点包括：构成音乐的基本素材、作品音乐结构分析及配器手法的特点与运用；第四部分是论文的结语，通过对亨策的创作手法与风格特征进行总结，提出自己的观点及见解，以及该作品对本人在音乐创作中所得到的启发与影响。

关键词：亨策　自由半音化　节奏　音色　结构"回旋性"　现代音乐创作

卡尔海因兹·斯托克豪森《音群》作品研究

作　　　者：芦茫

指 导 教 师：唐建平

专 业 方 向：作曲

学　　　位：博士

学位授予时间：2008 年

论 文 述 要：

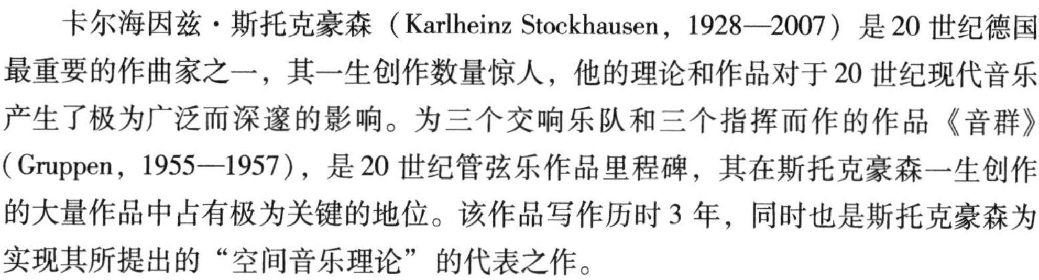
卡尔海因兹·斯托克豪森（Karlheinz Stockhausen，1928—2007）是20 世纪德国最重要的作曲家之一，其一生创作数量惊人，他的理论和作品对于20 世纪现代音乐产生了极为广泛而深邃的影响。为三个交响乐队和三个指挥而作的作品《音群》（Gruppen，1955—1957），是20 世纪管弦乐作品里程碑，其在斯托克豪森一生创作的大量作品中占有极为关键的地位。该作品写作历时3 年，同时也是斯托克豪森为实现其所提出的“空间音乐理论”的代表之作。

本文试图通过对作品《音群》的分析来探讨斯托克豪森在作品中的创作思维和写作技术。斯托克豪森提出的空间理论，综合声学、戏剧等多种元素于一身。基于这一理念，他开创了新的作曲技法——音群作曲技法，并在作品《音群》中得到成功实现。

斯托克豪森创造了音群作曲技法和空间音乐理论，二者相辅相成。《音群》在斯托克豪森的空间理论中以突破常规的演出形式呈现。作品演奏形式以3 个独立交响乐队组成，每一个交响乐队各有一位指挥、各自演奏独立的篇章。在表现形式上，这部作品突破了传统交响乐形式，作曲家将舞台设计结合其中，3 个交响乐队位于不同位置进行摆位，形成空间感交错进行极强的空间音响效果。斯托克豪森在音乐创作中虽然运用了一些较复杂的计算方式，但其目的都是为产生最为理想的空间音响效果而使用的手段。本文针对斯托克豪森的空间理论、以及在空间概念之下形成的音群作曲技法及其相关应用手法进行分析。

本文以现代作曲技术理论分析原理为基础，对于作品中出现的音群作曲技法，以及作品的结构、速度、节拍等方面进行分析，并结合20世纪的序列音乐写作技法对速度数值构成进行分析和比较。对于在这部作品中占据主要地位的空间理论方面，借助了现代戏剧理论、电子音乐理论以及声学理论等相关理论进行综合分析；在结构方面，现代著名画家保罗·克利（Paul Klee）的理论对作品整体结构构成有着重要影响，对于作品结构方面的分析，即结合了克利的理论和现代作曲原理进行了综合分析。

在创作技法上，斯托克豪森突破了自20世纪初期诞生以来的序列音乐作曲技法，摆脱其对音高方面的束缚，而创立了与音高序列对应的速度数值音阶，同时将更为灵活的音群技法运用其中；对于写作篇幅庞大、编制规模超大的作品来说，这些创作技法的产生使写作更为流畅简洁，避免了为遵循序列规则而限于繁琐复杂的运算形式中，同时让管弦乐队产生丰富多变的音响效果。所有这些均对后来的作曲技法产生了深远的影响。在过去了半个世纪之后，这部作品其中的作曲技法、创作思维和工作态度等，都对今天的创作具有非常重要的价值和启示。

关键词：斯托克豪森　速度　音群作曲技法　结构　空间

约翰·科瑞格里亚诺《第一交响乐》创作研究

作　　　者：张帅
指 导 教 师：叶小纲

专 业 方 向：作曲

学　　　位：博士

学位授予时间：2008 年

论 文 述 要：

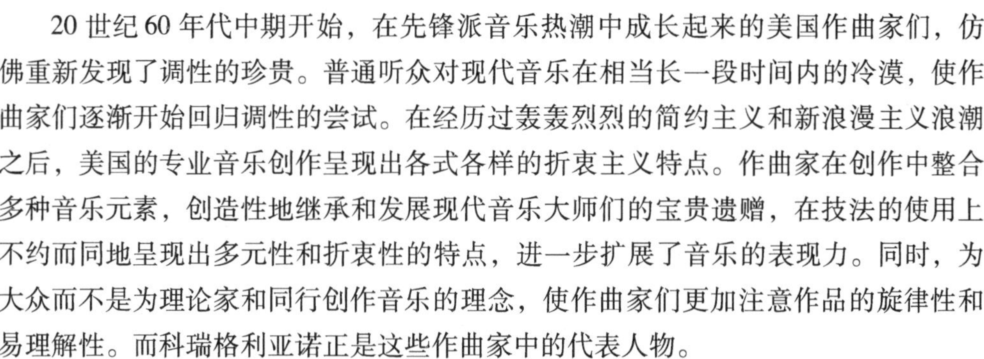

20 世纪 60 年代中期开始，在先锋派音乐热潮中成长起来的美国作曲家们，仿佛重新发现了调性的珍贵。普通听众对现代音乐在相当长一段时间内的冷漠，使作曲家们逐渐开始回归调性的尝试。在经历过轰轰烈烈的简约主义和新浪漫主义浪潮之后，美国的专业音乐创作呈现出各式各样的折衷主义特点。作曲家在创作中整合多种音乐元素，创造性地继承和发展现代音乐大师们的宝贵遗赠，在技法的使用上不约而同地呈现出多元性和折衷性的特点，进一步扩展了音乐的表现力。同时，为大众而不是为理论家和同行创作音乐的理念，使作曲家们更加注意作品的旋律性和易理解性。而科瑞格利亚诺正是这些作曲家中的代表人物。

约翰·科瑞格利亚诺（John Corigliano，1938—　）是美国当代最杰出的主流作曲家之一。他的音乐很具亲和力，充满了深厚的情感，赢得了听众和学者双方面的好评。他的大型作品拥有严谨的逻辑性，并不乏优美的旋律。在他的音乐中总是包含了各种各样迥异的因素。全音阶、质朴的三和弦、无调性、音簇结构、十二音、有控制的偶然音乐、猛烈的不规律的重音、不谐和的先锋派音响等，并广泛取材自欧洲传统音乐，使作品呈现出缤纷的色彩。他的作品在世界范围内被广泛演奏，频繁录音，并屡获殊荣。笔者认为，科瑞格利亚诺将 20 世纪的先锋派技术语言，同浪漫主义元素和调性音乐有机地结合起来，开拓了美国音乐创作的新风格，为美国的专业音乐创作提供了新的思路。他不归属任何阵营、不排斥任何技法的折衷的、多元化的创作理念，这同20世纪末至今的美国专业音乐创作发展的整体思维相吻合，因此极具研究价值。

本文针对科瑞格利亚诺的《第一交响乐》展开全面的技术分析。这部作品是作曲家创作成熟期的代表作，在其作品列表中具有里程碑意义，也比较全面地体现出了作曲家的创作特点。全文共分五章。在第一章中，对作曲家的创作进行总体上的介绍和梳理；第二章是对作曲家创作理念和风格定位的研究，作为对技术分析的辅助和补充；在第三章和第四章中，对《第一交响乐》进行了综合分析；在第五章中，归纳了研究的成果并作出结论。

关键词：科瑞格利亚诺　折衷主义　技法分析　创作理念　音乐风格

文化同源　音乐异声

——中、日、韩三位现代音乐作曲家作品及其相关历史文化探究

作　　　者：于宝玉

指 导 教 师：郭文景

专 业 方 向：作曲

学　　　位：博士

学位授予时间：2009 年

论 文 述 要：

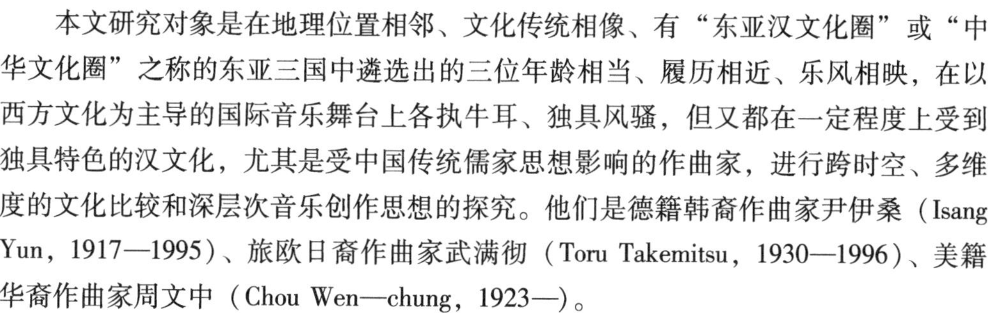

本文研究对象是在地理位置相邻、文化传统相像、有“东亚汉文化圈”或“中华文化圈”之称的东亚三国中遴选出的三位年龄相当、履历相近、乐风相映，在以西方文化为主导的国际音乐舞台上各执牛耳、独具风骚，但又都在一定程度上受到独具特色的汉文化，尤其是受中国传统儒家思想影响的作曲家，进行跨时空、多维度的文化比较和深层次音乐创作思想的探究。他们是德籍韩裔作曲家尹伊桑（Isang Yun，1917—1995）、旅欧日裔作曲家武满彻（Toru Takemitsu，1930—1996）、美籍华裔作曲家周文中（Chou Wen—chung，1923—）。

本文将以中国儒家思想文化为线索进行中、日、韩三国历史文化的溯本探源，以期加强对当下音乐创作领域内颇为复杂的民族性与西方现代性主客体关系的再认识，以及对如何以西方现代作曲技术反映本区域或本地区的民族文化精神的理解，进而通过研究东亚三位作曲家的人文背景和音乐历程以及独有的美学构架，从中梳理出具有现实意义与应用意义的理论手段。通过对三位作曲家的作品研究与分析，并结合文史资料的阅读，找到与西方现代性相承因的东亚现代性，以及东亚现代性与东亚古代文明融合的历史渊源关系，在此基础上提出并证实现代文明是一个经起源、融合、发展，变异为相互关联的一个综合系统。

本文分为三个大部分。在绪论Ⅰ、绪论Ⅱ和绪论之续中分别对中、日、韩三国

的历史渊源及文化互动进行鸟瞰；分析比较三位研究对象的文化观念和艺术理念；对三位研究对象因各自不同的艺术哲学观和音乐美学观而产生的不同音响观念进行综合阐释。之后的第一、第二、第三大部分，笔者首先根据俄国画家康定斯基的抽象派绘画理论——点·线·面——而提出的“311 定理”（其公式为：[3 + 1 = 1]）进行“三点一线一面”的分析。即：个人、祖国、西方（三点）；音响观（一线）；作品风格（一面）。在音响观与作品风格两段落之间插入分析对象相对成熟且音乐个性鲜明的管弦乐作品进行技术手段、文化底蕴、美学思想及音响观念之异同的类比分析。最后，笔者将就三者作品中所能反映出的文化气息与创作手段的内在联系作进一步的理论及理念的总结概述，进而得出结论及其展望。

关键词：尹伊桑　武满彻　周文中　点·线·面　311 定理　文化同源　二元结构

交响与风格

——中国蒙古题材交响乐作品研究

作　　　者：斯琴朝克图

指 导 教 师：唐建平

专 业 方 向：作曲

学　　　位：博士

学位授予时间：2010 年

论 文 述 要：

本文以建国 60 年以来创作的蒙古族题材交响乐作品为研究对象，从作曲理论的角度，以作曲分析方法为研究手段，系统、综合地论述了蒙古族音乐风格交响乐作品的总体与个性化风格特征及其价值。

第一章主要论述了蒙古族历史文化和音乐文化的概貌，介绍了蒙古族社会历史变迁、生产生活方式及其对文化艺术的影响，论述了蒙古族传统歌舞、乐器的传承以及民间音乐人才队伍的建设情况。

第二章介绍了蒙古族音乐风格的大型交响性作品的体裁与题材方面的特点。本章通过对主要谱例的研究，概括出蒙古族音乐风格交响作品的标题性特点，揭示了民族乐器与西洋管弦乐之间的各种结合模式，分析了蒙古族民间音乐与交响性的融合特点等。

第三章分析了蒙古族音乐题材交响作品主题材料的构成与特点。通过对重点作品主题材料的例解，揭示了蒙古族音乐风格交响作品采用和改编民间歌曲旋律构成主题、采用民间乐器与演奏特点来创作主题、采用创作歌曲旋律构成主题、自创性旋律构成主题、扩展音域手段及主题半音化旋律的加入强化主题等特点。在此基础上，概括了蒙古族歌曲旋律调式主要特点和蒙古族音乐风格交响乐的“骨架”建构。

第四章分析了中国蒙古族音乐风格交响乐的音乐结构及其总体作曲技术，从宏观和微观两个层面剖析了中国蒙古族音乐风格交响乐作品的曲式结构，论述了蒙古族音乐风格交响乐创作中和声的风格和特点、多声调复调（对位）技法、作品中的节奏对位及表现等。

第五章分析了中国蒙古族音乐风格交响乐作品中的配器问题，以及乐队编制、乐队写作的特点，总结了中国蒙古族音乐风格交响乐写作的乐队音色、人声运用、非常规特色乐器的使用、乐器的演奏方法与变化、管弦乐持续音的作用、主题贯穿的写法等。

论文最后探讨了中国蒙古族音乐风格交响乐作品的艺术价值。

关键词： 蒙古族音乐　交响乐　题材　体裁　音乐结构　作曲技术
配器　艺术价值

亨利·迪蒂耶管弦乐作品《蜕变》创作技术研究

作　　　者：王丹红

指 导 教 师：唐建平

专 业 方 向：作曲

学　　　位：博士

学位授予时间：2010 年

论 文 述 要：

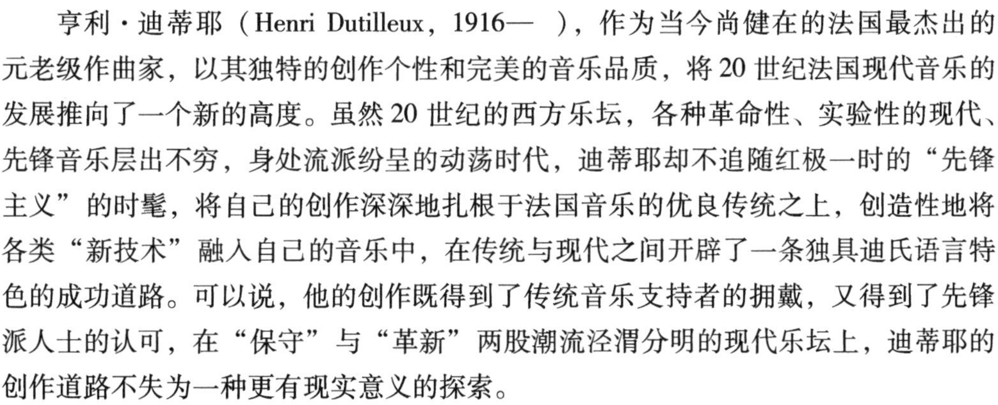

亨利·迪蒂耶（Henri Dutilleux，1916—　），作为当今尚健在的法国最杰出的元老级作曲家，以其独特的创作个性和完美的音乐品质，将 20 世纪法国现代音乐的发展推向了一个新的高度。虽然 20 世纪的西方乐坛，各种革命性、实验性的现代、先锋音乐层出不穷，身处流派纷呈的动荡时代，迪蒂耶却不追随红极一时的“先锋主义”的时髦，将自己的创作深深地扎根于法国音乐的优良传统之上，创造性地将各类“新技术”融入自己的音乐中，在传统与现代之间开辟了一条独具迪氏语言特色的成功道路。可以说，他的创作既得到了传统音乐支持者的拥戴，又得到了先锋派人士的认可，在“保守”与“革新”两股潮流泾渭分明的现代乐坛上，迪蒂耶的创作道路不失为一种更有现实意义的探索。

本文拟将研究范围从作曲理论角度限定于技术领域，将其创作成熟时期的最具代表性的大型管弦乐队作品《蜕变》（*Metaboles*，1964）作为研究对象，考察具有他独特个性的创作技法与审美取向在音乐构成的诸多要素——结构、音高、和声、音色、音响布局等方面的运用和体现。在《蜕变》这部作品的创作中，迪蒂耶强调“色彩”——精致细腻的乐队配器与“线条”——纷繁高超的复调手法，结合巧妙严谨、极富逻辑性的镜像对称结构原则，完成美轮美奂、多姿多彩的音响造型艺术。由于强烈的艺术个性和缜密的结构思维逻辑，迪蒂耶在探索和实践各种新技术、新方法上，始终显示出深思熟虑的品格、善于驾驭各种技巧的高超能力和准确敏锐的艺术直觉。

本论文主要由六个章节组成：在引言之后，论文的第一章主要介绍迪蒂耶的生平及创作风格；第二章至第六章是论文的主体，通过实例分析，比较全面、详尽地论述了《蜕变》中的音高材料、织体构成、配器技术与曲式结构等元素，并对迪蒂耶的创作思维进行了考察与探索；最后是结语，对迪蒂耶的大型管弦乐作品《蜕变》的创作手法及风格进行概括性的总结，并提出论文作者的观点和见解。

关键词：迪蒂耶　核心音程　主导动机　音色节奏　音色布局　音响实体

汉斯·威尔纳·亨策弦乐四重奏创作研究

作　　　者：周静

指 导 教 师：叶小纲

专 业 方 向：作曲

学　　　位：博士

学位授予时间：2010 年

论 文 述 要：

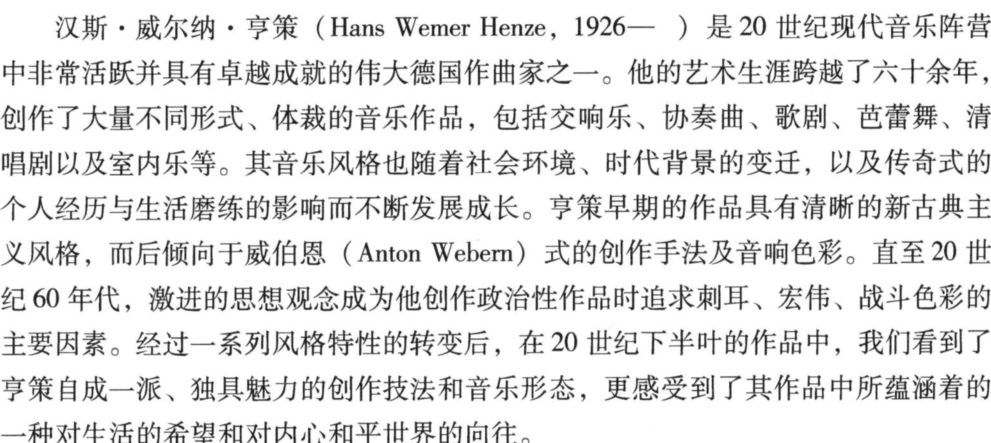

汉斯·威尔纳·亨策（Hans Wemer Henze，1926—　）是 20 世纪现代音乐阵营中非常活跃并具有卓越成就的伟大德国作曲家之一。他的艺术生涯跨越了六十余年，创作了大量不同形式、体裁的音乐作品，包括交响乐、协奏曲、歌剧、芭蕾舞、清唱剧以及室内乐等。其音乐风格也随着社会环境、时代背景的变迁，以及传奇式的个人经历与生活磨练的影响而不断发展成长。亨策早期的作品具有清晰的新古典主义风格，而后倾向于威伯恩（Anton Webern）式的创作手法及音响色彩。直至 20 世纪 60 年代，激进的思想观念成为他创作政治性作品时追求刺耳、宏伟、战斗色彩的主要因素。经过一系列风格特性的转变后，在 20 世纪下半叶的作品中，我们看到了亨策自成一派、独具魅力的创作技法和音乐形态，更感受到了其作品中所蕴涵着的一种对生活的希望和对内心和平世界的向往。

5 首弦乐四重奏的创作跨越了三十余年，是亨策音乐语言逐步发展，直至确立成熟的有力见证，这种非同寻常的创作周期以及 5 首弦乐四重奏所聚集的独特音乐形态足以代表亨策室内乐的最大成就。不同于其他现代艺术追求新鲜、奇异的表现方式，亨策的音乐始终扎根于传统的音乐思维活动中，不断撷取灵感，特立独行地与先锋音乐元素巧妙地结合，从而形成了一种既具有古典抒情浪漫气息，又散发着永恒现代魅力的独特音乐语言。

笔者之所以选择 5 首弦乐四重奏作为研究课题，正是基于亨策个性、大胆的创作理念，以及他那难以归类于某一流派的音乐构成方式。从创作初期简单、朴素的音乐写作手法到《第五弦乐四重奏》复杂、华丽的音乐发展形态，5 首弦乐四重奏逐步为我们展现了亨策将传统思维与现代语言有机结合的艰辛历程，通过戏剧性的音响色彩、千变万化的节奏形态以及复杂灵巧的写作手法等等这些风格化语言的代表特性，我们不仅身临其境地感受到性格气质所能赋予音乐的奇特魅力，更加感叹注入生命活力的真挚艺术所带来的心灵震撼。

本文将从作曲技术角度出发，以文字和谱例相结合的方式，以对比法为主要手段对亨策的 5 首弦乐四重奏进行详尽的剖析，力求能够更真实地呈现作曲家超凡、过人的创作理念与写作技术。全文由三篇共十一章组成。第一篇着重于作曲家亨策的生平介绍以及 5 首弦乐四重奏的创作背景描述。第二篇则是作曲技法的主体部分，分为七章，分别从音高关系、纵向和声、节奏形态、复调思维等音乐构成要素的各个方面进行详细的阐述。第三篇是音乐结构的特点分析以及 5 首弦乐四重奏各个乐章的结构概要。最后是结语部分，通过对亨策音乐创作手法与赋格特征的分析与总结，这一部分主要涉及笔者的启发与感悟，以及在现代音乐多元化发展趋势中，音乐家们所追求的艺术真谛。

关键词： 亨策　二、四度音程关系为基础特性的音高材料　序列技术　和声　节奏　不确定性音乐　复调思维　音色　结构　精简材料的逻辑性衍展　以音程关系为基础的变化其他音乐构成要素的创造性技法

“音　势”

——周龙歌剧《白蛇传》的音乐语言特点

作　　　者：李小兵

指导教师：吴祖强

专业方向：作曲

学　　　位：博士

学位授予时间：2012 年

论文述要：

本论文对周龙歌剧《白蛇传》创作本身表现出的传统和创新的尺度把握以及东方和西方文化的融合，尤其是作曲家在语言运用上的功力等方面予以关注，既有利于年轻作曲家在今后创作中汲取前人的成功经验，促使他们在未来的音乐创作中实现跃升，又能从一个独特的角度为更多作曲家进行中国音乐“世界性”发展的创作实践提供一定的参证。

在研究方法上，本文除了搜集、阐述作曲家本人所提供的资料及其所思所想，在参考他人研究资料的同时，重点论述了笔者对歌剧《白蛇传》创作的发现、思索和分析。

周龙的歌剧《白蛇传》在 21 世纪现代音乐发展进程中，以中国传统文化与西方文化的高度融合为出发点，展现了中国传统文化的独特魅力，运用了西方现代音乐技法和中国戏曲音乐相融合的手法，使作品取得了成功。

本文中提到的周氏“音势”的两个来源：一是源于中国戏曲的一种带滑音的演唱方式，作曲家周龙将其嫁接到了英语歌剧中；二是作曲家运用了苏州弹词中一个下行特点音程，这个全音级式下滑的“音势”奠定了整部歌剧旋法的趋向，形成整部歌剧中频繁出现的下行音调。由此构成的“音势”贯穿全剧，其各种形态及变体体现于器乐与声乐两种写作中。乐队部分包括“震音式”下行形态的“音势”、音级下行形态的“音势”、滑音形态的“音势”和混合形态的“音势”的使用。声乐部分包括音级下行形态“音势”或滑音形态“音势”的使用。“音势”的各种形态的分布构成了整部歌剧核心材料的布局。

歌剧《白蛇传》的语言处理是一个中西文化高度融合的尝试，取得了非常有意义的成果，也是值得研究的一大亮点。包括中国戏曲语言对英语谱曲的影响，如“音势”，尾音的拖腔处理，为了强化英语音节而使用的三连音、切分音、类似颤音的“摇音”的运用等，还有借鉴中国戏曲垛板而使用一音一英语音节的配置，或在乐句中模仿戏曲拖腔一字拖多音的安排，有时往往被拖的不是一个词，而是英语单词中的一个音节等。正如普利策音乐奖的评语：“在中国出生的周龙，以根据中国民间故事写的极具抱负的歌剧，成功地作了一次令人印象深刻的‘文化传译’：此作品融贯古、今、东、西，把亚洲音乐的音色、乐器和传统有效地糅合进西洋音乐里，用自己独特的语言将地方色彩提升到了深刻的艺术表现之中。”

关键词：“音势”　周龙　歌剧《白蛇传》

多元化的传承与创新

——斯蒂文·斯塔基创作风格技法研究

作　　者：于川

指导教师：叶小纲

专业方向：作曲

学　　位：博士

学位授予时间：2012 年

论文述要：

斯蒂文·斯塔基（Steven Stucky，1949—　）是当代美国最具影响力的作曲家之一，他的音乐以优美的音色、富有想象力的色彩以及清晰庞大的结构受到普遍赞扬，代表作《第二管弦乐协奏曲》曾获得 2005 年普利策音乐奖。

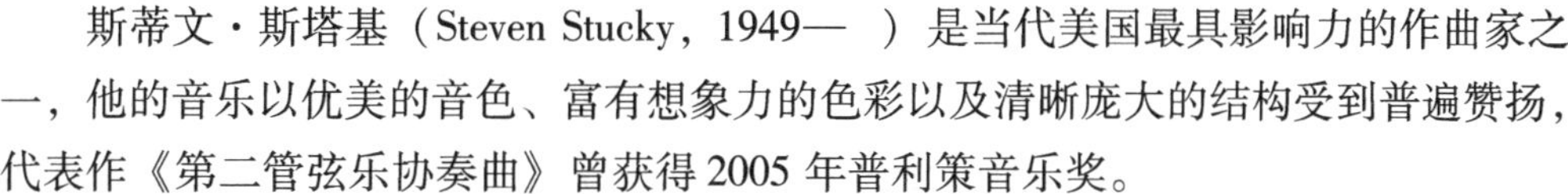

斯塔基的音乐有着独特的多元化气质：既能从中感受到扎实的传统功底，又洋溢着清新前卫的现代气息；他无法被归类到任一流派，其音乐风格涵盖了浪漫主义、印象主义、简约主义、民间流行等诸多元素；他的作品充满神秘主义色彩与奇特音响，但又不失可听性。作曲家以巧夺天工的精妙笔法，将如此多看似矛盾的因素和谐地融合在一起，形成独具个人特色的写作风格。

在当前这个强调个性化、多元化的现代艺术环境中，如何找到属于自己的风格道路，是摆在所有作曲家面前的共同课题。斯塔基就是一位具有鲜明特色的作曲家，尽管他并没有发明崭新的技术理论，也没有玄妙的哲学标签，甚至我们能够直观感受到他的音乐明显受 20 世纪诸多作曲大师的影响，如鲁托斯拉夫斯基、利盖蒂、梅西安、武满彻、格拉斯等，但这些丝毫不妨碍他在作品中展现出独到的音响特色及审美情趣。究其原因，斯塔基深谙融汇百家精髓之道，他善于从大师们的创作中去糟取精，提炼出有价值的技法手段，并以个人的美学理念加以改良升华，最终将这些进化更新的因素融入到自己的音乐之中。

笔者认为，斯塔基这种继承－改造－融合的创新思路非常值得我们借鉴学习，因此本文的重心也在于探索斯塔基是如何从传统中提取精华，又是如何对其进行个性化改造，直至最终形成独一无二的个人风格。

本文是第一篇全面系统探究斯塔基创作风格技法的文章。论文由绪论、正文和结论组成。绪论部分对选题的意义、国内外研究现状、研究思路等方面进行了概况说明。正文共分为八章：第一章对斯塔基的生平和音乐创作进行了简要的介绍；第二至第七章分别对斯塔基的主题形态特征、节奏与节拍、和声技法、复调技法、曲式结构、管弦乐技法等作曲技术要素进行了研究，并加以大量的实例论证。最后，在结论部分对斯塔基创作的创新思路与手段进行了总结说明。

关键词： 斯蒂文·斯塔基　现代音乐　作曲技术　多元化

多元交融的个性艺术

——卡姆兰·印斯创作风格技法研究

作　　　者：陈思

指导教师：叶小纲

专业方向：作曲

学　　　位：博士

学位授予时间：2013 年

论文述要：

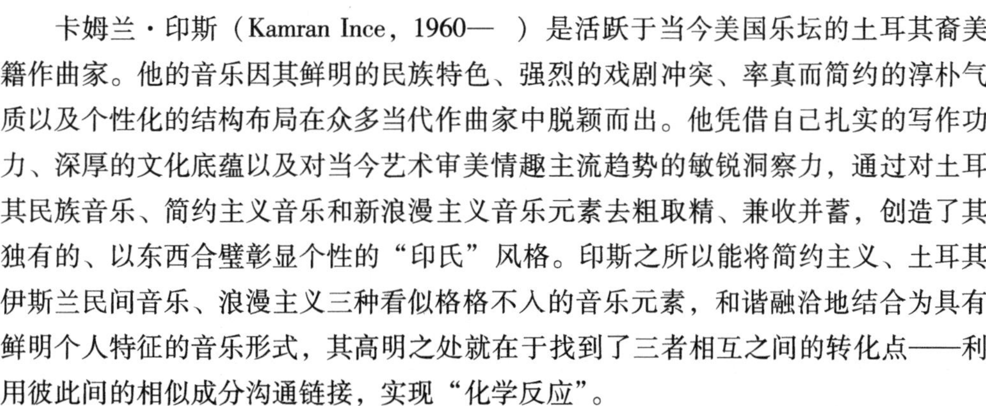

卡姆兰·印斯（Kamran Ince，1960—　）是活跃于当今美国乐坛的土耳其裔美籍作曲家。他的音乐因其鲜明的民族特色、强烈的戏剧冲突、率真而简约的淳朴气质以及个性化的结构布局在众多当代作曲家中脱颖而出。他凭借自己扎实的写作功力、深厚的文化底蕴以及对当今艺术审美情趣主流趋势的敏锐洞察力，通过对土耳其民族音乐、简约主义音乐和新浪漫主义音乐元素去粗取精、兼收并蓄，创造了其独有的、以东西合璧彰显个性的“印氏”风格。印斯之所以能将简约主义、土耳其伊斯兰民间音乐、浪漫主义三种看似格格不入的音乐元素，和谐融洽地结合为具有鲜明个人特征的音乐形式，其高明之处就在于找到了三者相互之间的转化点——利用彼此间的相似成分沟通链接，实现“化学反应”。

本文以作曲家具有代表性的乐队及室内乐作品为依据，以作曲技术理论（变奏技术、音高系统、配器、结构等）为切入点，以土耳其音乐文化为线索对印斯的创作思路、创作技法及风格成因进行分析、梳理和总结，在探索作曲家音乐世界的过程中获取其缔造二元文化（东西合璧）艺术精品的宝贵经验。

文章由绪论、五个章节和结论组成。在绪论部分，对选题的缘起及意义、国内外的研究现状及本论文写作思路与研究方法作简单梳理。正文共分五个章节。第一章，对作曲家个人经历及相关作品进行简介。第二章论述三方面问题：1. 印斯的

“后简约主义”艺术风格；2. 印斯音乐中的变奏手法及表现意义；3.“变奏”——土耳其音乐中的重要元素。第三章，从五个方面对音高展开研究。分别是：① 土耳其玛卡姆调式的运用；② 对微分音效果的“仿造”；③ 其他调式及自由十二音技术的运用；④ 和声；⑤《红外线之序》音高组织分析。第四章，关于配器的研究从五个方面展开：①“东西交融协奏曲”——对不同乐种的“调和”手段；② 对管乐组的强化；③ 持续音的运用；④ 静态配器原则；⑤ 膜鸣类打击乐器的表现作用。第五章，从结构和土耳其民间舞蹈节奏的运用两方面展开研究。

卡姆兰·印斯植根于简约主义、土耳其伊斯兰民间音乐、浪漫主义这三块丰沃的土壤，籍由智慧的思考和不懈的挖掘探索，最终凝练出具有鲜明个人气质的艺术风格，以其独特的视角和手法，向世人展现出音乐艺术的无穷可能性和永恒魅力。

关键词：卡姆兰·印斯　变奏　简约主义　玛卡姆

亚洲的思维、作曲的冒险

——西村朗的创作研究

作　　　者：韩昕桐

指 导 教 师：郭文景

专 业 方 向：作曲

学　　　位：博士

学位授予时间：2013 年

论 文 述 要：

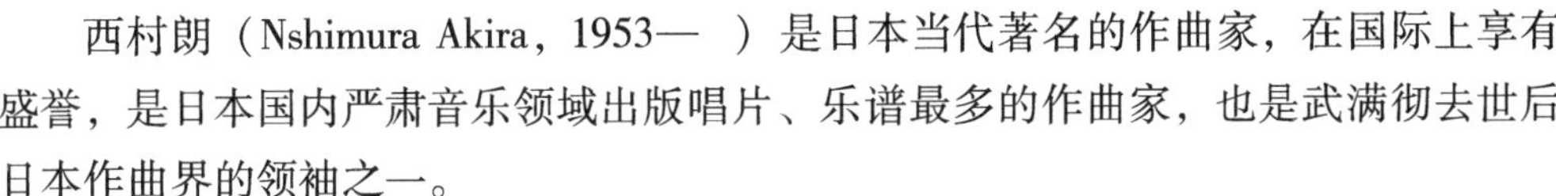

西村朗（Nshimura Akira，1953— ）是日本当代著名的作曲家，在国际上享有盛誉，是日本国内严肃音乐领域出版唱片、乐谱最多的作曲家，也是武满彻去世后日本作曲界的领袖之一。

本论文共分五章，从西村的成长、创作理念的形成以及作曲技法等方面论述了西村朗的创作。第一章，西村朗及其作品。第二章，西村朗的创作与亚洲文化，其中探讨了亚洲民族元素对其创作的影响、研究宗教思想对其创作的影响。第三章，西村朗的创作理念。第四章，西村朗的“赫特罗”创作技法，探讨了 HETEROPHPNY（赫特罗）技法的最初尝试，以及对 4 首《雅歌》《为 2 台钢琴与管弦乐队而作的 HETEROPHPNY》的分析。第五章为论文结论。

西村朗从中学开始有了作曲梦，经过专业的学习之后考入日本最好的音乐大学——东京艺术大学，但是，他发现自己根本无法适应这些来自欧洲的作曲技术，决心冒险探索一条作曲新路。

亚洲文化对西村朗创作理念的形成是决定性的，西村的宇宙观、宗教观都与亚洲文化不可分割。这些观念逐渐演变成西村的作曲观，发展成为一种独特的作曲技法。因此，西村的创作理念是一种“亚洲的思维”，而西村所走的路正是一条“作曲的冒险”之路。

亚洲的文化是西村创作的土壤，亚洲的哲学、宗教思想是其创作理念的根源。他从亚洲的哲学中探索作曲的技法，从而确立了自己的作曲技法——赫特罗，这一技法的创立奠定了西村在国际上的作曲家地位。他不再把音符作为一种素材来组装，而是把从内心流出的同质、异质并存的“歌”放生于大气中。

西村的创作对当代作曲有着许多启发。他立足于亚洲哲学之上，突破西方作曲技法，从创作理念、作曲技法上体现民族风格。西村的创作对中国今后现代音乐的发展有着重要的借鉴意义。

关键词：西村朗　赫特罗　宇宙观　宗教观　亚洲观　作曲观

贝尔格《露露组曲》的创作探究

作　　　者：刘天石
指导教师：唐建平
专业方向：作曲
学　　　位：博士

学位授予时间：2014 年

论文述要：

本文的研究对象是奥地利作曲家阿尔班·贝尔格（Alban Berg，1885—1935）创作的《露露组曲》。歌剧《露露》是贝尔格创作的最后一部大型作品，也是贝尔格最为成熟的十二音作品之一。早在歌剧创作完成之前，作曲家已将歌剧中重要的音乐段落编入了《露露组曲》（后称《歌剧〈露露〉的交响乐曲》，也称《选自〈露露〉的交响片段》），并使之成为一部独立的音乐会作品。

这部为女高音与乐队而作的《露露组曲》分为五个乐章——回旋曲、固定音型间奏曲、露露之歌、变奏曲及柔板。本文从作品的形态学分析层面入手，在分析这部作品的音高体系及十二音技法的具体应用后，着重对乐队写作织体及乐队音响配器特色进行研究，并对作曲家如何应用新的音乐语言及最人性化的方式来表达其作品含义的内容进行探讨。

本文共分五章。第一章对歌剧《露露》及《露露组曲》的创作进行了简要概述，从歌剧脚本的改编到歌剧创作历程及组曲编曲的初衷等逐一作了说明。第二章主要对作品的音高组织进行分析，将十二音序列原型设计及其各种演化的序列结构清晰阐释，并对应组曲内容分析音列结构在作品中的布局逻辑，对音列写作的自由化程度及风格作进一步研究。由于组曲是对原歌剧的一种缩编形式，因此独立成为作品后的结构与在歌剧中所使用的结构略有不同。第三章将在比对组曲音乐和歌剧音乐后，分别对组曲的五个乐章进行结构的划分，尤其是对三部性原则及对称结构加以阐述。第四章对作品的乐队写作技术进行分析。从配器中独奏乐器的色彩运用到乐队音响的层次逐一剖析，同时对钢琴声部在作品中的应用价值给予了特别关注。钢琴声部不仅作为一种管弦乐编制的色彩乐器出现，而且在乐队中扮演了配器指南的角色，为作品主要序列的研发提供了实践依据。第五章对《露露组曲》的创作特点作出归纳与总结。在分析、研究了作品的理性层面后，继而从音乐的感性层面出发，寻求贝尔格人性温暖的一面，对作品十二音音高组织潜在的调性暗示、具有和声功能意义的和弦结构布局及乐队音响在时间轴上人性化的情感体现等方面作进一步的研究。贝尔格在创作上一直在寻求理性思维与感性表达的平衡点，这部作品就是很好的例证。

关键词： 贝尔格　《露露组曲》　十二音技法　对称结构　音响层次　感性化

从单音性到异音性声音层次的能量释放

——西村朗音乐创作中的观念与技法研究

作　　　者：禹永一

指 导 教 师：唐建平

专 业 方 向：作曲

学　　　位：博士

学位授予时间：2013 年

论 文 述 要：

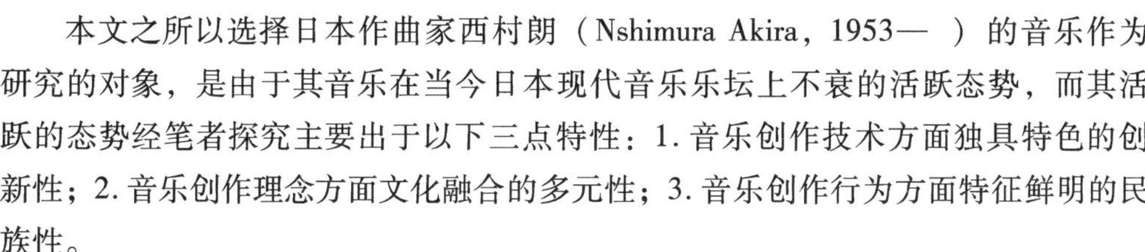

本文之所以选择日本作曲家西村朗（Nshimura Akira，1953— ）的音乐作为研究的对象，是由于其音乐在当今日本现代音乐乐坛上不衰的活跃态势，而其活跃的态势经笔者探究主要出于以下三点特性：1. 音乐创作技术方面独具特色的创新性；2. 音乐创作理念方面文化融合的多元性；3. 音乐创作行为方面特征鲜明的民族性。

日本古老的音乐文化在历史的长河中不断碰撞着外来的音乐文化，并在这些碰撞中去其糟粕、取其精华，而逐渐形成了符合自身审美趣味的、极具特色的本土文化符号。同样也是这种多元文化的撞击、借鉴、摒弃、补充，对作曲家西村朗的创作思想产生了不可忽视的影响。心思缜密的作曲家西村朗将来自欧美的作曲技术，以及源自日本本土乃至东方更广大范围的音乐文化元素，都充分融合并沉淀于其独具个性的音乐创作之中，致使我们在把目光更多地投向于欧美作曲家的同时，不得不回过头来开始关注一衣带水的邻国日本在当代音乐创作领域的态势。

本文由绪论、五个章节主体部分及结论七大模块构成：绪论，就该论文选题的缘起、意义以及在国内外的研究现状、研究方法等问题加以说明和阐述；第一章，是对西村朗个人音乐风格的整体概述及评价；第二、三章，是对西村朗时代的周边情况进行对照来更加准确地定位西村朗作为日本现代作曲家的成长历程以及观念形成的文化背景；第四、五章，通过对衬腔式复调技法的梳理，集中对他的《双钢琴与管弦乐队的衬腔式复调》进行有关作曲技术法方面的探讨和研究，即关于衬腔式复调技法的结构、多声形态、音色、节奏等方面的个性手法进行总结。结论，对西村朗音乐中以衬腔式复调技法为特征的技术手法及创作观念形成的宗教、民族文化的根源进行概括性总结，指出了衬腔式复调技法在西村朗音乐创作中的重要地位及对现代作曲技法的贡献，还强调了作为东方作曲家对本民族文化的传承和探求的历史责任，以此求得创作中的宝贵经验来应用于我们的音乐创作，并对中国的当代音乐创作及研究有所启迪与借鉴。

关键词：音高材料　音色　多声形态　单音性　异音性　能量

和　声

斯克里亚宾晚期和声手法在十首钢琴奏鸣曲中的发展轨迹

作　　者：王文
指导教师：吴式锴
专业方向：和声
学　　位：博士
学位授予时间：2005 年

论文述要：

斯克里亚宾（Alexander Nikolaievich Scriabin，1871—1915）是 20 世纪初期俄罗斯乃至欧洲音乐发展史上重要的作曲家之一。他独特的个性和音乐审美观造就了其音乐鲜明的个性特征。斯克里亚宾从继承浪漫派后期的音乐手段和风格开启了他的音乐创作生涯，经过不断的探索，逐步形成了只属于他个人的音乐语言风格。在一生的创作历程中，他在继承和拓展传统调性和声思维的基础上，创造了一种融传统与现代意识于一身的和声手法——以神秘和弦为核心因素的、以四度音程叠置为和弦主体结构的“调性和声”。尽管这种和声手法在他晚期创作中才完全建立和逐步完善，但这种创作思维却经历了早期萌芽、中期探索以及晚期逐步完善这样一个漫长的发展和演进过程。为了全面了解和认识斯克里亚宾独特的和声手法，本文通过对他 10 首钢琴奏鸣曲中和声手法的研究，对他独特的和声语言及其发展轨迹作了整体性的梳理和概括。

论文共分为四个章节。第一章，晚期和声思维在古典调性基础上的早期萌芽。这一章从晚期浪漫派和声思维的延续、斯克里亚宾晚期和声思维对传统和声思维的渗透，以及四度和弦的早期迹象三个方面对斯克里亚宾早期创作中的和声特点作了全面的研究和概括，主要分析了他的第一至第三钢琴奏鸣曲。

第二章，晚期和声思维在两种调性观念冲突中的发展。这一章针对斯克里亚宾创作中期，在传统思维和他个人探索性和声手法交融、冲突中所运用的和声语言进行了具体的分析和研究，主要分析的是他中期有代表性的第四和第五钢琴奏鸣曲。

第三章，斯克里亚宾晚期和声手法的进一步完善。在这一章中，本文从晚期调性与和声手法的理论性探索、斯克里亚宾晚期和声手法的具体运用，以及晚期5首钢琴奏鸣曲主部主题和副部主题和声研究三个方面，系统地探索、研究了他晚期具有独特思维特征的和声语言。论文重点对他后期创作的5首钢琴奏鸣曲（第六至第十钢琴奏鸣曲）主部主题和副部主题整体的调性布局进行了深入的研究，为我们客观地看待斯克里亚宾的晚期创作提供了依据和参照。

本文最后一章，斯克里亚宾音乐思维与创作手法的整体评价。这一章从宏观角度分析了斯克里亚宾的创作手法所产生的背景，比较了他的和声思维与传统调性思维和20世纪非调性思维的不同特征，并就斯克里亚宾在20世纪欧洲音乐中的地位等方面提出了本文的观点：斯克里亚宾的晚期和声手法是一种不仅体现出对传统调性思维的扩展，同时还融入了非调性意识的独特的“调性和声手法”。因此，他是20世纪初期在调性思维和非调性思维之间架起桥梁的一个重要作曲家。

关键词：斯克里亚宾　神秘和弦　晚期和声体系　钢琴奏鸣曲　三全音
调域　小三度循环

德彪西《佩里亚斯与梅利桑德》与贝尔格《沃采克》和声比较研究

作　　　者：姜之国

指 导 教 师：刘康华

专 业 方 向：和声

学　　　位：博士

学位授予时间：2006 年

论 文 述 要：

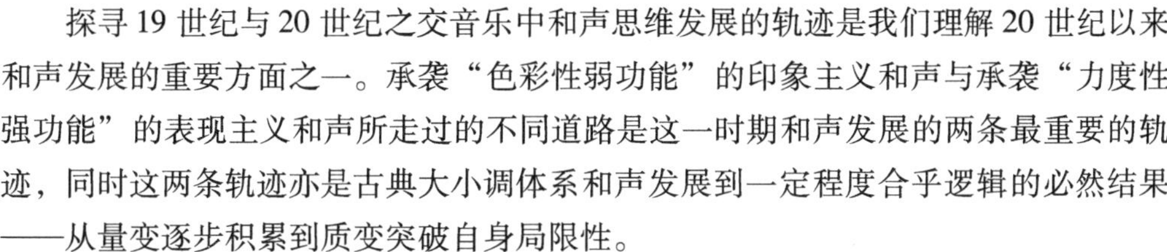

探寻 19 世纪与 20 世纪之交音乐中和声思维发展的轨迹是我们理解 20 世纪以来和声发展的重要方面之一。承袭“色彩性弱功能”的印象主义和声与承袭“力度性强功能”的表现主义和声所走过的不同道路是这一时期和声发展的两条最重要的轨迹，同时这两条轨迹亦是古典大小调体系和声发展到一定程度合乎逻辑的必然结果——从量变逐步积累到质变突破自身局限性。

本文试图通过对印象主义与表现主义的代表性歌剧——德彪西的《佩里亚斯与梅利桑德》与贝尔格的《沃采克》的和声研究来管窥古典大小调体系和声瓦解后和声发展的两条不同轨迹，并通过比较研究进一步探寻这两种轨迹的历史继承性以及创新思维特征与技法特征。

本文以尤·霍洛波夫的有关 20 世纪和声的理论与分析方法为基础，对这两部歌剧的和声作分析研究及比较，同时对于《沃采克》的分析论述中结合采用了阿伦·福特的音级集合理论。在对和声材料作分析时，又借助于刘康华在霍洛波夫理论基础上对“20 世纪和声的基本结构成分”的提法和分类法。

论文的基本结构为：第一章简述这两部歌剧的创作与戏剧、音乐结构；第二章到第四章分别从和声的基本结构成分、和声材料相互关系以及音高关系体系三个方面来对两部歌剧作分别研究和比较研究；第五章是对两部歌剧的各个主导动机进行和声研究及比较；第六章从美学追求与创作理念上探寻这两部歌剧和声手法的思维根源，最后是本文的结论。

虽然这两部歌剧的和声手法相异，但都是根源于和声的古典调性体系，并且是沿其发展的不同轨迹，在突破大小调功能体系后，创立了新的和声思维与技法。它们是:《佩》剧中所使用的以音列为中心的音高关系体系与《沃》剧中所使用的以和音（不协和和音）为中心的音高关系体系。

这两部歌剧音高结构的思维与技法对今天的创作仍有着重要的启示。

关键词：歌剧　和声　印象主义　表现主义　和声基本结构成分
和声材料相互关系　高音关系体系　主导动机　美学根源

从调性扩张到十二音体系

——勋伯格和声思维与技法发展研究

作　　　者：刘文平

指 导 教 师：刘康华

专 业 方 向：和声

学　　　位：博士

学位授予时间：2008 年

论 文 述 要：

勋伯格（Arnold Schoenberg，1874—1951）是奥地利著名的作曲家、音乐理论家和教育家，“新维也纳乐派”的代表人物。他一生的创作，经历了从继承发展、开拓探索，到创新体系三个相关联的不同时期，代表了 20 世纪上半叶音乐创作思维与技法发展的一条重要线索。他的创新思维与技法，对 20 世纪以来的音乐创作产生了极为深远的影响。

本文以勋伯格为研究对象，以他一生的音乐创作为研究范围，以他创作中的和声为研究内容，从和声材料及其性质、材料之间的相互关系以及音高关系体系三个方面入手，探索作曲家从调性扩张－自由无调性－十二音序列作曲法的和声思维与技法的发展轨迹。

第一章，调性扩张时期。研究勋伯格对后期浪漫派半音化和声技法的进一步深化，探寻他逐步解除调性结构原则对和声材料、和弦关系以及调性状态的制约，从而使调性最终趋于解体；第二章，自由无调性时期。研究勋伯格在调性解体之后对于各种新音高组织手段的探索，并逐渐趋于对音高有序化的控制；第三章，十二音序列音乐时期。研究十二音序列作曲法作为调性解体之后系统化、条理化的，具有新的统一性和结构力的音高组织手段的形成及其相关技术的发展。

从总体来看，本文通过对勋伯格三个不同创作时期大量作品的分析和研究，总结了 20 世纪上半叶一个最具影响的作曲家的和声思维与技法发展的种种特征，从而揭示了“从调性扩张到十二音体系”的内在发展规律。

关键词：勋伯格　和声思维与技法　调性扩张　自由无调性　十二音序列

“引力极”的辐射与回归

——斯特拉文斯基和声技法与风格研究

作　　者：王硕

指导教师：刘康华

专业方向：和声

学　　位：博士

学位授予时间：2008 年

论文述要：

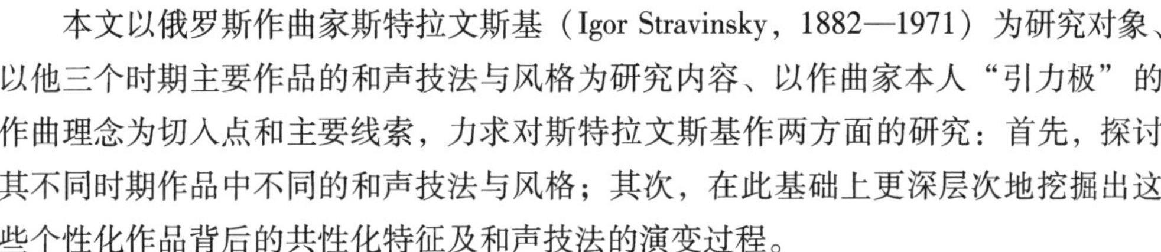

本文以俄罗斯作曲家斯特拉文斯基（Igor Stravinsky，1882—1971）为研究对象、以他三个时期主要作品的和声技法与风格为研究内容、以作曲家本人“引力极”的作曲理念为切入点和主要线索，力求对斯特拉文斯基作两方面的研究：首先，探讨其不同时期作品中不同的和声技法与风格；其次，在此基础上更深层次地挖掘出这些个性化作品背后的共性化特征及和声技法的演变过程。

文章共分为上、中、下三篇，分别论述其创作的早期（俄罗斯时期）、中期（新古典主义时期）和晚期（序列音乐时期）的和声技法与风格问题。上篇从俄罗斯时期作品中“引力极”领域的基本结构成分入手，通过对多元化和音与音列的结构特征、派生逻辑、相互关系以及在作品中发展逻辑的研究，最终挖掘“极”音对所有音高材料的宏观控制力；中篇的研究主要集中在两个主要方面：一是作品怎样具体表现出“古典主义”在20世纪的“创新”；二是与俄罗斯时期相比，“引力极”及其所属领域的基本结构成分发生了怎样的变化，又如何在衍生发展中保持了与俄罗斯时期的贯连性和一致性；下篇在研究十二音序列的基本结构形态及相关技术的同时，突出了个性化序列与个性化处理这一特征，这也是斯特拉文斯基尽管在作品中使用了序列技术，但风格却与其他序列作曲家不同的主要原因。

可以说，“极”即是斯特拉文斯基作品的中心，深入研究的领域中不同音高材料的形态、陈述方式及衍变发展，不仅可以解析作品的基本构成原理，还能够反映出不同时期对于音高材料的贯穿、运用和处理技法发展、演化的过程。和声风格是作曲家和声技法个性化的体现。技法的不同，必然会导致风格的不同；而技法发展演变中的个性贯穿，同样会导致迥异风格中潜在共性的显现——这也是本文最主要的写作理念和所要得出的结论。

关键词：斯特拉文斯基　和音　音列　音组　序列　极音　调性极

普罗科菲耶夫九首钢琴奏鸣曲和声研究

作　　　者：蒋兴忠
指导教师：刘康华
专业方向：和声
学　　　位：博士
学位授予时间：2011 年

论文述要：

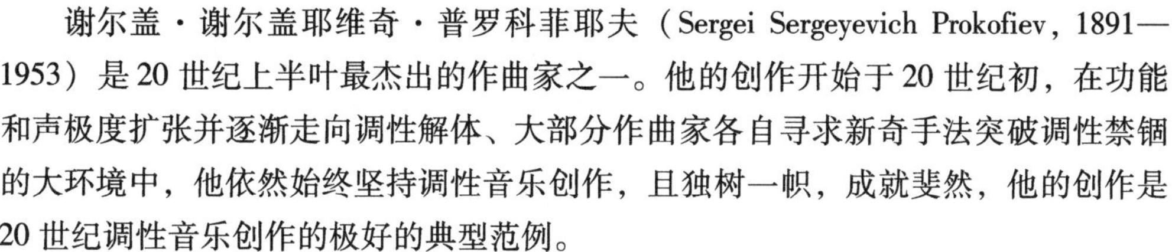
谢尔盖·谢尔盖耶维奇·普罗科菲耶夫（Sergei Sergeyevich Prokofiev，1891—1953）是20世纪上半叶最杰出的作曲家之一。他的创作开始于20世纪初，在功能和声极度扩张并逐渐走向调性解体、大部分作曲家各自寻求新奇手法突破调性禁锢的大环境中，他依然始终坚持调性音乐创作，且独树一帜，成就斐然，他的创作是20世纪调性音乐创作的极好的典型范例。

本文以普罗科菲耶夫的九首（全套）钢琴奏鸣曲为研究对象，以其奏鸣曲创作中的和声为研究内容，从调式调性、和弦材料、和弦关系、调性关系、整体结构等方面入手，研究其独特的调性和声思维与技法及其发展轨迹。

论文的主体内容由七章构成。第一章论述普罗科菲耶夫的创作思想与美学观念。在随后的五章中，根据奏鸣曲的创作时期与共性特点，将普罗科菲耶夫的九首奏鸣曲分别加以研究和论述。其中，第二章为早期创作的第一钢琴奏鸣曲和声的研究；第三章包括个性形成前期的第二、三、四钢琴奏鸣曲和声的研究；第四章是对其技法探索发展的第五钢琴奏鸣曲和声的研究；第五章则是关于个性张扬的第六、七、八钢琴奏鸣曲和声的研究；第六章是回归自然的第九钢琴奏鸣曲和声的研究。以上各章的研究中，均以其所涉及的奏鸣曲的和声技法及其发展线索为主要对象，分别加以论述。第七章是对这九首钢琴奏鸣曲的和声思维与技法发展轨迹的概括与总结。

论文的结论是：普罗科菲耶夫在“古典”与“创新”两条创作路线的成功结合中，逐渐发展出了“声部导入技术”，并形成其独特的“导入和声”语言。这种“力度”与“色彩”相统一的和声语言，是使其九首钢琴奏鸣曲“调性中心清晰、功能独特鲜明、色彩丰富多变”的关键之所在。

关键词：普罗科菲耶夫　钢琴奏鸣曲　和声技法　和声思维　演变

里盖蒂音乐创作中和声语言的技法特征与发展轨迹

作　　　者：张有川

指 导 教 师：刘康华

专 业 方 向：和声

学　　　位：博士

学位授予时间：2011 年

论 文 述 要：

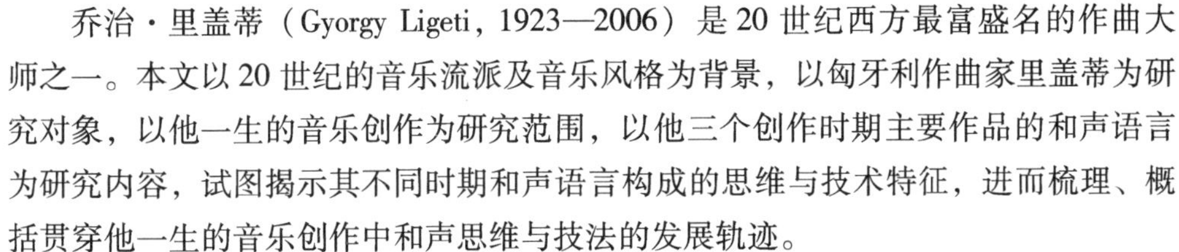

乔治·里盖蒂（Gyorgy Ligeti，1923—2006）是 20 世纪西方最富盛名的作曲大师之一。本文以 20 世纪的音乐流派及音乐风格为背景，以匈牙利作曲家里盖蒂为研究对象，以他一生的音乐创作为研究范围，以他三个创作时期主要作品的和声语言为研究内容，试图揭示其不同时期和声语言构成的思维与技术特征，进而梳理、概括贯穿他一生的音乐创作中和声思维与技法的发展轨迹。

本文共分为四章。第一章论述里盖蒂的美学观念与和声思维观念，及其形成的历史背景。分别从 20 世纪欧洲音乐创作中和声思维与技法的演进概况，作为音乐创作背景的匈牙利音乐传统、社会状况及欧洲的社会文化，以及里盖蒂的美学观念与和声思维观念的形成与发展等三个方面，对此做出相关的论述与探讨。

第二章论述里盖蒂个性探索期（创作早期）和声语言的技法特征。其中，第一节论述他对民间调式技术的探索，第二至第四节论述他对中心和音技术、中心音组技术以及中心音列技术的探索，第五节以《第一弦乐四重奏》为例，论述里盖蒂对音响技术的初步探索。

第三章论述里盖蒂个性成熟期（创作中期）和声语言的技法特征。前三节分别从音响和声的基本结构成分、结构成分的关联性与发展关系，以及音响和声的整体音高组织特点等，对里盖蒂音响技术风格的代表作品进行了详细的分析和研究，揭示了他在音响技术方面做出的种种探索与尝试。第四节以《探险》为例，论述里盖蒂的音响和声与其他非音响音高技术的结合关系，阐释了作曲家是如何将他在早期音乐创作中就已经探索过的音高组织技术与他新近探索并取得成功的音响和声技术结合在一起的。

第四章论述里盖蒂综合发展期（创作晚期）和声语言的技法特征。先从早期调式技术的回归以及与其他技术的综合，及早期各种中心成分技术的回归以及与其他技术的综合两个方面，阐述了里盖蒂晚期音乐创作在和声技术方面受到当时社会主流艺术思潮（“复古”、“怀旧、“回归”传统、“综合”）影响的具体技术手法。其后对里盖蒂晚期静态型与非静态型音响音乐的音高组织特点作了相应的分析与研究。

结论重点论述了里盖蒂和声语言的发展轨迹。

关键词： 里盖蒂　和声思维　技法演进　个性探索期　个性成熟期　综合发展期

从浪漫主义晚期到表现主义早期
两部歌剧和声语言的比较研究

——施特劳斯《莎乐美》与勋伯格《期待》之比较

作　　　者：马玉峰

指 导 教 师：刘康华

专 业 方 向：和声

学　　　位：博士

学位授予时间：2012 年

论 文 述 要：

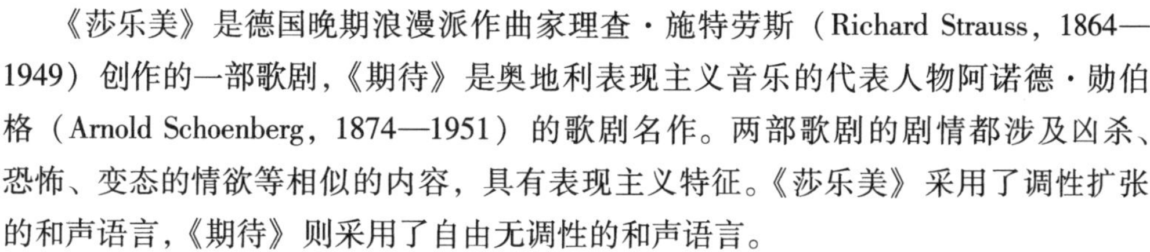

《莎乐美》是德国晚期浪漫派作曲家理查·施特劳斯（Richard Strauss，1864—1949）创作的一部歌剧，《期待》是奥地利表现主义音乐的代表人物阿诺德·勋伯格（Arnold Schoenberg，1874—1951）的歌剧名作。两部歌剧的剧情都涉及凶杀、恐怖、变态的情欲等相似的内容，具有表现主义特征。《莎乐美》采用了调性扩张的和声语言，《期待》则采用了自由无调性的和声语言。

本文以两部歌剧为研究对象，在分别研究它们的和声材料、材料之间的相互关系以及音高关系体系的基础上，再对两部歌剧的和声语言进行比较研究，目的是揭示在歌剧中两种不同风格和声语言的技法特征及其艺术表现力，进而探索和声从调性扩张到自由无调性的继承与发展轨迹。

第一章，歌剧《莎乐美》与《期待》的创作背景。主要论述了两部歌剧的剧本及音乐创作背景、和声语言与戏剧情节的统一；第二章，《莎乐美》调性扩张和声语言的研究。主要论述了人物动机及其戏剧构成中的和声处理；多元调关系交替，运用非四、五度根音关系进行，线性进行，单一结构关系进行，复合功能与复合调性，和弦外音的半音化应用六个方面的调性扩张技巧，以及与剧情契合的调性状态和半音化转调技巧；第三章，《期待》自由无调性和声语言的研究，主要论述了歌剧音高组织的基本结构成分及其结构特性，作为声乐核心音组的（0，1，2）三音组及其运用技巧，作为伴奏核心音组的（0，1，6）三音组及其运用技巧，结构成分相互关系与进行逻辑等四个部分的内容；第四章，两部歌剧和声语言的比较研究，主要论述了它们在戏剧构成、美学基础、和声风格等整体性方面的比较，两部歌剧和声材料衍生之“桥”的两个方面——半音与三全音音程、三度与非三度结构方面的比较，以及两部歌剧和声材料相互关系与进行逻辑的比较等四个方面的内容。在结论部分，笔者对全文的研究内容作了深层次的概括与总结。

关键词： 理查·施特劳斯　阿诺德·勋伯格　调性扩张　三度结构　自由无调性　三音组　继承　发展

叶小纲音乐创作中的和声技法研究

作　　者：童颖

指导教师：刘康华

专业方向：和声

学　　位：博士

学位授予时间：2012 年

论文述要：

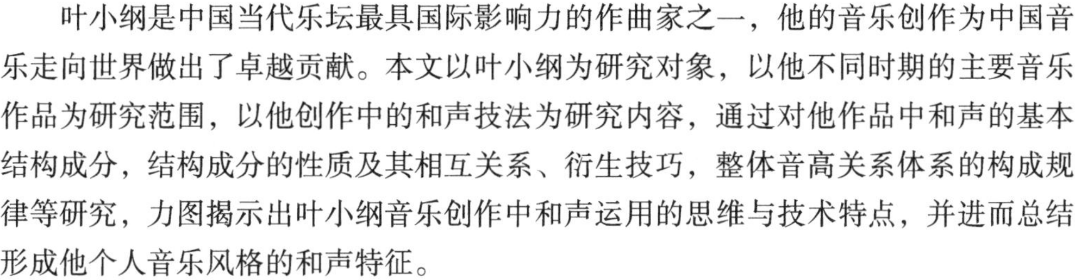

叶小纲是中国当代乐坛最具国际影响力的作曲家之一，他的音乐创作为中国音乐走向世界做出了卓越贡献。本文以叶小纲为研究对象，以他不同时期的主要音乐作品为研究范围，以他创作中的和声技法为研究内容，通过对他作品中和声的基本结构成分，结构成分的性质及其相互关系、衍生技巧，整体音高关系体系的构成规律等研究，力图揭示出叶小纲音乐创作中和声运用的思维与技术特点，并进而总结形成他个人音乐风格的和声特征。

论文分上、下两篇。上篇的第一章论述叶小纲音乐的历史文化背景以及创作美学观念；第二、三章从叶小纲和声中基本结构成分风格的多元性、组织思维的多样性，以及对多元风格基本结构成分的融合技巧中，梳理归纳叶小纲和声基本结构成分的个性特点。第四章进而论述叶小纲如何将基本结构成分进行变化、发展、衍生、对比的处理技巧。第五章阐述叶小纲和声结构的整体性特征。下篇分三章对叶小纲不同创作阶段的六部有代表性的作品的和声进行研究。第六章研究他出国前的两部代表作——《中国之诗》与《地平线》的和声技法。第七章研究他留学美国期间的两部作品——《谜竹》与《最后的乐园》的和声技法。第八章研究他归国后的两部力作——舞剧《深圳故事》组曲与声乐交响曲《大地之歌》的和声技法。通过上、下篇的技术理论研究与实际作品分析，最终在结论中总结了叶小纲的音乐创作在吸取中国传统音乐文化精粹的同时，结合西方经典与现代的创作技术与观念，在传统与现代、中国与西方的交界点找寻到恰当的位置，并形成了他个性化的和声创作风格——叶小纲式的半音化五声性和声风格。

叶小纲一直追求音乐受众的最大化，他的创作从未脱离过真实的生活。他的个人风格既具有明显的写实刻画，也有唯美的理想憧憬。高瞻的艺术视野、开阔的音乐胸襟和脚踏实地的“农夫”精神，决定了叶小纲善于协调多元化音高关系，处理多样化音乐技巧，以实现他个人的音乐追求与理想。

关键词：叶小纲　和声　技法　五声性　半音化　融汇　风格

席曼诺夫斯基钢琴作品和声研究

作　　者：刘楠
指导教师：刘锦宣
专业方向：和声
学　　位：博士
学位授予时间：2014 年

论文述要：

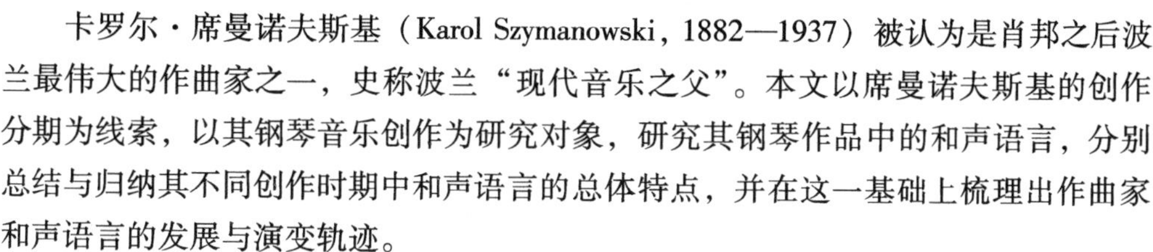

卡罗尔·席曼诺夫斯基（Karol Szymanowski，1882—1937）被认为是肖邦之后波兰最伟大的作曲家之一，史称波兰“现代音乐之父”。本文以席曼诺夫斯基的创作分期为线索，以其钢琴音乐创作为研究对象，研究其钢琴作品中的和声语言，分别总结与归纳其不同创作时期中和声语言的总体特点，并在这一基础上梳理出作曲家和声语言的发展与演变轨迹。

本文根据作曲家的三个不同创作分期将论文分成三个部分进行论述，分别为：早期——从浪漫派语言到调性极度扩张的晚期浪漫派语言；中期——对法俄作曲家的借鉴与个人风格的逐渐形成；以及晚期——民族主义道路上的和声语言新探索与个人风格的完全成熟。

第一部分包括两章，主要论述作曲家早期作品中浪漫派和声技法与晚期浪漫派和声技法的运用特点。第一章从六个方面对作曲家早期作品中的和声语言进行了论述，分别是：传统和弦材料的运用特征及扩展、和声进行的运用特征、调式交替与调关系交替手法的运用、调性呈示方式、多样化的终止式处理手法以及早期作品中的调性特点。第二章论述的是早期钢琴音乐中所表现出来的那些预示其中后期和声语言的和声现象，包括：非三度叠置的和弦结构、复合思维、平行进行、非大小调式音阶以及镜像思维。

第二部分由第三章、第四章和第五章构成，重点研究作曲家中期钢琴作品中的和声语言。他在这一时期的和声语言表现出了德彪西、斯克里亚宾的影响，与此同时，作曲家个人的和声风格正在逐渐形成。第三章分别论述了和弦材料的运用特点以及调式材料的运用特点。第四章探讨了中期钢琴作品中的和声进行与音高组织手段，主要从功能意义的和声进行、复合与分层思维以及主题核心材料对全曲音高组织的控制等方面来阐述。第五章考察了中期钢琴作品中的调性特征，论述了他的调性陈述方式、双调性与泛调性手法的运用，以及比较个性化的调性布局方式。

第三部分由论文的第六章与第七章构成，研究了作曲家晚期钢琴音乐作品中的和声语言。这一时期的主要特点表现为对民族化和声语言的探索与个人风格的完全成熟。第六章重点阐述了波兰民族体裁玛祖卡中的和声语言特点，包括玛祖卡中调式材料的运用特征、丰富多元的和声手法、以五度循环音列作为音高材料控制逻辑的手法和玛祖卡中的复合调性思维等内容。第七章对《第四交响乐》的和声语言进行了整体分析，分别论述了交响乐的曲式结构、主题材料特征以及和声技法的处理特点。

结论中，笔者从音高材料、音高组织手法和调性思维三个方面概括、梳理了席曼诺夫斯基的和声技法演变轨迹。

关键词：席曼诺夫斯基　和声技法　演变轨迹　调式调性　和声进行　玛祖卡

继续求新之路的探索者

——李斯特的和声技法研究

作　　　者：石磊

指导教师：刘锦宣

专业方向：和声

学　　　位：博士

学位授予时间：2014 年

论文述要：

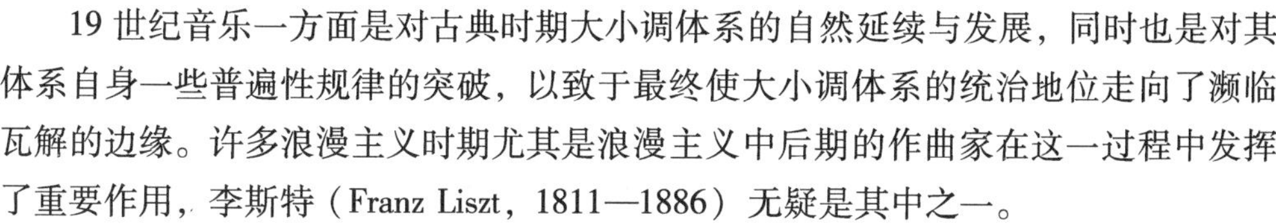

19 世纪音乐一方面是对古典时期大小调体系的自然延续与发展，同时也是对其体系自身一些普遍性规律的突破，以致于最终使大小调体系的统治地位走向了濒临瓦解的边缘。许多浪漫主义时期尤其是浪漫主义中后期的作曲家在这一过程中发挥了重要作用，李斯特（Franz Liszt，1811—1886）无疑是其中之一。

从和声的角度看，李斯特的许多作品或一些作品局部的和声语言已经表现出不符合传统功能和声法则的倾向与要求，超越并扩展了传统功能和声的范畴，成为了 19 世纪多元化个性化和声语言的重要组成部分。本文将从和声语言的历史发展角度对李斯特在突破传统和声法则以及寻求新的音乐表达方式这一过程中的重要实践进行研究，这对于理解李斯特本人乃至 19 世纪中后期以来欧洲和声语言的发展具有重要意义。

论文由以下四章组成：第一章主要是从宏观上对李斯特不同阶段的音乐创作及其音乐美学思想等相关内容进行了概览性介绍；第二至第四章是对一些具体和声技法的研究。其中，第二章总结了李斯特作品中所运用的某些不符合古典时期和声进行法则的一些和声语汇，如音程循环模式、各种结构的平行进行以及其他在调性和声语境中不常用的半音化和声进行；第三章着重研究了李斯特音乐创作中所用调式与音阶的多样性问题，除使用在共性写作时期居于主体地位的大小调音阶外，李斯特在作品中还运用了一些民间特殊调式、泛音音阶以及具有萌芽性质的各种对称人工音阶，如全音阶、八声音阶、增音阶等。这些调式与音阶的运用产生了许多非大小调体系的音高组织方式，极大地丰富了李斯特音乐语言的表现力；最后一章则研究了李斯特对于各种非三度叠置和弦、新的调性写作方式以及无调性写作方式的探索与实践。

结论部分进一步总结与概括了全文的主要内容，梳理出了李斯特在突破大小调体系的束缚同时探索新的音乐语言这一过程的重要实践及其所反映的某些音乐发展趋势，清楚地展示出了李斯特和声语言的继承求新之路。

关键词：李斯特　音程循环　变音中音关系　平行进行　匈牙利民间调式
全音阶　八声音阶　对称人工音阶　双调性　无调性

复　调

斯洛尼姆斯基《24 首前奏曲与赋格》研究

作　　者：张旭冬

指导教师：于苏贤、伊·康·库兹涅佐夫

专业方向：复调

学　　位：博士

学位授予时间：2004 年

论文述要：

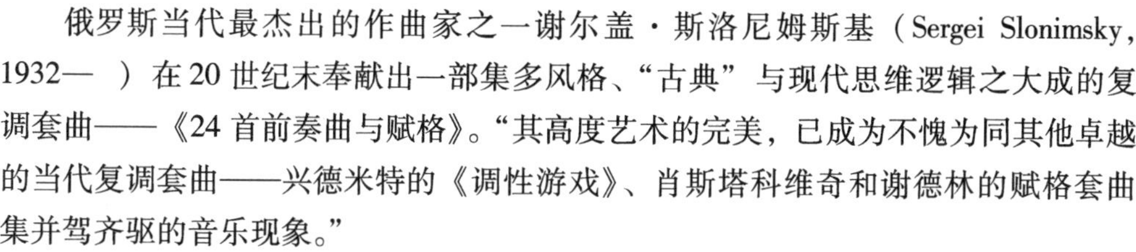

俄罗斯当代最杰出的作曲家之一谢尔盖·斯洛尼姆斯基（Sergei Slonimsky，1932—　）在 20 世纪末奉献出一部集多风格、“古典”与现代思维逻辑之大成的复调套曲——《24 首前奏曲与赋格》。“其高度艺术的完美，已成为不愧为同其他卓越的当代复调套曲——兴德米特的《调性游戏》、肖斯塔科维奇和谢德林的赋格套曲集并驾齐驱的音乐现象。”

本论文以斯洛尼姆斯基《24 首前奏曲与赋格》为复调专业课题研究对象，视点基于作品的结构形式与对位技法范畴。通过微观（局部）剖析与宏观（整体）归纳，力图准确发现和揭示其复调思维的历史继承性和复调语言特色，以及形式构成上的创作性，进而将所获取的新信息、新方法、新观念加以概括，为我国复调创作、理论研究和教学实践提供某些可靠并有借鉴价值的理论依据。

本文结构分为两个层次，即：上篇“48 首乐曲分析”与下篇“综论与结语”。

绪论中首先对斯洛尼姆斯基不同时期的复调音乐创作特征及风格进行简要概述，然后介绍了这部《24 首前奏曲与赋格》的创作背景情况。上篇“48 首乐曲分析”是按照前奏曲与赋格的先后次序排列进行分析的，设有必要的主题谱例与结构图示。

下篇“综论与结语”是本文的“专题研究”部分，由五部分组成。第一部分

“套曲的整体构思”主要内容有：套曲调性布局情况、前奏曲与赋格曲主题的组合关系以及艺术表现与构思等。第二部分“24首前奏曲概论”中，主要对前奏曲的体裁形式与基本构成特征进行了图表式的归纳与文字综述。第三部分“24首赋格曲概述”中，将赋格曲的类型与构成形式特征分别进行了系统性归纳。尤其对帕萨卡里亚式的降e小调赋格曲进行了图表形式的分析。第四部分为“赋格结构组织形态与构成特色”。该部分容量较大，以谱例分析为主：1. 主题（包括一般的结构类型特征及富有现代风格的“序列”主题剖析等）；2. 答题（包括答题的各种方式与功能运用等）；3. 间插段的形式与构成特色；4. 紧接段的构成特色与技巧运用，其中对具有现代特征的“序列”组合形态与“点描”式卡农形式的结构组织与构成逻辑进行了较为细致的探讨；5. 赋格的整体构思与调性布局；6. 二重与三重赋格的创作特色。该部分将套曲中7首此类型的赋格分别进行概括性分析，主要包括：主题之间的组合关系与二重、三重赋格的构成特征，其中重点分析了第6首d小调二重赋格中的“序列”技法运用。第五部分是全文的结束语。在该部分中，笔者对这部作品的整体艺术特色及其价值体现进行了简要概括。最后指出：斯洛尼姆斯基《24首前奏曲与赋格》是一部具有划时代意义的多风格复调套曲集。这一创作成果不仅属于20世纪，也同样属于21世纪。

关键词： C. 斯洛尼姆斯基　《24首前奏曲与赋格》　复调音乐　结构形态　体裁　卡农　序列

复调思维在音高领域和非音高领域的表现与拓展

——1960—1989 年西方新音乐中的复调思维研究

作　　者：陈小龙

指导教师：段平泰

专业方向：复调

学　　位：博士

学位授予时间：2005 年

论文述要：

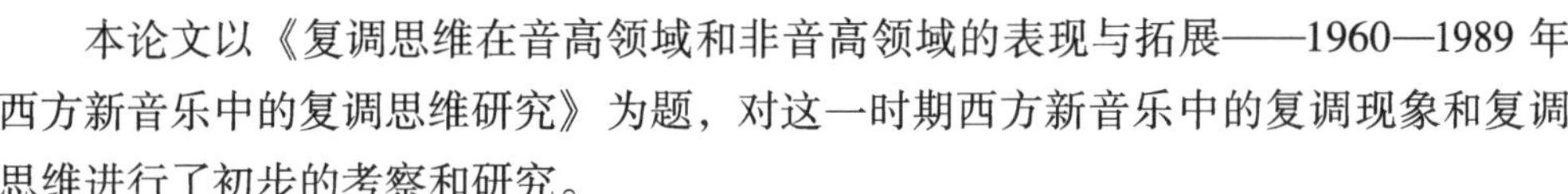
本论文以《复调思维在音高领域和非音高领域的表现与拓展——1960—1989 年西方新音乐中的复调思维研究》为题，对这一时期西方新音乐中的复调现象和复调思维进行了初步的考察和研究。

在 20 世纪后半叶这富有创造性的 30 年（1960—1989）里，新音乐作曲家们对作曲技法的开掘到了前所未有的地步。在各种新的语言和新的观念的蓬勃发展中，传统的复调技术也得到了较大的拓展与创新。尽管复调思维的本质并没有产生重大的变化，但它与新的语言和新的观念的结合，使其在形式上呈现出许多新的特点。

在对这一时期一系列作品中的复调技术进行分析归纳之后，笔者将本文的研究内容划分为上下两篇：

上篇主要论述复调思维在音高领域里的表现与拓展，共分为两章。第一章主要论述以传统音高为表现主体的复调形式，内容涉及到传统复调形式的变异，如半音化卡农、类支声调结构以及新的复调形式，如音列卡农等。第二章主要论述以非传统音高为表现主体的复调形式，其中包括微分音、偶然音高、不同调律音高等非传统音高组织所构成的对位。

下篇主要论述复调思维在非音高领域里的表现与拓展，也分为两章。第三章主要论述以音色为表现主体的复调形式，其中，笔者将音色分为基本两类，即乐音音色和噪音音色，并研究以二者为主要材料形成的音色对比、音色模仿等新的复调形式。第四章主要论述以音层为表现主体的复调形式，重点研究以各种形态的音层为基本对位材料的音层对比和音层模仿，并结合心理学原理，对由隐伏音层带来的复调思维的拓展和延伸加以探讨。

在对上述内容进行详细研究之后，笔者在结语中对传统复调思维在新音乐中的表现及拓展提出了自己的看法和观点。

关键词：半音化卡农　音列卡农　类支声调结构　单一音技术　音色对位
音层对位　接近组合原理　记忆滞留原理

巴托克弦乐重奏曲复调研究

作　　者：刘青

指导教师：于苏贤
专业方向：复调
学　　位：博士
学位授予时间：2009 年

论文述要：

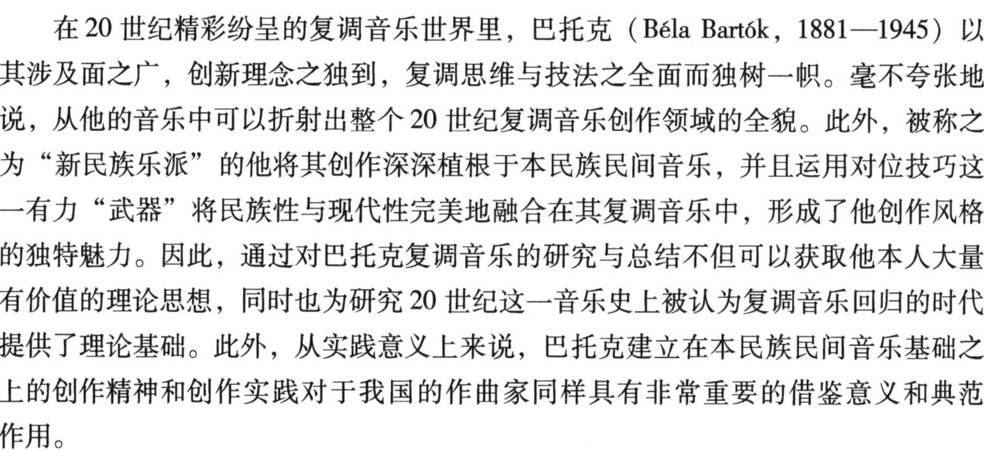

在 20 世纪精彩纷呈的复调音乐世界里，巴托克（Béla Bartók，1881—1945）以其涉及面之广，创新理念之独到，复调思维与技法之全面而独树一帜。毫不夸张地说，从他的音乐中可以折射出整个 20 世纪复调音乐创作领域的全貌。此外，被称之为“新民族乐派”的他将其创作深深植根于本民族民间音乐，并且运用对位技巧这一有力“武器”将民族性与现代性完美地融合在其复调音乐中，形成了他创作风格的独特魅力。因此，通过对巴托克复调音乐的研究与总结不但可以获取他本人大量有价值的理论思想，同时也为研究 20 世纪这一音乐史上被认为复调音乐回归的时代提供了理论基础。此外，从实践意义上来说，巴托克建立在本民族民间音乐基础之上的创作精神和创作实践对于我国的作曲家同样具有非常重要的借鉴意义和典范作用。

本文将研究的范围锁定在巴托克的弦乐重奏类作品，即《四十四首小提琴二重奏》与六部弦乐四重奏，意在通过研究他复调音乐语言典型而集中的作品，达到全面而深入地剖析其复调音乐创作技法与创作思维的目的。

本文共分上下两卷。上卷主要论述有关巴托克复调音乐创作技术领域的继承与创新，其中包含五个方面：调式调性、节奏节拍、音乐风格、变形技术、织体结构；下卷主要论述巴托克在复调音乐体裁形式方面的继承与发展，同样包含五个方面：

非建筑结构中的复调逻辑、复调变奏曲形式、复调回旋曲形式、赋格形式、复调套曲高级结构的逻辑性。

通过从微观技术到宏观结构的研究，本文最终将梳理出巴托克复调音乐的全貌，并深入探讨巴托克的音乐创作精神与理念。

关键词：巴托克　复调　弦乐重奏曲　技术　形式　继承　创新

本杰明·布里顿复调技法研究

作　　者：孙志鸿
指 导 教 师：于苏贤

专 业 方 向：复调
学　　位：博士
学位授予时间：2011 年

论 文 述 要：

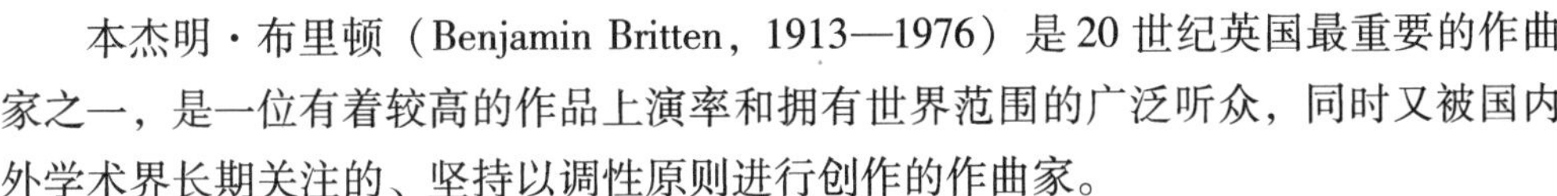

本杰明·布里顿（Benjamin Britten，1913—1976）是 20 世纪英国最重要的作曲家之一，是一位有着较高的作品上演率和拥有世界范围的广泛听众，同时又被国内外学术界长期关注的、坚持以调性原则进行创作的作曲家。

布里顿在创作中广泛运用帕萨卡利亚和赋格等复调形式，并探索了建立在新的调式调性思维和节奏节拍思维基础之上的对位技术，鲜明地体现了他在复调技法上的创新特性。

论文以布里顿的复调音乐作为研究对象，分为绪论、正文（上、下两篇）和结论三部分。

绪论主要介绍布里顿的生平与创作，以及论文选题的缘起、论文的研究范围与研究方法。上篇分为两章，主要研究布里顿复调音乐中的个性化对位技术，阐述了布里顿对综合调式对位，尤其是无调性和十二音序列对位技术的独特运用，并以节奏节拍对位来丰富复调织体表现力的技术特征。下篇分为五章，主要研究帕萨卡利亚、固定低音、赋格、赋格段以及两种结构原则纵向结合的复调形式在布里顿创作中的运用，通过对其代表性复调形式的技术分析，总结布里顿复调形式的创作技术特征及其创新特性。

结论部分从三个方面对布里顿的复调技法进行了总结：一是其独特的美学观念对复调技法的影响；二是布里顿复调技法的多元性技术构成，指出布里顿复调技法在传统基础上融合了 20 世纪的复调技术以及民间音乐因素作为其技术构成特征；三是布里顿复调技法中的发展与创新特性，指出了布里顿复调技法在传统基础上的创新思维特性；四是布里顿复调技法的表现功能，指出布里顿复调技法所具有的戏剧性表现特点。最后提出布里顿复调思维及其技法在创作中的创新性运用对现实创作实践的影响与借鉴意义。

关键词： 布里顿　综合调式对位　双调式与多调式对位　无调性对位　十二音序列对位　帕萨卡利亚　固定低音复调形式　赋格　赋格段　两种结构原则纵向结合的复调形式

卡普斯汀钢琴复调套曲研究

——《二十四首前奏曲与赋格》及《七首左手复调乐曲》

作　　者：梁发勇
指导教师：于苏贤
专业方向：复调
学　　位：博士
学位授予时间：2013 年

论文述要：

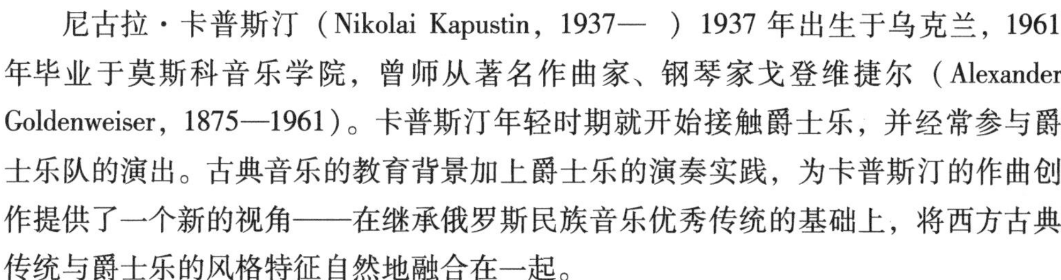

尼古拉·卡普斯汀（Nikolai Kapustin，1937— ）1937 年出生于乌克兰，1961 年毕业于莫斯科音乐学院，曾师从著名作曲家、钢琴家戈登维捷尔（Alexander Goldenweiser，1875—1961）。卡普斯汀年轻时期就开始接触爵士乐，并经常参与爵士乐队的演出。古典音乐的教育背景加上爵士乐的演奏实践，为卡普斯汀的作曲创作提供了一个新的视角——在继承俄罗斯民族音乐优秀传统的基础上，将西方古典传统与爵士乐的风格特征自然地融合在一起。

本文以卡普斯汀创作的两部钢琴复调套曲——《二十四首前奏曲与赋格》（Op. 82）及《七首左手复调乐曲》（Op. 87）作为分析研究对象。在这两部作品中，卡普斯汀继承了塔涅耶夫、戈登维捷尔以及俄罗斯复调音乐创作的优良传统，别具一格的是以赋格、卡农等传统复调体裁形式为载体，在创作中融入了爵士乐风格，具有多元融合的创新性特征。

本文的绪论部分包括四个方面的内容：第一是对古典音乐与爵士乐融合的源头“第三潮流”这一音乐风格及其发展进行了简要的梳理；第二，对卡普斯汀及其创作做了简要的背景介绍；第三，主要介绍了本文所研究的两部复调套曲创作的基本情况，以及本文研究的意义、方法等写作构思的设想；第四，对爵士乐的发展及特点进行了简要介绍，着重介绍了卡普斯汀创作中涉及到的相关钢琴爵士乐风格。

本文主体结构分为上篇和下篇两大部分：上篇是对两部曲集中的55首乐曲的分析。其中，第一部分将《二十四首前奏曲与赋格》中的48首乐曲按照顺序依次分析；第二部分是《七首左手复调乐曲》的逐一分析；并附有必要的结构图表和谱例。下篇是总括部分，包括三个方面的内容；第一部分是对《二十四首前奏曲与赋格》创作特征进行总结概括；第二部分是对《七首左手复调乐曲》的创作特征进行总结概括；第三部分中，根据两部复调乐曲的创作特征进一步总结概括，对卡普斯汀作品中传统性、民族化与爵士乐风格的融合进行论述。

《二十四首前奏曲与赋格》无论在钢琴音乐领域还是在前奏曲与赋格的创作领域，都具有里程碑式的意义；《七首左手复调乐曲》是具有现代特征的、具有独创性的复调乐曲集。笔者在结论部分高度概括了卡普斯汀两部曲集的主要创作特征，对爵士乐风格在中国专业音乐发展中的影响作了简要的论述，并强调了当代音乐创作中的融合特征。

关键词：卡普斯汀《二十四首前奏曲与赋格》《七首左手复调乐曲》 卡农
爵士乐风格 融合

配　　器

单音技法中的音色与音响

作　　者：沈浩
指导教师：刘霖
专业方向：配器

学　　位：博士
学位授予时间：2013 年

论文述要：

单音技法是由 20 世纪意大利作曲家塞尔西（Giacinto Scelsi，1905—1988）滥觞，并在许多亚洲作曲家的创作中得到进一步发展的作曲技法。简而言之就是将“单音”因素（材料）组成成为复杂“作品”的一系列的作曲技术手段，由于技法特殊的音高材料特性，导致音色和音响手法在其中占有很重要的关键地位，它是 20 世纪 70 年代后重要的现代技法之一。

由于单音技法中音高材料的高度精简，其他“参数”在作品中的重要性就变得格外突出，这些参数在单音技法的音乐作品中起到了至关重要的作用。因此，了解音色、音响与“单音”因素的内在联系，即音色、音响因素在单音技法中的存在方式，音色、音响在单音技法中从微观的因素成长到宏观结构层面所经过的各个层次上的不同技术的意义就变得格外重要。本文选择了相关的几个最关键的问题进行阐述，目的是对单音技法与音色音响间的关系进行全面的梳理和探究。

论文分为七个章节。第一章介绍单音技法的形成源头、基本特点；第二章讨论音色与单音元素之间的关系；第三章具体讨论单音技法中的音色特点；第四章关于单音技法中的织体问题；第五章是介绍单音技法中的空间性手法；第六章探讨音高音色音响与单音技法结构的关系；第七章是在具体作品中以音色音响为线索的结构分析。

除此之外，论文还对相关的技法进行了简要介绍，并对单音技法在频谱音乐中的先驱性地位进行了梳理。最终得出结论，单音技法是塞尔西和其他相关作曲家对亚洲传统音乐和西方20世纪现代作曲手法（尤其在音色音响方面）进行全面融合的结果，对于我们的音乐创作来说，这种手法有着积极的影响和重要的借鉴和启示作用，值得进一步研究和发展。

关键词： 单音技法　亚洲传统音乐　西藏传统宗教音乐　音色　音响　音腔　织体结构　音色音响音乐　塞尔西　声音的时间过渡性　音响空间

寻找音符中的色彩世界

——德彪西管弦乐作品中音色与织体的研究

作　　　者：武丹宁

指导教师：刘霖

专业方向：配器

学　　　位：博士

学位授予时间：2014 年

论文述要：

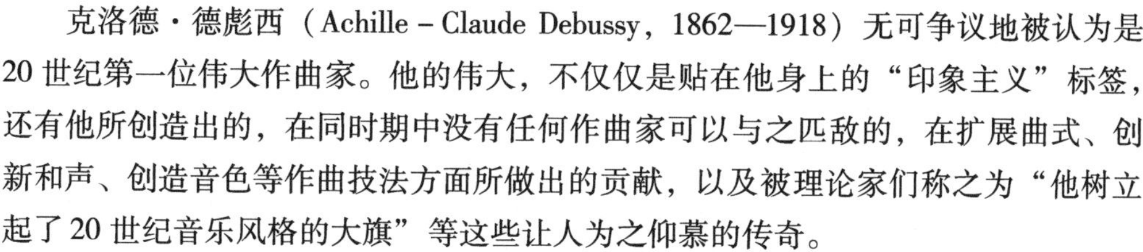

克洛德·德彪西（Achille－Claude Debussy，1862—1918）无可争议地被认为是20世纪第一位伟大作曲家。他的伟大，不仅仅是贴在他身上的“印象主义”标签，还有他所创造出的，在同时期中没有任何作曲家可以与之匹敌的，在扩展曲式、创新和声、创造音色等作曲技法方面所做出的贡献，以及被理论家们称之为“他树立起了20世纪音乐风格的大旗”等这些让人为之仰慕的传奇。

本论文以德彪西的三部管弦乐作品——《牧神午后》、《大海》、《夜曲》为研究对象，并结合其在作曲技法、创作背景、美学追求等方面的影响，对德彪西在这三部印象派杰出代表作中的织体、音色及其他配器手法的使用等方面进行梳理和归纳，从而获得相应的论文结论。

论文由导论、论点及论证和结论三个部分组成。在导论中，笔者首先对论文选题的初衷及论题的意义做了概述，并对管弦乐音色的发展史做了基本的回顾，最后是对德彪西的三部管弦乐作品的研究情况做出概括的介绍。论点及论证部分由四个章节组成，第一章主要是针对围绕与“色彩”有关的诸多艺术门类及相关定义等问题所展开的研究和论述，并将其延伸至音乐中管弦乐音色的范围。在上述对“色彩”、“音色”等概念进行论述的基础上，本文第二、三、四章通过对德彪西三部作品的前景—背景、背景—前景综合分析这三部分，对所涉及到的具体与音色有关的作曲技法、织体及结构等因素分别进行了技术层面上的研究，对各种技法的相互关联进行了较为深入的分析和论证。第五部分是论文的结论部分，在前四章的基础上，笔者对于德彪西三部管弦乐作品中管弦乐音色现象的形成、特点及德彪西管弦乐的配器风格做了总结，并阐述了对德彪西作品中音色现象的新思考，及德彪西管弦乐音色观念对20世纪音乐发展所起到的重要启示。

关键词：德彪西　管弦乐配器法　音色　织体　结构

作品分析

秋之祭

——伊戈尔·斯特拉文斯基序列音乐的创建

作　　　者：高佳佳

指 导 教 师：杨儒怀

专 业 方 向：作品分析

学　　　位：博士

学位授予时间：2001 年

论 文 述 要：

十二音作曲技法自 20 世纪 20 年代被创造出来，以其全新的方法结构音乐，在当时成为了摆脱传统束缚的惊人一步，对 20 世纪现代音乐的发展起到了不可忽视的作用。50 年代以后，序列技术走向了用全序列来控制音乐，但其枯燥、艰涩的纯技术化手法，又集中暴露了序列音乐缺憾的一面。几乎与此同时，还出现了另一片天地，那就是 70 岁高龄的斯特拉文斯基（Igor Fedorovitch Stravinsky，1882—1971）十分审慎地、一步步将序列技术吸收到他的晚期音乐创作中。

在斯特拉文斯基最后 15 年的作曲生涯中，创作了约 20 余部序列作品，体裁涉及康塔塔、舞剧、室内乐、管弦乐、声乐与管弦乐、声乐与室内乐等。本文力求通过对所有序列作品进行全面分析，并从序列的组成、序列在创作中的横向和纵向使用、曲式结构，以及其他创作手法等若干方面对其序列手法进行立论。

论文在对序列组成的研究中，观察到作曲家为达到序列音乐与调性音乐的融合，用多种方式设计了序列内部的结构组织，用特殊手法选择序列的音高材料，用序列变形的框架结构作为音高材料的基础等，从而获得了“十二音调性音乐”。

论文对序列横向序进的研究占有较大篇幅，认为复调思维是斯特拉文斯基序列音乐发展的重要基础。各类复调音乐形式在序列作品中的广泛运用，不仅拓宽了复调音乐的技艺范畴，同时对序列音乐如何适应调性音乐方面也做出了成功的探索。

论文在对序列作品的曲式研究时发现，从他的作品中，大都能感受到清晰的、有逻辑的曲式发展脉络。除奏鸣曲式外，对各类传统曲式的再现原则、并列原则、循环原则以及对称原则等均有所涉猎，并表现出作曲家自己的运用特点。在这里，作为无调性音乐，其曲式划分原则有赖于调性以外的其他参数（包括序列的形式和歌词内容等），然而，传统曲式中那种有逻辑的功能运动，仍是使斯特拉文斯基序列音乐获得整体艺术表现的一个重要因素。

论文对其创作的序列线性旋律特点、织体特点、节奏节拍特点以及配器特点等也进行了专门论述。最后，对几部不同时期、不同体裁有代表性的序列作品作了整体的实例分析。对斯特拉文斯基晚期序列作品的研究，以及对 20 世纪 50 年代以后序列音乐发展现状的考察，在我国目前还是空白。此项研究的意义，在于将斯特拉文斯基晚期作品较全面地介绍给国内音乐界，以便充实这一领域的理论研究。随着中国文化和世界文化交流的日益深化，我国作曲家无论在创作思想还是创作手法上，都在不断地拓宽，其中序列手法也得到了不同程度的应用。因此，本文的核心目标之一便是寻求对我国音乐创作有参考价值的经验，从而繁荣我国的音乐创作。同时，这一研究还将完善我国艺术院校作曲技术理论的教学内容，即从晚期浪漫派半音体系—自由无调性—古典序列—全序列以及后序列主义多重发展的教学全过程。

关键词：斯特拉文斯基　序列的组成　横向中的序列运动　纵向中的序列结构　曲式结构

探路者的求索

——朱践耳交响曲创作研究

作　　　者：蔡乔中

指 导 教 师：杨儒怀

专 业 方 向：作品分析

学　　　位：博士

学位授予时间：2002 年

论 文 述 要：

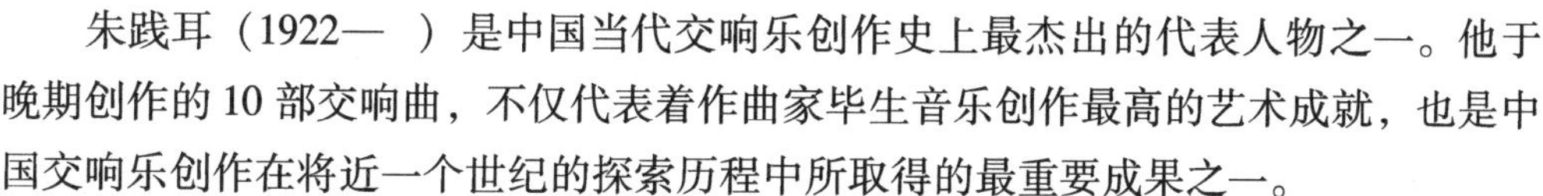

朱践耳（1922—　）是中国当代交响乐创作史上最杰出的代表人物之一。他于晚期创作的 10 部交响曲，不仅代表着作曲家毕生音乐创作最高的艺术成就，也是中国交响乐创作在将近一个世纪的探索历程中所取得的最重要成果之一。

本文选取作曲家最具代表性的 6 部交响曲作为主要研究对象，试图通过对作品创作技术全面而深入的分析，归纳并总结作曲家的技术语言与风格特征，进而探究他在艺术创新、作品题材上的哲学思考及其创作的美学思想内涵，并试图透过他一生对“交响梦”的追求所历经的不同阶段，透视中国交响乐创作与探索的发展历程。

论文以创作技法研究为主体（前景层），深入探析作曲家创作技术语言与风格特征的各个方面：首先通过对各交响曲序列形式的设计、特点及其运用等进行了全面分析，并对其中的各种序列形式、类型进行归纳、总结，提出：朱践耳交响曲的序列技法主要表现为将核心集合与传统动机相结合而形成的“集合动机”手法，将序列的设计与民族音调或汉语语言音调相结合而形成独特的民族化序列语言，同时有机地与作品的曲式结构和音响结构紧密联系起来，既是对勋伯格“古典序列”的“继承”与“解放”，也是对赫尔“六音组”的突破和拓展。

朱践耳交响曲的曲式结构形态极其复杂多样。本文试以“规范化曲式”、“变体曲式”、“边缘曲式”、“自由曲式”与“跨类曲式”5种曲式结构类型对其进行全面归结，认为朱践耳交响曲最主要的结构特色是：套曲单章化与单章套曲化、综合再现、变体赋格、借鉴西方奏鸣曲式“程式化”结构思维与中国传统民族音乐中的渐变式结构思维，并在使用中有机地与作品题材内涵及情感表达紧密地结合起来。

论文还对朱践耳交响曲中的“语调化旋律”、“数控节奏”、和声技法、潜在调性技法、复调技法、音色技法、偶然音乐技法、微分音技法等进行了详尽的分析与立论，并对其中几部有代表性的传统多乐章交响套曲（No.1、No.6）、单乐章交响曲（No.2、No.10）和室内乐性交响曲（No.4、No.8）进行了全面的音乐分析。

论文在“中景层”中进一步对作品的艺术创新、题材内涵的哲学思考以及作曲家的创作美学思想进行了透析，并对其艺术成就和存在的不足作出了评价。

论文在“背景层”中以作曲家的“交响梦”为主线，把他一生对交响乐创作的追求与探索历程归结为：实现自我、失却自我与回归自我3个阶段，梳理并勾勒了他一生音乐创作观念嬗变的发展轨迹。

最后，论文在“结语”中将朱践耳交响曲及其一生的创作历程放置在20世纪音乐历史与文化的大背景中进行了观照。中国交响乐的创作发展走过了一条对西方交响音乐文化学习、借鉴，并力求本土化、民族化、个性化的不断探索的过程，而朱践耳交响曲及其一生正是中国20世纪几代致力于振兴中华民族音乐文化、创建“中国民族乐派”所有“探路者”孜孜不倦求索的杰出代表和缩影！

关键词：朱践耳　交响曲　创作技法　艺术创新　合一法　哲学思考　历史观照

周文中后期创作研究

作　　者：唐永葆
指导教师：杨儒怀
专业方向：作品分析
学　　位：博士
学位授予时间：2002 年

论文述要：

美籍华裔作曲家周文中（1923—　）的音乐创作理论与创作实践在体现文化传统和创新方面取得了令人瞩目的成就。周文中作为非西方作曲家，他成功地将生活在西方同时又是华人作曲家的双重文化身份结合在一起，在深入研究中国古琴音乐、诗词、书法、水墨画、易经理论和西方传统与现代音乐文化的基础上，把东西方两种音乐思维进行有机结合，并站在融合的立场上最终形成了自己的独特风格，在当代音乐创作领域中具有重要地位。

然而，在国内有许多人被他那种非同寻常的音乐作品所吸引，但却很少去探讨左右。本人选择周文中这项课题进行研究，是因为目前中国大陆有关他的资料只是一般介绍性的文章，而作为专题研究尚属空白。由于国内对他后期的作品以及他的创作理论缺乏系统性的认识，所以本文将重点放在对这一时期的研究上。

论文第一章按年代顺序勾勒出作曲家不同时期二十五部作品的基本面貌，从中可以看到其创作的美学原则在上世纪 50 年代作品中表现出的德彪西式的散文陈述与水墨画形态的融合；60 年代利用西方乐器挖掘丰富的奏法对古琴曲音响的模仿与放大，这一时期部分作品也呈现了瓦列兹音响结晶体与书法笔墨形态意识的融合；80 年代至 90 年代依据《周易》阴阳理论并融合序列思维对不同层次音响构造进行了东方式的有序控制。论文第二章依据阴阳思维方式对他的调式形态和结构原理作了关联性描述，从中揭示出周文中独创的调式体系的规律和特征。第三章通过对周文中后期音乐作品所进行的详尽分析，让我们看到作曲家在创作中技寄于道、关联有机的生成方式及审美意象。其中，作曲家对调式复合体的运用；具体表现在3:2:1的比例以及60年代之后出现的3与2之间的相互对立和彼此补充的原则；个体的微观形态在形成整体宏观结构中透射出深层的同构性；而垂直方向与水平方向的统一性等方面都不同程度反映出周文中的道家思想，即任何东西都是“一”的一部分。

通过以上各章的论述，本文所得出的结论是：周文中后期创作已不再注重从材料层面保持与中国传统音乐文化的直接联系，而是以更抽象的意识来重新定义生成旋律、和声、节奏、对位法、音色和织体结构的理论与方法，并以不同的音乐文化之间共同的审美价值取向重新利用西方的表现手法，其音响的时空性质呈现类似于中国书法式的笔墨过程。而不同结构之间相互渗透、转换体现出一种生长式的表达。在这一时期，周文中的音乐语言已超越材料层面的民族性而进入更深层次并以阴阳法则和序列原则所生成的变调理论来控制音响次序，其独特的数控、序控和丰富变化的排列组合背后体现出一种中国传统文化的内在思维方式。

总之，周文中的创作追求身处当代特定的历史范畴与文化空间，他面对文化差异，化解不同文化的二元对立，转而追求那种你中有我、我中有你、相互渗透、彼此转化的开放、自由的境界，在作品中呈现了中西音乐文化的“融合”性质。周文中认为，西方音乐和东方音乐曾经是一个整体，虽然过去的这些年中，两种音乐文化走过了不同的路，但它们正在重新走向“再融合”。我们可以看到，周文中音乐创作的融合过程就是他寻找“新的”音乐语言的过程，以期在多元的音乐创作格局中找到相应的位置，体现不可替代的创作价值。本研究并不希望去指出，这就是我们的作曲方法或提示人们去走周文中曾为之奋力拼搏的道路，但是学习他的探索精神和思路，每一个人都能找到属于自己的方向。

关键词： 周文中　中西音乐文化　相通点　再融合

郭文景音乐创作研究

作　　　者：安鲁新

指 导 教 师：李吉提

专 业 方 向：作品分析

学　　　位：博士

学位授予时间：2004 年

论 文 述 要：

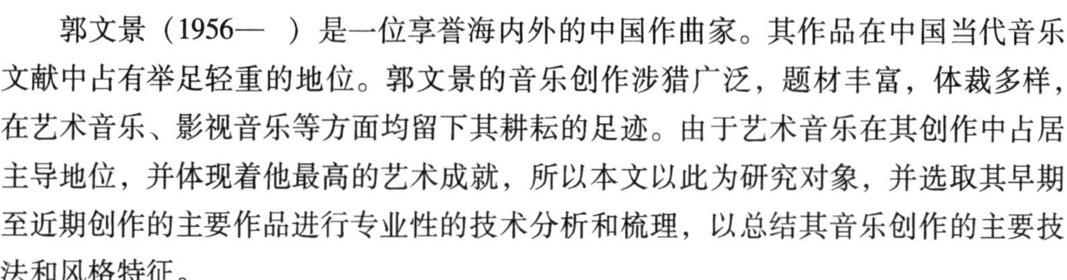

郭文景（1956—　）是一位享誉海内外的中国作曲家。其作品在中国当代音乐文献中占有举足轻重的地位。郭文景的音乐创作涉猎广泛，题材丰富，体裁多样，在艺术音乐、影视音乐等方面均留下其耕耘的足迹。由于艺术音乐在其创作中占居主导地位，并体现着他最高的艺术成就，所以本文以此为研究对象，并选取其早期至近期创作的主要作品进行专业性的技术分析和梳理，以总结其音乐创作的主要技法和风格特征。

本文以技法研究为重点，先后从多方位、多角度分章论述郭文景所采用的各种音乐语言及创作技巧，如旋律、多声技法、节奏与节拍技法、音色—音响技法、曲式结构等，并对三首代表性作品进行具体分析。

“川腔川韵”的音乐语言、戏曲化的声调表现及其创造性地运用和发挥，几乎贯穿于郭文景的不同创作时期，成为其显著的个性化标志之一，并突显其“故土情结”。但在部分表现特定题材的作品中，也不乏对其他音乐语言的借鉴与吸纳。西方现代音乐与中国传统音乐多声技法的融合，为其音乐创作奠定了丰厚的表现基础。中国传统音乐节奏节拍的艺术表现通过现代节奏节拍思维的丰富和发展，在其作品中呈现勃勃生机。独特的演奏演唱法和浓淡相宜的乐队音响表现，充满着现代气息。中西曲式的融合与创新，反映出作曲家个性化的结构观念。

郭文景是一位富有强烈自主意识的作曲家。他以音乐表现需要为出发点，广泛吸纳和探索行之有效的技术手段，体现出开放的文化意识和既不追风也不盲从的创作理念。中国现代音乐创作对以往的音乐分析理论体系提出了挑战，它要求研究者必须从多角度和采用多种分析手段对千姿百态的个性化音乐作品进行分析研究。在针对郭文景的音乐分析中，本人将力图把分析的视角扩大到音乐文本分析的各个层面，以适应中、外、古、今音乐大融合的创作实践，不断提高研究工作的实用性和前瞻性，为新的音乐分析理论建设积累一些经验。

关键词：郭文景　川腔川韵　故土情结　旋律　多声技法　节奏与节拍　音色—音响　结构力　曲式结构

罗忠镕后期的现代音乐创作研究

作　　者：吴春福
指 导 教 师：杨儒怀
专 业 方 向：作品分析
学　　位：博士
学位授予时间：2004 年

论 文 述 要：

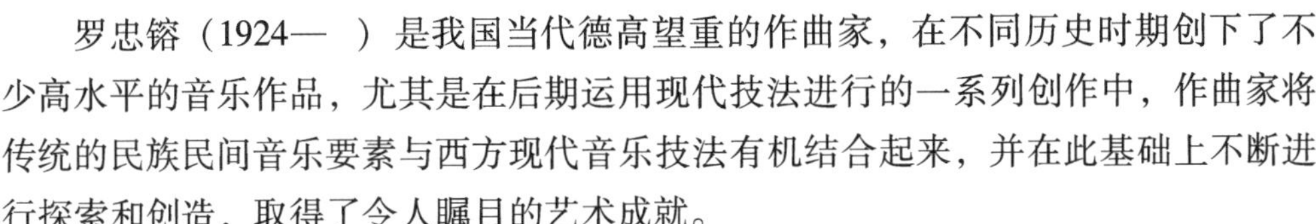

罗忠镕（1924—　）是我国当代德高望重的作曲家，在不同历史时期创下了不少高水平的音乐作品，尤其是在后期运用现代技法进行的一系列创作中，作曲家将传统的民族民间音乐要素与西方现代音乐技法有机结合起来，并在此基础上不断进行探索和创造，取得了令人瞩目的艺术成就。

本文主要以作曲家后期运用现代音乐技法创作的 10 部作品为研究对象，从音高组织、曲式结构、复调手法以及乐队作品中的配器特色等方面对它们进行全面而深入地分析，总结归纳出作曲家将民族特色融入现代技法所形成的独特的技术语言与风格特征，进而对作曲家艺术上的创新及其现代音乐创作的美学内涵进行深层次的思考。

音高的组织与结构方式在罗忠镕的现代音乐创作中有着十分突出的作用，论文在这方面的研究也相应占据了较大的篇幅，前三章分别介绍了作曲家在这些创作中使用的三种音高组织——“序列”、“十二音调式体系”以及“五声性十二音集合”。其中前两种分别借鉴了勋伯格、豪尔以及乔治·珀尔的相关理论，第三种则是作曲家在前面这些理论与实践的基础上与爱伦·福特的“集合”理论相结合而进行的创造，其中民族五声性的特征得到了极大的表现。论文第四章论述了罗忠镕现代音乐作品中除音高以外其他几个方面的创造。这些作品的曲式结构仍然是基于各种传统曲式结构原则，但在具体的体现方式上却更多地结合了调性以外的其他参数如序列形式、动机与织体形态等。在这些作品声部关系的处理上，复调思维是其最主要的基础，论文将其中最有特点的几种形式集中加以研究，但在论述其他方面的章节中也都不同程度地涉及到复调的内容。尽管这些作品中乐队作品只有三部，但它们却充分体现了作曲家在配器上的特色，那就是强调特殊的色彩性，并为此在音色的组合与调配上发明了许多独特的方法。

论文的“结语”中对罗忠镕现代音乐创作的艺术创新与美学内涵分别从西方的形式一自律美学及我国古代“含蓄、空灵、无为”的传统哲学两个角度进行了总结性的思考，充分肯定其艺术成就在中国当代音乐创作中的作用与地位，以期使年轻一代的作曲家们从中受到鼓舞和启发，从而创作出更多更好的现代音乐作品。

关键词：罗忠镕　技术语言　风格特征　艺术创新　美学内涵

中国现代室内歌剧《命若琴弦》《夜宴》音乐特色研究

作　　　者：娄文利

指导教师：李吉提

专业方向：作品分析

学　　　位：博士

学位授予时间：2006 年

论文述要：

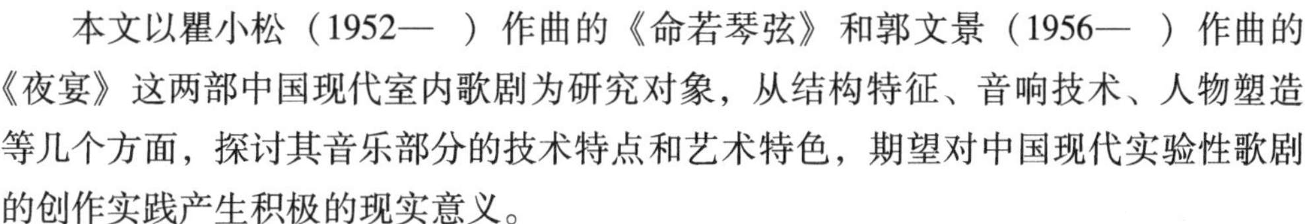

本文以瞿小松（1952—　）作曲的《命若琴弦》和郭文景（1956—　）作曲的《夜宴》这两部中国现代室内歌剧为研究对象，从结构特征、音响技术、人物塑造等几个方面，探讨其音乐部分的技术特点和艺术特色，期望对中国现代实验性歌剧的创作实践产生积极的现实意义。

全文分为上、下两编，共六章，每编各三章。上编主要讨论《命若琴弦》的音乐特色。第一章从戏剧和音乐两个方面探讨了该剧整体结构形态及主要结构力。指出“戏中戏”的结构特点和三次“断弦”的戏剧结构力作用，此后，在分析了各场次及整体音乐结构的基础上指出，几个贯穿全剧的主题、动机、音型，整体速度布局，以及作为特性乐器的三弦音色等都形成了音乐结构力；第二章“音响技术和戏剧表现手段”，分析了节奏、节拍、多声技法等技术性问题和器乐音乐在歌剧中的戏剧表现手段，如器乐的戏剧表现功能、音色的表现价值、音响结构手段等。第三章“塑造人物的手法”，揭示了该剧塑造人物形象的整体思路，以及人声在塑造人物过程中的作用。

下编主要讨论《夜宴》的音乐特色。第四章“整体结构形态及主要结构力”，认为该剧是一种“在两种时态陈述系统中同构比照”的戏剧结构，此结构方式是戏剧内容对戏剧结构直接映射的结果。而《汉宫秋月》等几个主题、动机是全剧音乐结构的核心结构力。最后，由《夜宴》创作过程中的两个文学脚本引发了关于戏剧与音乐关系问题的一些思考；第五章第一节指出，该剧的织体形态、节奏节拍、多声技法、调式调性等技术手段，都体现出中国单声音乐思维的特点，并认为这一音响结构逻辑正是形成《夜宴》中国文人音乐特色的技术核心。第二节从歌剧器乐音乐特殊功能入手，分别分析了琵琶、打击乐器和管弦乐器的戏剧表现手段及价值；第六章集中讨论关于塑造人物的问题，认为“在合理定位基础上做动态处理”是其总体特征，而多元统一的唱腔风格、自如变化的表现形式，以及帮腔、重唱等多声手段的应用大大丰富了人声的戏剧表现力。

本文总结了两剧的艺术特色，并就它们对中国现代歌剧创作的积极意义提出了自己的见解。

关键词：中国现代室内歌剧　《命若琴弦》《夜宴》　戏剧结构　音乐结构　结构力　戏剧表现手段　塑造人物手段

汉斯·威尔纳·亨策交响乐创作研究

作　　者：冶鸿德

指导教师：姚恒璐

专业方向：作品分析

学　　位：博士

学位授予时间：2006 年

论文述要：

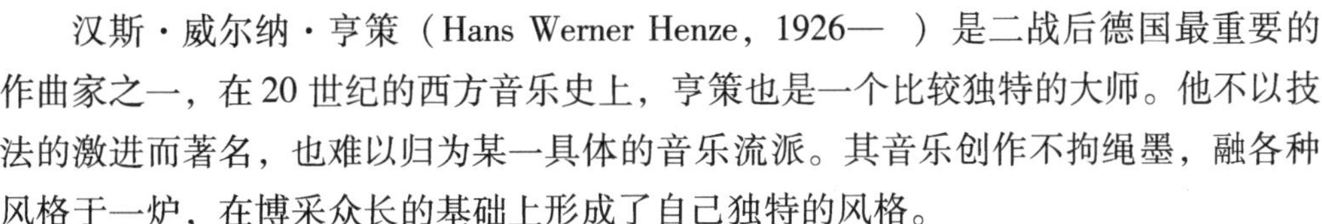

汉斯·威尔纳·亨策（Hans Werner Henze，1926—　）是二战后德国最重要的作曲家之一，在20世纪的西方音乐史上，亨策也是一个比较独特的大师。他不以技法的激进而著名，也难以归为某一具体的音乐流派。其音乐创作不拘绳墨，融各种风格于一炉，在博采众长的基础上形成了自己独特的风格。

10 部交响曲在亨策的音乐创作中占有重要地位，创作的年代跨越了半个多世纪。在他的交响曲中，中世纪的古朴与20世纪的激进、民间音乐的随意与专业创作的雕琢、意大利式的华美与德国式的理性、西欧的典雅与南美的粗犷、社会革命的激烈与人文思考的深沉……各种不同时空的因素交织融合、浑然一体。在创作技法、音乐风格、美学理念上都形成了极富个性的特征。

本文以亨策的10部交响曲为研究对象，对它们的各种表现要素做了概括性的技法分析，并对具有代表性的3部交响曲进行了全面的作品分析。在此基础上，对亨策交响曲创作中的人文背景和美学观念做了探究。论文由导论、正文和结论组成。在导论中，对选题的意义、研究思路及亨策的生平和音乐创作进行了概述的说明。正文分为三个部分：第一部分对亨策交响曲的音高结构、和声技法、复调技法、节奏节拍、配器特点、曲式结构等技法要素做了较深入系统的研究；第二部分则对具有代表性的第三交响曲、第六交响曲和第九交响曲进行了全面的作品分析；第三部分则是在技法分析的基础上对亨策交响乐进行了综合研究：首先，对亨策交响曲创作中的“泛技法”风格做了考察；其次，分析了其交响乐中文学、戏剧化因素的渗透，并对作品中体现出来的“音乐与政治”思想及现实主义倾向做了深入的分析；最后，对亨策音乐创作的美学观念进行了较详细的介绍。结论部分对亨策交响曲做了总体评价。

关键词：亨策　交响曲　技法分析　泛技法风格　人文基础　美学观念

蒂皮特四部交响曲作曲技术分析研究

作　　　者：李如春

指导教师：姚恒璐

专业方向：作品分析

学　　　位：博士

学位授予时间：2007 年

论文述要：

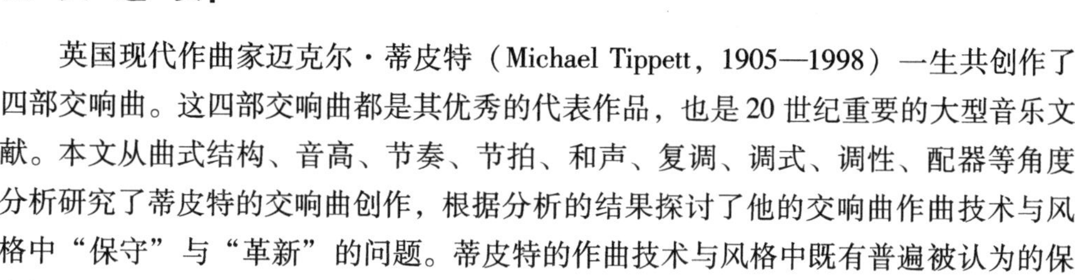

英国现代作曲家迈克尔·蒂皮特（Michael Tippett，1905—1998）一生共创作了四部交响曲。这四部交响曲都是其优秀的代表作品，也是20世纪重要的大型音乐文献。本文从曲式结构、音高、节奏、节拍、和声、复调、调式、调性、配器等角度分析研究了蒂皮特的交响曲创作，根据分析的结果探讨了他的交响曲作曲技术与风格中“保守”与“革新”的问题。蒂皮特的作曲技术与风格中既有普遍被认为的保守倾向，也有未被广泛注意的革新方面。

本文根据不同类型的音乐采用了不同的手段分析作品，其中既有现代音乐分析技法也有传统音乐分析手段，如后申克音乐分析技术、泛调性、潜调性的分析技术以及调性音乐的分析技术，并总结了作品中有特性、代表性的内部技法规律与风格特征。

在曲式结构上，前两部交响曲保持了古典四乐章的结构；《第三交响曲》把古典四乐章模式纳入了两大部分的结构；而《第四交响曲》是单乐章交响诗的设计，但又隐含了古典四乐章的结构。四部作品各乐章的内部结构也有颇多新颖之处。

交响曲中的横向音高进行主要是综合音阶形成的非半音化风格。在节奏、节拍方面，作曲家用多种方式打破了节奏的匀称性与重音循环的规律性。在和声实践中，交响曲有继承古典和声体系的部分，也存在许多革新之处，如复杂的和弦结构与非功能性的和声进行改变了传统的和声意义与价值；中心音响与和声场的技术使和声带有浓郁的现代气息。在复调方面，交响曲中使用的双调性与多调性复调、节奏复调、复节拍复调、复风格复调、双调式复调、群体复调等结构类型，有浓郁的现代作曲技术特征。调式上有“多样的调式类型”、“复杂的调式音列”、“多调式的纵向叠置”三个主要特点，而在调性上，作品有“调性相对主义”、“双调性与多调性”、“泛调性”等特征。交响曲的配器以素描风格为主，但也涉及到彩绘手法与点描风格。“神秘音响”的出现、打击乐器的丰富与鼓风机的使用等特点体现了蒂皮特对音色的追求。

蒂皮特的前两部交响曲显示了后浪漫主义与新古典主义结合的风格特征。《第三交响曲》带有新浪漫主义与后表现主义结合的风格特征。《第四交响曲》则具有新现实主义的风格倾向。其交响曲创作一方面承递了音乐传统的精华，另一方面稳健地发展了合理的技术与风格，两方面都恰当地与艺术内容的表达相结合。

关键词： 蒂皮特　交响曲　作曲技术　20 世纪音乐　音乐分析　保守主义

承先锋之锐　拓回归之新

——克里斯托夫·潘德列茨基前四部交响曲创作技法的分析与研究

作　　　者：雷兴明

指 导 教 师：姚恒璐

专 业 方 向：作品分析

学　　　位：博士

学位授予时间：2007 年

论 文 述 要：

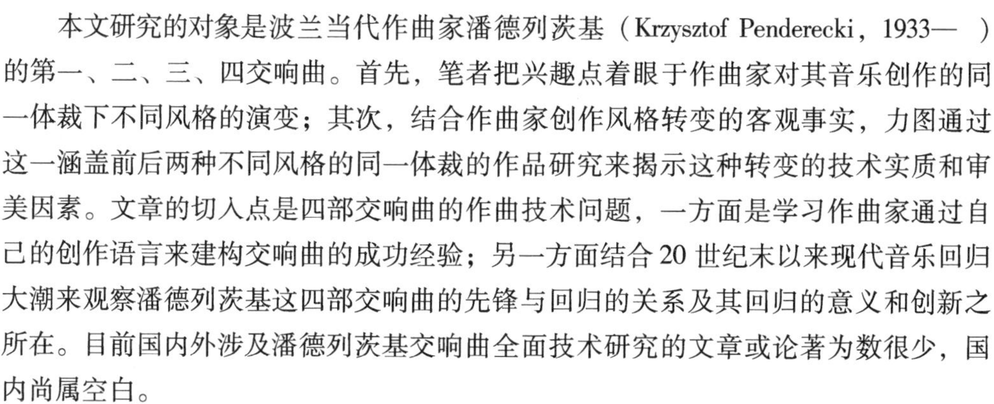

本文研究的对象是波兰当代作曲家潘德列茨基（Krzysztof Penderecki，1933— ）的第一、二、三、四交响曲。首先，笔者把兴趣点着眼于作曲家对其音乐创作的同一体裁下不同风格的演变；其次，结合作曲家创作风格转变的客观事实，力图通过这一涵盖前后两种不同风格的同一体裁的作品研究来揭示这种转变的技术实质和审美因素。文章的切入点是四部交响曲的作曲技术问题，一方面是学习作曲家通过自己的创作语言来建构交响曲的成功经验；另一方面结合 20 世纪末以来现代音乐回归大潮来观察潘德列茨基这四部交响曲的先锋与回归的关系及其回归的意义和创新之所在。目前国内外涉及潘德列茨基交响曲全面技术研究的文章或论著为数很少，国内尚属空白。

文章对四部交响曲作曲技术的分析涵盖了结构、织体、主题与旋律的构造和发展、集合与动机、和声运用、配器与音色等领域，技术分析更多侧重于作曲家独到的处理，与作品艺术表现密切相关的点，或与论文主旨相附和的、与回归因素相关联的传统技法的创新运用等。其中第一至第四章侧重于分别对四部交响曲的结构和围绕结构问题的相关方面的论述，包括每部交响曲的创作背景、全曲整体结构和曲式归属定性问题、有关体裁的运用与说明、各个次级层次的局部结构关系、与各级结构密切相关的调性因素、主题材料的运用与贯穿方法、音色—音响调配逻辑

（《第一交响曲》）等，结构的论述与围绕结构而引出的诸多方面因素，将为后面进一步的各项音乐语言的阐明奠定基础。

第五章是对四部交响曲主要音乐语言运用的概括总结，包括音高体系及其思维模式，这里有集合音程思维及其扩展延伸运用、与回归性有更多联系的调式音阶思维、与作曲家早期先锋派“音色—音响音乐”有更多联系的纵向音块思维等；还包括主题材料共性特征与主要发展手法；和声运用的主要方面；个性化的织体手法以及管弦乐运用方面的特殊手段等，所以这一章是对涉及结构因素的各项其他技术的分析。第六章是文章的结论部分，是在前面各项技术分析成果的基础上对文章的命题进行的概括总结。围绕“承前、启后和发展”的线索，总结了《第一交响曲》的过渡性，四部交响曲中共同存在的回归性因素，以及回归之后的螺旋式新发展。潘德列茨基从20世纪70年代中期之后一改自己开拓并热衷的先锋技术而走向新浪漫主义，文章力图通过对四部交响曲的作曲技术分析，再结合音乐发展的大潮和作曲家本人思想的变化、艺术审美趋向的调整等方面来说明这种回归的动力和必然性。

关键词：20世纪音乐　先锋派　回归潮流　综合艺术　集合思维　技法分析

巴托克弦乐四重奏创作技法研究

作　　　者：王桂升

指 导 教 师：杨儒怀

专 业 方 向：作品分析

学　　　位：博士

学位授予时间：2007 年

论 文 述 要：

本文主要探讨了巴托克（Béla Bartók，1881—1945）六首弦乐四重奏中的曲式、和声、复调、陈述结构四个方面的问题。

在曲式结构方面，重点阐述了巴托克对于奏鸣曲式的解构和重建。本文提出："调式还原"是巴托克对于奏鸣曲式的重大贡献，它是奏鸣曲式从古典到浪漫的调性扩张的继续，调式还原的曲式功能的形成，在很大程度上又依赖于巴托克将民间音乐中的五声调式置于类似古典音乐中的主三和弦似的稳定地位的伟大尝试！

和声方面，对于 George Perle 所提出的 X、Y 和弦以及 Leo Treitler 提出的 Z 和弦，本文将其扩大为全面的对称和弦（S 和弦），并设计了一套标记体系，同时也在标记体系中特别强调了对称轴的作用，并论述了对称和弦与对称轴、对称中心及对称中心区域之间的关系。

在复调部分主要讨论的是复调中的曲式结构功能及和声结构问题。在陈述结构方面，巴托克的特点是将展开性的陈述结构应用在呈示部中，而具有呈示性结构特征的陈述结构安排在展开部中，这种陈述结构功能的转变，使得曲式结构的向心力降低，为了抵消由此带来的离心力，巴托克以另外两种力量与其抗衡：一是以调式还原的方式加强呈示部与再现部的内在联系及呼应关系，二是以线性结构逻辑形成整部作品或乐章的统一。

本文以杨儒怀教授的理论体系以及 Elliott Antokoletz 等人的研究成果和方法为基础，适当借鉴了李吉提先生的线性思维以及音级集合、十二音技术等理论，并间接吸收了申克的“简化还原”的思想。

关键词： 巴托克　调式还原　对称和弦　陈述结构的功能转变

塞缪尔·巴伯协奏曲的创作研究

作　　者：徐璐

指导教师：杨儒怀

专业方向：作品分析

学　　位：博士

学位授予时间：2007年

论文述要：

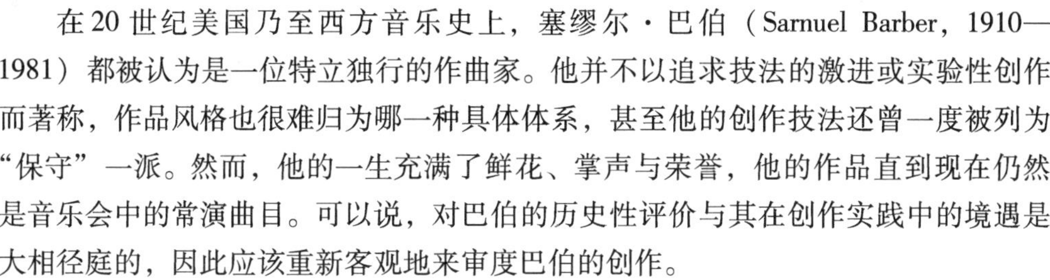

在20世纪美国乃至西方音乐史上，塞缪尔·巴伯（Sarnuel Barber，1910—1981）都被认为是一位特立独行的作曲家。他并不以追求技法的激进或实验性创作而著称，作品风格也很难归为哪一种具体体系，甚至他的创作技法还曾一度被列为"保守"一派。然而，他的一生充满了鲜花、掌声与荣誉，他的作品直到现在仍然是音乐会中的常演曲目。可以说，对巴伯的历史性评价与其在创作实践中的境遇是大相径庭的，因此应该重新客观地来审度巴伯的创作。

巴伯的技法是超越特定的历史时段、空间领域和文化品味的。在他的协奏曲作品中，既保存了协奏曲体裁的传统含义，又突破了传统套曲形式中材料与调性的单一性；既发扬了巴伯旋律中的抒情性，又在这种和谐中隐匿着不协和的碰撞；既有古老的赋格结构，又有边缘结构的呼应；既有传统的切分节奏，又有时代标签的雷格泰姆……这些技法的使用，曾经在现代主义盛行的年代，以其形式的司空见惯而被认为是"陈旧"的，但这些技法的复合，在20世纪60年代末西方音乐多元化格局的建立后，却被当作"先知"重新受到评论界的尊重。发生在锐进时代巴伯的"和谐"风格，在20世纪下半叶成为"回归"现象的预兆，他的作品重新成为研究20世纪中后期音乐风格以及启迪今后音乐创作的范例之一，他的"唯美"风格在音乐探索的道路上已经成为一个承上启下的枢纽点。

本论文以巴伯一生所创作的四部协奏曲为研究对象，由导论、正文和小结组成。在导论中，对选题的定位、研究思路及巴伯的生平和音乐创作阶段进行了概述性的说明。正文分为三个部分：第一部分对巴伯四部协奏曲进行了全方位、系统化的个案分析研究；第二部分针对协奏曲中非常有特点的、突出的创作技法要素进行了较深入的系统归纳与总结，比如，协奏体裁、曲式结构的创作分类、旋律写作的一脉相承性、节奏节拍的民族化融入和复调技法在创作中的主体地位等等；第三部分则是从音乐学、美学角度出发对巴伯的创作进行了更进一步的升华，包括风格的概述与定位评价，尤其是对我国当代音乐创作的意义与启迪。小结部分引述了巴伯自己的创作感言作为论文的最后总结。

关键词：塞缪尔·巴伯　协奏曲　技法分析　风格概述　折衷主义

陈怡的四部混合室内乐创作研究

作　　者：龚晓婷
指导教师：杨儒怀
专业方向：作品分析
学　　位：博士
学位授予时间：2008 年

论文述要：

著名作曲家陈怡（1953—　）博士是目前美籍华裔中唯一一位入选美国国家文理科学院终身院士的作曲家。她将东西方文化融汇贯通，打破传统疆界，创作出大量独具特色的音乐作品，在美欧亚澳各大城市，由著名音乐家及交响乐团在重要音乐节及音乐会频繁地演出。20 年来，在世界音乐舞台上，以现代风格与形象出色地弘扬了中国文化，并形成了广泛的影响。室内乐创作是陈怡作品中的重要组成部分，在体现作曲家多样的创作技法及表现其鲜明的音乐美学观与哲学观方面起着不可或缺的作用。尤其是混合室内乐编制的作品，更是因其组合的多样性、包容性，在西方乐器组合中直接或间接地加入中国元素等独具魅力的特色而受到广泛关注。

因此，本论文选择陈怡近年创作的四部混合室内乐代表作品作为研究对象：为胡琴与弦乐四重奏而作的五重奏《胡琴组曲》(1997)；为小提琴、琵琶、大提琴而作的三重奏《宁》(2001)；为长笛、黑管、小提琴、大提琴、钢琴而作的五重奏《春夜喜雨》(2004)；为长笛、大提琴与钢琴而作的三重奏《静夜思》(2004)。这四首作品都在运用西方现代作曲技法的同时，充满浓郁的中国风格，其中有三首直接取材于中国古诗：《春夜喜雨》《静夜思》《胡琴组曲》；另在《胡琴组曲》编制中加入了中国乐器：二胡、中胡、京胡；在《宁》中加入了琵琶。

本论文将遵循四部混合室内乐的音乐结构分析、创作技法研究归纳、创作美学观总结等几方面的论述框架来阐述，试图探究作曲家在室内乐创作技法中的特点及其致力于融合东西方文化上所作的努力。论文包括绪论—作曲家及作品背景介绍、论文宗旨、研究方法；第一章——曲式与作品分析，按独立作品进行曲式结构和音乐内容的分析；第二章——个性化创作技法的采样分析，从音高材料、节奏组合、和声体系、复调技法、配器特色等诸方面进行选择性采样剖析后，总结出此类技法中的共性和最具特色的着墨之处；第三章——艺术表现特征及审美取向，是创作美学观的总结，旨在挖掘作曲家在运用西方现代技法的同时是如何从中国文化（诗歌、民歌、戏曲、书法、舞蹈等）丰富多样的元素中寻找自己的创作语言，并如何通过多种手段使她在当今多元化发展的世界中用自己独特的音乐对话形成东西方的融合与统一。

关键词：陈怡　室内乐　中国元素　东西方文化　多元化

阿尔弗莱德·施尼特凯交响曲创作研究

作　　　者：谢福源
指 导 教 师：姚恒璐
专 业 方 向：作品分析
学　　　位：博士
学位授予时间：2009 年

论 文 述 要：

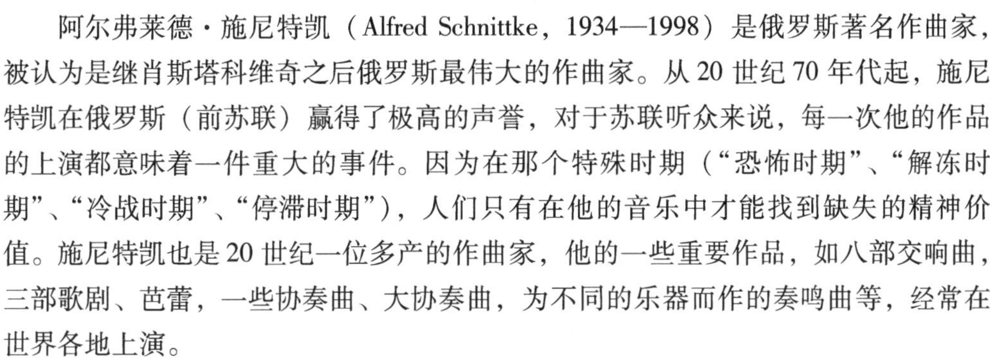
阿尔弗莱德·施尼特凯（Alfred Schnittke，1934—1998）是俄罗斯著名作曲家，被认为是继肖斯塔科维奇之后俄罗斯最伟大的作曲家。从 20 世纪 70 年代起，施尼特凯在俄罗斯（前苏联）赢得了极高的声誉，对于苏联听众来说，每一次他的作品的上演都意味着一件重大的事件。因为在那个特殊时期（“恐怖时期”、“解冻时期”、“冷战时期”、“停滞时期”），人们只有在他的音乐中才能找到缺失的精神价值。施尼特凯也是 20 世纪一位多产的作曲家，他的一些重要作品，如八部交响曲，三部歌剧、芭蕾，一些协奏曲、大协奏曲，为不同的乐器而作的奏鸣曲等，经常在世界各地上演。

其中，交响曲在施尼特凯的音乐创作中占有极为重要的地位。他的八部交响曲反映了作曲家心灵历史的各个层面。施尼特凯试图在每次的交响曲创作中去寻求一种新的形式和新的角度，同时又保持在交响曲真正的传统之内。复风格是施尼特凯最为重要的创作理念之一——在一个作品中体现两种或多种不同的音乐风格。在交响曲中，施尼特凯经常将旧风格与新风格、现代与后现代、古典与巴洛克的音乐风格混合在一起，反映了 20 世纪晚期一种非常独特、复杂而又脆弱的艺术思维。

本文以施尼特凯的交响曲作为研究对象，对它们的各种表现要素做了概括性的技法分析，并对具有代表性的三部交响曲进行了全面分析。在此基础上，对施尼特凯的复风格创作理念、作曲技术以及创作观念进行了探究。

论文由序论、正文和结论组成。在序论中，笔者对选题的意义、研究思路及施尼特凯的生平和音乐创作进行了概况说明。正文分为三个部分：第一部分对施尼特凯复风格的形成、发展、成因及其实现途径进行了较为系统的研究；第二部分对施尼特凯交响曲的主题构成、和声技法、复调技法、管弦乐技法、曲式结构等技法要素进行了研究；第三部分则分别对具有代表性的《第一交响曲》、《第二交响曲》与《第五交响曲》进行了全面的创作技法研究。最后，在结论部分对施尼特凯与马勒和肖斯塔科维奇的继承关系以及施尼特凯对交响曲体裁的贡献进行了论述。

关键词：阿尔弗莱德·施尼特凯　交响曲　复风格　作曲技术

普罗科菲耶夫协奏曲创作研究

作　　　者：杨正君

指 导 教 师：杨儒怀

专 业 方 向：作品分析

学　　　位：博士

学位授予时间：2009 年

论 文 述 要：

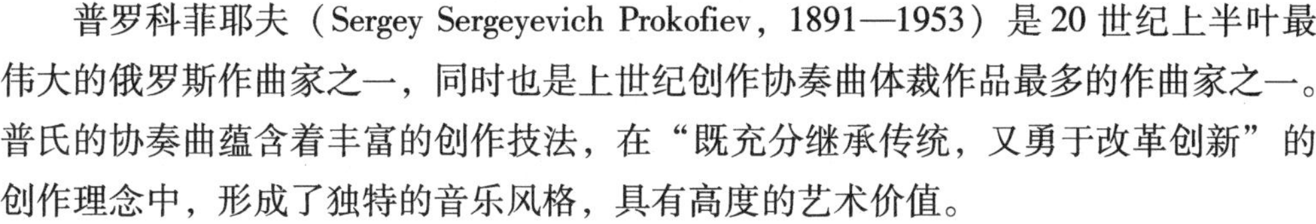

普罗科菲耶夫（Sergey Sergeyevich Prokofiev，1891—1953）是 20 世纪上半叶最伟大的俄罗斯作曲家之一，同时也是上世纪创作协奏曲体裁作品最多的作曲家之一。普氏的协奏曲蕴含着丰富的创作技法，在“既充分继承传统，又勇于改革创新”的创作理念中，形成了独特的音乐风格，具有高度的艺术价值。

本论文以普罗科菲耶夫的 8 部协奏曲体裁作品为研究对象，分七章对其中的作曲技法进行全面、深入的分析，寻找、发现其中典型的音乐语汇与创作手法，进而归纳、总结出多项协奏曲体裁的创作特征，并探究其成因，肯定其艺术价值与借鉴意义。

前两章分别从套曲组织形式与各乐章内部曲式结构这两个层面入手，分析、论述了普氏协奏曲在结构组织形态方面的创作特征。协奏套曲在乐章数量，以及各乐章之间的速度、调性、曲式、音乐情绪等方面的组合关系极为丰富，但都与传统“快－慢－快”三乐章协奏套曲具有一定的联系。各乐章在结构组织方面都清晰地体现出“奏鸣、再现、循环、变奏、并列”等传统曲式结构的组合原则，但在具体内部组织方面又表现出诸多对传统曲式类型的突破，形成多样化的曲式结构组织形式。

第三至第六章分别从主题、和声、复调、配器四个方面对协奏曲中所使用的创作手法进行深入剖析。清晰的调性、丰富的调式、强烈的托卡塔节奏、多变的节拍，以及旋律的非歌唱性、陈述结构的方整性、变奏中的展开性等，是协奏曲主题的重要特点。“传统”与“现代”因素的高度融合是和声技法方面最核心的特征：和声基础材料中既有传统的三和弦与七和弦，又包括高叠和弦与非三度叠置和弦；和声进行方面既有功能性的，又有非功能性的；协和的和声音响与极端尖锐的不协和音响都极为常见；在具有明确调式调性的同时，又通过频繁的调性浮动、调式交替，以及大量融入俄罗斯民族调式等方式，使调式丰富、调性模糊，从而将传统调性体系大幅度扩展。复调织体中使用最多的是模仿复调，其中又以非严格的二声部模仿复调为主；不同声部间在主题性与重要性方面平等的对比复调很少使用，通常是一个主要主题与一两个陪衬性声部的结合，但具有民间音乐风格的支声性复调使用较多。追求简洁的织体、清晰的线条、透明的音响是配器方面的重要特征；在传统古典主义的双管乐队编制基础上，通过弱音器、滑奏、泛音、极端音区等获得具有现代感的音色同样极富个性。最后一章先讨论了最具协奏曲体裁特征的华彩段（Cadenza）的使用特点，接着论述了各协奏曲中主奏乐器与管弦乐队之间的关系问题；最后，以《大提琴（交响）协奏曲》为例论述了协奏曲中交响曲思维的渗透，以及协奏曲体裁在20世纪的发展趋势之一——协奏曲与交响曲的融合。

在结论中，笔者还初步探讨了协奏曲兼具“传统”与“现代”因素的核心特征同新古典主义美学思想、俄罗斯民族音乐、作曲家的生活经历与所处时代背景等其他方面所具有的内在联系。

在各种创作技法大量涌现的20世纪上半叶，普罗科菲耶夫通过将传统与现代的创作技法兼收并蓄获得了巨大成功。当下正值21世纪初，音乐创作中的实验与探索同样层出不穷，如何将“过去的”与“现在的”、“本土的”与“西方的”，甚至“专业的”与“民间的”进行取舍或融合，是当今中国作曲家们需要深入思考的课题，而普氏的成功对此无疑具有重要的借鉴意义。

关键词：普罗科菲耶夫　协奏曲　作曲技法　传统与现代的融合　新古典主义

梅西安最后六部管弦乐作品的创作技法研究

作　　　者：汪胜付

指 导 教 师：徐昌俊

专 业 方 向：作品分析

学　　　位：博士

学位授予时间：2010 年

论 文 述 要：

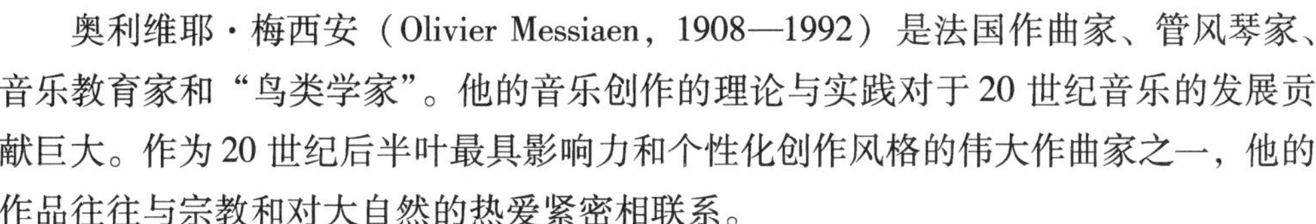

奥利维耶·梅西安（Olivier Messiaen，1908—1992）是法国作曲家、管风琴家、音乐教育家和“鸟类学家”。他的音乐创作的理论与实践对于20世纪音乐的发展贡献巨大。作为20世纪后半叶最具影响力和个性化创作风格的伟大作曲家之一，他的作品往往与宗教和对大自然的热爱紧密相联系。

梅西安一生的创作丰富多产，涉猎管弦乐、管风琴、钢琴、歌剧、独唱与合唱以及室内乐作品等。其中管弦乐创作尤显突出，并一直贯穿作曲家创作的始终，特别是晚期的管弦乐曲，占据了十分重要的地位。本文便选取梅西安20世纪70年代以后创作的最后6部管弦乐作品作为研究对象，对梅西安的创作技法进行了比较系统的分析与研究。这6部晚期管弦乐曲分别是：《从峡谷到群星》《彩色玻璃窗与鸟》《高耸的城市》《照耀彼世》《微笑》和《四重协奏曲》。在这些作品里，梅西安晚期管弦乐风格日臻成熟、题材多样的特点十分突出，无论是多乐章的套曲还是单乐章作品或乐章内部，多材料、多色彩并置的结构思维成为其主要特征，这是本文研究和论述的重点之一。同时，梅西安丰富的音乐语言和作曲技法如何体现于他晚期的管弦乐作品中，国内外学术界针对这一课题的专题研究不多，突显了本文的选题意义和价值。

论文由七章构成。第一章介绍梅西安的生平与创作；第二章简介最后6部管弦乐作品的创作概况；第三章介绍6部作品中的鸟歌名录及写作方式；第四章较为详细地论述了6部作品的曲式结构手法及主要特征：第五章阐述了6部作品中音高材料的结构方式；第六章阐明节拍、节奏的结构思维和写作方式；第七章论述了音色－配器的结构方式。在结论中，笔者通过归纳和总结这6部管弦乐作品的创作技法（如旋律、节奏、曲式、有限移位调式、色彩和弦以及管弦乐技法等），从而得出梅西安最后6部管弦乐的主要创作特征。

关键词：梅西安　鸟歌　曲式结构　节奏体系　音高材料　有限移位调式　色彩和弦　管弦乐技法　联觉

约翰·亚当斯管弦乐作品创作研究

作　　　者：唐小波

指 导 教 师：杨儒怀

专 业 方 向：作品分析

学　　　位：博士

学位授予时间：2011 年

论 文 述 要：

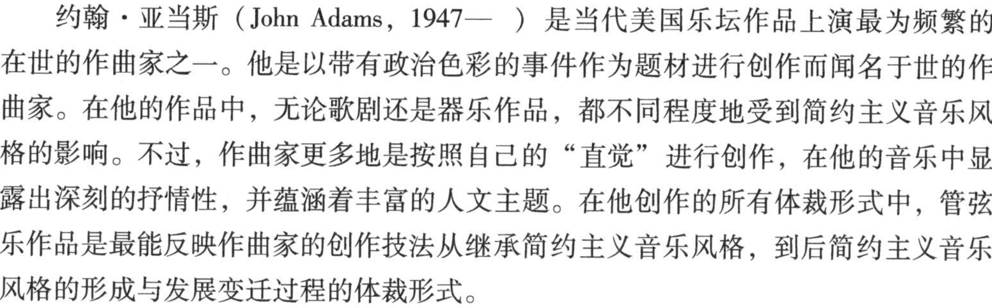

约翰·亚当斯（John Adams，1947—　）是当代美国乐坛作品上演最为频繁的在世的作曲家之一。他是以带有政治色彩的事件作为题材进行创作而闻名于世的作曲家。在他的作品中，无论歌剧还是器乐作品，都不同程度地受到简约主义音乐风格的影响。不过，作曲家更多地是按照自己的“直觉”进行创作，在他的音乐中显露出深刻的抒情性，并蕴涵着丰富的人文主题。在他创作的所有体裁形式中，管弦乐作品是最能反映作曲家的创作技法从继承简约主义音乐风格，到后简约主义音乐风格的形成与发展变迁过程的体裁形式。

本文选择能准确反映亚当斯创作风格变迁的 7 部管弦乐作品作为研究对象，前后分为上、中、下三篇，对其作曲技法在继承简约主义、回归传统和融合各种技法方面进行了全面而深入的分析，并对其音乐语言在继承和发展简约主义作曲技法上所取得的成就进行了归纳和总结。

上篇，由四个章节组成，主要研究亚当斯在管弦乐创作中是如何应用四大典型的、标志性的简约主义作曲技法，即分别由美国作曲家拉·蒙特·扬、特里·赖利、史蒂夫·瑞奇和菲利普·格拉斯创造的“静态和声”、“音型重复”、“相位移动”和“附加过程”。与此同时，还对亚当斯在应用四种简约主义作曲技法的过程中所形成的自己的特点进行了归纳与概括，以体现出作曲家对简约主义音乐风格既继承又发展的创作特点。

中篇，也由四个章节组成，分别从曲式结构、音高组织、复调技法和管弦乐法四个方面对管弦乐创作技法的特点进行了深入分析。其中，曲式结构除了对各管弦乐作品及其乐章中的曲式结构进行分析外，还对能体现亚当斯独特的结构思维的方面进行深入研究，也就是“磁带圈”、“电子门”和“榫卯结构”等象征性手段对曲式结构划分的意义。音高组织主要是对管弦乐作品中使用的自然音体系、斯洛里姆斯基的《音阶与旋律型汇编》中的音阶和非功能性和弦进行的特点展开研究。复调技法主要剖析了其多重节奏形成的节奏对位、模仿复调、线性对位，以及它们与简约主义音乐风格相结合的特点。而管弦乐法重点研究了作曲家乐队编制的情况，论述了其音色处理和音色布局所形成的个性化特点，并对作曲家将电子合成器作为重要乐器使用进行了探究，从而从四个方面论证了作曲家将简约主义音乐风格与传统音乐相结合的折中主义的创作特点。

下篇，主要是通过一个章节对亚当斯进入 21 世纪后，为纪念在“9.11 恐怖袭击事件”中罹难者而精心创作的管弦乐作品《灵魂升华》的创作技法进行了分析，以反映出作曲家将简约主义创作技法与 20 世纪其他现代技法进行高度融合的创作观念。

关键词：约翰·亚当斯　管弦乐　简约主义　后简约主义　作曲技法

多元碎片的镜面还原

——贝里奥新人声音乐戏剧《迷宫 II》及其相关音乐分析研究

作　　　者：刘洁

指 导 教 师：徐昌俊

专 业 方 向：作品分析

学　　　位：博士

学位授予时间：2012 年

论 文 述 要：

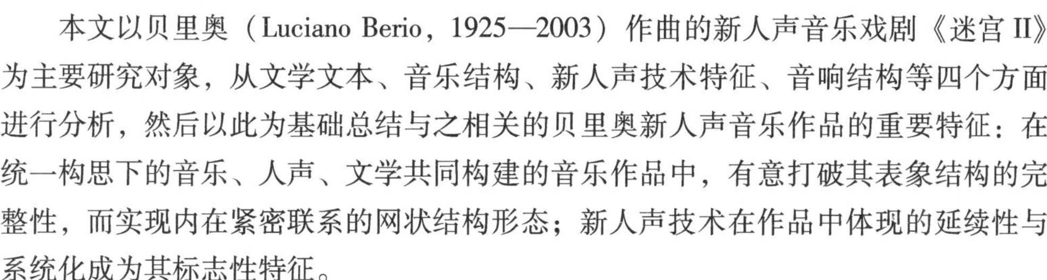

本文以贝里奥（Luciano Berio，1925—2003）作曲的新人声音乐戏剧《迷宫 II》为主要研究对象，从文学文本、音乐结构、新人声技术特征、音响结构等四个方面进行分析，然后以此为基础总结与之相关的贝里奥新人声音乐作品的重要特征：在统一构思下的音乐、人声、文学共同构建的音乐作品中，有意打破其表象结构的完整性，而实现内在紧密联系的网状结构形态；新人声技术在作品中体现的延续性与系统化成为其标志性特征。

全文共分为五章，前四章是对《迷宫 II》的分析，最后一章是对以《迷宫 II》为代表的贝里奥新人声音乐作品进行总结性分析。论文第一章对《迷宫 II》的文学文本进行了分析：通过研究文本的来源与内容、文本的结构、文本对音乐的启示这三个方面，在充分理解作品主旨内容的同时，深入到内在结构的剖析，来体现文本对音乐的映射以及两者相互关联的因素。第二章探讨了《迷宫 II》的音乐结构：首先从音乐本身体现的显性结构入手进行基本段落划分，并指出其所依据的传统曲式原则特征；然后具体阐释音乐的主要结构力——主导动机贯穿体现的向心力结构形态特点；其后对音乐构成的主要方式——拼贴手法的运用进行了解析：最后对其音乐结构中呈现的“开放性”、“网状式”特点以及结构逻辑思维进行了总结概括。第三章分析了《迷宫 II》的新人声特征，从人声声部的布局、人声音色、语音特点、人声与器乐等方面，来揭示贝里奥在创作中对新人声技术的运用及其有效的特征性手法。第四章讨论了《迷宫 II》的音响结构特点，主要分析音高组织、节奏特点、复调思维运用等作曲技术问题，并且阐释了器乐音响的戏剧性表现特点。第五章总结了与《迷宫 II》相关的贝里奥新人声作品的典型特征：从文学文本、组织结构、以戏剧性表现为中心的音响特征这三方面，来解析它们的共性特征，并以此揭示贝里奥对作品整体结构思维的展现，如运用多元的文学文本与复风格音乐文本的“对位”，现代文学对其结构音乐的影响，以及新人声成为此类作品戏剧性音响结构的主导等。所涉及的作品还包括《主题》、《面容》、《循环》、《哦！金》等。

在结语中，笔者总结了贝里奥音乐作品中以《迷宫 II》为代表的，将音乐、人声和文学相结合的综合艺术形式的艺术特色，以及其新人声所体现的鲜明个性化特征，以期对国内新人声音乐的创作实践产生积极的现实意义。

关键词：贝里奥　音乐戏剧　新人声　结构　现代文学　拼贴

马思聪交响音乐创作技法研究

作　　者：魏晓兰

指导教师：杨儒怀

专业方向：作品分析

学　　位：博士

学位授予时间：2012 年

论文述要：

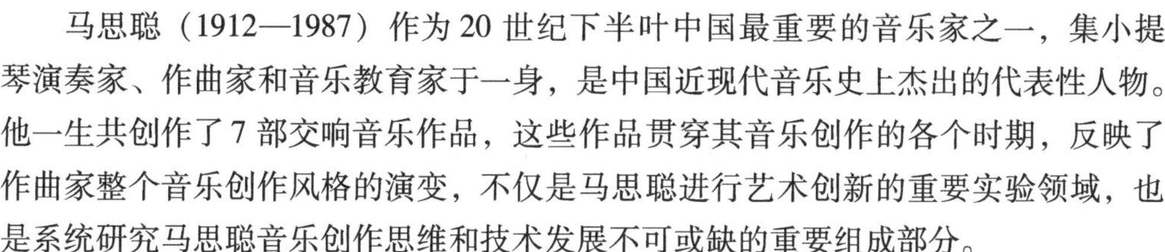

马思聪（1912—1987）作为 20 世纪下半叶中国最重要的音乐家之一，集小提琴演奏家、作曲家和音乐教育家于一身，是中国近现代音乐史上杰出的代表性人物。他一生共创作了 7 部交响音乐作品，这些作品贯穿其音乐创作的各个时期，反映了作曲家整个音乐创作风格的演变，不仅是马思聪进行艺术创新的重要实验领域，也是系统研究马思聪音乐创作思维和技术发展不可或缺的重要组成部分。

本论文以马思聪的 2 部交响曲、2 部管弦乐组曲和 3 部协奏曲为研究对象，集中探讨在不同创作时期其交响音乐创作技术与风格演变的具体特征，力图通过对这两个层面的深入研究，揭示作曲家在各时期交响音乐创作上的新发展与新突破，进而从更深层次上揭示其技术发展与音乐风格演进的实质与审美特征。

论文共分八章，前三章分别涉及 7 部交响音乐作品各乐章的曲式结构、体裁形式、套曲组织结构及其总体结构特征。马思聪交响音乐的结构虽与西方传统古典曲式类型有较为紧密的联系，但又表现出诸多对传统的发展与突破：喜用变体曲式结构、富有中西融合特色的奏鸣曲式调性布局思维、“单向”调性布局思维的运用等，以及对古典曲式中调布局思维的继承、发展和突破，在局部结构的陈述及发展时呈现的特色、个性化结构处理方式、对“一波三折”的结构布局思维的偏爱等，都为其交响音乐结构带来了极为多样化的特点。

论文第四章至第七章，对马思聪交响音乐中最具特色的 4 部作品进行了重点分析，阐明其交响音乐创作的主要技术及风格特征。对于主题与旋律的分析，包括音阶素材、发展手法和对民歌与民间音乐素材的运用，以及主题与旋律由自然音向变音化音乐风格转换的途径；对于和声的分析，包括线性和声技术、多调式及多调性手法、旋律纵合性和声技术、四五度结构和声手法，以及作曲家在各阶段对传统功能和声的继承与突破；在对“调式半音体系”技法分析中，论述了从该技法的发端到对其初步使用，再由这种技术的基本成形直至创作中得到全面升华；对于复调技术的分析，涉及作品中所运用的支声复调、模仿复调、对比复调以及多调式半音体系复调结构；而配器方面，分析了其早期的“素描”配器风格特征及中晚期的“彩绘”风格特征等。

第八章是本论文的结论部分，笔者进一步阐述了马思聪民族化交响音乐风格的形成途径，并对其交响音乐创作核心技术“调式半音交替”技法做了整体性评价。

马思聪的交响音乐创作将朴实无华的民族性，与专业音乐创作中传统和现代作曲技法进行了创造性的有机结合。在其创作之初，就不是对民间音乐素材简单的复制、罗列或是进行编配，而是通过多样化、多层面的作曲技术手段，来实现具有民族特色的整体性交响化创作。更可贵的是，他不断创新作曲技法，为实现民族单声音乐素材向多声专业音乐创作转化、由自然音基础的民族音乐语言向具有半音化现代民族音乐风格所作的努力，都使其交响音乐成为我国建国初期在民族音乐发展方面所取得的前所未有的、系统化的成就与探索之作。

关键词： 马思聪　交响音乐　曲式结构　作曲技法　民族化　“调式半音体系”技法

阿尔贝托·希纳斯特拉器乐创作技法研究

作　　者：张一

指导教师：徐昌俊

专业方向：作品分析

学　　位：博士

学位授予时间：2013 年

论文述要：

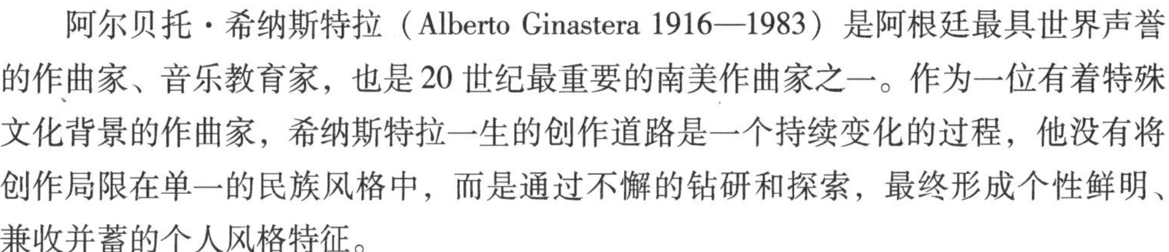

阿尔贝托·希纳斯特拉（Alberto Ginastera 1916—1983）是阿根廷最具世界声誉的作曲家、音乐教育家，也是20世纪最重要的南美作曲家之一。作为一位有着特殊文化背景的作曲家，希纳斯特拉一生的创作道路是一个持续变化的过程，他没有将创作局限在单一的民族风格中，而是通过不懈的钻研和探索，最终形成个性鲜明、兼收并蓄的个人风格特征。

希纳斯特拉的创作可分为四个时期——“客观民族主义”时期（1934—1947）、“主观民族主义”时期（1947—1957）、“新表现主义”时期（1958—1975）和“最后的综合”时期（1976—1983）。本文从作曲技术角度出发，以作曲家一生创作的有代表性的器乐作品为主要研究对象，以历时性分析为思路，对其四个不同时期的创作技法进行分析研究，梳理并概括希纳斯特拉器乐创作思维与技法的发展轨迹，进而揭示其创作所体现的个性化特征。

全文共分为五章。第一章主要围绕希纳斯特拉创作的相关背景进行探讨。包括作曲家生平、拉美音乐文化、具有阿根廷地域特色的“高乔文化”与北部“印加文化”以及其他作曲家与音乐流派的影响，以体现这些因素对希纳斯特拉创作的影响。

第二章笔者将“客观—主观民族主义”时期“合二为一”进行阐述，其原因将在绪论的“创作分期”中予以说明。本章通过对旋律（音高组织）、节奏节拍、和声、曲式结构等技术环节的分析，呈现“客观—主观民族主义”时期的技法特征，以及两个时期在部分创作技法上的继承、发展关系。

第三章主要通过音高组织、节奏、曲式结构、音色处理等方面，阐述希纳斯特拉在“新表现主义”时期对作曲技术所作出的种种尝试与探索，并揭示作曲家如何在兼收并蓄的创作观念中体现自己的个性。

第四章的分析侧重在主题、节奏、多声技法和曲式结构等方面，以此呈现希纳斯特拉在“最后的综合”时期如何将阿根廷民间音乐元素与20世纪现代音乐语汇相互融合、如何运用现代作曲技术表现阿根廷的本土地域文化。

结语中对希纳斯特拉音乐创作思维与技法发展轨迹，以及其器乐创作所体现的鲜明个性化特征进行归纳总结。

关键词：器乐作品　技法特征　客观民族主义　主观民族主义
新表现主义　最后的综合

“独创”与“汇流”之道

——从中国音乐语境看华人作曲家对音色音响的技法创造

作　　者：卞婧婧
指导教师：姚恒璐

专业方向：作品分析
学　　位：博士
学位授予时间：2014 年

论文述要：

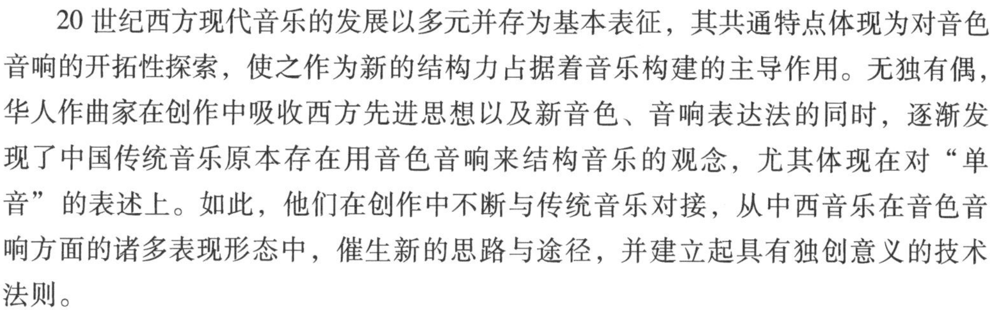

20 世纪西方现代音乐的发展以多元并存为基本表征，其共通特点体现为对音色音响的开拓性探索，使之作为新的结构力占据着音乐构建的主导作用。无独有偶，华人作曲家在创作中吸收西方先进思想以及新音色、音响表达法的同时，逐渐发现了中国传统音乐原本存在用音色音响来结构音乐的观念，尤其体现在对“单音”的表述上。如此，他们在创作中不断与传统音乐对接，从中西音乐在音色音响方面的诸多表现形态中，催生新的思路与途径，并建立起具有独创意义的技术法则。

本论文的中心内容，即是对四位华人作曲家——周文中、陈晓勇、秦文琛、梁雷音乐创作的声响理念与作曲技法进行解读和研究，依照作曲家的创作意图，采用不同分析角度和研究方法来诠释分析结果，探讨作曲家创作中对传统音乐在音色音响表现特质上的多种发展途径，并着重说明每一位作曲家在作品整体所展现出的结构方法以及个性的音乐语汇。

论文写作的逻辑线索，由“源起与特质——发展与独创——整合与延伸”为总体脉络。“源起与特质”为本文的第一章，该章从作曲技术角度具体分析与作曲家创作相关的古琴音乐以及蒙、藏音乐中“单音”的运动过程及其音色音响方面的表现特质，来说明由此引申的音乐创作中的具体思路和技法，导向四位作曲家的创作理念。

“发展与独创”为本文的第二章至第五章，分别探讨了四位作曲家音乐创作的声响理念及其具有代表意义的四部作品的个案分析，包括周文中的《渔歌》、陈晓勇的《逸》、秦文琛的《际之响》、梁雷的《笔法》。作曲家在创作中着眼于声音的运动中所体现音色音响的过程性、动态感、立体化等表现特质，并在更高层次上建立起结构音乐整体行之有效的新秩序，进而从中西音乐在音色音响的表述中独立出适合个人创作发展的核心观念与技法体系，体现着一定的创新思维与独创意义。

“整合与延伸”为文章的结论。结论部分先从本土文化立场中比较四位作曲家及作品从观念、技法、听感上体现出的差异性结果并从中总结技术要点；接着，从历时性角度解析导致差异性结果的成长环境、艺术经历等因素，来说明作曲家在时代创作群体中的个性体现，以及笔者对每部作品所做出的主观评价；之后，将作曲家的创作观念放置多元文化交融的语境当中，回应在文化的“汇流”中保持“独创”的美学倾向与艺术路线之共性，并提出笔者个人对未来音乐发展的思考。

关键词：音色音响　“单音”　周文中《渔歌》　陈晓勇　《逸》　秦文琛
《际之响》　梁雷　《笔法》

“时空观念”下的演变

——迪蒂耶中后期三首管弦乐作品研究

作　　　者：王颖

指 导 教 师：姚恒璐

专 业 方 向：作品分析

学　　　位：博士

学位授予时间：2014 年

论 文 述 要：

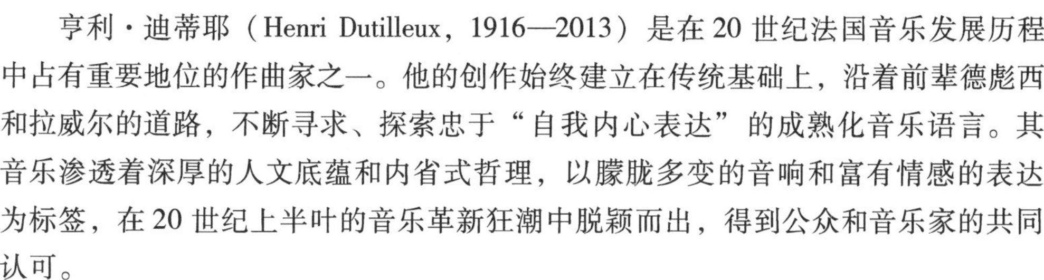

亨利·迪蒂耶（Henri Dutilleux，1916—2013）是在 20 世纪法国音乐发展历程中占有重要地位的作曲家之一。他的创作始终建立在传统基础上，沿着前辈德彪西和拉威尔的道路，不断寻求、探索忠于“自我内心表达”的成熟化音乐语言。其音乐渗透着深厚的人文底蕴和内省式哲理，以朦胧多变的音响和富有情感的表达为标签，在 20 世纪上半叶的音乐革新狂潮中脱颖而出，得到公众和音乐家的共同认可。

上个世纪 70 年代开始，迪蒂耶的作品逐渐显露出成熟的创作技术与音乐风格，而管弦乐又是展现“迪式”音乐语言的典型代表。因此，本论文以迪蒂耶中后期管弦乐作品（1970 年之后）为研究范围，探寻其成熟时期的音乐特征与创作理念，并通过对《音色、空间、运动——星夜》、《时间的影子》和《同一个和弦》三部管弦乐作品的详细分析，总结归纳其中后期各个阶段作曲技术应用与音乐风格、创作观念、文化背景的联系及不同阶段作曲技术与风格的演变。

论文共包括六个章节。第一章主要针对作曲家生平和全部管弦乐作品进行扼要介绍。第二章从文化背景出发，探求神秘主义、法国文学与绘画及音乐对其音乐观念所产生的影响，进一步窥探迪蒂耶音乐中的神秘主义倾向、抒情化特征以及“时间观念”和“空间观念”的形成。第三章简要介绍了在主要音乐观念影响下，音阶

+音程思维、中心音/和弦、镜像技术、扇形结构和音色等作曲技法的产生与应用。随后的三个章节，分别从音高组织、旋律形态、调性多声部、织体音色、结构及其他技术等环节，对上述提到的3部管弦乐作品进行详细的剖析，以探寻不同阶段的共性技法展现与“个性化”技法对风格演变产生的作用。

第四章以《音色、空间、运动——星夜》为研究对象，论述其创作思维在结构、乐队编制和空间观念等方面的转变，以及各类技术对神秘主义风格特征的影响。第五章阐述了《时间的影子》在结构、编制等方面体现出的回归倾向，并结合实例指出这一阶段神秘音响与抒情化特征相互融合、过渡的趋势。第六章，通过对《同一个和弦》的分析，进一步证实其诸多共性技法的存在、持续，且从旋律、体裁（独奏与乐队）转变与探索等方面，阐述作曲家的晚期创作中对个人情感抒发与内省式哲理的需求与表现。

在本文结论中，笔者总结性地阐述了他对早前法国音乐的继承、中后期创作技法和风格的共性保持与个性演变特征，并进一步论述了其在印象派音乐基础上的进一步拓展，中后期总体风格倾向及其历史地位。

关键词： 迪蒂耶　管弦乐　调式音阶　音程　中心音/和弦　镜像技术　织体音色　《音色，空间，运动——星夜》《时间的影子》《同一个和弦》

从单一理念到多元融合的技法衍变

——齐尔品交响曲创作技法研究

作　　　者：熊小玉

指导教师：姚恒璐

专业方向：作品分析

学　　　位：博士

学位授予时间：2014 年

论文述要：

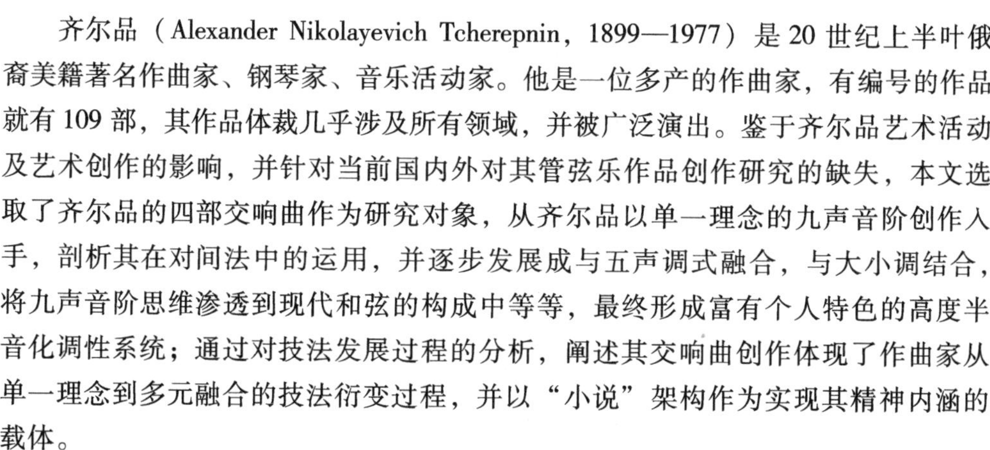

齐尔品（Alexander Nikolayevich Tcherepnin，1899—1977）是 20 世纪上半叶俄裔美籍著名作曲家、钢琴家、音乐活动家。他是一位多产的作曲家，有编号的作品就有 109 部，其作品体裁几乎涉及所有领域，并被广泛演出。鉴于齐尔品艺术活动及艺术创作的影响，并针对当前国内外对其管弦乐作品创作研究的缺失，本文选取了齐尔品的四部交响曲作为研究对象，从齐尔品以单一理念的九声音阶创作入手，剖析其在对间法中的运用，并逐步发展成与五声调式融合，与大小调结合，将九声音阶思维渗透到现代和弦的构成中等等，最终形成富有个人特色的高度半音化调性系统；通过对技法发展过程的分析，阐述其交响曲创作体现了作曲家从单一理念到多元融合的技法衍变过程，并以“小说”架构作为实现其精神内涵的载体。

论文共分为上、中、下三篇。上篇阐述了齐尔品人文传统形成的背景以及作为从单一理念到多元融合衍变过程中的最佳构建形式——“小说”架构的形成及其特点，并对各乐章结构生成可能产生的影响以及乐章结构做出综合分析。中篇主要对与单一理念到多元融合转变历程中相关的几个重点技法：九声音阶、对间法、五声调式与和声、管弦乐法等加以综合分析，提出齐尔品的单一理念最终将走向多元融合，并体现在第四交响曲中。下篇则针对齐尔品多元音乐文化融合理念下创作的

《第四交响曲》进行分析。通过对其九声音阶与五声调式、大小调以及九声音阶在调性、和声思维中的渗透等分析，判断出齐尔品最终形成了其独特的创作语汇——“世界音乐语言”。

本文通过对齐尔品四部交响曲的技法、理念、文化背景以及其发展历程的分析，可以得出结论：齐尔品四部交响曲的创作正是经历了从单一理念到欧亚合璧、再到多元融合的技法发展过程，以“小说”的形式架构四部交响曲，完美地体现出齐尔品技法衍变过程的精神内涵——人文传统的延伸。

关键词：齐尔品　九声音阶　对间法　五声调式　“小说”架构　人文传统

威廉·舒曼晚期交响曲的创作技法研究

作　　者：闫晓宇

指导教师：姚恒璐

专业方向：作品分析

学　　位：博士

学位授予时间：2014 年

论文述要：

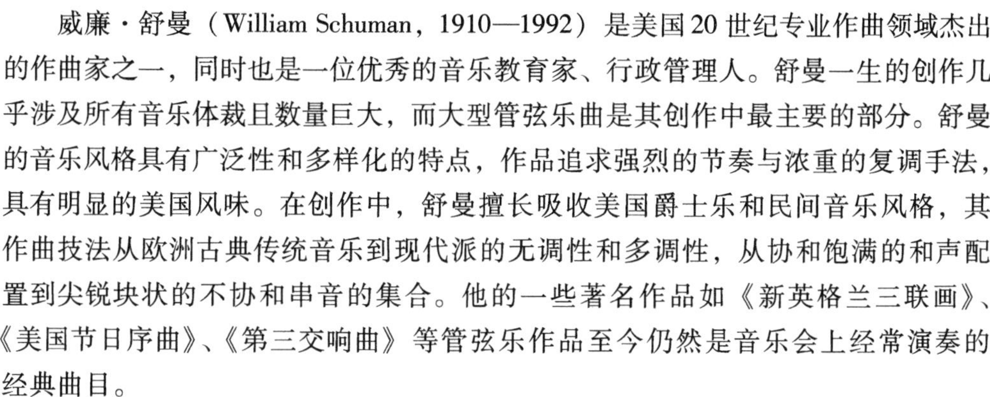
威廉·舒曼（William Schuman，1910—1992）是美国20世纪专业作曲领域杰出的作曲家之一，同时也是一位优秀的音乐教育家、行政管理人。舒曼一生的创作几乎涉及所有音乐体裁且数量巨大，而大型管弦乐曲是其创作中最主要的部分。舒曼的音乐风格具有广泛性和多样化的特点，作品追求强烈的节奏与浓重的复调手法，具有明显的美国风味。在创作中，舒曼擅长吸收美国爵士乐和民间音乐风格，其作曲技法从欧洲古典传统音乐到现代派的无调性和多调性，从协和饱满的和声配置到尖锐块状的不协和串音的集合。他的一些著名作品如《新英格兰三联画》、《美国节日序曲》、《第三交响曲》等管弦乐作品至今仍然是音乐会上经常演奏的经典曲目。

交响曲在舒曼的创作中占有极为重要的地位，他一生总共创作了10部交响曲，前后共经历了40年时间。10部交响乐几乎横跨了作曲家整个创作生涯，同时也代表了各个时期作曲家在创作上的心路历程。在晚期的创作中，“膨胀式递增发展”是舒曼最为重要的创作理念，它反映在交响曲创作的各个层面——从微观的各种具体技术的运用到乐曲宏观的结构布局均有所体现。

本文以舒曼晚期的《第八交响曲》和《第十交响曲》为主要研究对象，在对乐曲进行全面分析的基础上，对舒曼晚期交响曲中所形成的“膨胀式递增发展”的创作思想和理念以及作曲技术进行了探究。

论文由绪论、正文和结论组成，在绪论中主要对选题的缘起、意义、研究方法和思路以及舒曼的生平和音乐创作进行了概括说明。正文分为上、中、下三篇，上篇主要论述了舒曼早、中期交响曲的创作概况和这一时期的音乐观念以及“膨胀式递增发展”的思想萌芽；中篇是针对舒曼晚期第八、第十交响曲递增展开技术特征进行的具体论述；下篇为第八、第十两部交响曲各乐章的结构布局及其技术关联，具体说明“膨胀式递增发展”是如何在结构及结构与各项技术的相互关联中体现出来的。最后，在结论部分则对舒曼晚期交响曲的技法特征与艺术风格、理论基础及舒曼交响曲的整体评价进行了说明。

关键词： 威廉·舒曼　交响曲　膨胀式递增发展

电子音乐作曲

声音对象与声音符号

——论“幻听音乐”声音的理性感知与感性感知

作　　　者：关鹏

指 导 教 师：张小夫

专 业 方 向：电子音乐作曲

学　　　位：博士

学位授予时间：2009 年

论 文 述 要：

幻听音乐（Acousmatic Music）是电子音乐众多风格种类中的其中之一。从历史渊源来说，幻听音乐是电子音乐早期形式——具体音乐的延续。无论是表现形式，还是音乐内涵，幻听音乐都是具体音乐的继承与拓展。在幻听音乐的相关理论中，“声音对象”（Sound Object）与“声音符号”（Sound Symbol）两个概念是其中最为核心的基础理论点，由二者延伸出一系列相关理论概念，它们分别体现了幻听音乐声音感知的不同层面。

本文将幻听音乐创作中涉及的“声音对象”与“声音符号”两个现象作为一对可相互参照、相互比较的事物，从理论和实践两个层面进行了论述。

听觉感知的模式是音乐感知的基础。首先，本文通过将皮埃尔·舍菲尔与米歇尔。希昂所提出的听觉模式理论进行概括和梳理，总结出有关幻听音乐的两种听觉模式——“还原聆听”（Reduced Listening）与“关联聆听”（Causal Listening）。对于幻听音乐中的声音来说，不同的听觉感知模式会产生不同的听觉结果。还原聆听的过程实际上就是把“幻听”以后的声音“还原为”或“抽象为”“声音对象”的过程；而关联聆听的过程实际上就是把“幻听”以后的声音“具象为”“声音符号”的过程。之后，文章分别围绕有关“声音对象”的“类型形态学”（Typo - morphology)、“频谱形态学”（Spectromorphology）理论，有关“声音符号”的“叙事性”（Narrative）、“跨语境性”（Transcontextuality）、“隐喻性”（Metaphorical）特征，以及对舍菲尔、丹尼斯·斯莫利、约翰·扬等人作品的实例分析，从理论和实践两个层面概括总结出，“声音对象”与“声音符号”概念真正反映的是对幻听音乐声音的理性感知与感性感知。最后，文章论述了“声音对象”与“声音符号”概念所反映的理性思维与感性思维的本质，以及它们在幻听音乐创作、教学、研究中的应用，并讨论了其对中国电子音乐乐派形成所产生的影响。

关键词：幻听音乐　声音对象　还原聆听　关联聆听　声音符号

艺术与技术的交互

——互动音乐创作中的艺术表现与技术实现

作　　　者：王铉

指 导 教 师：张小夫

专 业 方 向：电子音乐作曲

学　　　位：博士

学位授予时间：2009 年

论 文 述 要：

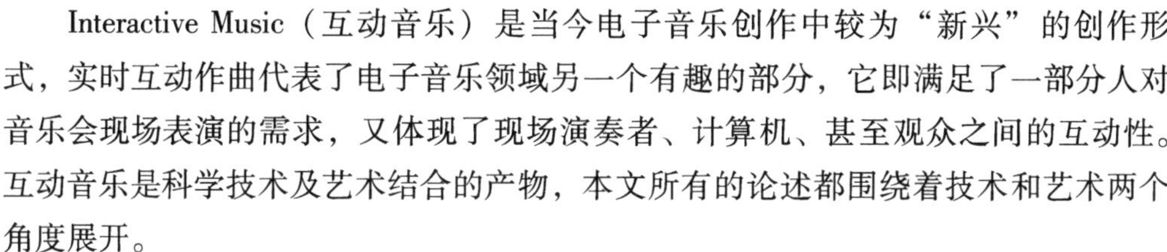

Interactive Music（互动音乐）是当今电子音乐创作中较为“新兴”的创作形式，实时互动作曲代表了电子音乐领域另一个有趣的部分，它即满足了一部分人对音乐会现场表演的需求，又体现了现场演奏者、计算机、甚至观众之间的互动性。互动音乐是科学技术及艺术结合的产物，本文所有的论述都围绕着技术和艺术两个角度展开。

在论述了“互动”的基本概念后，笔者着重站在艺术创作思维角度在：1. 从“人人”到“人机”的音乐发展历程；2. 从“确定”到“不确定”的创作方式融合；3. 从“单一”到“多重”的音乐角色变化这三个方面对“互动音乐”概念及创作发展特点进行了进一步的阐述。

在接下来的第二章中，文章更多的是有关实现互动音乐作品的技术论述。“互动音乐”的演出是建立在“科学技术”平台上的，互动音乐系统对现场运作及对设备软硬件提出了很多技术要求，文章从互动音乐的基本系统构架开始，论述了互动程式设计原则以及主要软硬件使用规则，另外对美国作曲家杰弗里·斯图莱特（Jeffrey Stolet）的互动音乐作品《东京余迹》进行了相应的技术分析。

而第三章的目的是从科技和艺术两个角度论证互动音乐中科技和艺术的紧密联系，互动音乐有可能是现代科技对音乐艺术的最好阐述，而同时也必须看到技术是为艺术创意服务的。在这章中同时也强调了技术美和艺术美在互动音乐中体现出的交融性及互动性。

第四章则应用了大量的实例，站在更广阔的技术及艺术平台解析了互动音乐与视频艺术、舞蹈艺术及其他媒体的艺术及技术结合。

通过各章节的论述，我们可以看出，互动音乐创作中技术与艺术是互相影响、互相促进、互相服务、互相制约的。在这个技术与艺术的双平台上，身兼“科学家”及“艺术家”双重身份的互动音乐家将怎样发展这“新兴艺术”是我在结论部分的一些思考。存在即是合理，站在科学技术和音乐艺术平台上的互动音乐在中国这个开放的平台上也应该有其发展的土壤和空气，它出现在我们这个具有古老文化传统的民族艺术舞台上已然是不争的事实，它作为正在发展中的新的艺术形态，也将在不断试验和探索中逐渐完善。

关键词： 互动　互动音乐　电子音乐　技术　艺术　互动系统程式构架　Max/MSP　传感器和微控制器　技术美　艺术美　新媒体艺术

电子音乐作品的“分层解读法”研究

作　　者：周佼佼

指导教师：张小夫

专业方向：电子音乐作曲

学　　位：博士

学位授予时间：2010 年

论文述要：

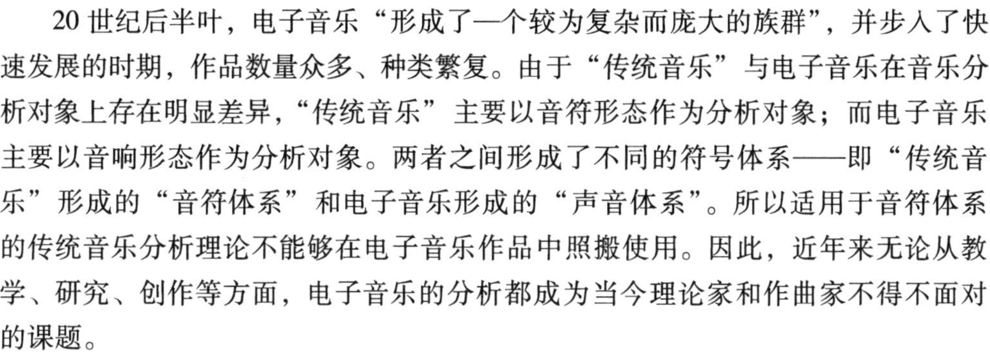

20 世纪后半叶，电子音乐“形成了一个较为复杂而庞大的族群”，并步入了快速发展的时期，作品数量众多、种类繁复。由于“传统音乐”与电子音乐在音乐分析对象上存在明显差异，“传统音乐”主要以音符形态作为分析对象；而电子音乐主要以音响形态作为分析对象。两者之间形成了不同的符号体系——即“传统音乐”形成的“音符体系”和电子音乐形成的“声音体系”。所以适用于音符体系的传统音乐分析理论不能够在电子音乐作品中照搬使用。因此，近年来无论从教学、研究、创作等方面，电子音乐的分析都成为当今理论家和作曲家不得不面对的课题。

本论文所阐述的电子音乐作品的“分层解读法”，是基于现象学大师胡塞尔的对艺术作品意向性理论，并从审美现象学角度来审视电子音乐作品的分析法。胡氏认为“艺术是一种结构性存在”，并强调了艺术作品在主体与被意识客体之间的关系结构。而其学生英伽登在此基础上建立了由物质、形式、存在三方面组成的本体论，并在《文学的艺术作品》中提出了对文本的结构层次理论，即“语音”、“语义”、“系统方向”和“被表现的客体层”四个结构层次。本论文将胡塞尔、英迦登意向性理论引用和借鉴到电子音乐作品分析的理论和实践中，大胆地提出“分层解读法”，即透过“声音媒介层”、“音乐语汇层”、“系统方向”和“作品意蕴层”四个层次，借助现代计算机工具，融合传统音乐作品分析精华来对电子音乐作品进行一种综合分析。利用数字化时代的各种音频测量软件对“声音媒介层”、“语汇形象层”进行可视化分析研究，从胡塞尔的审美现象学角度出发，用感性智慧对电子音乐作品的“系统方向层”和“作品意蕴层”进行深入解读。

绪论中概述了“传统音乐”与电子音乐作品分析理论的发展现状。第一章设计和提出“分层解读法”的具体实施方案以及分析方法纲要；第二章具体实施“分层解读法”，选用了“具体音乐”、“磁带音乐”、“电子声学音乐”、“计算机音乐”和“多媒体音乐”五个不同时期的五首经典作品，首次试用“分层解读法”进行逐层分析，意在对这种“由表及里，逐层渗透”的新方法进行可行性探索实验；第三章概述电子音乐分析的多样性、特殊性、复杂性，并从“多元并存”的后现代艺术发展观的角度进一步说明“分层解读法”的现实意义。

“分层解读法”不是包治百病的分析法，而是一种开放、融合、创新的综合分析法。作为一门音乐与科技交缘，理论与实践为一体的新兴学科，电子音乐分析理论目前充满了机遇和挑战。希望“分层解读法”的提出对当今的教学、创作以及电子音乐分析理论发展具有一定的启示作用，并随着时代的发展进一步地改进、完善。

关键词：分层解读　声音媒介　音乐语汇　系统方向　作品意蕴

中国电子音乐作品中的东方语境

——中国当代电子音乐创作思维特征研究

作　　　者：刘思军

指导教师：张小夫

专业方向：电子音乐作曲

学　　　位：博士

学位授予时间：2011 年

论文述要：

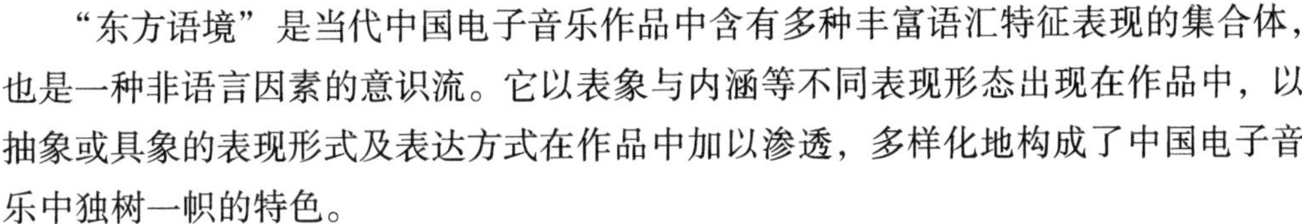

“东方语境”是当代中国电子音乐作品中含有多种丰富语汇特征表现的集合体，也是一种非语言因素的意识流。它以表象与内涵等不同表现形态出现在作品中，以抽象或具象的表现形式及表达方式在作品中加以渗透，多样化地构成了中国电子音乐中独树一帜的特色。

在陈述了有关“语境”的概念与背景之后，论文首先从一些主要姊妹艺术门类入手，介绍语境在电影、绘画、书法和舞蹈中的作用与表现形式。之后引入到语境与音乐的关联——即在中国传统音乐当中语境的体现以及重要的标志性作用和语境在西方音乐中的体现。这其中包括人尽皆知的十二音体系、无调性、偶然音乐等都是代表着各个时期西方音乐中不同语境的具体表现方式。

“电子音乐”（Electroacoustic Music）是 1945 年之后新兴的音乐，它的产生除了必备的电子技术支撑以外，更多的是音乐理念的突破与创新。在电子音乐发展的 60 余年中，相继经历了四个主要时期，即“具体音乐”时期、“磁带音乐”时期、“电子声学音乐”时期和“计算机音乐”时期。每个时期代表性作品中所构成的语汇特色、语境特征以及技术手段都有着不同的呈现。论文列举了每个时期的一部代表性电子音乐作品加以分析，并着重总结出有关“语境”构建的诸多特点。

中国电子音乐的创作已经有了 20 多年的历程，本文比较分析了张小夫、许舒亚、安承弼、刘健、吴粤北、陈远林、金平和董夔教授的八部作品，列举出作品中“东方语境”无论是抽象表现还是具象表现所起到的至关重要的作用，独特的“东方语境”逐渐形成了一种民族自觉的符号，这种独特的思维特征恰巧就是中国电子音乐学派构成和兴起的重要结构力与推动力，同时也是本论文研究和写作的目的所在。

关键词：语境　东方语境　电子音乐　计算机音乐　思维特征　民族自觉

从频谱到谱相的作曲技法拓展

——特里斯坦·米哈伊的音乐创作研究

作　　　者：林昶

指 导 教 师：吴粤北

专 业 方 向：电子音乐作曲

学　　　位：博士

学位授予时间：2014 年

论 文 述 要：

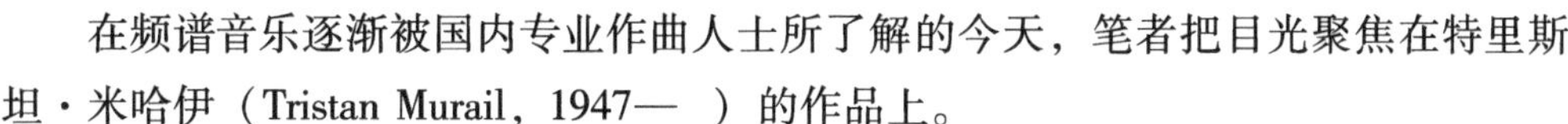

在频谱音乐逐渐被国内专业作曲人士所了解的今天，笔者把目光聚焦在特里斯坦·米哈伊（Tristan Murail，1947—　）的作品上。

本文从频谱音乐之前的音乐风格流派中发现作曲家在创作时候的频谱意识。通过对频谱音乐的“寻根”，引入米哈伊频谱音乐作品的整体创作概述。论文从米哈伊早期频谱音乐作品的浅层分析中，归纳了作曲家一些常用的频谱算法技术。在本文核心的部分，通过对米哈伊三部作品详细深入的分析，进一步验证了本文的中心论点——从频谱到谱相的作曲技法拓展。米哈伊的谱相思维在频谱音乐中的拓展性使用，使笔者萌发了对一种自命名为“拼图”音乐的潜在音乐形态之设想。最后，总结了米哈伊在频谱音乐创作中，谱相思维对其音响转变起到的重要作用，并探讨了谱相的作曲思维对创作以及高级阶段的作曲教学有可能起到的延伸作用。

在论证观点与分析作品的过程中，本文主要采用了 Spear 和 Acousmographe 这两个频谱分析软件对音响形态进行不同角度的分析，结合 CAC（计算机辅助作曲软件）Openmusic 对米哈伊的作品创作过程进行实验、推敲及算法还原。从频谱音乐的“史前追溯”到米哈伊的早期频谱音乐作品概述，笔者通过若干作品的局部片段进行比较分析，勾勒出从印象主义音乐、序列主义、先锋派到米哈伊早期频谱音乐的某些相关轴线。在归纳米哈伊常用的频谱音乐创作技法方面，文章立足于频率调制、环形调制、虚拟低音、插值算法、音乐目标等频谱技法，以此作为观测点，对米哈伊的一些作品作浅层的纯技术分析。从探究“频率之谱”到谱相思维的演变方面，笔者以三部作品为核心，并对每一部作品进行深层分析。最后，本文在对米哈伊创作思维的归纳总结基础上，大胆提出了一种“拼图”音乐的作曲思维，以此发现包括频谱音乐在内的几种音乐风格流派之间的某种创作关联性。

此外，本文借助了电声学、自然科学、几何学等其他非艺术学科中的某些原理，对中心论点进行辅助性论述，试图通过跨界学科的理论引证，以开放性的分析态度诠释米哈伊的谱相作曲思维。

关键词： 频谱音乐　米哈伊　谱相　虚拟低音　回输　分形几何　“拼图”音乐